21世纪经济管理新形态教材·会计学系列

资产评估

陈林荣　周春喜 ◎ 主　编

清华大学出版社

北　京

图书在版编目（CIP）数据

资产评估/陈林荣，周春喜主编.—北京：清华大学出版社，2023.8
21 世纪经济管理新形态教材.会计学系列
ISBN 978-7-302-64323-4

Ⅰ.①资…　Ⅱ.①陈…②周…　Ⅲ.①资产评估　Ⅳ.①F20

中国国家版本馆 CIP 数据核字(2023)第 144315 号

责任编辑：梁云慈
封面设计：汉风唐韵
责任校对：宋玉莲
责任印制：杨　艳

出版发行：清华大学出版社
　　　　网　　　址：http://www.tup.com.cn，http://www.wqbook.com
　　　　地　　　址：北京清华大学学研大厦 A 座　　邮　　编：100084
　　　　社 总 机：010-83470000　　　　　　　邮　　购：010-62786544
　　　　投稿与读者服务：010-62776969，c-service@tup.tsinghua.edu.cn
　　　　质量反馈：010-62772015，zhiliang@tup.tsinghua.edu.cn
印 装 者：北京同文印刷有限责任公司
经　　销：全国新华书店
开　　本：185mm×260mm　　印　张：22　　　　　字　　数：465 千字
版　　次：2023 年 8 月第 1 版　　　　　　　　印　　次：2023 年 8 月第 1 次印刷
定　　价：65.00 元

产品编号：101682-01

前　言

资产评估作为独立的社会中介活动在国外已有上百年的发展历史。我国资产评估伴随着经济体制改革产生并逐步发展,虽然起步于 20 世纪 80 年代末 90 年代初,但发展迅猛。目前,资产评估行业已成为社会经济活动中一个重要的中介服务行业,在国有资产管理、资本市场发展、中外合资合作、企业并购重组等领域发挥了重要作用。随着社会主义市场经济体制的逐步完善、产权主体的多元化和经济发展的全球化,资产评估行业在维护多元化主体利益、稳定金融市场、保障税源和财政收入等方面发挥着重要的作用。

为更好地阐述资产评估理论和方法,作者结合多年教学与科研工作实际,以及资产评估的实践,注重理论与实务相结合,反映资产评估理论研究和实践的新成果,在参阅了大量书籍文献的基础上编写了此书。

本书分为三大部分。第一部分为基础理论,主要介绍资产评估的基本概念、评估要素、评估程序和资产评估基本方法。第二部分为各类资产的评估。其中,一般性资产评估包括机器设备、金融资产、无形资产、流动资产和企业价值评估;特殊资产评估包括房地产评估和珠宝首饰评估。第三部分为评估报告与评估准则,分别介绍资产评估报告和资产评估准则。全书共十一章,每一章均包含学习目标、关键术语、主要知识点、复习思考题、自测题及其答案解析。在每一章中,根据教材知识点设计即问即答,以加深对知识点的理解和扩大知识面。同时,在每章后附有拓展阅读,立足中国国情,体现社会主义核心价值观,体现人类文化知识积累和创新成果,并将党的二十大精神融入其中,帮助学生树立理想信念、涵人文精神、养家国情怀,坚持培根铸魂,培养坚定文化自信,具有国际视野的资产评估专业人才。本书将现代信息技术融入教材,在纸质书中嵌入二维码呈现数字资源,实现"互联网+ 教材",体现科学性和前沿性。

本书具有以下特点:

(1) 体现"数字＋教材"。与现有教材呈现形式单一不同,本书采用项目化、单元模块化教学与训练的新体例。同时,教材中嵌入二维码,配套全文电子教案、课件和习题答案解析,加深对知识点的理解。

(2) 注重课程思政。教材的编写为培养政治正确、职业道德高尚的资产评估专业人才,本书各章节融入诸多课程思政元素,不仅突出职业性、专业性和技能性,而且也注重学生职业道德的培养,将课程思政与资产评估相关专业人才培养目标、专业特点、职业标准无缝对接。

(3) 强调情景学习。通过精选案例、即问即答、自测题库,把教材内容融入教学情景中。在案例导入、知识链接、习题训练上,不仅突出专业性、实用性,提高学生专业技能,还注重学生学习兴趣的培养、学习能力的锻炼和学习效果的提升。

本书入选浙江省普通本科高校"十四五"重点教材建设项目。作者结合多年教学、科研及资产评估实践,融合现代信息技术,将最新资产评估技术、教学方法和理念体现在教材中。本书既可作为高等院校金融学、投资学、会计学、财务管理、资产评估、保险学等专业的教材或教学参考书,也可作为资产评估公司、金融机构、会计师事务所、投资公司和咨询公司等相关工作人员的参考书。在教学使用过程中,教师可根据授课对象对内容进行删减。

本书得以完成,首先要感谢清华大学出版社的支持,感谢出版社有关同志为本书的出版所付出的辛勤劳动。本书由陈林荣副教授和周春喜教授主编。陈林荣副教授(浙江工商大学会计学院)编写第四、五、六、七、九、十、十一章;周春喜教授(浙江工商大学金融学院)编写第一、二、三、八章。全书由陈林荣副教授和周春喜教授共同负责统稿总纂。

在本书编写过程中,参考并引用了大量的相关文献和资料,吸收了国内外相关文献的有益观点,在此一并深表感谢!由于编写时间较紧,编者水平有限,书中难免会有疏漏或不足之处,恳请广大读者指正。

编　者

2023 年 2 月

目 录

第一章

总　论

学习目标：

1. 掌握资产评估的含义、要素和特点。
2. 熟悉资产评估的主体、客体以及评估范围。
3. 理解资产评估的价值类型和评估目的。
4. 理解资产评估的假设以及评估原则。
5. 了解资产评估的程序。
6. 理解社会主义核心价值观与资产评估的关系。
7. 理解资产评估专业人员职业道德。

第一节　资产评估的概念及特点

一、资产评估的产生和发展

（一）早期资产评估

资产评估起源于以物易物的简单商品交换时期，它伴随着人类社会商品交易行为而产生。在原始社会后期，随着生产力的不断发展，出现了社会剩余产品，产生了私有制。在私有制条件下，商品或财物的交易活动相当频繁，由于财物的价值具有不确定性的特点，交易双方往往对其交易价格难以达成一致的意见，需要找有经验的第三者对财物的价值进行估计判断，以便实现等价交换，这个第三者凭经验对商品或财物的价值进行估算的过程就是一种原始的资产评估活动。例如，中国古代就有专门为牲畜交易进行估价的职业。随着商品生产和交换的不断出现和发展，等价交换客观上要求合理估计商品的价值，之后出现了珠宝贵金属买卖、典当等经济行为，社会上便有了从事珠宝贵金属鉴定、典当物品估价的人员。这可算是早期的资产评估活动。

早期的资产评估具有直观性、偶然性、经验性和非专业性等特征。所谓直观性指评估过程中仅仅依靠评估人员的直观感觉和主观偏好，评估操作简单明了；偶然性指评估行为因资产交易活动的价格鉴证需要而进行，并不是日常经济生活中经常性的活动；经验性指依据评估人员长期积累的评估经验进行评估，评估经验靠师傅带徒弟和在长期实践中获得；非专业性指评估人员并不具备专业评估的手段和技能，也没受过严格的专业培训，往往是由资产交易双方或一方指定的人员来进行评估，评估人员一般是德高望重的人或当铺伙计，他们无须对评估结果承担法律责任。

即问即答

早期典当行伙计对当物估价有什么特征?

【解析】 早期典当行伙计对当物估值具有直观性、偶然性、经验性和非专业性等特征。所谓直观性指评估过程中仅仅依靠当铺伙计的直观感觉和主观偏好,通过眼看、手摸、耳听、牙咬等手段,操作简单明了;偶然性是指典当行为因有临时资金急需才会考虑,并不是日常经济生活中经常性的活动;经验性是指当铺伙计长期积累的估价经验,靠师傅带徒弟和在长期实践中获得;非专业性指当铺伙计没受过严格的专业培训,也不具备专业估价的手段和工具。

(二)现代资产评估

当人类的劳动成果交换从物物交换发展到以货币为媒介的商品交换时,便产生了商品经济。早期的商品经济是以交换劳动成果为主。随着社会分工的不断细化、生产资料私有制的形成和社会化大生产的发展,土地、资本、设备、技术等生产要素也需要通过市场机制来进行配置,这样就产生了对进入市场的生产要素进行定价的客观需求。例如,拥有资本而不拥有土地的投资者要想投资农业,就需向土地所有者购买或租借土地,这就产生了对土地出让价格或租赁价格进行估价的需求;再如,既不拥有土地,也不拥有资本,仅拥有技术的投资者要想投资农业,就需要同时租借土地与资金,这时不仅需对土地进行估价,还需对资金的时间价值进行估价。随着社会进步和经济发展,生产要素流动、组合的市场化程度日益提高。不同所有者的合资、合作和联营,企业兼并、合并和分立,企业租赁、出售及实行股份制,融资租赁、抵押贷款和发行债券,不动产的买卖、租赁,企业的破产、清算等涉及资产交易活动的经济行为日趋频繁,客观上需要一个独立、公正、专业的社会组织机构对标的资产进行评估,为资产交易双方提供价格参考依据。

资产评估作为现代意义上的行业,可以追溯到1868年英国皇家特许测量师协会的成立,从那时起资产评估行业的专业团体开始出现。同一时期,美国、澳大利亚、加拿大等国家的资产评估行业也迅速发展,先后成立了资产评估协会或学会等专业性组织,对资产评估业实行行业自律管理。20世纪40年代以后,有关国家的行业协会组织陆续制定了行业评估准则、评估专业人员的专业资格和职业道德准则等管理制度。随着资产评估在市场经济中的重要性日益突出,20世纪80年代以来,许多发展中国家也开始重视资产评估在经济建设中的重要作用,积极引进资产评估理论与方法,大力培养和发展本国的资产评估行业。经济全球化和金融一体化进一步加强了资产评估业的国际交流,1981年成立了国际评估标准委员会,标志着资产评估业已成为一个国际性的行业。目前,在资产评估行业,评估机构通过为资产交易双方提供评估业务,积累了大量的资产评估相关资料和经验,产生了一大批具有丰富评估经验的评估人员,资产评估业务范围不断扩大,不仅包括有形资产评估和无形资产评估,而且细分为机器设备评估、房地产评估、金融资产评估、自然资源评估、企业价值评估、珠宝首饰评估、艺术品评估、智力资本评估及数字资产评估等。

【拓展阅读】

　　我国资产评估行业起源于20世纪80年代末90年代初,经过30多年的探索,资产评估行业得到了社会认可,已经成为市场经济中不可或缺的专业中介服务行业。

　　从资产评估行业诞生之初为中国企业对外合资、合作服务,到国有企业改制上市、兼并破产等,资产评估行业积极参与国有企业改革和国有资本战略重组,为优化国有资源配置、维护国有资产权益提供专业保障;为促进国有资本、集体资本和非公有资本深度融合,保障市场各类产权公平交易提供客观公正的价值尺度;为助推混合所有制经济发展、深化供给侧结构性改革提供优质公平的评估服务。国有企业改革与发展的每一个阶段,资产评估都镶嵌其中,成为必不可少的基础环节和目标资产定价的主要依据,为保障国有资产安全、防止国有资产流失做出了重大贡献,坚定不移地为国有资产保驾护航。

　　近年来,我国上市公司并购重组市场日益活跃,交易规模快速扩张,各种交易方式中凡是涉及资产的,基本都进行了资产评估。上市公司重大资产重组项目90%以上均采用资产评估报告作为定价依据,首次公开发行(IPO)前股份公司设立时注册资本的核定,绝大部分也都是由资产评估提供验资依据。资产评估行业发展三十年来,参与资本市场业务的项目数量和规模越来越大,资产评估服务质量和水平大幅提升,功能和作用日益增强,为保障资本市场安全高效运行和整体稳定发挥了重要作用。

　　资料来源:权忠光.守望过去　引领资产评估行业新发展[J].中国资产评估,2018(12).

　　现代资产评估具有以下特征。

1. 评估机构公司化

　　资产评估机构以自主经营、自负盈亏的企业法人形式运营。它是在市场监管部门登记,在财政部门备案、接受委托执行资产评估业务并独立承担民事责任的合伙形式或公司形式的法人。发达国家的资产评估机构主要分为两大类,一类是专业化的资产评估公司,它们为客户提供几乎所有的资产评估业务,专业化程度较高;另一类是兼营资产评估业务的各类管理咨询公司,它们在从事企业财务管理、营销管理、战略管理、人力资源管理等咨询业务的同时,兼营资产评估业务。

2. 评估人员职业化

　　评估专业人员把资产评估作为自己的终身职业,他们均是各行各业的专家和技术人员,如机械工程师、船舶工程师、土建工程师、会计师等,评估人员都经过国家职业资格考试,具备深厚的资产评估专业理论知识,拥有丰富的资产评估经验。

3. 评估方法科学化

　　科学方法是人们在认识和改造世界中遵循或运用的、符合科学一般原则的各种途径和手段。现代资产评估要求资产评估机构和评估专业人员应具备相应的资产评估资质,评估专业人员具有专业理论知识和实践经验。评估方法的科学性不仅在于评估方法本身,更重要的是评估方法必须严格与评估的价值类型相匹配。评估专业人员应根据评估目的、评估对象、价值类型、资料收集等情况,分析市场法、收益法和成本法三种基本方法及其衍生方法的适用性,合理选择评估方法。在资产评估实务中,大量的现代科学技术和方法的运用,更多数据资料的支持,提高了资产评估结果的准确性和科学性,减少了主观判断的影响。

4．评估活动经常化

资产评估已成为社会经济生活中的经常性活动，评估范围不断扩大，评估内容十分丰富。评估业务不仅与企业联合、兼并、重组、股权转让、企业清盘等产权交易和产权变动行为有关，而且还涉及证券发行、融资租赁、抵押贷款、财产保险、财产纳税、古董艺术品收藏拍卖等经济行为。

5．评估结果法律化

资产评估是一项价值鉴证的社会公正性活动，服务于社会经济，这就要求评估机构和评估专业人员独立、客观、公正地执业，并对评估程序的合规性、评估方法的科学性、评估结果的有效性负责。资产评估机构和评估专业人员对体现评估工作的资产评估报告负有法律责任。

资料卡 1-1

中华人民共和国资产评估法
目标：了解资产评估法

二、资产评估的含义

（一）资产评估的概念

资产评估是指评估机构及其评估专业人员，根据委托对不动产、动产、无形资产、企业价值、资产损失或者其他经济权益进行评定、估算，并出具评估报告的专业服务行为。

在现实经济生活中，自然人、法人或其他组织需要确定评估对象价值的，可以自愿委托评估机构评估。涉及国有资产或者公共利益等事项，法律、行政法规规定需要评估的，即有法定评估要求的，应当依法委托评估机构评估。

？ 即问即答

企业资产负债表不是有净资产吗？为什么还要进行企业价值评估？

【解析】 一般情况下，企业价值指的是企业整体资产价值，是由全部股东投入资本后，经生产经营活动创造的。在企业兼并、出售与联营、股份制经营、企业清算时需要对企业价值进行评估，确定企业在评估基准日的价值。评估价值是一个时点价值，是企业价值的动态反映。资产负债表是反映企业在某一特定日期（如月末、季末、年末）全部资产、负债和所有者权益情况的会计报表，它表明企业在某一特定日期所拥有或控制的经济资源、所承担的现有义务和所有者对净资产的要求权，是企业经营活动的静态体现。需要进行企业价值评估的主要原因体现在以下几个方面：①会计核算遵循的历史成本原则导致资产负债表中的资产价值只是账面价值，而不能反映资产的市场价值。例如，房屋和土地的账面净值与市场价值迥异。而企业产权转移价格的确定需要依据资产的市场价值。②会计处理方面的问题可能形成账外资产，导致企业资产被忽视和遗漏，直接影响了企业价值。例如,企业可能存在尚在使用中的一些房屋或机器设备,由于使用年限较长,折旧已经计提完毕,净值为零,已从资产负债表中消失,但市场价值还在,有的市场价值可能还巨大。③目前的会计核算对企业自创的商誉未能在资产负债表中反映,但商誉能为企业带来价值,在确定企业的整体价值时应该包含商誉价值,这只能通过资产评估来解决。

(二)资产评估的要素

1. 评估主体

评估主体指评估工作由谁来承担,它是评估工作得以进行的重要保证。评估必须由专门的评估机构和评估专业人员进行。在市场经济条件下,评估机构必须具有相应的评估资质,评估专业人员具备一定的评估专业理论知识,取得相应的评估职业(执业)资格证书,才能从事相应的评估业务。

资产评估机构是在市场监管部门登记,在财政部门备案、接受委托执行资产评估业务并独立承担民事责任的合伙形式或公司形式的法人。资产评估专业人员是指具备相应的资产评估专业知识和实践经验,能够依法执行资产评估业务的从业人员。通常包括资产评估师和其他具有评估专业知识及实践经验的评估从业人员。资产评估师是指通过中国资产评估协会组织实施的资产评估师职业资格全国统一考试,取得"资产评估师职业资格证书"的资产评估专业人员。经中国资产评估协会登记的资产评估师可以成为执业会员或非执业会员。

2. 评估客体

评估对象是对资产评估内容上的界定,是指被评估的具体标的或者被评估的资产,即资产评估的具体对象。评估对象可以是不动产、动产、无形资产、企业价值、资产损失、其他经济权益或者负债等可以量化的标的。

评估范围是指评估对象的具体表现形态及其权利边界和数量边界。

3. 评估原则

评估原则是指人们在资产评估的反复实践和理论探索中,在对资产价格形成和客观规律认识的基础上总结出来的,在评估活动中应当遵循的法则或标准,即规范资产评估行为,调整资产评估业务相关当事人各方关系、处理评估业务的行为准则,包括工作原则和技术原则。

4. 评估目的

评估目的通常是指资产评估报告和评估结论的预期用途,即资产业务引起的经济行为对资产评估结果的要求,它直接或间接地决定和制约资产评估的条件、价值类型和方法的选择。同一资产,由于评估目的的不同,采取的评估方法也不相同,最终得出的评估结果不同。只有明确了评估目的,分析了资产的价值类型,才能选择适当的评估方法,得出客观公正的评估结果。

5. 价值类型

价值类型是对评估价值的质的规定,对资产评估参数的选择具有约束性。价值类型是指反映评估对象特定价值内涵、属性和合理性指向的各种价值定义的统称,包括市场价值和市场价值以外的价值类型。市场价值以外的价值类型包括投资价值、在用价值、清算价值、残余价值等。投资价值是指评估对象对于具有明确投资目标的特定投资者或者某一类投资者所具有的价值估计数额,亦称特定投资者价值。在用价值是指将评估对象作为企业、资产组成部分或者要素资产,按其正在使用方式和程度及其对所属企业或者资产组的贡献的价值估计数额。清算价值是指评估对象处于被迫出售、快速变现等非正常市场条件下的价值估计数额。残余价值是指机器设备、房屋建筑物或者其他有形资产等的拆零变现价值估计数额。

6. 评估基准日

评估基准日是指为量化和表达资产价值数额所选定的具体时间点,即为确定特定条件下资产评估价值所选定的具体体现资产时间价值属性的时间基准点。资产的价值是一时点概念,在不同的时点,资产状况及其价值会发生变化。因此,资产评估要求以特定的时点为标准,对特定时点的资产状况进行评估,且以该时点的市场价格、利率水平、汇率水平为标准确定资产的价值。

7. 评估依据

评估依据是指资产评估工作中所依托的规范、标准及依赖的信息基础,包括法律依据、准则依据、权属依据及取价依据等。

8. 评估方法

评估方法是指评定估算资产价值所采用的途径和技术手段的总和,主要包括市场法、收益法和成本法三种基本方法及其衍生方法。这些评估方法是多年来评估理论和实践经验的总结,具有科学性和可操作性,按此方法得出的评估结论容易被资产业务各方当事人接受。

9. 评估程序

评估程序是指评估机构和评估专业人员执行资产评估业务所履行的系统性工作步骤,即从评估工作的开始准备到最后结束的工作顺序。它是由资产评估管理机构制定的,保证资产评估质量的重要手段。不同类型的资产评估,具有不同的评估程序。具体的评估工作必须遵循相应的评估程序。

10. 评估假设

假设对任何学科都是重要的,相应的理论观念和方法都是建立在一定假设的基础之上。资产评估与其他学科一样,其理论和方法体系的形成也是建立在一定假设条件之上的。评估假设是指资产评估专业人员在现实普遍认知的基础上,依据客观事实及事物发展的规律与趋势,通过逻辑推理,对评估结论的成立所依托的前提条件或者未来可能的发展状况做出的合理的推断或假定。

11. 评估结论

评估结论是指资产评估机构及其资产评估专业人员通过履行必要的评估程序,给出的评估对象在评估基准日某种特定价值类型下价值的专业意见。

资产评估的要素是一个有机组成的整体,它们之间相互依托,相辅相成,缺一不可,而且资产评估因素也是保证资产评估结果合理性和科学性的重要条件。

资料卡 1-2

资产评估基本准则
目标：了解资产评估基本准则

三、资产评估的特点

（一）现实性

现实性是指资产评估以评估基准日为时间参照，按这一时点的资产实际状况对资产进行评定估算。所谓评估基准日是指确定资产评估价值的基准时间。由于资产处于运动和变化之中，资产的数量、结构、状态和价格，随着时间的推移会发生变化。因此，资产评估只能是评估某一时点的资产价值。为了使评估结果具有可解释性，并便于客户和公众对其合理使用，评估基准日一般以"日"为基准时点，选择与资产业务或评估作业时间较接近的日期。

资产评估的现实性表现在以下几个方面：

1. 以评估基准日为时间依据

评估基准日是确认资产评估价值的具体时间，按照这一时点的资产实际情况对资产进行评估。

2. 以现实存在的资产作为确认估价和报告的依据

评估时一般只要求说明资产于评估时点的状况，而不需要说明为什么形成这个状况，以及如何由过去的形态演变成当前的状况，或者如何由现在的状况演变成未来某一时点的状况。

3. 以现实状态为基础反映未来

评估时对未来的预测，必须以现实状态为基础，即通过现实在未来的逻辑延伸来估测资产的现时价值。

4. 以强调客观存在为依据

某一资产如果形式上存在而实际已消失，或者形式上不存在而事实上存在，都要以实际上客观存在的资产为依据进行校正。

（二）市场性

市场性是资产评估不同于会计活动的显著特征。资产评估服务于市场活动，在市场交易活动发生的条件下，根据资产业务的不同性质，通过模拟市场条件对资产价值做出评定估算，并且这一估算结果必须接受市场的检验。

资产评估的市场性表现在以下几个方面：

（1）评估所需的数据来源于市场。在评估资产的市场价值时，一切评估要素均来源于市场。即使是非市场交易业务，其评估也要采用来源于市场的数据。例如，运用成本法评估某外购设备时，重置成本的确定应依据评估基准日现实市场的正常价格，而不能根据购置时享受了一定数额的价格折扣的原始发票确定其重置成本。

(2) 评估专业人员通过模拟市场条件对资产价值进行评定估算。

(3) 评估结果是否有效,必须接受市场的检验。评估结果直接服务于资产业务等经济行为,其有效性直接受市场检验。如果评估价值与成交价格相差悬殊,说明评估结果质量较低。

(三)预测性

预测性是指根据资产在未来的潜能说明现实,这是由资产自身的性质决定的。因为资产是能够在未来为其拥有或控制的主体带来经济利益的资源。现实的资产评估必须反映资产未来的潜能,未来没有潜能和效益的资产,现实评估价值是不存在的。因此,通常用未来预期收益的折现值来反映某资产的现实价值;用预期使用年限和功能,评估某类资产的价值。

(四)公正性

资产评估行为对于评估当事人具有独立性,它服务于资产业务的需要,而不是仅服务于资产业务当事人的任何一方。因此,评估是一种公正的经济行为。

资产评估的公正性表现在以下几个方面:

(1) 资产评估是按照资产评估基本准则和规程进行的,具有严格的行为规范和业务规范要求,这是公正性的技术基础。

(2) 评估机构和评估专业人员是与资产评估业务委托人和其他相关当事人没有利害关系的第三方,这是公正性的组织基础。

(五)咨询性

咨询性是指资产评估是为资产业务提供专业性的估价意见,这个估价意见本身没有强制执行的效力。评估专业人员只对评估结论本身是否符合资产评估执业规范要求负责,而不对资产业务的定价决策负责。

资产评估的咨询性表现在以下几个方面:

(1) 从事资产评估业务的机构应由一定数量和不同类型的专家及专业人士组成。

(2) 评估机构和评估专业人员对资产价值的估计判断是建立在专业知识和经验的基础之上。

(3) 资产评估结果只为资产交易当事人提供作价参考,最终成交价格取决于资产交易双方的谈判结果。

(4) 评估机构和评估专业人员在评估实践中积累了大量的资产价格信息,也可为社会公众提供咨询服务。

四、资产评估的类型

资产评估可以从不同角度进行分类,现行的分类主要从以下三个角度进行:

(1) 从资产评估服务的对象、评估的内容和评估专业人员承担的责任等角度,目前国际上的资产评估主要分为评估、评估复核和评估咨询。评估类似于我国目前广泛进行的为产权变动和资产交易服务的资产评估,它一般服务于产权变动主体。评估复核是指评估机构对其他评估机构出具的评估报告进行的评判分析和再评估。评估咨询指资产评估既可以是评估人员对特定资产的价值提出咨询意见,也可以是评估人员对评估标的物的利用价值、利用方式、利用效果的分析和研究,以及与此相关的市场分析、可行性研究等。

(2)从评估面临条件、评估执业过程中遵循资产评估准则的程度及其对评估报告披露要求的角度,资产评估又可分为完全资产评估和限制性资产评估。完全资产评估指严格遵守资产评估准则的规定进行的资产评估。限制性资产评估指没有完全按照资产评估准则的规定进行的资产评估,需要做更为详尽的说明和披露。

(3)从资产评估对象的构成和获利能力的角度,资产评估分为单项资产评估和整体资产评估。单项资产评估指对单一的、可确指资产的评估。例如,评估公司接受委托评估一辆二手汽车。整体资产评估指对由若干单项可确指资产组成的具有整体获利能力的资产综合体的评估。例如,评估公司接受委托对某企业100%股权价值进行评估。

第二节　资产评估的主体与客体

一、资产评估的主体

资产评估工作政策性强、技术复杂、工作量大。因此,评估需要由合法的评估机构和具备评估资格的评估专业人员来承担。资产评估的主体指从事评估工作的评估机构和评估专业人员,是评估工作的主导者和实际操作者。

(一)资产评估机构

资产评估机构是在市场监管部门登记,在财政部门备案、接受委托执行资产评估业务并独立承担民事责任的合伙形式或公司形式的法人。按照国际惯例和规范的做法,资产评估机构必须具有资产评估资质,评估资质条件一般由评估行业协会和政府行业主管部门根据《资产评估法》等相关规定来制定。

1. 评估机构的设立

评估机构一般采用合伙制或者公司制的形式依法设立。合伙制的评估机构,应当有两名以上评估师,其合伙人三分之二以上应当是具有三年以上从业经历,且最近三年内未受停止从业处罚的评估师。公司制的评估机构,应当有八名以上评估师和两名以上股东,其中三分之二以上股东应当是具有三年以上从业经历,且最近三年内未受停止从业处罚的评估师。评估机构的合伙人或者股东为两名的,两名合伙人或者股东都应当是具有三年以上从业经历,且最近三年内未受停止从业处罚的评估师。设立评估机构时,应当向工商行政管理部门申请办理登记。自领取营业执照之日起三十日内向有关评估行政管理部门备案。评估行政管理部门应当及时将评估机构备案情况向社会公告。

2. 评估机构的权利

(1)依法接受委托。评估业务由评估机构接受资产业务当事人的委托,委托人和评估机构签订评估业务委托书,明确各自的权利和义务。

(2) 承担业务不受地区、行业的限制。只要拥有相应评估资质的评估机构和拥有评估师职业资格证书的评估专业人员,其承担评估业务不受地区、行业的限制。

(3) 有偿服务。评估机构提供评估业务是有偿的,评估机构可按照物价部门规定的评估收费标准和评估机构付出的工作量向委托方收取评估费用。

(4) 有权要求资产占有方如实提供评估所需的各种资料。评估机构有权要求资产业务各方如实提供被评估资产的有关数据资料。如果委托人拒绝提供或者不如实提供执行评估业务所需的权属证明、财务会计信息和其他资料,评估机构有权依法拒绝其履行合同的要求。

(5) 如果委托人要求出具虚假评估报告,或者有其他非法干预评估结果情形的,评估机构有权解除合同。

3. 评估机构的义务

(1) 依法独立、客观、公正地开展评估业务,建立健全质量控制制度。评估机构接受了评估业务后,应委派能胜任该项评估工作的评估专业人员,按照评估操作规范独立、客观、公正地进行评估,并对评估结果负责,保证评估结果的客观、真实、合理。

(2) 履行评估委托合同规定的义务。遵守法律、行政法规和资产评估准则,按评估业务委托书约定的期限尽心尽责、保质保量地如期完成评估工作。

(3) 评估机构执行某项特定业务缺乏特定的专业知识和经验时,应当采取弥补措施,包括利用专家工作及相关报告等。

(4) 对委托方、产权持有者所提供的数据资料和评估结果严格保密。评估机构在执业过程中接触到委托方、产权持有者的经营和财务数据资料,未经委托方、产权持有者同意不得向外披露,以保护委托方、产权持有者的商业秘密。

(5) 评估机构与资产业务当事人有利害关系的应当回避。评估机构在接受评估业务委托和委派评估专业人员时应实行回避制度,以保持形式上和实质上的独立。可能影响独立性的情形通常包括评估机构及其评估专业人员或者其亲属与委托人或者其他相关当事人之间存在经济利益关联、人员关联或者业务关联。这里的亲属是指配偶、父母、子女及其配偶。经济利益关联是指评估机构及其评估专业人员或者其亲属拥有委托人或者其他相关当事人的股权、债权、有价证券、债务,或者存在担保等可能影响独立性的经济利益关系。人员关联是指评估专业人员或者其亲属在委托人或者其他相关当事人担任董事、监事、高级管理人员或者其他可能对评估结论施加重大影响的特定职务。业务关联是指评估机构从事的不同业务之间可能存在利益输送或者利益冲突关系。

(6) 评估机构在执行评估业务过程中,应当与委托人进行必要沟通,提醒评估报告使用人正确理解评估结论。

(7) 评估机构应如实声明其具有的专业能力和执业经验,不对其专业能力和执业经验进行夸张、虚假和误导性宣传。自觉维护职业形象,不从事损害职业形象的活动。

(8) 评估机构应建立健全内部管理制度。对本机构的评估专业人员遵守法律、行政法规和评估准则的情况进行监督,并对其从业行为负责。同时,评估机构应当依法接受监督检查,如实提供评估档案及相关情况。

即问即答

A评估公司接受B公司的委托进行股权价值评估，A评估公司的评估师张华的同学王宏在B公司担任独立董事，张华需要回避吗？

【解析】 不需要。原因如下：评估机构与资产业务当事人有利害关系的应当回避。评估机构在接受评估业务委托和委派评估专业人员时应实行回避制度，以保持形式上和实质上的独立。可能影响独立性的情形通常包括评估机构及其评估专业人员或者其亲属与委托人或者其他相关当事人之间存在经济利益关联、人员关联或者业务关联。这里的亲属是指配偶、父母、子女及其配偶。经济利益关联是指评估机构及其评估专业人员或者其亲属拥有委托人或者其他相关当事人的股权、债权、有价证券、债务，或者存在担保等可能影响独立性的经济利益关系。人员关联是指评估专业人员或者其亲属在委托人或者其他相关当事人担任董事、监事、高级管理人员或者其他可能对评估结论施加重大影响的特定职务。业务关联是指评估机构从事的不同业务之间可能存在利益输送或者利益冲突关系。

4．评估机构执业纪律规范

《资产评估法》第二十条明确规定，评估机构不得有下列行为。

（1）利用开展业务之便，谋取不正当利益。

（2）允许其他机构以本机构名义开展业务，或者冒用其他机构名义开展业务。

（3）以恶性压价、支付回扣、虚假宣传，或者贬损、诋毁其他评估机构等不正当手段招揽业务。

（4）受理与自身有利害关系的业务。

（5）分别接受利益冲突双方的委托，对同一评估对象进行评估。

（6）出具虚假评估报告或者有重大遗漏的评估报告。

（7）聘用或者指定不符合《资产评估法》规定的人员从事评估业务。

（8）违反法律、行政法规的其他行为。

资料卡 1-3

 资产评估执业准则——资产评估委托合同
目标：了解资产评估执业准则——资产评估委托合同

（二）资产评估专业人员

评估专业人员包括评估师和其他具有评估专业知识及实践经验的评估从业人员。评估师是指通过评估师职业资格考试的评估专业人员。

1．评估师资格的取得

按照人力资源和社会保障部公布的《国家职业资格目录（2021年版）》，目前我国评估师分为资产评估师、房地产估价师、矿业权评估师三类。

资产评估师职业资格考试由财政部、人力资源和社会保障部与中国资产评估协会按照《资产评估法》《评估专业人员职业资格制度暂行规定》组织实施,凡参加全国统考,取得评估专业人员职业资格证书的人员,表明其已具备从事资产评估专业岗位工作的职业能力和水平。资产评估师职业资格证书实行登记服务制度,考试合格人员领取职业资格证书后,应当办理评估专业人员职业资格证书登记手续。经登记可以依法从事资产评估业务,签署资产评估报告。

房地产估价师职业资格考试由住房和城乡建设部、自然资源部按照《中华人民共和国城市房地产管理法》组织实施,凡参加全国统考,取得房地产估价师职业资格证书的人员,经注册可以依法从事房地产估价业务和土地估价业务,签署房地产估价报告和土地估价报告。

矿业权评估师职业资格考试由自然资源部、中国矿业权评估师协会按照《资产评估法》《中华人民共和国矿产资源法》《矿产资源勘查区块登记管理办法》《矿产资源开采登记管理办法》《探矿权采矿权转让管理办法》组织实施。矿业权评估师职业资格分为助理矿业权评估师、矿业权评估师两个级别。经全国统一考试合格,取得助理矿业权评估师、矿业权评估师职业资格证书,表明其已具备从事矿业权评估专业技术岗位工作的职业能力和水平。矿业权评估师职业资格证书按从事的专业工作类别,实行登记服务制度。经登记可依法开展矿产地质勘查、储量报告编制、矿山设计、矿业权价值评估等相关工作,并按规定的职业能力要求从事相关业务、签署报告。

2. 评估专业人员的权利

(1) 要求委托人提供相关的权属证明、财务会计信息和其他资料,以及为执行评估程序所需的必要协助。

(2) 依法向有关国家机关或者其他组织查阅评估业务所需的文件、证明和资料。

(3) 拒绝委托人或者其他组织、个人对评估行为和评估结果的非法干预。

(4) 依法签署评估报告。

(5) 法律、行政法规规定的其他权利。

3. 评估专业人员的义务

(1) 诚实守信,勤勉尽责,谨慎从业,依法独立、客观、公正从事评估业务。以客观事实为依据,实事求是地进行分析和判断,拒绝委托人或者其他相关当事人的非法干预。

(2) 遵守评估准则,履行调查职责,独立分析估算,勤勉谨慎从事业务,不直接以预先设定的价值作为评估结论。

(3) 完成规定的继续教育,保持和提高专业能力。取得资产评估师职业资格证书、矿业权评估师职业资格证书的人员,应当按照国家专业技术人员继续教育及资产评估行业管理的有关规定,参加继续教育,不断更新专业知识,提高职业素质和业务能力。房地产估价师应当按照国家专业技术人员继续教育的有关规定接受相应行业组织的继续教育,更新专业知识,提高业务水平。

(4) 对评估活动中使用的有关文件、证明和资料的真实性、准确性、完整性进行核查和验证。

(5) 遵守保密原则,对评估活动中知悉的国家秘密、商业秘密和个人隐私予以保密,不在保密期限内向委托人以外的第三方提供保密信息,除非得到委托人的同意或者属于法律、行政法规允许的范围。

（6）与委托人、其他相关当事人及评估对象有利害关系的，应当回避。

（7）接受行业协会的自律管理，履行行业协会章程规定的义务。

（8）法律、行政法规规定的其他义务。

4. 评估专业人员执业纪律规范

《资产评估法》第十四条明确规定，评估专业人员不得有下列行为：

（1）私自接受委托从事业务、收取费用。

（2）同时在两个以上评估机构从事业务。评估专业人员从事评估业务，应当加入评估机构，并且只能在一个评估机构从事业务。

（3）采用欺骗、利诱、胁迫，或者贬损、诋毁其他评估专业人员等不正当手段招揽业务。

（4）允许他人以本人名义从事业务，或者冒用他人名义从事业务。

（5）签署本人未承办业务的评估报告。

（6）向委托人或其他相关当事人索要、收受或者变相索要、收受合同约定以外的酬金、财物，或者谋取其他不正当利益。

（7）签署虚假评估报告或者有重大遗漏的评估报告。

（8）违反法律、行政法规的其他行为。

（三）资产评估职业道德

职业道德是指评估机构及其评估专业人员开展评估业务应当具备的道德品质和体现的道德行为。为贯彻落实《资产评估法》，规范资产评估机构及其资产评估专业人员职业道德行为，提高职业素质，维护职业形象，保证资产评估执业质量，保护资产评估当事人合法权益和公共利益，在财政部指导下，中国资产评估协会根据《资产评估基本准则》，制定了《资产评估职业道德准则》，并于2017年10月1日起施行。《资产评估职业道德准则》主要内容包括：总则、基本遵循、专业能力、独立性、与委托人和其他相关当事人的关系、与其他资产评估机构及资产评估专业人员的关系、附则。该准则的实施对提高评估服务质量，满足监管需求，提升行业公信力等具有重要意义。职业道德准则要求评估机构及其评估专业人员在执行资产评估业务过程中应当遵循道德品质规范和道德行为规范。职业道德行为规范的精神实质体现在职业理想、职业态度、职业胜任能力、职业良知、职业责任、职业荣誉和职业纪律等方面，是社会道德在资产评估行业中的表现。

职业道德的基本要素包括以下几点：

（1）职业理想。职业理想是人们对职业的选择及职业成就的向往和追求。目前，世界各国对评估师的职业选择普遍采取职业资格准入制度，大部分国家采取了考试的做法，即通过评估师执业资格考试，并经注册登记就能成为执业评估师。这种资格准入考试难以有效地衡量资产评估人员的职业理想，缺乏职业理想的评估人员往往在通过考试获得执业资格后就放松对自身的要求，不再追求业务上进，不再积极提高执业水平。因此，如何有效地衡量和树立职业理想，是评估实践中急需解决的问题。

（2）职业态度。职业态度是职业劳动者对其职业的看法和在工作中采取的行动。评估专业人员的职业态度是否端正，直接影响到资产评估工作效率和服务质量，只有当评估专业人员正确认识到资产评估职业在社会经济活动中所提供的价值鉴定活动的重要性，树立为客户提供专业服务的思想，按照评估行业的规范和工作要求，采取积极的、正确的工作行为，评估工作才能取得较好的效果，评估质量才有可能明显提高。

(3) 职业胜任能力。职业胜任能力是指评估专业人员应具备从事评估职业的专业技能和业务素质，并在专业技能和业务素质范围内承担评估工作业务。只有具备评估职业的相应专业技能和接受专业技能胜任范围内的评估业务，才能出色地履行评估的职业责任，更好地为客户和社会提供专业服务。资产评估是一项涉及面广、综合性强的经济鉴证类社会中介服务，它要求评估专业人员积极参加后续教育，不断更新和提高专业理论知识和业务能力。评估专业人员不能承揽、接受、进行和完成自身业务能力不能胜任的评估业务。

(4) 职业责任。评估专业人员是经济社会中的一个重要角色，享有并行使鉴定、估价的权利，履行相应角色的义务，也要为其行为承担责任。一方面，评估专业人员应按时保质完成与委托方约定的评估任务，做好保密工作，始终坚持职业规范和要求，不违背社会公众利益，正确处理好与同行之间、相关行业之间的各种利益和责任关系；另一方面，评估专业人员需承担评估工作中出现的道德责任和相应的民事、行政、刑事等法律责任。

(5) 职业良知。职业良知是指职业劳动者对职业责任的自觉意识。它建立在职业道德责任感的基础之上，左右着职业道德的各个方面，贯穿于职业行为过程的各个阶段，成为职业劳动者的重要精神支柱。当评估专业人员对自己应承担的职业责任有了一定认识和理解，逐步形成了一种强烈的道德责任感时，自身的职业良知也就确立了。职业良知对评估师的行为起着评判和监督作用。当评估专业人员的行为符合职业道德要求时，它就会在内心给予肯定，使评估专业人员感到愉悦和快乐；当评估专业人员的行为不符合职业道德要求时，它就会在内心给予谴责，使评估专业人员感到内疚和痛苦。评估专业人员的职业良知是一种高尚的道德情操，需要在相当长时间的良好职业习惯中形成。

(6) 职业荣誉。评估专业人员的职业荣誉指评估专业人员在执业过程中形成的职业形象、尊严和良好的声誉，以及为保持其职业形象、尊严和良好声誉应当遵守的有关职业道德行为。一方面，社会会对评估专业人员履行职责的行为做出评价；另一方面，评估专业人员对自己的职业活动所具有的社会价值的自我意识产生的知耻心、自尊心和自律心，使其为保持职业形象、尊严和良好声誉而自觉按照职业责任的要求去遵守有关职业道德行为。

(7) 职业纪律。职业纪律指评估专业人员在执业过程中应遵循的法纪和戒律，主要包括执业准则和国家相关法律法规。职业纪律带有明显的强制性。当评估专业人员违反有关职业纪律时，不仅要受到社会舆论的谴责，而且还会受到行业自律组织对其采取的必要惩戒，甚至可能受到国家法律的追究。

上述七个方面的基本要素并不是彼此孤立存在的，它们之间互相联系、互相作用，共同构成了反映评估专业人员职业道德本质的基本框架，也是评估专业人员职业道德规范的核心内容。

 【拓展阅读】

不论在什么行业，不管身处什么样的社会关系，要想有所成就，通常都需要有钻研的精神、服务的意识、优秀的品质。资产评估承担着发现资产价值、把控资产风险，乃至维护市场经济顺利运行的重要责任。那么，如何成为一名优秀的评估专业人士呢？

第一，优秀的职业道德品质是对评估专业人士最重要的要求。资产评估师和医生、律师、会计师等职业一样，坚守职业道德是基本要求，是第一铁律。不管是机构还是个人，都不能为了获取利益而违背原则，否则付出的代价将可能是自己无法估量的。在评估服务过程中，应该遵纪守法，按照法律法规、估价规范提供服务；应坚持独立、客观、公正的原则，不得向委托方和相关当事人索取约定服务费之外的不正当利益；应保守知悉的商业秘密，未经委托方书面同意，不得对外提供；应勤勉尽责，恪尽职守，竭诚为客户提供服务。

第二，扎实的估价技术是优秀评估专业人士的基石。资产评估专业服务首先是以评估专业技术为基础的服务，若没有扎实的估价技术，就如无源之水、无本之木。越是重大复杂并且需要创新的项目对专业技术能力和估价经验就要求越高，就越需要坚实的估价技术基础。评估专业人员应该树立终身学习的理念，秉持专业精神，坚持估价继续教育的学习，不断锤炼估价技术本领；应加强估价相关专业技术理论知识的学习，扩展知识面；在估价服务过程中，面对技术难题或新问题，不能故步自封，应具有开放的心态，多与行业专家及优秀同行交流探讨，多钻研，进行技术创新，不断适应客户对估价产品需求的新变化；评估专业人员还要在工作中多总结，并且通过论文撰写、课题研究、培训讲课等方式进行技术输出，升华技术水平。

第三，优良的工作作风是优秀评估专业人士的具体体现。资产评估专业人员具有优良的工作作风，首先就要摆正工作态度，谦虚谨慎，用心服务，要树立良好恰当的客户服务意识，当然也要不忘初心，不能一味迎合客户。我们要明白，估价技术是服务于客户对象的，客户服务才是目的，估价技术只是服务客户的手段和工具。评估专业人员之于客户，不是高高在上的裁判官裁判估价对象的价值，而是通过估价技术发现估价对象的价值。其次，要有责任、有担当、有热情，凡事有交代，事事有回音，件件有着落。评估专业人员在接到客户的委托、咨询的时候，力争做到凡是属于本人职责范围内能解决的问题，立即耐心给客户答复、解释；凡是属于本人不能解决的问题，要积极帮助客户问清楚后回复，或帮助客户引荐负责解决问题的同事并督促其回复客户。再次，把简单、高效留给客户，把复杂留给自己。专业人员接到项目后，要快速判断和把握项目的情况，根据项目实际，尽量一次性告知估价所需收集的资料，以及需要的资料的搜集途径和方式等要求。此外，专业人员应具有持续、专注的工作作风，力所能及为客户提供超预期服务或增值服务。评估专业服务需要长期的经验积累，不管是估价技术还是客户服务水平，都需要专业人员在行业扎根下来，专注并热爱工作，经过长期持续地积累沉淀，方能厚积薄发。

第四，优秀评估专业人士还要有良好的个人形象。个人形象是一种无声的语言，会向对方传递很多信息。实际评估服务工作很多都是面对面进行的，评估人员展现在客户面前的形象很重要。工作期间应着正装或商务休闲装，保持着装合体、洁净、平整，不得穿奇装异服；见客户应携带符合商务场合的公文包，公文包不得是腰包，应干净整洁；不得佩戴夸张饰物等。行为举止应该端庄、大方、整洁、得体，不卑不亢。作为评估专业人员，在服务客户的过程中，还要尽量使用估价行业的"法言法语"，展现评估专业人士形象，若有客户不明白的专业术语，要耐心通俗地解释。总之，估价人员作为专业人士，除了遵守基本的商务礼仪外，还要结合估价工作的特点，养成评估专业人士独特的专业形象气质。

资料来源：张浩.如何成为一名优秀的评估专业人士[J].中国资产评估，2023(2).

资料卡 1-4

资产评估职业道德准则
目标：了解资产评估职业道德准则

二、资产评估的客体

（一）资产的概念及特征

资产评估客体是指被评估的对象，即资产。资产是一个具有多角度、多层面的概念，既有会计学中的资产概念，也有经济学中的资产概念，还有其他学科的资产概念。会计学中的资产是指过去的交易或事项形成并由企业拥有或控制的预期会给企业带来经济利益的经济资源。经济学中的资产是指特定经济主体拥有或控制的，具有内在经济价值的实物和无形的权利。资产评估中资产的内涵比较接近于经济学中的资产，即由特定权利主体拥有或控制的并能给特定权利主体带来未来预期收益的经济资源，包括具有内在经济价值及市场交换价值的所有实物和无形的权利。

作为资产评估对象的资产具有以下基本特征：

1. 必须是经济主体拥有或控制的

依法取得财产权利是经济主体拥有并支配资产的前提条件。对于一些以特殊方式形成的资产，经济主体虽然对其不拥有所有权，但依据合法程序能够实际控制的，如融资租入固定资产、土地使用权等，按照实质重于形式原则的要求，应当将其作为经济主体资产予以确认；对于有关定理、公式等，属于社会共有财富，无从判断其价值；对于太阳光、雨水等自然资源，只有被某个经济主体所控制，才能确认为资产。

2. 能够给权利主体带来经济利益

资产能为某一主体带来未来的经济利益，即资产单独或与企业的其他要素结合起来，能够在未来直接或间接地产生净现金流入量。这是资产的本质所在。按照这一特征，判断是否构成资产，一定要看它是否潜存着未来的经济利益。只有那些潜存着未来经济利益的项目才能被确认为资产。资产既可能是一种权利，也可能是一种获利能力。同一资产载体，权利形式不同，则其价值不同，如商标权是一项无形资产，其权利形式包括所有权和许可使用权，这两项权利形式的价值并不相同，所有权的价值往往要高于许可使用权的价值。因此，资产的价值取决于其未来的获利能力，获利能力强，其价值就高。

3. 由以往事项所导致的现时权利

资产是由过去的交易或事项所形成的，即资产必须是现实的资产，而不能是预期的资产。也就是说，资产是过去发生所产生的结果。至于未来的交易或事项及未发生的交易或事项可能产生的结果，则不属于现实的资产，不能作为资产确认。尽管现有一些现象，特别是衍生金融工具的出现，已对"过去发生"提出了挑战，但资产的现实性仍然在实务中得到了普遍接受。

即问即答

阳光、雨水等自然资源是资产吗？

【解析】 资产的一个重要特性是必须是经济主体拥有或控制的,大自然赋予人类的阳光、雨水没有被经济主体拥有或控制的状态下,不是资产。一旦阳光、雨水被某一经济主体拥有或控制了,就成了该经济主体的资产。

（二）资产的分类

作为资产评估客体的资产,可按不同的标准进行分类。

（1）按资产存在的形态可分为有形资产和无形资产。有形资产是指那些具有实物形态的资产,包括机器设备、房屋建筑物、流动资产等。无形资产是指那些没有物质形态而以某种特殊权利和技术知识等经济资源存在并发挥作用的资产。无形资产在很大程度上制约着企业物质产品生产能力和生产质量,直接影响企业经济效益,包括专利权、商标权、专有技术、土地使用权、商誉等。

（2）按资产的构成和是否具有综合获利能力可分为单项资产和整体资产。单项资产是指单台、单件的资产。例如,一台机器、一宗土地、一幢建筑物或一项专利权等。整体资产是指由若干单项资产组成的具有整体获利能力的资产综合体。例如,一家企业、一所学校等。企业的整体资产不是企业各单项可辨认资产的简单汇集,其价值也不等于各单项可确指的资产价值的总额,因为企业整体资产评估所考虑的是它作为一个整体的生产能力或获利能力,所以其评估价值除了包括各单项可确指的资产价值以外,还包括不可辨认的无形资产,即商誉的价值。

（3）按资产的法律意义可分为不动产、动产和合法权利。不动产是指不能离开原有固定位置而存在的资产。例如,自然资源、土地、房屋及附着于土地、房屋上不可分离的部分等。动产是指能脱离原有位置而存在的资产。例如,应收账款、存货、机器设备等。合法权利是指受国家法律保护并能取得预期收益的特权。例如,专利权、商标权、特许经营权等。

（4）按资产能否独立存在可分为可辨认资产和不可辨认资产。可辨认资产是指能够独立存在的资产。例如,有形资产,可以单独对外出租、出售、授予许可、交换的无形资产,包括专利权、非专利技术、商标权、著作权等。不可辨认资产即商誉,是指不能独立存在,且与企业整体或经营实体不可分割的无形资产。由于企业地理位置优越、信誉卓著、生产经营出色、劳动效率高、历史悠久、经验丰富、技术先进等原因,能获得的投资收益率高于一般正常投资收益率所形成的超额收益,它不能脱离企业的有形资产单独存在,所以称为不可辨认资产。

（5）按资产与生产经营的关系可分为经营性资产和非经营性资产。经营性资产是指处于生产经营过程中的资产。例如,机器设备、厂房等。非经营性资产是指处于生产经营以外的资产。例如,食堂、招待所等。

（三）资产法律权属

资产法律权属是指作为资产评估对象的资产的所有权和与所有权有关的其他财产权利。资产评估的目的是对资产评估对象价值进行估算，并发表专业意见。因此，资产的法律权属对理解评估结论有重大影响。在评估实务中，委托人和其他相关当事人应对资产的法律权属负责，依法提供资产评估对象法律权属等资料，并保证其真实性、完整性、合法性。资产法律权属确认或者发表意见不属于评估专业人员的执业范围，评估专业人员不得对资产评估对象的法律权属提供保证。

在执行资产评估业务时，应对委托人和其他相关当事人提供的资产评估对象法律权属资料进行核查验证，并对核查验证情况予以披露。对资产法律权属资料核查验证的方式，通常包括核对原件与复印件的一致性、通过公开的信息渠道进行查询、到相关产权登记部门现场查询等。评估对象是股权的，应按照重要性原则，对相关资产的法律权属资料进行核查验证。超出评估专业人员能力的核查验证事项，评估专业人员可以委托或要求委托人委托律师事务所等相关机构出具专业意见。无法核查验证的事项，可以根据其对评估结论的影响程度采取在资产评估报告中披露等措施，直至终止执行资产评估业务。

在执行资产评估业务时，对于法律权属不清、存在瑕疵、权属关系复杂、权属资料不完备的资产评估对象，评估专业人员应当对其法律权属予以特别关注，要求委托人和其他相关当事人提供承诺函或者说明函予以充分说明。资产评估机构应当根据前述法律权属状况可能对资产评估结论和资产评估目的所对应经济行为造成的影响，考虑是否受理资产评估业务。评估专业人员发现委托人和其他相关当事人提供虚假的法律权属资料，或者委托人和其他相关当事人拒绝或者无法提供执行评估业务必要的权属证明，评估机构有权依法拒绝其履行合同的要求。

评估专业人员以设定产权为前提进行资产评估，应对资产法律权属和设定产权前提予以充分披露。评估专业人员应在工作底稿中，保存委托人和其他相关当事人提供的资产法律权属资料、核查验证情况及其他相关说明材料，在资产评估报告中描述资产的法律权属，如果资产法律权属存在瑕疵，予以披露。

❓ 即问即答

在执行资产评估业务时，评估专业人员应对评估对象的法律权属负责吗？

【解析】 不需要。在评估实务中，委托人和其他相关当事人应对资产的法律权属负责，依法提供资产评估对象法律权属等资料，并保证其真实性、完整性、合法性。资产法律权属确认或者发表意见不属于评估专业人员的执业范围，评估专业人员不得对资产评估对象的法律权属提供保证。

资料卡 1-5

资产评估对象法律权属指导意见
目标：了解资产评估对象法律权属指导意见

（四）资产价格与评估价值

资产价格与评估价值都是资产价值的表现形式,由资产的使用价值或未来预期收益所决定,资产的效用或未来现金流是确定评估价值与资产价格的基础因素。在评估实务中,资产价值是一个理论值或理想值,即资产的内在价值或客观价值,评估价值是评估专业人员根据特定的价值类型,在特定的时间点,对资产价值的估计。例如,采用市场法进行评估,通过对与被评估资产相类似或相近资产的交易价格进行分析和调整来实现,相类似或相近资产交易价格的可靠性与可比性就会影响评估价值的合理性和准确性。在实际的资产交易活动与资产处置实践中,由于交易或处置涉及当事人的知识、能力等存在缺陷,其中一方或双方会通过对拟交易资产委托评估,借助评估专业人员的知识、能力来认识交易资产的价值,这样资产评估价值在一定程度上影响资产价格。正是评估价值与交易价格的这种联系,使得人们将评估价值作为在资产交易活动中定价的主要参考依据。

评估价值反映的是在模拟市场环境中资产的交易价格,是一个主观的价值估算数,有预测作用,资产评估力求揭示资产的公允价值。影响评估价值的因素主要来自于评估过程中相关因素,如评估目的、价值类型、评估方法、评估专业人员的执业水平及执业环境等方面。资产价格是一个现实存在的历史数据或事实,是交易行为中特定买方和卖方对资产实际支付或收到的货币数额,反映的是交易双方在目前市场条件下对交易资产价值的评判,其价格形式不一定具有公允性。资产价格的影响因素主要来自于资产交易或处置行为涉及的双方当事人的经济实力、知识水平、信息获取能力、讨价还价能力、心理因素、市场条件、供求关系及价款支付方式等方面。

资产价格与评估价值都是资产价值的表现形式,都受资产内在价值的制约。在完全市场条件下,假定资产交易双方自愿和精明,并排除评估技术上存在的障碍和困难,两者结果应该趋于一致,均等同于资产的真实价值,即公允价值。正是这个事实的存在,才使得资产评估有存在的必要,并可能作为资产交易活动中资产定价的重要依据。然而,在现实中,由于完全理想的市场条件并不存在或存在的可能性较小,评估技术也存在一些障碍,交易双方不可能完全自愿或精明,使得评估价值与资产价格存在偏差。资产评估的目标就是判定评估对象的价值尽可能接近公允价值,而不是评估对象的实际成交价格。

从价值与价格的关系看,在现实经济生活中,价格围绕价值上下波动,价格与价值相同极为罕见。一般情况下,在需求小于供给时,资产价格小于资产价值;在需求大于供给时,资产价格大于资产价值。从评估价值与资产价格的角度分析,评估价值只是在一定假设条件下对资产价值的模拟计算,并将计算结果作为资产价格的参考依据。

第三节　资产评估价值类型与评估目的

一、资产评估价值类型

资产的价值不是一个静态的概念,任何资产的价值都依赖于随时间变化而变化的因素,如经济环境、资产的潜在用途、估价的基准、资产的地理位置、资产的相对稀缺性、替代物的价值、所有权状况、资产的流动性、资产的物理状况等。因此,资产的价值并不是一个确定值,它反映了特定环境下与资产有关的利益各方的市场观念。由于评估目的、资产的用途和市场环境不同,因而出现了不同的价值判断标准,即资产的价值类型。按不同的价值类型评估,得到的资产评估结果不一定相同。

(一)价值类型及其定义

根据《资产评估价值类型指导意见》,资产价值类型包括市场价值和市场价值以外的价值类型。

1. 市场价值

市场价值是指自愿买方和自愿卖方在各自理性行事且未受任何强迫的情况下,评估对象在评估基准日进行正常公平交易的价值估计数额。

2. 市场价值以外的价值

市场价值以外的价值类型包括投资价值、在用价值、清算价值、残余价值等。投资价值是指评估对象对于具有明确投资目标的特定投资者或某一类投资者所具有的价值估计数额,也称特定投资者价值;在用价值是指将评估对象作为企业组成部分或要素资产按其正在使用方式和程度及其对所属企业、资产组的贡献的价值估计数额;清算价值是指在评估对象处于被迫出售、快速变现等非正常市场条件下的价值估计数额;残余价值是指机器设备、房屋建筑物或者其他有形资产等的拆零变现价值估计数额。

在资产评估实务中,对一些特定的评估业务,如以抵(质)押为目的的评估业务、以税收为目的的评估业务、以保险为目的的评估业务、以财务报告为目的的评估业务等,其评估结论的价值类型可能会受到相关法律、行政法规或合同的约束,这些评估业务的评估结论应当按照相关法律、法规或者合同的规定选择评估结论的价值类型;法律、法规或者合同没有规定的,可以根据实际情况选择市场价值或市场价值以外的价值类型,并予以定义。

 即问即答

资产评估中的市场价值基础是什么?

【解析】　资产评估中的市场价值基础体现在以下三个方面:

(1) 产权变动类的资产评估特定目的是资产市场价值评估的基础条件之一。

(2) 资产的市场价值评估对资产自身功能及使用状态也有要求。在一般情况下,要求资产具有独立功能、可独立交易转让,且资产功能有通用性或用途多样性。资产的市场价值应该是所具有的诸种用途中效用最高用途的货币反映。

(3) 资产的市场价值通常产生于公开市场中。

(二)价值类型的选择和使用

评估专业人员在评估实务中选择和使用价值类型时,应当充分考虑评估目的、市场条件、评估对象的利用方式、功能和状态等自身条件因素以及价值类型与评估假设的相关性。在满足各自定义及相应使用条件的前提下,市场价值和市场价值以外的价值类型的评估结论都是合理的。

由于评估方法是估计和判断市场价值和市场价值以外的价值类型评估结论的技术手段,因此,某一种价值类型下的评估结论可以通过一种或者多种评估方法得出。

在执行资产评估业务时,如果对市场条件和评估对象的使用等并无特别限制和要求,通常应当选择市场价值作为价值类型。值得注意的是,同一资产在不同市场的价值可能存在差异。如果资产评估业务针对的是特定投资者或者某一类投资者,并在评估业务执行过程中充分考虑并使用了仅适用于特定投资者或者某一类投资者的特定评估资料和经济技术参数,通常应当选择投资价值作为评估结论的价值类型。如果评估对象是企业或者整体资产中的要素资产,并在评估业务执行过程中只考虑了该要素资产正在使用的方式和贡献程度,没有考虑该资产作为独立资产所具有的效用及在公开市场上交易等对评估结论的影响,通常选择在用价值作为评估结论的价值类型。如果评估对象面临被迫出售、快速变现或者评估对象具有潜在被迫出售、快速变现等情况,通常应当选择清算价值作为评估结论的价值类型。如果评估对象无法使用或不宜整体使用,通常应当考虑评估对象的拆零变现,并选择残余价值作为评估结论的价值类型。

在执行以抵(质)押为目的的资产评估业务时,应当根据相关法律、行政法规及金融监管机关的规定选择评估结论的价值类型;相关法律、行政法规及金融监管机关没有规定的,可以根据实际情况选择市场价值或者市场价值以外的价值类型作为抵(质)押物评估结论的价值类型。

在执行以税收为目的的资产评估业务时,应当根据税法等相关法律、行政法规的规定选择评估结论的价值类型;相关法律、行政法规没有规定的,可以根据实际情况选择市场价值或者市场价值以外的价值类型作为课税对象评估结论的价值类型。

在执行以保险为目的的资产评估业务时,应当根据《中华人民共和国保险法》等相关法律、行政法规和合同规定选择评估结论的价值类型;相关法律、行政法规或者合同没有规定的,可以根据实际情况选择市场价值或者市场价值以外的价值类型作为保险标的物评估结论的价值类型。

在执行以财务报告为目的的资产评估业务时,应当根据会计准则或者相关会计核算与披露的具体要求、评估对象等相关条件明确价值类型。会计准则规定的计量属性可以理解为相对应的资产评估价值类型。

企业会计准则等相关规范涉及的主要计量属性及价值定义包括公允价值、现值、可变现净值、重置成本等。在符合会计准则计量属性规定的条件时,会计准则下的公允价值等同于市场价值类型;会计准则涉及的现值、可变现净值、重置成本等可以理解为市场价值或者市场价值以外的价值类型。

(1)公允价值。公允价值是指资产在评估基准日的公开市场上的交易价格。在公平交易中,熟悉情况的买卖双方地位平等,双方充分、合理地拥有全部的相关信息,且双方都是理智的经济人的情况下自愿进行资产交换或者债务清偿的价格。

(2)现值。现值是指对未来现金流量以恰当的折现率进行折现后的价值,是考虑货币时间价值因素的一种计量属性。在现值计量下,资产按照预计从其持续使用和最终处置中所产生的未来净现金流入量的折现金额计量。负债按照预计期限内需要偿还的未来净现金流出量的折现金额计量。

（3）可变现净值。可变现净值是指在正常生产经营过程中以预计售价减去进一步加工成本和销售所必需的预计税金、费用后的净值。在可变现净值计量下，资产按照其正常对外销售所能收到现金或者现金等价物的金额扣减该资产至完工时估计将要发生的成本、估计的销售费用及相关税金后的金额计量。

（4）重置成本。重置成本又称现行成本，是指按照当前市场条件，重新取得同样一项资产需支付的现金或现金等价物金额。在重置成本计量下，资产按照现在购买相同或相似资产所需支付的现金或现金等价物的金额计量。负债按照现在偿付该项债务所需支付的现金或现金等价物的金额计量。

资产评估专业人员协助企业进行资产减值测试，应关注评估对象在减值测试日的可回收价值、资产预计未来现金流量的现值及公允价值减去处置费用的净额之间的联系及区别。

可回收价值等于资产预计未来现金流量的现值或公允价值减去处置费用的净额孰高者。在已确信资产预计未来现金流量的现值或公允价值减去处置费用的净额其中任何一项数值已经超过所对应的账面价值，并通过减值测试的前提下，可以不必计算另一项数值。

计算资产预计未来现金流量的现值时，对资产预计未来现金流量的预测应基于特定实体现有管理模式下可能实现的收益。预测一般只考虑单项资产或资产组内主要资产项目在简单维护下的剩余经济年限，即不考虑单项资产或资产组内主要资产项目的改良或重置；资产组内资产项目于预测期末的变现净值应当纳入资产预计未来现金流量现值的计算。

计算公允价值减去处置费用的净额时，会计准则允许直接以公平交易中销售协议价格，或者与评估对象相同或相似资产在其活跃市场上反映的价格，作为计算公允价值的依据。当不存在相关活跃市场或缺乏相关市场信息时，资产评估专业人员可以根据企业以市场参与者的身份，对单项资产或资产组的运营做出合理性决策，并适当地考虑相关资产或资产组内资产有效配置、改良或重置前提下提交的预测资料，参照企业价值评估的基本思路及方法，分析及计算单项资产或资产组的公允价值。计算公允价值减去处置费用的净额时，应根据会计准则的具体要求合理估算相关处置费用。

净重置成本是指现在购买相同或相似资产所需支付现金或现金等价物的预计金额减去体现相关贬值因素的预计金额，贬值因素主要包括实体性贬值、功能性贬值及经济性贬值。

资料卡 1-6

资产评估价值类型指导意见
目标： 了解资产评估价值类型指导意见

资料卡 1-7

以财务报告为目的的评估指南
目标：了解以财务报告为目的的评估指南

二、资产评估目的

评估目的通常是指资产评估报告和评估结论的预期用途。评估目的说明为什么要进行资产评估，评估结果是为何种资产业务服务。评估目的是资产评估业务的基础，它不仅决定了评估价值类型的选择，而且在一定程度上制约着评估程序和评估方法的选择。

（一）资产评估一般目的

资产评估一般目的是由资产评估的性质及其基本功能决定的。资产评估作为一种专业人士对特定时点及特定条件约束下资产价值进行估计和判断的社会中介活动，一经产生就具有为委托人及资产交易当事人提供合理的资产价值咨询意见的功能。不论是资产评估的委托人，还是与资产交易有关的当事人，所需要的无非是评估专业人员对资产在一定时点及一定约束条件下公允价值的判断。资产评估所要实现的一般目的是确定资产在评估时点的公允价值。

公允价值是资产最客观、最真实的价值。无论是购买者还是出售者都有足够的时间充分了解或展示资产的各种属性，而且买卖双方都是理性的投资者，根据资产预期的未来收益确定其价值。公允价值的市场环境条件类似于普通商品的完全竞争市场，同类资产或同等效能的可替代资产很多，不能形成卖方垄断；同时市场上也存在大量的现时或潜在的购买者，并且资产有充分长的公布时间，足以吸引和激发这些购买者的购买欲望，也不能形成买方垄断。因此，公允价值是买卖双方都愿意接受的公平价值。

公允价值是资产在评估基准日出售所能实现的价格，但它并不依赖于在评估基准日发生的一次真实交易。它是资产交易时买卖双方都认可的价格，买卖各方此前都有时间充分了解其他的市场机会和有关情况。由于市场是多变的，评估专业人员在评估时需考虑获取的数据是否反映和符合公允价值的标准。在价格急剧变化的市场不稳定时期，经济的剧烈变化将产生不稳定的市场数据。如果不恰当地强调历史信息或对未来市场作无根据的假定，对资产的评估存在高估或低估的风险。在一个衰落的市场，可能没有大量的"自愿出售者"，一些交易可能受到财务或其他因素的影响减少或消除了资产所有者出售的意愿。评估专业人员必须考虑上述市场条件下的一切相关因素，并着重考虑他们认为适当反映市场状况的单个交易，判断这些交易在多大程度上满足公允价值定义的要求以及对这些数据应有的重视程度。

公允价值是通过反映资产的性质和资产在公开市场交易最可能情况的评估方法和程序评定的。估算资产的公允价值时，评估专业人员需要确定资产的最佳或最可能使用状态。公允价值评估最普遍的方法包括成本法、市场法和收益法。所有的公允价值评估方法、技术和程序，如果适用并且正确适当的应用，在来自市场标准的基础下将得到公允市场价值的共同表述。

值得注意的是,在异常情况下,公允价值可能是负值。这些情况包括某些租用资产、特定资产、清理费用超过其价值的废旧资产、受环境污染影响的资产及其他。

(二)资产评估特定目的

随着现代商品经济的发展,资产业务的种类日益增多,资产评估的目的也呈现出多样性。通常,把资产业务对评估结果用途的具体要求称为资产评估的特定目的。目前,我国资产评估实践中的资产业务主要包括以下几个方面。

1. 资产转让

资产转让指资产拥有单位有偿转让其拥有的资产,通常是指转让非整体性资产的经济行为。

2. 企业兼并、出售与联营

企业兼并是指一个企业以承担债务、购买、股份化和控股等形式有偿接受其他企业的产权,使被兼并方丧失法人资格或改变法人实体的经济行为。

企业出售指独立核算的企业或企业内部的一部分及其他整体资产产权出售的行为。

企业联营指国内企业、单位之间以固定资产、流动资产、无形资产及其他资产投入组成各种形式的联合经营实体的行为。通过资产评估,确定兼并、联营以后公平合理的产权结构,为经营管理和收益分配提供依据。

3. 企业清算

企业清算前需对企业的全部资产负债进行评估,评估结果一方面可作为企业清偿债务的依据,另一方面便于确定股东所应得资产份额。

4. 股份制经营

在新建股份制企业时,投资者可以货币、实物及无形资产等出资,在以实物、无形资产出资时,需对其进行价值评估,目的在于确定每个投资者的出资比例,确保投资者各方的权益。在实行股份制经营的过程中,如法人持股、内部职工持股、向社会发行不上市股票和上市股票等行为,需通过资产评估确定企业的净资产。

5. 中外合资、合作

我国的企业和其他经济组织与外国企业和其他经济组织或个人在我国境内举办合资或合作经营企业,需对出资的实物、无形资产进行评估。

6. 资产抵押或担保

当借款人以资产作抵押,向银行或其他金融机构申请贷款,或者以资产作抵押,为他人的经济行为作担保时,需对用作抵押或担保的资产进行评估,以便确定抵押物或担保物能否满足被抵押或被担保的要求。

7. 债务重组

债权人按照其与债务人达成的协议或法院的裁决同意债务人修改债务条件,需对标的资产进行评估,明确其价值。

8. 企业租赁

产权持有者在一定期限内,以收取租金的形式,将企业全部或部分资产的经营使用权转让给其他经营使用者,需评估经营权的未来现金流量。

9. 保险公估

企业或其他经济行为主体参加财产保险(如火灾保险)、意外事故保险时,需要对其资产进行评估,评估结果既可作为缴纳保费的依据,也是事故发生时保险公司赔偿的法律依据。

10. 财产纳税

在房屋建筑物、土地使用权等不动产的产权转移过程中,涉及增值税、个人所得税、土地增值税、契税等税种的征收,税务机关为了防止税收的流失,需对房屋建筑物、土地使用权等进行税基评估,以公正的市场价值作为计税依据。

资产评估特定目的是界定评估对象的基础。任何一项资产业务,无论产权是否发生变动,它所涉及的资产范围必须接受资产业务本身的制约。资产评估委托方正是根据资产业务的需要确定资产评估的范围,评估专业人员不仅要对该范围内的资产权属予以说明,而且要对其价值做出判断。资产评估特定目的不仅是某项具体资产评估活动的起点,同时它又是资产评估活动所要达到的目标。资产评估特定目的贯穿于资产评估的全过程,影响着评估专业人员对评估对象的界定、资产价值类型的选择等,它是评估专业人员在进行具体资产评估时必须首先明确的基本事项。

三、价值类型与评估目的的关系

资产评估特定目的对于资产评估的价值类型选择具有约束作用。特定资产业务决定了资产的存续条件,资产价值受制于这些条件及其可能发生的变化。评估专业人员在进行具体资产评估时需根据具体的资产业务的特征选择与之相匹配的评估价值类型。按照资产业务的特征与评估结果的价值属性一致性原则进行评估,是保证资产评估趋于科学、合理的基本前提。

值得注意的是,在不同时期、地点及市场条件下,同一资产业务对资产评估结果的价值类型的要求也会有差别。这表明,引起资产评估的资产业务对评估结果的价值类型要求不是抽象的和绝对的,每一类资产业务在不同时间、地点和市场环境中的发生,对资产评估结果的价值类型要求不是一成不变的。也就是说资产业务本身的属性因时间、地点及市场环境的变化而确定。所以,把资产业务的属性绝对化,或是把资产业务与评估结果的价值类型关系固定化都是不可取的。

资产评估结果的价值类型与评估特定目的相匹配、相适应,指的是在具体评估操作过程中,评估结果价值类型要与已经确定了的时间、地点、市场条件下的资产业务相匹配、相适应。任何事先划定的资产业务类型与评估结果的价值类型相匹配的固定关系或模型都可能偏离或违背客观存在的具体业务对评估结果价值类型的内在要求。即资产的业务类型是影响甚至是决定评估结果价值类型的一个重要的因素,但不是唯一的因素。评估的时间、地点、评估时的市场条件、资产业务各当事人的状况及资产自身的状态等,都可能对资产评估结果的价值类型起影响作用。

关于价值类型的选择与资产评估目的关系可从以下两个方面来认识和把握。

（一）评估目的对选择价值类型的要求

资产评估价值类型是资产评估结果的属性及其表现形式，价值类型的选择应受到评估目的等相关条件的制约，或者说价值类型是在评估目的等相关条件的基础上形成的。有什么样的评估条件基础就应该有与之相适应的评估结果属性及其表现形式。可以说，资产评估目的等相关条件构成了资产评估的价值基础。

资产评估特定目的作为资产评估价值基础的条件之一，是因为资产评估特定目的不但决定着资产评估结果的具体用途，而且会直接或间接地在宏观层面上影响着资产评估的过程及其运作条件，包括对评估对象的利用方式和使用状态的宏观约束，以及对资产评估市场条件的宏观限定。相同的资产在不同的评估特定目的下可能会有不同的评估结果。

除资产评估特定目的外，构成资产评估价值基础的相关条件主要有两个方面：一是资产自身的功能、利用方式和使用状态；二是评估时的市场条件。资产自身的功能、使用方式和利用状态是资产自身的条件，是影响评估价值的内因。从某种意义上讲，资产自身的条件对其评估价值具有决定性的影响，不同功能的资产会有不同的评估结果，使用方式和利用状态不同的相同资产也会有不同的评估结果。评估时所面临的市场条件及交易条件，是资产评估的外部环境，是影响资产评估结果的外部因素。在不同的市场条件下或交易环境中，即使是相同的资产也会有不同的评估结果。

资产评估目的作为资产评估结果的具体用途，以及对资产评估运作条件起宏观约束作用的因素，与决定资产评估价值的内因和外因的评估对象自身条件，以及评估时的市场条件共同构成了资产评估的价值基础。这三大因素的不同排列组合，便构成了不同价值类型的形成基础。

（二）价值类型对实现评估目的的保障

资产评估价值类型的合理选择是实现评估目的，满足评估相关条件的重要途径和手段。资产评估目的分为一般目的和特定目的，一般目的是对各种条件下资产的公允价值做出判断；特定目的是一般目的的具体化，其实质是判断特定条件下或具体条件下资产的公允价值。

资产评估中的公允价值不是一个确定不变的值，而是一个相对值。当该资产处于正常使用及正常市场条件下时，有一个与此条件相对应的合理价值，当该资产处于非正常使用及非正常市场条件下时，也有一个与之相对应的合理价值。当然，这样的排列组合会很多，相应的合理价值也会很多。尽管对具体资产而言，不同条件下的合理价值各不相同，但是它们有一个共同的特点，即相对于它们各自面对的条件都是合理和公允的。资产评估中的公允价值与评估条件的相对性和相关性决定了资产评估中的公允价值的相对性质；资产评估中的公允价值的相对性质又决定了资产评估中的公允价值具有抽象性和高度概括性。在资产评估实践中，还需将其具体化。

正是由于资产评估特定目的及其特定条件下资产公允价值的多样性、复杂性和难以把握性，设计、选择并利用科学合理的资产评估价值类型为评估人员把握资产评估特定目的及其特定条件下的公允价值就显得十分重要。而市场价值和市场价值以外的价值的分类，以及该价值类型分类所包含的具体价值表现形式，不仅仅是根据资产评估目的等相关条件的被动选择，它们对于实现评估目的，特别是把握资产评估中的公允价值具有极其重要的作用。这种作用突出表现在资产评估的市场价值上。由于市场价值与市场价值以外的价值之间的特殊关系，市场价值及其成立条件是这种价值类型分类的基准，确立了市场价值及其成立的条件，就等于明确了市场价值以外的价值及其成立条件。明确了市场价值在资产评估中的作用，也就容易把握市场价值以外的价值及其具体价值形式在资产评估中的作用。市场价值在资产评估中的作用主要体现在以下几个方面：

1. 市场价值是资产评估中公允价值的坐标

资产评估中的公允价值与市场价值是两个不同层次的概念。公允价值是一个一般层次的概念，它包括了正常市场条件和非正常市场条件两种情况下的合理评估结果；而市场价值只是正常市场条件下资产处在最佳使用状态下的合理评估结果（凡是不满足市场价值成立条件的其他合理评估结果都是另外一种价值类型——非市场价值）。相对于公允价值和市场价值而言，市场价值更为具体，条件更为明确，在实践中评估人员更容易把握。由于市场价值概念的明晰性和可把握性，资产评估中的市场价值能够成为资产评估公允价值的坐标和基本衡量尺度。而市场价值由于其自身优越的条件也确实能够起到这种作用：①市场价值是正常市场条件下的公允价值，正常市场条件容易理解、容易把握；②市场价值是资产正常使用（最佳使用）状态下的价值，正常使用（最佳使用）也容易理解和把握；③资产评估结果只有两大类价值类型，市场价值和市场价值以外的价值，明确了市场价值也就容易把握市场价值以外的价值，并根据评估对象自身的状况及使用方式和状态偏离资产正常使用（最佳使用）的程度，以及评估时市场条件偏离正常市场条件的程度去把握市场价值以外的价值量及其具体价值形式；④市场价值是资产评估中最为典型的公允价值，市场价值的准确定位是准确把握市场价值以外的价值的基础，也是准确把握公允价值的基础。

由于市场价值自身的特点，包括国际评估准则委员会在内的资产评估界广泛使用市场价值概念，并把资产评估中的市场价值作为衡量资产评估结果公允公正的基本尺度和标准。换一个角度来看，也正是定义了资产评估中的市场价值，才使得较为抽象的资产评估公允价值得以把握和衡量。公允价值才能够成为可操作的资产评估的基本目标。在评估实务中之所以反复强调理解和把握资产评估市场价值的重要性，不仅仅因为它是一种重要的价值类型，更重要的是，它是认识、把握和衡量资产评估结果公允性的基本尺度和坐标。从理论研究的角度，人们可以根据不同的标准将资产评估结果划分为若干种价值类型。但是，从评估专业人员理解和把握资产评估基本目标的角度看，将资产评估结果划分为市场价值和市场价值以外的价值是最有实际意义的。在资产评估基本准则中选择市场价值和市场价值以外的价值作为资产评估的基本价值类型正是对资产评估运作规律的一种抽象和概括。

2. 市场价值相对合理和公允

市场价值在其评估所依据的市场范围内，对任何交易当事人都是相对合理和公允的，而市场价值以外的价值的相对合理公平性则受某些条件严格限制。

即问即答

资产评估的价值类型是否直接受制于评估目的?

【解析】　是的。资产评估价值类型是资产评估结果的属性及其表现形式,价值类型的选择应受到评估目的等相关条件的制约,或者说价值类型是在评估目的等相关条件的基础上形成的。

第四节　资产评估假设与原则

一、资产评估假设

由于存在认识客体的无限变化和认识主体有限能力的矛盾,人们不得不依据已掌握的数据资料对某一事物的某些特征或全部事实做出合乎逻辑的推断。这种依据有限事实,通过一系列推理,对所研究的事物做出合乎逻辑的假定说明就叫假设。资产评估与其他学科一样,其理论体系和方法体系的确立是建立在一系列假设基础之上的。评估专业人员在现实普遍认知的基础上,依据客观事实及事物发展的规律与趋势,通过逻辑推理,对评估结论的成立所依托的前提条件或未来可能的发展状况做出的合理的推断或假定。交易假设、公开市场假设、持续使用假设和清算假设是资产评估中的基本假设前提。

(一)交易假设

交易假设是假定待评估资产已经处在交易过程中,评估专业人员根据资产的交易条件模拟市场进行估价。交易假设是资产评估得以进行的一个最基本的前提假设。

众所周知,资产评估是在资产交易业务发生之前,对准备交易的资产在某一时点的价值进行评定估算的经济行为,评估价值是资产交易的重要参考依据。为了发挥资产评估在资产实际交易之前为委托人和其他相关当事人提供资产交易底价的专家判断的作用,同时又能够使资产评估得以进行,利用交易假设将被评估资产置于"市场交易"当中,模拟市场进行评估显得十分必要。

交易假设一方面为资产评估得以进行创造了条件;另一方面,它明确限定了资产评估外部环境,即资产被置于市场交易之中。资产评估不能脱离市场条件而孤立的进行。

(二)公开市场假设

公开市场假设就是假定比较完善的公开市场存在,被评估资产将要在这样的市场中进行交易。公开市场指具有充分发育与完善的市场条件,是一个有自愿的买者和卖者的竞争性市场。在这个市场上,买者和卖者的地位是平等的,彼此都有获得足够市场信息的机会和时间,买卖双方的交易行为都是在自愿的、理智的,而非强制或不受限制的条件下进行的。公开市场是有范围的,可以根据实际评估业务确定其范围。资产的交换价值受市场机制的制约并由市场行情决定,而不是由个别交易决定。

凡是能够在公开市场上交易,用途较为广泛或通用性较强的资产,都可以考虑使用公开市场假设进行评估。其他假设（持续使用假设和清算假设）都是以公开市场假设为基本参照。

（三）持续使用假设

持续使用假设是指资产在一定市场条件、工作环境和利用方式下继续使用，包括按现行用途继续使用或改变用途继续使用，原地继续使用或移地继续使用。

现行用途继续使用，是指资产将按当前的使用用途持续使用。即处于使用中的被评估资产在产权发生变动或资产业务发生后，将按其现行正在使用的用途及方式继续使用。例如，某发电设备在产权发生转移后，继续投入生产使用。

改变用途继续使用，是指被评估资产在产权发生变动或资产业务发生后不再按当前用途使用，而是改变为其他用途继续使用。例如，某建筑物，原来是厂房，在产权发生转移后，改为商场继续使用。

原地继续使用，是指资产将保持在原所在地或原安装地继续使用。

移地继续使用，是指资产不在原所在地或原安装地继续使用，而是改变使用地点在其他地方继续使用。即被评估资产在产权发生变动或资产业务发生后，改变资产现在的空间位置，转移到其他空间位置继续使用。例如，某成套流水线或整个企业搬迁后，按现行用途或改变用途继续使用。

对于可持续使用资产的评估与不能持续使用资产的评估，及不同情况下的持续使用资产的评估，往往分属于不同性质的资产业务，具体评估过程中考虑的因素不完全相同，评估结果自然也不同。例如，对一台可持续使用的处于在用状态的发电设备，一般采用成本法评估其处于在用状态的重置价值，包括该设备的购买价格或制造成本、运输费用及安装调试费等。但是，对于一台企业不适用的发电设备，由于是其他企业无法继续使用的专用设备，只能将其拆零出售，以市场法评估其零部件的残值，并且还需扣除拆零费用。这两种状态下的评估结果显然不同。

在采用持续使用假设时，需要考虑以下两个条件：一是资产尚有显著的剩余使用寿命，并能够满足所有者经营上的期望收益；二是资产能否通过改变用途实现最佳效用，改变用途在法律上是否允许、在经济上是否可行。

 即问即答

在评估一幢厂房时，什么情况下可以采用持续使用假设？

【解析】　在采用持续使用假设时，需要考虑以下两个条件：一是资产尚有显著的剩余使用寿命，并能够满足所有者经营上的期望收益；二是资产能否通过改变用途实现最佳效用，改变用途在法律上是否允许、在经济上是否可行。

（四）清算假设

清算假设是指资产所有者在某种压力下，如企业破产、资产抵押权实施等，将被迫以协商或拍卖方式，强制将资产整体或拆成部分出售。

清算假设是对资产在非公开市场条件下被迫出售或快速变现条件的假定说明，它是基于被评估资产面临清算或具有潜在的被清算的事实或可能性,再根据相应数据资料推定被评估资产处于被迫出售或快速变现的状态。由于清算假设假定被评估资产处于被迫出售或快速变现的条件下,被评估资产的评估值通常要低于在公开市场假设前提下或持续使用假设前提下同样资产的评估值。因此,在清算假设前提下的资产评估结果的适用范围是非常有限的。

清算假设下的资产交易与公开市场假设下的资产交易有两点显著区别:一是交易双方的地位不平等,卖方是非自愿地被迫出售;二是交易被限制在较短的时间内完成。因此,在清算假设下,资产的价格往往明显低于持续使用假设或公开市场假设下的价格。

二、资产评估的原则

(一)工作原则

资产评估机构及其评估专业人员开展评估业务,应当遵守法律、行政法规和评估准则,遵循独立、客观、公正的原则,在执业过程中应当勤勉尽责,提供专业服务。当然,评估机构及其评估专业人员依法开展评估业务,受法律保护。

1. 独立性原则

独立性原则指评估主体和评估业务的当事人双方不能有任何的利益关系,即资产评估机构应始终坚持第三者立场,不为资产业务当事人的利益所影响。它包含两层含义:一是评估机构本身是一个独立的社会公正性机构,与资产业务各方当事人没有经济利益和利害关系;二是评估专业人员在执业过程中不受资产业务各方当事人及外界的意图及压力的影响,从形式上和实质上始终保持独立的第三者身份。在资产评估中,遵循独立性原则可以从组织上保证评估工作不受有关利益方的干扰和委托方意图的影响。

2. 客观性原则

客观性原则指在资产评估工作中,实事求是,尊重客观实际,评估结果应以充分的事实为依据。这就要求评估专业人员在评估过程中以独立、公正、客观的态度收集评估相关数据与资料,评估过程中的预测、推算等主观判断应建立在市场与现实的基础之上。坚持以现场勘察、实际取得的资料为基础,以确凿的事实和事物发展的内在规律为依据,以求实的态度为指针,绝不能按自己的好恶或个人情感进行评估。资产评估结果是评估专业人员认真调查研究,通过合乎逻辑的分析、推理得出的,具有客观公正性的评估结论。

3. 科学性原则

科学性原则指在资产评估过程中,必须根据特定目的,选择适用的标准和科学的方法,制订科学的评估方案,使资产评估结果准确合理。首先,遵循科学的评估标准。价值类型的选择应以特定评估目的为依据,尽管实现价值类型的评估方法有多种,但是不能以技术方法的多样性和可替代性来模糊评估价值类型的唯一性,以至于影响评估结果的科学性。其次,以科学的态度制定评估方案。即要求评估程序科学合理,不同的评估业务,其评估程序也繁简不一,如果能根据评估的自身规律和国家的有关规定,结合具体资产业务的实际情况,确定科学的评估程序,就能降低评估成本,提高评估效率。最后,采用科学的评估方法进行资产评估。评估方法的选择与运用既要受评估价值类型的约束,又要根据可利用的条件、数据资料及被评估资产的现实状态,选择最能实现评估价值类型的方法。

4. 专业性原则

专业性原则指资产评估机构必须是提供资产评估服务的专业机构,它拥有一支由工程、技术、财务、法律、经济、管理等多学科的专家组成的专业队伍,专业队伍的成员具有良好的教育背景、专业知识、实践经验和职业道德,并通过国家有关职业(执业)资格的考试认定。专业性是确保资产评估方法正确、评估结果公正合理的技术基础,也是评估机构进行专业技术竞争的前提条件。

(二) 技术原则

资产评估的技术原则是指在评估工作过程中应遵循的技术规范和执业准则,为评估专业人员在执业过程中的专业判断提供技术依据和保证。

1. 预期性原则

预期性原则指在资产评估中,资产的价值可以不按照其过去形成的成本或价格确定,而是充分考虑其在未来可能为其所有者或控制者带来的经济利益。预期性原则认为资产之所以有价值,主要取决于其未来的有用性或获利能力,未来效用越大,资产的价值越高;反之,一项资产尽管在取得时花费了较大的成本,但因目前并无多大效用,其价值也不会高。因此,资产价值的高低主要取决于它能为其所有者或控制者带来的预期收益的多少。预期性原则是评估专业人员判断资产价值的一个最基本的依据,是收益法中收益额确定的重要前提。

2. 贡献性原则

贡献性原则指资产价值的高低是由该资产的关键构成部分对资产的贡献所决定的,即某一资产或资产的某一构成部分的价值,取决于它对其他相关资产或资产整体价值的贡献。评估时应关注资产的关键构成部分对资产的贡献,或者某资产对整体资产的贡献,而不应孤立地根据资产自身的状况确定评估价值;也可以根据当缺少该构成部分或该资产时,对相关资产或资产整体价值下降的影响程度来确定其评估值。贡献性原则是预期性原则的一种具体化。

3. 替代性原则

作为一种市场规律,在同一市场上,具有相同使用价值和质量的商品,应有大致相同的交换价值。如果具有不同的交换价值或价格,买者会选择价格较低者。例如,在区位、交易时间等特征上近似的两宗或数宗房地产,它们的价格相近,对具有同等效用而价格不同的物品进行选择时,理性的人必定选择价格最便宜的;对价格相同而效用不同的物品进行选择时,理性的人必定选择效用最大的。替代性原则要求尽可能利用与被评估资产特征相类似资产的交易资料,来进行比较,分析评估被评估资产的价值,以确保评估的结果是被评估资产在公开市场上成交的最可能价格。替代性原则是市场法评估的理论基础。

 即问即答

一双新买的旅游鞋,不小心弄丢了一只,另外一只还值多少钱?

【解析】 按照贡献性原则,弄丢了一只,另外一只就没有使用价值,就不值钱了。

4. 供求性原则

假定在其他条件不变的前提下,商品的价格随着需求的增长而上升,随着供给的增加而下降。尽管商品价格随供求变化并不成固定比例变化,但变化的方向都带有规律性。供求规律对商品价格形成的作用力同样适用于资产价值的评估,评估专业人员在判断资产价值时应充分考虑供求原则。供求性原则是对替代原则的补充。

5. 评估时点原则

随着市场和时间的变化,资产的价值会不断改变。为了反映资产价值量的大小,必须将市场条件固定在某一时点,以该时点为基准反映被评估资产的价值,这一时点就是评估基准日,它为资产评估提供了一个时间基准。该原则要求资产评估必须有评估基准日,而且被评估资产的评估价值就是其在评估基准日的资产价值。

第五节　资产评估的程序

一、资产评估程序的基本要求

资产评估程序是指评估机构和评估专业人员执行资产评估业务所履行的系统性工作步骤。为了保证资产评估业务质量、控制资产评估风险、提高资产评估服务水平、维护资产评估各方当事人合法权益和社会公共利益,评估专业人员执行评估业务时,应当遵守法律、行政法规和资产评估准则,坚持独立、客观、公正的原则,履行适当的资产评估程序。

资产评估基本程序包括:

(1) 明确业务基本事项;

(2) 订立业务委托合同;

(3) 编制资产评估计划;

(4) 进行评估现场调查;

(5) 收集整理评估资料;

(6) 评定估算形成结论;

(7) 编制出具评估报告;

(8) 整理归集评估档案。

资产评估机构及评估专业人员应当根据资产评估业务的具体情况及重要性原则确定所履行各基本程序的繁简程度。资产评估机构及评估专业人员不得随意减少资产评估基本程序。

在执行评估业务过程中,因受到法律法规、客观条件等的限制,不能完全履行资产评估基本程序,经采取措施弥补程序缺失,且未对评估结论产生重大影响时,资产评估机构及评估专业人员可以继续开展业务,对评估结论产生重大影响或无法判断其影响程度的,不得出具资产评估报告。评估专业人员应当认真履行评估程序,并记录评估程序履行情况,形成工作底稿。

二、资产评估具体程序

(一) 明确业务基本事项

资产评估机构在接受评估业务委托之前,应当与委托人等相关当事人讨论资产评估目的、评估对象等,阅读相关基础资料,进行必要的初步调研,与委托人等相关当事人共同明确评估业务基本事项:

(1) 委托人、产权持有人和委托人以外的其他资产评估报告使用人;

(2) 评估目的;

(3) 评估对象和评估范围;

(4) 价值类型;

(5) 评估基准日;

(6) 资产评估项目所涉及的需要批准的经济行为的审批情况;

(7) 资产评估报告使用范围;

(8) 资产评估报告提交期限及方式;

(9) 评估服务费及支付方式;

(10) 委托人、其他相关当事人与资产评估机构及其资产评估专业人员工作配合和协助等需要明确的重要事项。

资产评估机构应当根据评估业务具体情况,对专业能力、独立性和业务风险进行综合分析和评价,并由评估机构决定是否承接评估业务。

(二) 签订业务委托合同

资产评估机构在决定承接评估业务后,应当与委托方依法订立资产评估委托合同,确认评估业务的委托与受托关系,明确评估目的、评估对象、评估范围及双方的权利、义务、违约责任和争议解决等相关重要事项。如果评估目的、评估对象、评估基准日发生变化,或评估范围发生重大变化,评估机构应当与委托方签订补充协议或重新签订资产评估业务约定书。

根据我国资产评估行业的现行规定,评估专业人员承办的资产评估业务应当由所在的资产评估机构统一受理,并由评估机构与委托人签订书面资产评估委托合同,评估专业人员不得以个人名义签订资产评估委托合同。

(三) 编制资产评估计划

为高效完成资产评估业务,评估专业人员应当根据资产评估业务具体情况编制资产评估计划,对资产评估过程中的具体步骤、时间进度、人员安排和技术方案等进行规划和安排。评估机构开展法定评估业务,应当指定至少两名相应专业类别的评估师承办。

资产评估计划的内容涵盖现场调查、收集评估资料、评定估算、编制和提交评估报告等评估业务实施全过程。由于资产评估项目千差万别,评估计划也不尽相同,评估师可以根据评估业务具体情况确定评估计划的繁简程度。在执行资产评估业务时,评估师应根据资产评估业务实施过程中的情况变化对资产评估计划进行必要修正、调整、补充。编制的资产评估计划应报评估机构相关负责人审核、批准。

（四）进行评估现场调查

评估专业人员执行评估业务时，应当对评估对象进行现场调查，包括对房地产、机器设备和其他实物资产进行必要的现场勘察，对企业价值、股权和无形资产等非实物性资产进行评估时，也应当根据评估对象的具体情况进行必要的现场调查。一方面，要求委托方提供涉及评估对象和评估范围的详细资料，并要求委托方或产权持有者对其提供的评估明细表及相关证明材料以签字、盖章或其他方式进行确认；另一方面，通过询问、访谈、核对、监盘、勘查、检查等方式进行调查，获取评估业务需要的基础资料，了解评估对象现状，关注评估对象法律权属。

在执行现场调查时无法或不宜对评估范围内所有资产、负债等有关内容进行逐项调查的，可以根据重要性原则采用逐项或抽样的方式进行现场调查。评估专业人员应根据评估业务需要和评估业务实施过程中的情况变化及时补充或调整现场调查工作。

（五）收集整理评估资料

资产评估专业人员根据评估业务具体情况收集评估业务需要的资料，并依据评估业务需要和评估业务实施过程中的情况变化及时补充收集评估资料。评估专业人员收集的评估资料包括直接从市场等渠道独立获取的资料，从委托方、产权持有者等相关当事方获取涉及评估对象和评估范围等资料，以及从政府部门、各类专业机构和其他相关部门获取的资料。评估资料包括查询记录、询价结果、检查记录、行业资讯、分析资料、鉴定报告、专业报告及政府文件等形式。在评估过程中，评估专业人员应当要求委托人或其他相关当事人提供涉及评估对象和评估范围的必要资料，并要求委托人或其他相关当事人对其提供的资产评估明细表及其他重要资料进行确认，确认方式包括签字、盖章及法律允许的其他方式。

评估专业人员应当依法对资产评估活动中使用的资料进行核查验证。核查验证的方式通常包括观察、询问、书面审查、实地调查、查询、函证、复核等。超出资产评估专业人员专业能力范畴的核查验证事项，资产评估机构应当委托或要求委托人委托其他专业机构或专家出具意见。因法律法规规定、客观条件限制无法实施核查验证的事项，资产评估专业人员应当在工作底稿中予以说明，分析其对评估结论的影响程度，并在资产评估报告中予以披露。如果上述事项对评估结论产生重大影响或无法判断其影响程度，资产评估机构不得出具资产评估报告。评估专业人员应根据资产评估业务具体情况对收集的评估资料进行分析、归纳和整理，形成评定估算和编制资产评估报告的依据。

（六）评定估算形成结论

评估专业人员在收集了相关资料的基础上，进入评定估算环节。评估专业人员根据评估目的、评估对象、价值类型、评估资料收集情况等相关条件，分析市场法、收益法和成本法等基本方法的适用性，恰当选择评估方法。根据所选用的评估方法，选取相应的公式和参数进行分析、计算和判断,形成测算结果。评估专业人员执行资产评估业务,应当合理使用评估假设,并在资产评估报告中披露评估假设。

在形成测算结果的基础上,评估专业人员要对信息资料、参数的数量、质量和选取的合理性等进行综合分析,形成评估结论。对同一评估对象采用多种评估方法的,应当对采用各种方法评估形成的测算结果进行分析比较,确定合理的评估结论。

(七)编制出具评估报告

评估专业人员在执行评定、估算程序,形成资产评估结论后,应当根据法律、法规和资产评估准则的要求编制评估报告。按照资产评估机构内部质量控制制度,对初步资产评估报告及评估程序执行情况进行必要的内部审核。

在出具资产评估报告前,在不影响对评估结论进行独立判断的前提下,可以与委托方或委托方许可的相关当事人就评估报告有关内容进行必要沟通,对沟通情况进行独立分析,并决定是否对资产评估报告进行调整。

资产评估机构及评估专业人员完成了上述评估程序后,由其所在评估机构出具并提交正式资产评估报告。评估报告应由至少两名承办该项业务的评估专业人员签名并加盖评估机构印章。评估机构及评估专业人员对出具的资产评估报告承担法律责任。

(八)整理归集评估档案

资产评估机构向委托人提交资产评估报告后,应当按照法律、法规和资产评估准则的要求对工作底稿、其他相关资料进行整理,与资产评估报告一起及时形成评估档案。评估档案的保存期限不少于十五年,属于法定评估业务的,保存期限不少于三十年。

资产评估工作底稿不仅有利于评估机构应对今后可能出现的资产评估项目检查和法律诉讼,也有利于资产评估机构总结、完善和提高资产评估业务水平。资产评估机构和评估专业人员应当将资产评估工作中形成的、与资产评估业务相关的有保存价值的各种文字、图表、音像等资料及时归档,并按国家有关规定对资产评估工作档案进行保存、使用和销毁。

资料卡 1-8

资产评估执业准则——资产评估程序
目标:了解资产评估执业准则——资产评估程序

 【拓展阅读】

1. 诚信是资产评估行业的立业之本、兴业之基

诚信是社会主义核心价值观的重要部分,是人类社会的基本道德规范。《论语·述而》写道:"子以四教:文,行,忠,信。"《论语·颜渊》之子贡问政。子曰:足食,足兵,民信之矣。子贡曰:必不得已而去,于斯三者何先? 曰:去兵。子贡曰:必不得已而去,于斯二者何先? 曰:去食。自古皆有死,民无信不立。诚信对于国家都如此重要,更何况对

于一个行业,如果失去诚信,资产评估行业就失去了存在的意义,一切都无从谈起。每一位评估从业人员,都应时刻坚持诚信第一,注重职业道德,恪守独立、客观、公正的执业原则,严格遵守执业规范和执业纪律,根据相关法律、法规和评估准则,提供高水平的专业服务,出具高质量的专业报告,维护评估业务委托方、评估报告使用者、社会公众等各方的合法利益。

资料来源:刘公勤.评估发现价值,诚信铸就行业[J].中国资产评估,2014(2).

2. 资产评估助力"卡脖子"关键核心技术发展

解决"卡脖子"关键核心技术是推动创新高质量发展、保障国家民生安全、促进企业持续发展的必要条件。解决"卡脖子"问题,既要加强基础研究,也要加快形成科技成果转化机制,资产评估在其中发挥积极作用。

国家集成电路产业投资基金二期股份公司主要聚焦集成电路产业链布局,重点投向芯片制造及设备材料、芯片设计、封装测试等产业链环节,支持行业内骨干龙头企业做大做强。同时,在保持集成电路领域投资强度的基础上,适当考虑投资产业生态体系缺失环节和信息技术关键整机重点应用领域,加大市场推广力度,提升国产集成电路产品市场占有率。在国家集成电路产业投资基金二期股份公司投资广州慧智微电子股份有限公司过程中,资产评估发挥了专业优势,积极作为,在"卡脖子"芯片设计行业促进民营研发团队+国家资本的整合协同,实现专业分工和国产芯片相关技术产业化、规模化过程中,为国资保值增值,攻关企业做大做强,实现高质量发展贡献了评估专业力量。

2021年9月,广州慧智微电子股份有限公司启动融资计划,以高于本次增资投前估值的1.5倍融资,国家集成电路产业投资基金二期股份公司根据资产评估结果顺利注资广州慧智微电子股份有限公司。此后,广州慧智微电子股份有限公司在研技术的产业化进程加快,进入良性商业运营模式,企业价值得到进一步提升。后续广州慧智微电子股份有限公司将启动股改及上市等工作。届时,国家集成电路产业投资基金二期股份公司可通过在二级市场出售持有公司股份的方式实现退出。

资产评估是为社会经济活动的参与方提供价值鉴证或咨询专业意见的第三方社会中介服务。在关键核心技术不同发展阶段,资产评估均可以提供针对性的评估服务,为解决融资难题、推进科技成果转化、维护各方合法权益等发挥价值发掘、价值鉴证、成果评价等专业作用。

(1)早期研发阶段,通过资产评估可以助力解决关键核心技术企业融资难题。

关键核心技术研究普遍存在量产前研发投入大、实现量产及盈利的周期较长、研发人员的人力投入成本高等特点。许多正在研发关键核心技术的企业在发展过程中存在明显资金不足问题。在技术行业快速发展的环境下,公司要保持核心竞争力,未来在技术升级、产品研发、业务拓展及人力资本等方面都需要大量的资金投入,仅靠企业自身发展的留存盈余或原始股东的持续供血,会让企业的经营面临较大的不确定性和风险。在这种情况下,好的技术如果不能得到大量融资或者尽快产业化,达到有效市场覆盖,实现以市场商业化来供血推动持续研发迭代升级,则会让埋头苦干换来的技术胎死腹中,从而陷入死循环,最后被国外技术远远抛下。

资产评估作为独立的第三方专业服务机构,可以为社会资本及国有资本投资入股提供专业的价值鉴证或价值咨询服务,为银行提供贷款额度及抵押价值等咨询意见,拓宽关键核心技术企业的融资渠道。在客观分析企业发展历史、经营现状、发展诉求、市场供需情况等基础上,对企业产品的市场前景进行充分挖掘,分析后续行业发展趋势和企业核心竞争力,并据此对企业的未来收益进行合理预测,实现与资本市场对接,帮助关键核心技术企业破解融资困境,打通融资"最后一公里"。

(2) 在研发成功但尚未进入商业化投产阶段,通过资产评估可以助力推进科研成果转化。

企业关键核心技术研发创新行为与外界认知之间、科研院所与技术研发企业之间、资金持有主体与关键核心技术企业之间都会存在较为严重的信息不对称。一些企业出于对新产品新技术可靠性的担忧,对投资购买新产品新技术的意愿不强。此外,当前科研部门和高等教育机构通常把与企业的协同创新行为安排在应用分析和基础研究等研究前期过程。当创新进行到应用化时,在缺乏有效利益划分的前提下,后者不愿分配有关收益,前者不愿把技术全部转让给企业,从而造成创新成果往往会停留在专利等学术层面,无法及时实现预期的市场价值。

资产评估行业通过对企业创新的技术水平、风险特征、市场前景等进行尽职调查,可以有效降低信息不对称;通过在知识产权的成果转化、许可转让、合资入股等环节进行资产评估,有助于解决科技成果转化定价难的问题,为科技成果入股提供依据,使科技企业与社会各方形成一种资产纽带关系,实现良性发展。

(3) 在核心技术产品成功进入市场阶段,通过资产评估可以助力推进投资关键核心技术良性循环。

关键核心技术产业是一个人才、资金、技术高度密集的产业。关键核心技术突破本质上是完成一项高风险、高投入、高复杂性、长周期的重大技术创新,对任何一个创新主体而言都具有极高的挑战性。

对于关键核心技术企业的国有资本股东,在核心技术产品成功进入市场阶段,以资产评估报告为基础对国有资本前期投资进行绩效评价,从社会效益、经济效益各个方面全面评价国有资本投资关键核心技术企业的成效,总结经验和教训,能够为后续类似投资提供有意义的借鉴和参考。另一方面,当关键核心技术实现突破性发展,形成产业化或规模化时,通过资产评估对股权价值的合理估算和定价,能够帮助实现政府性金融机构完美退出。

资料来源:韩艳,王淼,杨松堂.资产评估助力"卡脖子"关键核心技术发展 ——国家集成电路产业投资基金二期股份公司投资芯片企业评估项目调研报告[J].中国资产评估,2023(3).

【关键术语】

资产评估　评估目的　评估对象　评估范围　评估基准日　评估依据　评估程序　评估方法　评估结论　评估假设　评估原则　资产评估机构　评估专业人员　价值类型　公允价值　市场价值　投资价值　在用价值　清算价值　残余价值　资产评估准则　资产评估基本准则　资产评估执业准则　资产评估职业道德准则

【主要知识点】

❖ 资产评估是指评估机构及其评估专业人员，根据委托对不动产、动产、无形资产、企业价值、资产损失或其他经济权益进行评定、估算，并出具评估报告的专业服务行为。

❖ 资产评估的要素包括：评估主体、评估客体、评估原则、评估目的、评估范围、价值类型、评估基准日、评估依据、评估方法、评估程序、评估假设、评估结论。

❖ 资产评估具有现实性、市场性、预测性、公正性和咨询性等特点。

❖ 资产评估机构是在市场监管部门登记，在财政部门备案、接受委托执行资产评估业务并独立承担民事责任的合伙形式或公司形式的法人。评估专业人员包括评估师和其他具有评估专业知识及实践经验的评估从业人员。评估师是指通过评估师资格考试的评估专业人员。

❖ 资产价格与评估价值都是资产价值的表现形式。资产价格是一个现实存在的历史数据或事实，是交易行为中特定买方和卖方对资产实际支付或收到的货币数额，反映的是交易双方在目前市场条件下对交易资产价值的评判，其价格形式不一定具有公允性。评估价值反映的是在模拟市场环境中资产的交易价格，是一个主观的价值估算数，资产评估力求揭示资产的公允价值。

❖ 资产价值类型包括市场价值和市场价值以外的价值类型。市场价值是指自愿买方和自愿卖方在各自理性行事且未受任何强迫情况下，评估对象在评估基准日进行正常公平交易的价值估计数额。市场价值以外的价值类型包括投资价值、在用价值、清算价值、残余价值等。

❖ 评估目的说明为什么要进行资产评估，评估结果是为何种资产业务服务。评估目的是资产评估业务的基础，它不仅决定了评估价值类型的选择，也在一定程度上制约着评估程序和评估方法的选择。

❖ 资产评估价值类型的合理选择是实现评估目的，满足评估相关条件的重要途径和手段。资产评估目的分为一般目的和特定目的，一般目的是对各种条件下资产的公允价值做出判断；特定目的是一般目的的具体化，其实质是判断特定条件下或具体条件下资产的公允价值。

❖ 资产评估机构及其评估专业人员开展评估业务，应当遵守法律、行政法规和评估准则，遵循独立、客观、公正的原则，在执业过程中应当勤勉尽责，提供科学性、专业性的服务。因此，评估机构与评估专业人员应遵循独立性、客观性、科学性和专业性等工作原则，以及预期性、贡献性和替代性等技术原则。

❖ 资产评估是建立在一系列假设基础之上的，资产评估中的基本假设包括交易假设、公开市场假设、持续使用假设和清算假设。

❖ 资产评估基本程序包括：明确业务基本事项；订立业务委托合同；编制资产评估计划；进行评估现场调查；收集整理评估资料；评定估算形成结论；编制出具评估报告；整理归集评估档案。

【复习思考题】

1. 早期资产评估和现代资产评估各有什么特征？
2. 什么是资产评估？它包含哪些要素？
3. 资产评估具有哪些特点？
4. 评估专业人员职业道德包括哪些基本要素？
5. 怎样理解资产评估的市场价值类型与市场价值以外的价值类型？
6. 如何理解公允价值的内涵？
7. 资产评估特定目的有哪些？
8. 如何理解资产评估假设前提？
9. 资产评估应遵循哪些工作原则和技术原则？
10. 资产评估程序包括哪些主要环节？

【自测题目】

自测题 1-1　　　　　　　　自测题 1-2

第二章

资产评估的基本方法

学习目标：

1. 掌握成本法的基本原理，成本法中相关参数的估算。
2. 掌握市场法的基本原理，市场法中相关参数的估算。
3. 掌握收益法的基本原理，收益法中相关参数的估算。
4. 理解不同评估方法之间的关系，学会恰当地选择适用的评估方法。

第一节 成 本 法

一、成本法的概念及适用前提

（一）成本法的概念

成本法是指按照重建或重置评估对象的思路，将评估对象的重建或重置成本作为确定资产价值的基础，扣除相关贬值，以确定资产价值的评估方法的总称。成本法评估的基本思路是将待评估资产在评估基准日的重置成本中扣除各项价值损耗来确定资产价值。一般情况下，任何潜在的购买者在决定购买某项资产时，所愿意支付的价格不会超过购建该项目资产的现行成本。如果购买的资产并非全新，购买者所愿支付的价格会在购买全新资产的成本的基础上考虑各种贬值因素。根据上述评估思路，成本法的基本计算公式为：

$$资产评估价值＝重置成本－实体性贬值－功能性贬值－经济性贬值$$

1. 重置成本

重置成本是指以现时价格水平重新购置或重新建造与评估对象相同或具有同等功能的全新资产所发生的全部成本。重置成本分为复原重置成本和更新重置成本。

（1）复原重置成本。复原重置成本是指以现时价格水平重新购置或重新建造与评估对象相同的全新资产所发生的全部成本。这里的相同，不仅包括在整体功能上相同，也包括在材料、建筑或制造标准、设计、规格和技术等方面与评估对象相同或者基本相同。

（2）更新重置成本。更新重置成本是指以现时价格水平重新购置或重新建造与评估对象具有同等功能的全新资产所发生的全部成本。具体指利用新型材料，或根据新标准、新设计及新款式，以现时价格生产或建造具有同等功能的全新资产所需要的成本。

从上述定义可以看出，复原重置成本和更新重置成本的相同之处在于都是以评估基准日的现时价格估算"重置"过程中所需要的人工、材料等有关费用，不同之处是复原重置成本强调的是按照与被评估对象相同或基本相同的材料标准和设计标准购置或建造与评估对象相同的全新资产所需支付的全部成本；而更新重置成本无论是材料标准还是设计标准都是采用评估基准日的现行标准购置或建造与评估对象具有相同功能的全新资产所需支付的全部成本。

一般来说，复原重置成本大于更新重置成本。选择重置成本时，在同时可获得复原重置成本和更新重置成本的情况下，应选择更新重置成本。之所以要选择更新重置成本，一方面是随着科学技术的进步，劳动生产率不断提高，新技术、新工艺、新设计被社会普遍接受，与购建资产相关的材料及技术标准也在不断更新；另一方面，利用新型设计、新工艺制造的资产无论在使用性能，还是成本耗用方面都会优于旧的资产。应当注意的是，无论更新重置成本还是复原重置成本，强调的是资产本身的功能不变。

 即问即答

更新重置成本是被评估资产的功能更新后的重置成本。这个说法对吗？

【解析】　不正确。更新重置成本是指以现时价格水平重新购置或重新建造与评估对象具有同等功能的全新资产所发生的全部成本。更新重置成本强调被评估资产的功能相同。

2. 实体性贬值

实体性贬值，亦称有形损耗，是指由于使用及自然力作用导致资产物理性能损耗或者下降而引起的资产价值损失。资产的实体性贬值通常采用相对数计量，即用实体性贬值率表示。其公式为：

$$实体性贬值率 = \frac{实体性贬值额}{重置成本}$$

3. 功能性贬值

功能性贬值是指由于技术进步引起的资产功能相对落后而造成的资产价值损失。功能性贬值主要体现在由于采用新工艺、新材料和新技术等使被评估资产在原有方式下的建造成本超过现行建造成本，或者被评估资产继续使用会出现超过现有技术进步的同类资产的运营成本等方面。

4. 经济性贬值

经济性贬值是指由于外部条件的变化引起资产收益、资产利用率发生具有持续性的减少、下降或闲置等而造成的资产价值损失。

成本法是以重建或重置被评估资产的成本为基础的评估方法。由于被评估资产的再取得成本的有关数据和信息来源较广泛，并且重置成本与资产的现行市场价格及未来收益的折现值等也存在着内在联系和替代关系，因而，成本法是一种被广泛应用的评估方法。

（二）成本法的适用前提

成本法是从重建或重置被评估资产的角度来反映资产的价值，即通过资产的重置成本扣减各种贬值反映资产的价值。只有当被评估资产处于继续使用状态下，再取得被评估资产的全部成本费用才能构成其价值的内容。资产的继续使用不仅仅是一个物理上的概念,它包含着有效使用资产的经济意义。只有当资产能够继续使用,并且在持续使用中为潜在所有者或控制者带来经济利益,资产的重置成本才能为潜在投资者和市场所承认和接受。从这个意义上讲,成本法主要适用于继续使用前提下的资产评估。对于非继续使用前提下的资产,如果运用成本法进行评估,需要对成本法的基本要素做必要的调整。从相对准确合理、减少风险和提高评估效率的角度,把继续使用作为运用成本法的前提是有积极意义的。因此,资产评估专业人员选择和使用成本法时应当考虑成本法应用的前提条件。成本法应用的前提条件包括以下三个方面:

(1) 评估对象能正常使用或在用。

(2) 评估对象能够通过重置途径获得。

(3) 评估对象的重置成本及相关贬值能够合理估算。

当出现下列情况,一般不适用成本法。

(1) 因法律、行政法规或产业政策的限制,无法重建或重置评估对象。

(2) 不可以用重建或重置途径获取的评估对象。

 即问即答

某车行收藏了一款德国奔驰公司于 1934 年生产的梅塞德斯奔驰 500 K Cabriolet C 老爷车,现在如果要对该汽车进行评估,能用成本法吗?

【解析】 不能用成本法评估。使用成本法时应当考虑成本法应用的前提条件:①评估对象能正常使用或者在用;②评估对象能够通过重置途径获得;③评估对象的重置成本及相关贬值能够合理估算。这款老爷车不满足成本法应用的前提条件,所以不能用成本法评估。

二、成本法评估的基本程序

运用成本法评估资产时,一般按下列步骤进行:

(1) 确定评估对象,收集与被评估资产相关的重置成本、历史成本资料及与实体性贬值、功能性贬值和经济性贬值有关的资料。

(2) 根据收集的有关资料,选用适当方法估算评估对象的重置成本。

(3) 确定评估对象的使用年限,包括资产的实际已使用年限、尚可使用年限及总使用年限。

(4) 估算评估对象的损耗及贬值,包括实体性贬值、功能性贬值和经济性贬值。

(5) 确定评估对象的价值。

资料卡 2-1

资产评估执业准则——资产评估方法
目标:了解资产评估执业准则——资产评估方法

三、成本法中各项指标的确定

（一）重置成本的估算

重置成本的构成一般包括建造或购置评估对象的直接成本、间接成本、资金成本、税费及合理的利润。重置成本是社会一般生产力水平的客观必要成本，而不是个别成本。

重置成本的估算一般可以采用重置核算法、价格指数法、功能价值类比法和统计分析法。

1. 重置核算法

重置核算法亦称细节分析法、核算法等。它是利用成本核算的原理，将资产的总成本分为直接成本和间接成本，并据此核算资产的重置成本。直接成本指直接构成资产的生产成本的部分。例如，房屋建筑物的基础、墙体、屋面等建造成本项目。直接成本按照评估基准日的现时成本进行加总核算。间接成本是指为建造、购买资产而发生的管理费、总体设计制图费等支出项目。间接成本一般按照人工成本的一定比例、直接成本的一定比例或单位工作量的间接成本价格等方法进行估算。

在实际测算过程中，根据资产的取得类型可划分为购买型和自建型。

购买型是以购买的方式取得资产的重置过程。购买的支出一般是资产的购置价格，如果被评估资产属于不需要运输、安装的资产，购置价格就是资产的重置成本；如果被评估资产属于需要运输、安装的资产，资产的重置成本则由资产的现行购买价格、运杂费、安装调试费及其他相关的费用构成。

自建型是把自行建造资产作为资产重置方式。它根据重新建造资产所需的材料、人工、费用以及必要的资金成本和开发者的合理利润等分析和计算资产的重置成本。

值得注意的是，资产的重置成本应包括开发者的合理利润：①重置成本是在现行市场条件下重新购建一项全新资产所支付的全部货币总额，应该包括资产开发和制造商的合理收益。②资产评估旨在模拟交易条件下估算被估资产的交易价格，一般情况下，价格应该包含开发者或制造者的合理收益部分。资产重置成本中合理收益的确定，应以现行的行业或社会平均资产收益水平为依据。

例 2-1 某企业拥有 1 台机器设备，其同类产品的市场价格为 600 000 元/台，运杂费为 10 000 元，直接安装成本为 9 000 元，其中包括原材料 4 000 元，人工成本 5 000 元，安装需要 50 个工时。根据以往的统计分析，安装成本中的间接成本相对于直接成本的比率一般为 50%。要求：估算在继续使用条件下该机器设备的重置成本。

直接成本	619 000（＝600 000＋10 000＋9 000）
其中：购买价	600 000
运杂费	10 000
安装成本	9 000
其中：原材料	4 000
人工成本	5 000
间接成本（安装成本）	4 500

重置成本合计   623 500

由此可得,在继续使用条件下该机器设备的重置成本为 623 500 元。

2. 价格指数法

价格指数法是根据被评估资产历年的价格指数,利用统计预测技术,找出评估对象价格变动方向和趋势,推算出原购置年份和评估基准日的价格指数,以这两个时期价格指数变动比率与资产原始成本计算重置成本。其计算公式如下:

$$资产重置成本 = 资产原始成本 \times (1 + 价格变动指数)$$

一般情况下,价格指数分为定基价格指数和环比价格指数两种。

(1) 定基价格指数。定基价格指数是指在一定时期内对比基期固定不变的价格指数。例如,当月的商品房价格定基指数,以 2010 年全年平均价格为 100,以当月商品房价格水平与 2010 年全年平均价格水平相比得出,通常用百分比表示。

$$资产重置成本 = 资产原始成本 \times \frac{评估基准日的价格指数}{资产购建时的价格指数}$$

(2) 环比价格指数。环比价格指数是指本期与上期相比而得出的价格指数。通常用报告期定基指数除以上一期定基指数而得到。例如,在二手房价格中,2022 年 6 月份二手房的定基价格指数为 96.3,5 月份的定基价格指数为 99.2。那么 6 月份对 5 月份二手房的环比价格指数为 97.1,通常用百分数表示,即 97.1%。

$$资产重置成本 = 资产原始成本 \times 环比价格指数(a_1 \times a_2 \times \cdots \times a_n)$$

式中,a_t 为第 t 年环比价格变动指数,$t = 1, 2, \cdots, n$。

例 2-2 某被评估资产购建于 2018 年,账面原始价值为 200 000 元,现要评估其于 2022 年 10 月 31 日的价值。评估专业人员经调查得知,该类资产 2018 年和 2022 年的定基价格指数分别为 120%、160%,2019 年至 2022 年的环比价格指数分别为 110%、105%、120%、96%。则被评估的资产重置成本如下。

按照定基价格指数计算:

$$资产重置成本 = 200\,000 \times (160\% / 120\%)$$
$$= 266\,667(元)$$

按照环比价格指数计算:

$$资产重置成本 = 200\,000 \times 110\% \times 105\% \times 120\% \times 96\%$$
$$= 266\,112(元)$$

在评估实务中,价格指数法是按照账面原值乘以价格指数进行估算。运用该方法进行评估有两个关键因素,即账面原值和采用的价格指数,只有在账面原值等历史资料可靠,采用的价格指数合适的前提下,这样的评估结果才能准确可靠。运用价格指数法,一般选用评估基准日被评估资产的个别价格指数,或分类价格指数,当然采用分类价格指数得到的评估结果认可度稍差一些。采用价格指数法一般不能选用综合物价指数。

价格指数法与重置核算法是重置成本估算较常用的方法,但二者具有明显的区别,表现在以下几个方面:

第一,价格指数法估算的重置成本,是在被评估资产原始价值的基础上,按评估基准日的物价水平,换算为现时成本。所以,按价格指数法计算得到的是复原重置成本;而重置核算法既考虑了价格因素,也考虑了生产技术进步和劳动生产率的变化因素,因而可以估算复原重置成本和更新重置成本。

第二,价格指数法是建立在不同时期的某一种或某类甚至全部资产物价变动水平上,而重置核算法建立在现行价格水平与购建成本费用核算的基础上。

由于以上差别,两者计算的结果往往有差距。一般地说,重置核算法计算的重置成本比较准确,所以应尽可能地采用重置核算法。但价格指数法在计算时比较简便,当不具备重置核算法的条件时,则可采用价格指数法。

明确价格指数法和重置核算法的区别,有助于重置成本估算中方法的判断和选择。一项科学技术进步较快的资产,采用价格指数法估算的重置成本往往会偏高。当然,价格指数法和重置核算法也有相同点,即它们都是建立在利用历史资料基础上的。

即问即答

第一代苹果手机(iPhone)由史蒂夫·乔布斯(Steve Jobs)于 2007 年 1 月 9 日发布,并于 2007 年 6 月 29 日开始销售。15 年后的 2022 年 iPhone14 上市,iPhone 已经完全进化,具有先进的性能和摄像头,还伴随着 iOS 系统和 App Store 应用商店。可以说,iPhone 的技术迭代非常迅速。王先生拥有 1 台早年买的 iPhone4,原有功能使用正常,你认为该怎么估价?

【解析】 购买型资产,购买的支出一般是资产的购置价格,iPhone 不需要额外支付运输费用、安装费用,购置价格就是资产的重置成本。但是,需要注意的是,更新重置成本强调功能要一致,而 iPhone 系列产品的技术更新快,功能在不断提升。这就涉及功能性贬值问题了,对于技术迭代快速的产品,一般存在较大的功能性贬值。另外,对一项科学技术进步较快的资产,采用价格指数法估算的重置成本往往会偏高,因此,价格指数法也不一定适用。

3. 功能价值类比法

功能价值类比法是指利用某些资产的功能(生产能力)与其价值之间呈现某种线性关系或指数关系,通过参照物的重置成本与资产功能之间的关系估测评估对象重置成本的技术方法。当资产的功能与其价值呈线性关系时,人们习惯称之为生产能力比例法。把资产的功能与其价值呈指数关系的称为规模经济效益指数法。

(1)生产能力比例法。生产能力比例法法是寻找一个与被评估资产相同或相似的资产为参照物,根据参照物资产的重置成本及被评估资产生产能力的比例,估算被评估资产的重置成本。计算公式为:

$$待评估资产的重置成本 = 参照物的重置成本 \times \frac{待评估资产的生产能力}{参照物的生产能力}$$

生产能力比例法运用的前提条件是资产价值与其生产能力成线性关系。应用这种方法估算重置成本时,首先应分析资产价值与生产能力之间是否存在这种线性关系,如果不存在这种关系,则该方法就不适用。

例 2-3 待评估面粉生产线的年生产能力为 4 500 吨面粉,假设面粉生产线的生产能力和其价值呈线性关系。评估专业人员经调查得知,另外一条年产 3 000 吨的面粉加工生产线与待评估生产线相似,重置成本为 700 000 元,将其作为参照物。

则待评估面粉生产线的重置成本为:

$$生产线的重置成本 = 700\,000 \times (4\,500/3\,000)$$
$$= 1\,050\,000(元)$$

(2) 规模经济效益指数法。通过资产的不同生产能力与其价值之间关系的分析,可以发现许多资产的价值与其生产能力之间并不存在线性关系,也就是说,资产的生产能力和价值之间只是同方向变化,而不是等比例变化,这是由于规模经济效益作用的结果。两项资产的重置成本与生产能力相比较,其关系可用下列公式表示。

$$待评估资产的重置成本 = 参照物的重置成本 \times \left(\frac{待评估资产的生产能力}{参照物的生产能力}\right)^x$$

式中,x 为规模经济效益指数,通常是一个经验数据。在美国,这个经验数据一般在 0.4~1.2 之间,如加工工业一般为 0.7,房地产行业一般为 0.9。我国到目前为止尚未有统一的经验数据,评估过程中需谨慎使用这种方法。参照物一般可选择同类资产中的标准资产。

4. 统计分析法

在用成本法评估企业整体资产或某一相同类型资产时,为了简化评估业务,节省评估时间,还可以采用统计分析法确定某类资产的重置成本,该方法运用的步骤如下:

(1) 在核实资产数量的基础上,把全部资产按照适当标准划分为若干类别。例如:房屋建筑物按照结构划分为钢结构、钢筋混凝土结构、砖混结构、砖木结构和木结构等;机器设备按照有关规定划分为专用设备、通用设备、运输设备、仪器仪表等。

(2) 在各类资产中抽样选择具有代表性的资产,应用重置核算法、价格指数法、功能价值类比(生产能力比例法、规模经济效益指数法)等方法估算其重置成本。

(3) 依据分类抽样估算资产的重置成本与历史成本(资产历史成本可从会计记录取得),计算出分类资产的调整系数 K。计算公式如下:

$$K = \frac{R'}{R}$$

式中,K 为资产重置成本与历史成本的调整系数;R' 为某类抽样资产的重置成本;R 为某类抽样资产的历史成本。

(4) 根据调整系数 K 估算被评估资产的重置成本,计算公式为:

$$待评估资产重置成本 = 某类资产账面历史成本 \times K$$

运用统计分析法评估资产重置成本,优点在于简化评估工作,节省评估时间。但是,评估的精确性受抽样资产状况的限制。不同类别的选择,甚至不同时点上的选择,都会影响评估结果的可信度。

例 2-4　现要评估某企业拥有的一批通用设备,经抽样选择具有代表性的通用设备 6 台,估算其重置成本之和为 250 000 元,而该 6 台具有代表性的通用设备的历史成本之和为 280 000 元,该类通用设备账面历史成本之和为 4 000 000 元。则

$$调整系数\,K = 250\,000/280\,000$$
$$= 89.3\%$$

$$该批通用设备总重置成本 = 4\,000\,000 \times 89.3\%$$
$$= 3\,570\,000(元)$$

总之,上述的重置核算法、价格指数法、功能价值类比法和统计分析法等均可用于确定资产的重置成本,每一种方法各有特色,均有各自的优点和不足之处。当然,资产重置成本的确定也不局限于上述几种方法。至于选用哪种方法,应根据具体的评估对象、能够搜集到的资料及对评估结果的要求等来确定。在这些方法中,对有些资产可能都适用,对有些资产则不然,应用时必须注意分析各种方法的前提条件,否则得到的重量成本可能是不恰当的,甚至是错误的。

(二) 实体性贬值及其估算

1. 实体性贬值的影响因素

实体性贬值是资产由于使用或者自然力的作用而发生的价值损耗。一般来说,导致实体性贬值的因素包括以下四个方面:

(1) 使用时间。资产的使用时间越长,其有形损耗就越大,剩余的价值也就越小。

(2) 使用频率。资产的使用率越高,有形损耗越大。不过也有例外,有些资产闲置的时间越长,反而损耗越大。

(3) 资产质量。资产本身的质量越好,在相同的使用时间和使用强度之下,有形损耗也越小。

(4) 维修保养程度。资产在使用过程中保养得越好,其有形损耗越小。但是,要注意把日常维修保养与技术改造区分开来。技术改造属于对资产的再投资,会增加资产的使用寿命,应采用投资年限法进行估算。

2. 实体性贬值的估算

资产的实体性贬值估算方法有观察法、使用年限法和修复费用法。

(1) 观察法。观察法是指由具有专业知识和丰富经验的工程技术人员对被评估资产实体的各主要部位进行技术鉴定,综合分析资产的设计、制造、使用、磨损、维护、修理、大修理、改造情况及物理寿命等因素,将评估对象与其全新状态相比较,考察由于使用和自然损耗对资产的功能、使用效率带来的影响,综合判断被评估资产的成新率,从而估算实体性贬值。计算公式为:

$$实体性贬值 = 重置成本 \times 实体性贬值率$$

(2) 使用年限法(或称年限法)。使用年限法是利用被评估资产的实际已使用年限与其总使用年限的比值来计算实际贬值率,判断资产的实体贬值程度,进而估测实体性贬值。计算公式为:

$$实体性贬值率 = 实际已使用年限 / 预计使用总年限$$
$$实体性贬值 = (重置成本 - 预计残值) \times 实体性贬值率$$

式中,①预计残值是被评估资产在清理报废时净收回的金额。在资产评估中,通常只考虑数额较大的残值,如果残值数额较小可以忽略不计。②总使用年限是实际已使用年限与尚可使用年限之和。计算公式为:

$$总使用年限 = 实际已使用年限 + 尚可使用年限$$

$$实际已使用年限 = 名义已使用年限 \times 资产利用率$$

由于资产在使用中受不同使用频率、负荷程度及日常维护保养等因素的影响,需要将资产的名义已使用年限调整为实际已使用年限。名义已使用年限是指资产从购进投入使用到评估时点的年限,可以通过会计记录、资产登记簿、登记卡片查询确定。实际已使用年限是指资产在使用中实际损耗的年限。尚可使用年限是根据资产的有形损耗因素,预计资产的继续使用年限。实际已使用年限与名义已使用年限的差异,可以通过资产利用率来调整。其计算公式为:

$$资产利用率 = \frac{截至评估基准日资产的累计实际使用时间}{截至评估基准日资产的累计法定使用时间} \times 100\%$$

当资产利用率 > 1 时,表示资产超负荷运转,资产实际已使用年限比名义已使用年限要长;

当资产利用率 = 1 时,表示资产满负荷运转,资产实际已使用年限等于名义已使用年限;

当资产利用率 < 1 时,表示开工不足,资产实际已使用年限小于名义已使用年限。

例 2-5 某资产于 2012 年 12 月购进,2022 年 12 月进行评估,名义已使用年限是 10 年。根据该资产的技术指标,在正常使用情况下,每天工作 8 小时,该资产实际每天工作 7.5 小时。由此可以计算资产利用率:

$$资产利用率 = 10 \times 360 \times 7.5 / (10 \times 360 \times 8) \times 100\%$$
$$= 93.75\%$$
$$实际已使用年限 = 10 \times 93.75\%$$
$$= 9.375(年)$$

由此可确定其实际已使用年限为 9.375 年。

在评估实务中,由于一些企业管理工作基础较差,再加上资产运转中的复杂性,资产利用率的指标往往不容易确定。评估专业人员应综合分析资产的运转状态,如企业开工情况、大修间隔期、原材料供应情况、电力供应情况、是否季节性生产等确定。

使用年限法所显示的评估技术是一种应用较为广泛的技术。在评估实务中,评估专业人员还可以根据资产的工作量、行驶里程等指标,利用使用年限法的技术思路测算资产的实体性贬值。例如,在汽车评估中,可以通过观察汽车的行驶里程来判断车辆的使用情况。

(3) 修复费用法。这种方法是利用恢复资产功能所支出的费用金额来直接估算资产实体性贬值。所谓修复费用包括资产主要零部件的更换或者修复、改造、停工损失等费用支出。如果资产可以通过修复恢复到其全新状态,可以认为资产实体性贬值等于其修复费用。

运用修复费用方法时,特别要注意区分实体性贬值的可修复部分与不可修复部分。可修复部分的实体性贬值是技术上可以修复,而且经济上合算;不可修复部分的实体性贬值则是技术上不能修复,或者技术上可以修复,但经济上不合算。对于可修复部分的实体性贬值可依据直接支出的金额来估算;对于不可修复的实体性贬值,则可运用前述的观察法或使用年限法来确定。可修复部分与不可修复部分的实体性贬值之和构成被评估资产的全部实体性贬值。

即问即答

　　张先生自驾上班途中为了躲避横穿马路的宠物狗,车辆撞上路边隔离带,汽车的前保险杠、前盖、大灯等都已损坏,造成实体性贬值。张先生车辆已经投保车损险,后经保险公司定损,4S 店维修,总共支付维修费用 68 000 元。问:这次事故中车辆的实体性贬值是多少?

　　【解析】　按照修复费用法,资产实体性贬值等于其修复费用,即 68 000 元。需要注意的是,这起交通事故还可能导致车辆存在不可修复的实体性贬值,这部分贬值在以后车辆变卖过程中才能体现出来,因为车辆曾经出过事故,车辆变卖时会被折价。

(三) 功能性贬值及其估算

　　功能性贬值是由于技术相对落后造成的贬值。估算功能性贬值时,主要根据资产的效用、生产加工能力、工耗、物耗、能耗水平等功能方面的差异,造成的成本增加或效益降低。同时,评估时还要重视技术进步因素,注意替代设备、替代技术、替代产品的影响,以及行业技术装备水平现状和资产更新换代的速度。

　　功能性贬值通常体现在以下两个方面:第一,超额投资成本形成的功能性贬值,由于新材料、新工艺和新技术的采用,使得生产相同的资产所需要的社会必要劳动时间减少,被评估资产现行的建造成本低于原来的建造成本而导致的功能相对贬值。第二,超额运营成本形成的功能性贬值,在产量相等的情况下,由于被评估资产的运营成本高于同类型技术先进的资产而导致的功能性贬值。

　　1. 超额投资成本形成的功能性贬值(简称Ⅰ类功能性贬值)

　　由于新材料、新工艺和新技术的采用,被评估资产现行的建造成本低于原来的建造成本而导致的功能性贬值。更新重置成本低于复原重置成本的差额就是超额投资成本形成的功能性贬值。计算公式为:

Ⅰ类功能性贬值＝复原重置成本－更新重置成本

　　例 2-6　待评估资产是一幢层高 4 米,建筑面积 300 平方米的住宅。单位建筑面积的复原重置成本为 5 600 元/平方米,而评估基准日建造具有相同效用的层高为 4.5 米的住宅,单位建筑面积的更新重置成本为 4 450 元/平方米。由此可以估算该住宅的功能性贬值额为:

功能性贬值额＝(5 600－4 450)×300＝345 000(元)

　　在评估实务中,如果能够同时获得复原重置成本和更新重置成本,一般选用更新重置成本。原因在于更新重置成本已经考虑了Ⅰ类功能性贬值。由此,如果没有特别说明,一般意义上的功能性贬值指的是超额运营成本形成的功能性贬值,即Ⅱ类功能性贬值。

　　在评估实务中,也可能存在功能性溢价的情况,即当评估对象功能明显优于现有资产功能,即新工艺、新技术无法超越原工艺、原技术,评估对象就可能存在功能性溢价。

　　2. 超额运营成本形成的功能性贬值(简称Ⅱ类功能性贬值)

　　由于技术进步引起的被评估资产性能相较现有资产落后,被评估资产继续运营会出现超过现有技术进步的同类资产的运营成本,由此引起的贬值称为Ⅱ类功能性贬值。

通常情况下，Ⅱ类功能性贬值的估算可以按以下步骤进行：

（1）计算年超额运营成本。将被评估资产的年运营成本，与功能相同但性能更好资产的年运营成本进行比较，计算二者的差异额。

（2）计算净超额运营成本。功能性贬值会引致资产的税前收益额相对下降，由于存在所得税，使得企业负担的运营成本低于其实际支付额。因此，净超额运营成本是超额运营成本扣除其抵减的所得税以后的余额。

（3）估计使用年限。估算被评估资产的剩余寿命，将剩余寿命作为净超额运营成本的折算年限。

（4）确定功能性贬值。选用适当的折现率将被评估资产在剩余寿命期内每年的净超额运营成本折算成现值，折现值之和就是被评估资产的Ⅱ类功能性贬值。

例 2-7 某待评估的生产设备，正常运行需要 6 名操作人员。随着科技发展和技术进步，目前，新式的同类生产设备只需要 4 名操作人员。假定待评估资产与同类新式生产设备的运营成本在其他方面相同。操作人员的年人均工资及福利费为 120 000 元，待评估资产还可以使用 3 年，所得税税率为 25%，折现率为 10%。根据上述资料，待评估资产相对于同类新式生产设备的功能性贬值的估算过程如下：

① 计算年超额运营成本

$$年超额运营成本 = (6-4) \times 120\,000$$
$$= 240\,000(元)$$

② 计算净超额运营成本

$$净超额运营成本 = 240\,000 \times (1-25\%)$$
$$= 180\,000(元)$$

③ 确定Ⅱ类功能性贬值

$$Ⅱ类功能性贬值 = 180\,000 \times \frac{1-(1+10\%)^{-3}}{10\%}$$
$$= 180\,000 \times 2.486\,9$$
$$= 447\,642(元)$$

应当指出，采用新老技术的对比，除生产效率影响工资成本超额支出以外，还可对原材料消耗、能源消耗及产品质量、产品数量等指标进行对比，计算其功能性贬值。

总之，在评估实务中，在估算被评估资产功能性贬值时，由于会计制度和会计核算原则规定了产品成本按照生产成本核算，这样计算产品的完全成本就增加了评估的难度，何况一种产品生产可能需要经过多道工序，甚至涉及几个车间，有的车间还会同时生产几种产品，所以，要确定资产超额运营成本是有挑战性的。

还需注意，更新重置成本不仅包含功能性贬值，同时也包含经济性贬值和智力资本因素。也就是说，假设用最好的工艺、最先进的技术、最新的原材料和最好的管理水平生产出最好的被评估的资产，更新重置成本应怎么考虑，使用实际发生的成本还是使用社会平均成本或是社会最低成本，这就是在确定更新重置成本时应该考虑的。《资产评估执业准则——资产评估方法》第十九条明确指出，重置成本应当是社会一般生产力水平的客观必要成本，而不是个别成本。

 **即问即答**

现在要评估一台数据处理设备,评估专业人员调研发现,此类设备更新换代速度极快,更新重置成本有多个选择,评估专业人员应该如何确定Ⅰ类功能性贬值?

【解析】　由于采用新工艺、新材料和新技术等,而使被评估资产在原有方式下的建造成本超过现行建造成本,从而使得被评估资产相对贬值,此贬值称为Ⅰ类功能性贬值,贬值额的大小取决于更新重置成本的高低。更新重置成本不仅包含功能性贬值,同时也包含经济性贬值和智力资本因素。假设用最好的工艺、最先进的技术、最新的原材料和最好的管理水平生产出最好的被评估的资产,更新重置成本应使用实际发生的成本还是使用社会平均成本或是社会最低成本? 这是在确定更新重置成本时应该考虑的。《资产评估执业准则——资产评估方法》第十九条明确指出,重置成本应当是社会一般生产力水平的客观必要成本,而不是个别成本。因此,你就明白了该如何选择更新重置成本,进而可以确定Ⅰ类功能性贬值。

(四)经济性贬值及其估算

经济性贬值是指由于外部条件的变化引起资产利用率、资产收益发生具有持续性的减少、下降或者闲置等造成的资产价值损失。导致经济性贬值的原因有很多,主要可以归结为两个方面:一是资产的生产能力下降;二是在生产能力不变的情况下,原材料、能源价格提高或者产品价格下降导致资产的收益减少。

1. 资产利用率下降引起的经济性贬值

由于宏观经济政策、市场供求、市场竞争、通货膨胀、环境保护限制等外部经营环境发生变化,引起资产的利用达不到原设计能力,导致资产闲置,利用率持续下降,从而造成资产贬值。对一家企业而言,经济性贬值往往会影响整个企业的生产经营,并非只对某一项或某一组资产产生影响。由于生产线等在生产经营过程中存在规模效益,因外部条件的变化导致生产线的利用率下降,损失部分表现为经济性贬值。计算经济性贬值时,主要是根据产品销售困难而开工不足或停止生产,形成资产闲置,价值得不到实现等因素确定其贬值额。评估专业人员应根据资产的具体情况加以分析确定。当资产使用基本正常时,不计算经济性贬值。

经济性贬值的计算公式为:

$$经济性贬值率 = \left[1 - \left(\frac{资产预计可被利用的生产能力}{资产原设计生产能力} \right)^x \right] \times 100\%$$

$$经济性贬值 = 重置成本 \times 经济性贬值率$$

式中,x 为规模经济效益指数。

例 2-8　某被评估生产线的设计生产能力为年产 20 000 台产品,因国际经济环境及市场形势发生变化,在未来生产线尚可使用的 3 年内,每年估计只能生产 14 000 台产品。假定该生产线的重置成本为 10 000 000 元,规模经济效益指数为 0.7,则该生产线的经济性贬值计算如下:

$$经济性贬值率=[1-(14\,000/20\,000)^{0.7}]\times100\%$$
$$=[1-0.779\,1]\times100\%$$
$$=22.09\%$$
$$经济性贬值=10\,000\,000\times22.09\%$$
$$=2\,209\,000(元)$$

2. 资产收益减少造成的经济性贬值

由于资产外部的原因,虽然资产生产能力并未降低,但出现了如原材料涨价、燃料动力价格提高、劳动力成本上升等情况,导致生产成本提高,或部分产品被迫降价出售等,使得资产的收益减少,出现经济性贬值。此时的经济性贬值按以下步骤估算:

(1)计算年收益损失额。将被评估资产现有的年收益与外部条件没有发生变化前的年收益进行比较,计算二者的差异额。

(2)计算净年收益损失额。经济性贬值会引致资产的税前收益额相对下降,由于存在所得税,使得企业实际年收益损失额减少。因此,净年收益损失额是年收益损失额扣除其抵减的所得税以后的余额。

(3)估计使用年限。估算被评估资产的剩余寿命,将剩余寿命作为净年收益损失额的折算年限。

(4)确定经济性贬值。选用适当的折现率将被评估资产在剩余寿命期内每年的净年收益损失额折算成现值,折现值之和就是被评估资产的经济性贬值。

例 2-9 某家电生产线年生产能力为 10 万台产品,由于市场竞争加剧,必须降价销售。假定原来产品售价为 2 000 元/台,今后如果要继续保持 10 万台的销售量,产品售价需降至 1 900 元/台。经评估专业人员估测,该生产线还可以继续使用 3 年,若折现率为 10%,所得税税率为 25%,则该生产线的经济性贬值计算过程如下:

(1)计算年收益损失额
$$年收益损失额=(2\,000-1\,900)\times100\,000$$
$$=10\,000\,000(元)$$

(2)计算净年收益损失额
$$净年收益损失额=10\,000\,000\times(1-25\%)$$
$$=7\,500\,000(元)$$

(3)确定经济性贬值
$$经济性贬值=7\,500\,000\times\frac{1-(1+10\%)^{-3}}{10\%}$$
$$=7\,500\,000\times2.486\,9$$
$$=18\,651\,750(元)$$

通过例 2-8、例 2-9 发现,虽然外部原因导致资产经济性贬值,但评估时需要区分引起资产经济性贬值的原因究竟是什么,是被评估资产的利用率下降导致的,还是产品价格下降或生产成本提高引起的被评估资产收益减少的结果。进而选择相应的评估计算公式估算资产的经济性贬值。

当然,在评估实务中,也存在经济性溢价的情况,即当评估对象及其产品有良好的市场及市场前景，或有重大政策利好时，被评估资产就可能存在着经济性溢价。

 即问即答

杭嘉湖地区素有"鱼米之乡""丝绸之府"之称。大量丝绸产品远销欧美、东南亚。由于新冠肺炎疫情对丝绸产业及消费市场带来的影响，出现了企业订单减少、延期、取消等问题，丝绸企业出现大量生产设备开工不足、闲置等情况。现在如果要对丝绸企业的生产设备进行评估，需要考虑经济性贬值吗？为什么？

【解析】　需要考虑。经济性贬值是指由于外部条件的变化引起资产收益、资产利用率发生具有持续性的减少、下降或闲置等而造成的资产价值损失。由于新冠肺炎疫情的影响导致企业外部经营环境发生变化，引起资产的使用达不到原设计能力，导致资产利用率持续下降，从而造成资产贬值。

四、成本法的优缺点

成本法作为一种常规的评估方法，具有使用前提和条件。在进行资产评估时，评估专业人员应当结合评估目的、价值类型、评估对象的实际情况，评估数据资料的可得性，以及影响其价值变化的条件，充分考虑重置成本及可能影响资产贬值的因素，合理确定重置成本及资产的各项贬值。运用成本法评估应充分考虑成本法的优缺点，通过选用合适的评估方法，得出令人满意的评估结果。

（一）成本法的优点

成本法的优点主要体现在：

（1）比较充分地考虑了资产的实体性贬值、功能性贬值和经济性贬值等因素，评估结果公平合理。

（2）有利于单项资产和特定用途资产的评估。

（3）在不易计算资产未来收益或难以取得市场参照物的条件下可广泛应用，特别适用于对没有预期收益的社会公益设施的评估。

（4）有利于企业资产保值。

（二）成本法的缺点

成本法的缺点主要包括：

（1）采用成本法进行评估涉及的有关参数较多，如前所述，包括价格变动指数、规模经济效益指数、成新率等，计算过程复杂，工作量大。

（2）需要以历史资料为依据。在评估实务中，购建成本的资料、使用维修记录往往不完整或难以取得，所以历史资料受到限制，以至于会影响评估结果。

（3）经济性贬值不易准确估算。

 即问即答

对商场、学校、剧院和政府大楼等进行资产评估时，选用什么评估方法比较合适？为什么?

【解析】　商场、学校、剧院和政府大楼这类资产有一个特点,就是公开市场上交易实例较少,市场法受到限制;还有就是这类资产的预期收益不容易估算,除非出租。因此,这类资产更多的是采用成本法进行评估。

第二节　市　场　法

一、市场法的概念及适用前提

(一)市场法的概念

市场法也称比较法、市场比较法,是指通过将评估对象与可比参照物进行比较,以可比参照物的市场价格为基础,确定评估对象价值的评估方法的总称。市场法包括多种具体方法。例如,企业价值评估中的交易案例比较法和上市公司比较法,单项资产评估中的直接比较法和间接比较法等。

采用市场法对资产进行评估的理论依据是:在市场经济条件下,资产的价格受供求规律的影响。具体说来,当宏观经济中总需求大于总供给时,资产的市场价格会上升;反之,资产的市场价格会下降。因此,任何评估时点的资产价格都反映了当时市场的供求状况。按照同类资产的市场价格判断被评估资产的价值,充分考虑了市场供求规律对资产价格的影响。市场法根据替代原则,采用比较和类比的思路及方法判断资产的价值。任何一个正常的投资者在购置某项资产时,他所愿意支付的价格不会高于市场上具有相同用途的替代品的现行市价。运用市场法要求充分利用类似资产成交价格的信息,并以此为基础判断和估算被评估资产的价值。运用已被市场检验了的结论来评估被评估对象,容易被资产业务当事人接受。因此,市场法是资产评估中最为直接、最具说服力的评估方法之一。

我国市场经济体制的不断完善,为市场法提供了更为广泛的应用空间,市场法日益成为一种重要的资产评估方法。当然,运用市场法进行资产评估,需要满足一些最基本的条件外,还应当关注影响评估测算结果可靠性的因素。例如,市场的活跃程度、参照物的相似程度、参照物的交易时间与评估基准日的接近程度、参照物的交易目的及条件的可比程度、参照物信息资料的充分程度等。

(二)市场法的适用前提

评估专业人员选择和使用市场法时应当考虑市场法应用的前提条件。

(1)评估对象的可比参照物具有公开的市场,以及活跃的交易。市场法评估要求有公开、活跃的市场,且有可比成交案例,同时,强调参照物与被评估资产之间的可比性。影响被评估资产价值的因素较多,主要包括时间因素、价格因素、功能因素、交易条件因素等。在市场经济条件下,市场交易的商品种类有很多,资产作为商品是市场发育的重要特征。市场发育越成熟,市场交易机制越完善,资产交易越活跃,评估对象的可比参照物就越多,参照物的交易价格越容易获得。

参照物的某一基本特征,直接与评估对象的同一基本特征进行比较,进而判断评估对象价值的一种方法。其基本计算公式为:

$$待评估资产价值 = 参照物成交价格 \times \frac{评估对象特征值}{参照物特征值}$$

直接比较法具有直观简捷,便于操作等特点。但通常对参照物与评估对象之间的可比性要求较高。即参照物与评估对象要达到相同或基本相同的程度,或参照物与评估对象的差异主要体现在某一明显的因素上。例如,新旧程度、交易时间先后、生产规模、交易条件等。

直接比较法主要包括但不限于现行市价法、市价折扣法、成新率价格调整法、价格指数法和功能价值类比法等。

(1) 现行市价法。当评估对象本身具有现行市场价格,或与评估对象基本相同的可比参照物具有现行市场价格时,可以直接利用参照物在评估基准日的现行市场价格作为评估对象的评估价值。现行市价法是以成交价格为标准的,有的资产在市场交易过程中,报价或目录价与实际成交价之间会因交易对象、交易批量等原因存在差异,在运用现行市价法时,要注意评估对象、参照物在评估基准日的现行市场价格要与评估对象的价值内涵相同。

(2) 市价折扣法。市价折扣法是以参照物的成交价格为基础,考虑到评估对象在销售条件、销售时间等方面的因素,根据评估专业人员的经验或相关规定,确定价格折扣率,据此估算评估对象价值的方法。其计算公式为:

$$待评估资产价值 = 参照物成交价格 \times (1 - 价格折扣率)$$

市价折扣法一般只适用于评估对象与参照物之间仅存在交易条件方面差异的情形。

即问即答

某拟快速变现资产需要进行评估,在评估基准日与其完全相同的正常资产的变现价为 200 000 元,经评估专业人员综合分析,认为快速变现的折扣率为 35%。问评估对象的价值是多少?

【解析】 待评估资产价值 = 200 000 × (1 - 35%) = 130 000(元)

(3) 成新率价格调整法。成新率价格调整法是以参照物的成交价格为基础,考虑参照物与评估对象在新旧程度上的差异,通过对成新率的调整,估算出评估对象的价值。其计算公式为:

$$待评估资产价值 = 参照物成交价格 \times \frac{评估对象成新率}{参照物成新率}$$

例 2-10 评估某机器设备,其生产时间为 2009 年 12 月,评估基准日为 2022 年 12 月,被评估设备的尚可使用年限为 17 年。评估专业人员收集到一可比参照物,参照物与待评估设备型号相同,属同一厂家生产,交易时间为 2016 年 12 月,交易价格为 1 500 000 元,该机器设备的生产时间为 2014 年 12 月,截至评估基准日,参照物已使用年限为 8 年,尚可使用年限为 15 年,计算待评估机器设备的评估值。

$$待评估设备成新率=\frac{待评估设备尚可使用年限}{待评估设备已使用年限＋待评估设备尚可使用年限}\times100\%$$

$$=\frac{17}{13+17}\times100\%$$

$$=57\%$$

$$参照物成新率=\frac{参照物尚可使用年限}{参照物已使用年限＋参照物尚可使用年限}\times100\%$$

$$=\frac{15}{8+15}\times100\%$$

$$=65\%$$

$$待评估资产价值=参照物成交价格\times\frac{评估对象成新率}{参照物成新率}$$

$$=1\,500\,000\times\frac{57\%}{65\%}$$

$$=1\,315\,384.62(元)$$

一般而言,成新率价格调整法只适用于评估对象与参照物之间仅有新旧程度差异的情形。

(4) 价格指数法。价格指数法是以参照物的成交价格为基础,考虑参照物的成交时间与评估基准日的时间间隔对资产价值的影响,利用与资产有关的价格变动指数,调整确定评估对象价值的方法。价格指数可以选用定基价格指数或环比价格指数。其计算公式如下:

$$待评估资产价值=参照物交易价格\times(1＋价格指数)$$

当采用定基价格指数进行修正时,其计算公式为:

$$待评估资产价值=参照物交易价格\times\frac{评估基准日的价格指数}{参照物成交日的价格指数}$$

当采用环比价格指数进行修正时,其计算公式为:

$$待评估资产价值=参照物交易价格\times环比价格指数(a_1\times a_2\times\cdots\times a_n)$$

式中,a_t 为第 t 年环比价格变动指数,$t=1,2,\cdots,n$。

总体而言,价格指数法一般运用于评估对象与参照物之间仅有时间因素存在差异的情形,且时间差异不能过长。

 即问即答

假设与评估对象完全相同的参照物,在 6 个月前的成交价格为 100 000 元,这 6 个月中,该类资产的价格上升了 5%。则该资产的评估价值为多少?

【解析】 待评估资产价值＝100 000×(1＋5%)＝105 000(元)

(5) 功能价值类比法。功能价值类比法是以参照物的成交价格为基础,将参照物与评估对象之间的功能差异进行调整,来估算评估对象价值的方法。资产价值与功能之间存在线性关系和指数关系两种情形,运用功能价值类比法时要注意区分。

当资产的价值与功能之间呈线性关系,称为生产能力比例法。其计算公式为:

$$待评估资产价值 = 参照物的交易价格 \times \frac{待评估资产的生产能力}{参照物的生产能力}$$

当资产的价值与功能之间呈指数关系,称为规模经济效益指数法。其计算公式为:

$$待评估资产的重置成本 = 参照物的重置成本 \times \left(\frac{待评估资产的生产能力}{参照物的生产能力}\right)^{x}$$

式中,x 为规模经济效益指数,通常是一个经验数据。

例 2-11 被评估资产的年生产能力为 900 吨,参照物资产的年生产能力为 1 200 吨,评估基准日参照物的市场价格为 2 000 000 元,该类资产的规模经济效益指数为 0.7。则被评估资产价值为:

$$待评估资产价值 = 2\,000\,000 \times (900 \div 1\,200)^{0.7}$$
$$= 1\,635\,208(元)$$

(6)价值比率法。价值比率法是利用参照物的市场交易价格与参照物的某一经济参数或经济指标相比较,形成价值比率,作为乘数或倍数,乘以评估对象同一经济参数或经济指标,从而得到被评估资产价值的一种评估方法。即以参照物的价值比率(如市盈率)作为乘数,此乘数与评估对象的相关财务指标(如收益额)相乘来估算评估对象价值的方法。

价值比率法中的价值比率种类众多,包括盈利类指标的价值比率,如市盈率、息税前收益价值比率和税后现金流量价值比率等;收入类指标的价值比率,如销售收入价值比率等;资产类指标的价值比率,如净资产价值比率、总资产价值比率等;其他类指标的价值比率,如成本市价比率、矿山可开采储量价值比率等。

价值比率法通常被用于企业价值评估。由于企业存在规模、营利能力等方面的差异,因此,为增加可比性,需要采取某种可比的价值将待评估企业与可比企业的价值联系起来。这种联系通常用价值比率来反映,对其进行调整,得到待评估企业的价值比率。

根据选取的可比参照物不同,分为上市公司比较法和交易案例比较法。上市公司比较法是获取并分析可比上市公司的经营状况和财务数据,计算适当的价值比例,在与被评估企业比较分析的基础上,确定待评估企业价值的一种评估方法。上市公司比较法中,可比企业应当是公开市场上正常交易的上市公司。交易案例比较法是指获取并分析可比企业的买卖、收购及合并案例资料,计算适当的价值比率,在与待评估企业比较分析的基础上,确定待评估企业价值的评估方法,运用交易案例比较法时,应当考虑待评估企业与交易案例的差异因素对价值的影响。

运用价值比率法,应关注以下几个方面:一是可比参照物相关数据信息来源及可靠性。因为市场法评估实质是依赖可比参照物的成交价格来估算待评估企业的价值。二是确定可比参照物的可比标准。需要考虑企业生产的产品或提供的服务是否相同或相似,或者企业的产品或服务是否都受到相同经济因素的影响;考虑待评估企业与可比企业的规模和获利能力是否相似,以及未来成长性是否相同或相似。三是可比参照物数量的把握,上市公司要设置较为严苛的可比标准,选择最可以用于比较的企业或企业组合,如果选用交易案例,则尽可能选择多个可比案例。四是价值比率的选取。比如,亏损企业一般不采用与净利润相关的价值乘数;可比参照企业与待评估企业的资本结构存在较大差异，也不宜选择部分投资口径的价值乘数；轻资产企业不宜选择与资产规模相关的价值乘数，而应该更多地考虑与收益相关的指标；对于成本和利润比较稳定的企业，可以采用收益口径的价值乘数进行评估；可比参照企业与待评估企业的税收政策不一致，偏向于采用与扣税前收益相关的指标，从而避免由于税收不一致而导致的价值差异。

？ 即问即答

某被评估企业的年净收益为 1 500 万元，评估基准日同类企业平均市盈率为 20 倍，问：被评估企业的价值是多少？

【解析】 被评估企业价值＝1 500×20＝30 000(万元)

(二) 类比调整法

类比调整法是市场法中最基本的评估方法。该方法并不要求参照物与评估对象必须相同或基本相同，只要参照物与评估对象在大的方面基本相同或相似，参照物与评估对象之间的差异可以量化调整即可。在公开市场上选择若干个类似资产的交易案例作为参照物，通过分析比较评估对象与各个参照物在功能、时间、市场条件和交易情况等方面的差异，并将其量化，在参照物成交价格的基础上，进行逐个调整，从而估算评估对象的价值。其基本计算公式为：

$$待评估资产价值＝参照物成交价格＋功能差异值＋时间差异值＋$$
$$\cdots＋交易情况差异值$$

或者

$$待评估资产价值＝参照物成交价格\times功能差异修正系数\times$$
$$时间差异修正系数\times\cdots\times交易情况差异修正系数$$

运用类比调整法的关键是通过严格筛选，找到最适合的参照物，并对评估对象与参照物进行比较差异调整。评估对象与参照物之间的比较因素主要包括以下几个方面：

1. 功能因素

资产的功能是资产使用价值的主体，是影响资产价值的重要因素之一。在资产评估中强调资产的使用价值或功能，并不是从纯粹抽象意义上去讲，而是从资产的功能并结合社会需求，从资产实际发挥效用的角度考虑。即在社会需要的前提下，资产的功能越好，其价值越高，反之亦然。在评估实务中，功能因素重点关注资产实体功能过剩或不足对资产价值的影响。

2. 时间因素

时间因素包括两个层面，一是参照物交易时间与评估基准日时间上的不同所导致的价格差异，这个差异的调整思路一般是运用参照物价格变动指数将参照物的成交价格从交易日调整到评估基准日；二是参照物与评估对象的购置时间点不同，需要调整一致，一般是以评估对象的购置时间为准，将参照物的购置时点价格调整到评估对象的购置时点价格。

3. 区域因素

区域因素是指资产所在地区或地段条件对资产价格的影响差异。地域因素对房地产价格的影响尤为突出,由于同类资产,特别是房地产,即使在同一区域的市场上出售,也会有明显的价格差异,因而如果待评估资产与参照物处于同一区域而产生价格差异,就需要对参照物的交易价格进行地区差价调整。

4. 交易情况

交易情况主要包括市场因素和交易因素。市场因素主要是考虑参照物成交时与评估基准日的市场条件及供求关系。在一般情况下,供不应求时,价格偏高;供过于求时,价格偏低。市场条件上的差异对资产价值的影响需要关注。交易因素主要包括交易批量、交易动机等。交易批量不同,交易对象的价格可能不同;交易动机也对资产交易价格有影响,不同交易动机,资产的交易价格也会有差别。

5. 个别因素

个别因素主要包括资产的实体特征和质量。资产的实体特征主要是指资产的外观、结构、役龄和规格型号等。资产的质量主要是指资产本身的建造或制造的工艺水平。

在评估对象与参照物之间存在上述各种差异时,其计算公式为:

$$待评估资产价值 = 参照物交易价格 \times 功能差异修正系数 \times 时间差异修正系数 \times$$
$$区域因素修正系数 \times 交易情况修正系数 \times 个别因素修正系数$$

类比调整法具有适用性强,应用广泛的特点。但该方法对信息资料的数量和质量要求较高,而且要求评估人员要有较丰富的评估经验、市场阅历和评估技巧。因为,类比调整法要对参照物与评估对象的若干可比因素进行对比分析和差异调整,差异如何量化及对资产功能、市场行情的了解和把握,需要专业判断,否则会影响评估结果。

类比调整法需要国家、行业或市场标准的配套建设。目前,我国真正充分发育的、活跃的资产交易市场不多,二手房、二手车交易市场相对活跃,其他二手市场表现较为平淡。所以,类比调整法的应用在我国受到一定的限制。

 即问即答

根据我国公开市场的发展现状,市场法中的类比调整法可运用于现实经济生活中哪些资产的评估?

【解析】　目前,我国真正充分发育的、活跃的资产交易市场不多,二手房、二手车交易市场相对活跃,其他二手市场表现较为平淡。所以,二手房、二手车运用类比调整法评估比较常见。

例 2-12　现拟对一套建筑面积为 150 平方米的二手房进行评估,评估基准日为 2022 年 8 月 31 日。评估专业人员在二手房交易市场收集了 3 个与评估对象相似的交易实例作为参照物。参照物的基本情况见表 2-1。

表 2-1　参照物基本情况

参照物	面积/(平方米)	交易日期	所在区域	个别因素评分/分	价格/(元/平方米)
A	170	2022.7.15	相同	90	9 000
B	130	2022.5.10	相同	100	11 000
C	110	2022.6.7	相同	105	12 000

（1）采用市场法进行评估。因为二手房市场比较活跃，与待评估住房相似的成交案例较多，考虑运用类比调整法。基本思路是，寻找 3 个及以上与待评估住房相似的近期成交的二手房交易实例作为参照物，比较每一个参照物与待评估住房的差异，并将其量化，对每一个参照物的成交价格进行比较因素的修正，得出待评估住房价值。

待评估住房价值＝参照物交易价格×交易情况修正系数×交易日期修正系数×
区位因素修正系数×个别因素修正系数

（2）计算比较因素的修正系数。在计算每个比较因素的修正系数时，有两种做法。

一是以参照物交易价格为基础，根据待评估资产与参照物之间单个比较因素的量化值直接进行调整。其计算公式为：

$$待评估资产价值＝参照物交易价格×\frac{100×(1±k\%)}{100}$$

式中，k 为待评估资产与参照物之间单个比较因素的量化值。

二是将待评估资产的价值认为是公正交易的价格，把公正状态视作标准值 100，参照物价格处于不公正的交易情况，将其调整为公正状态。其计算公式为：

$$待评估资产价值＝参照物交易价格×\frac{100}{100×(1∓k\%)}$$

式中，k 为待评估资产与参照物之间单个比较因素的量化值。

怎么理解这两种做法？一般认为，对资产进行评估是为了得到待评估资产在评估基准日的公允价值，其假设前提是公开市场交易。因此，应以待评估资产所处的交易条件（一般是合理公正的）为基础，把参照物的交易价格调整到待评估资产所处的交易条件之下，即将不合理交易情况下的价格调整到合理交易情况下的价格。

（3）比较因素差异调整。

① 交易情况。经调查得知，参照物 A、参照物 C 为正常交易，参照物 B 价格偏低 5%。则参照物 A、B、C 的交易情况调整系数分别为 $100/100$、$100/(100-5)$、$100/100$。

② 交易日期。自 2022 年 1 月以来，此类住房价格每月环比上涨 2%。因此，参照物 A 的交易日期因素调整系数为 $(1+2\%)=102\%$；参照物 B 的交易日期因素调整系数为 $(1+2\%)^3=106\%$；参照物 C 的交易日期因素调整系数为 $(1+2\%)^2=104\%$。

③ 区域因素。待评估住宅与交易实例都在同一小区，区域因素一致，调整系数为 $100/100$。

④ 个别因素。评估专业人员经调研后，结合专业判断认为，若将待评估住宅的状况视为基准，定为 100，交易实例 A、B、C 的个别状况（包括楼层位置、面积、朝向、结构、装修、建造年限等方面）综合评分分别为 90、100、105。

（4）计算参照物比准价格。

$$参照物 A 的比准价格 = 9\,000×\frac{100}{100}×\frac{102}{100}×\frac{100}{100}×\frac{100}{90}=10\,200(元)$$

$$参照物 B 的比准价格 = 11\,000×\frac{100}{95}×\frac{106}{100}×\frac{100}{100}×\frac{100}{100}=12\,273.68(元)$$

$$参照物 C 的比准价格 = 12\,000×\frac{100}{100}×\frac{104}{100}×\frac{100}{100}×\frac{100}{105}=11\,885.71(元)$$

（5）确定评估价值。

评估价值 ＝ (10 200 ＋ 12 273.68 ＋ 11 885.71)/3 ＝ 11 453.13(元 / 平方米)

例 2-13 运用市场法评估土地的价格。

（1）评估对象。待估地块位于××市南山区幸福路 12 号。土地四至：东临东三环中路，南为某中心写字楼，西为某饭店，北为某办公楼。土地性质为国有出让地，土地总面积为 6 000 平方米，根据该市地价区类划分标准，该土地位于一类地价区。该地块附近有 1 路、4 路、52 路、57 路、300 路等多路公共汽车经过，向北距离国际机场约 25 公里，向东距离某商业大街 4 公里，距离某中心广场 5 公里，对外交通及公交状况良好。待估地块为"七通一平"熟地，土地形状成南北略长的矩形(东西 60 米，南北 65 米)，地势平坦，地质状况良好，自然环境好，少污染，此土地位于市级主干道某大街和环城东路的交汇处，市级商贸圈内，附近有银行等大厦。

（2）评估目的。土地转让。

（3）评估基准日。2022 年 10 月 31 日。

（4）价值类型。采用市场价值类型。评估中的地价是指土地性质为出让土地、开发程度为"七通一平"、商业用途条件下的公开市场价格。

（5）评估方法。采用市场法进行评估。市场法是指在估算待评估土地价格时，将待估土地与接近评估基准日已经成交的类似土地进行比较，依照这些已经成交的土地价格，通过多项因素的修正得出待评估土地价值的一种估价方法。

（6）评估程序。

首先，搜集该市有关土地成交价格的基础资料，主要包括与待评估土地相邻、用途相同、交易时点相近、交易情况相同的土地价格及其他相关内容。

其次，确定待评估土地与参照物之间可比因素，如交易情况、交易日期、区域因素、个别因素等方面的差异。

再次，量化差异。

最后，计算待评估土地的比准价格，确定评估价值。

（7）评估过程。由于近年来该市写字楼商业用地交易活跃，市场发育充分、完善，所以选取同一供需范围内近期成交的、与待评估土地用途相同的地块作为参照物。在充分了解参照物及待评估地块状况的前提下，以参照物的成交价格为基础，通过修正得出待评估土地的价值。选择交易实例 A、B、C、D 作为参照物，具体情况如表 2-2 所示。

表 2-2 交易实例及评估对象情况表

		参照物 A	参照物 B	参照物 C	参照物 D	评估对象
所处地区		相同	类似	类似	类似	市中心区
用地性质		商业	商业	商业	商业	商业
土地类型		空地	空地	空地	空地	空地
交易日期		2022.4.2	2022.3.3	2021.10.4	2021.12.5	2022.10.31
价格	总价/万元	2 523	3 116	2 736	3 600	
	单价/(元/平方米)	8 700	8 200	8 550	9 000	
面积/平方米		2 900	3 800	3 200	4 000	6 000

续表

	参照物 A	参照物 B	参照物 C	参照物 D	评估对象
形状	矩形	矩形	矩形	略正方形	矩形
地势	平坦	平坦	平坦	平坦	平坦
地质	普通	普通	普通	普通	普通
基础设施	较好	完备	较好	很好	很好
交通状况	很好	较好	较好	较好	很好
正面路宽/米	8	6	8	8	8
容积率	6	6	6	6	6
剩余使用年限/年	35	30	35	30	30

① 交易情况修正。经分析交易参照物 A、参照物 D 为正常交易,无须进行交易情况修正;参照物 B 较正常交易价格偏低 2%;参照物 C 较正常交易价格偏低 3%。则各参照物的交易情况修正率分别为:参照物 A,0%;参照物 B,+2%;参照物 C,+3%;参照物 D,0%。

② 交易日期修正。评估专业人员根据调查得知,2021 年 1 月以来土地价格平均每月上涨 1%,则各参照物的交易日期修正率为:参照物 A,6%;参照物 B,7%;参照物 C,12%;参照物 D,10%。

$$待评估土地价值 = 参照物交易价格 \times (1 + 间隔月份数 \times 1\%)$$

或者

$$待评估土地价值 / 参照物交易价格 = [100 \times (1 + 间隔月份数 \times 1\%)]/100$$

参照物 A、参照物 B、参照物 C、参照物 D 与评估基准日分别间隔 6 个月、7 个月、12 个月和 10 个月。即不同时间的价值比等于两个时点的价格指数比。需要注意的是,关于价格的变化是平均每月上涨。

③ 区域因素修正。由于参照物 A 与待评估土地处于同一地区,无须做区域因素修正。参照物 B、参照物 C、参照物 D 的区域因素修正情况参照表 2-3。设定待评估地块的区域因素值为 100,根据表 2-3 各种区域因素的对比分析,经综合打分,参照物 B 所属地区为 88,参照物 C 所属地区为 108,参照物 D 所属地区为 100。

表 2-3 区域因素比较表

	参照物 B	参照物 C	参照物 D
自然条件	(相同)10	(相同)10	(相同)10
社会条件	(较差)7	(相同)10	(相同)10
街道条件	(相同)10	(相同)10	(相同)10
交通便捷度	(稍差)8	(稍好)12	(相同)10
离交通车站点距离	(较远)7	(稍近)12	(相同)10
离市中心距离	(相同)10	(稍近)12	(相同)10
基础设施状况	(稍差)8	(相同)10	(稍好)12
公共设施完备状况	(相同)10	(较好)12	(相同)10
水、大气、噪音污染状况	(相同)10	(相同)10	(相同)10
周围环境及景观	(稍差)8	(相同)10	(稍差)8
综合打分	88	108	100

待评估地块价值与参照物价格比等于待评估地块与参照物的该因素的数值比。

④ 个别因素修正。

A. 经比较分析,待评估土地的面积较大,有利于充分利用。另外,该地块的环境条件也比较好,因此判定其比各参照物的土地价格高2%。

B. 土地使用年限因素的修正。参照物B、参照物D与待估土地的剩余使用年限相同,无须修正。参照物A、参照物C均需做使用年限因素的调整。假定折现率为8%,其调整系数测算如下。

$$土地使用年限修正系数 = \frac{1-(1+折现率)^{-待评估地块剩余使用年限}}{1-(1+折现率)^{-参照物地块剩余使用年限}}$$

$$= \frac{1-(1+8\%)^{-30}}{1-(1+8\%)^{-35}}$$

$$= \frac{1-0.099\,4}{1-0.067\,6}$$

$$= 0.965\,9$$

⑤ 计算比准价格(表2-4)。

表 2-4 比较因素量化修正表

比较实例	成交价格/ (元/平方米)	交易情况 修正	交易日期 修正	区域因素 修正	个别因素 修正(面积)	个别因素修正 (土地使用年限)	比准价格/ (元/平方米)
参照物 A	8 700	100/100	106/100	100/100	102/100	0.965 9	9 085.68
参照物 B	8 200	100/98	107/100	100/88	102/100	1	10 377.41
参照物 C	8 550	100/97	112/100	100/108	102/100	0.965 9	9 005.77
参照物 D	9 000	100/100	110/100	102/100	102/100	1	10 299.96

⑥ 确定评估结果。

土地评估单价 = (9 085.68 + 10 377.41 + 9 005.77 + 10 299.96)/4
= 9 692.21(元/平方米)

土地评估总价 = 6 000 × 9 692.21 = 58 153 260(元)

四、市场法的优缺点

(一)市场法的优点

市场法是资产评估中最简单、最有效的方法,其优点表现在:

(1)市场法能够客观反映资产目前的市场情况,相关的评估参数、评估指标可以直接从市场获得,评估价值更能反映市场的现实价格。

(2)市场法评估结果根据近期实际成交的同类资产交易价格修正得到,易于被委托方和相关当事人理解和接受。

(二)市场法的缺点

市场法的缺点主要包括:

（1）市场法需要有公开活跃的交易市场作为基础，有时因缺少可对比的相关数据导致市场法的应用受到限制。

（2）由于公开市场、参照物的选取等方面的问题，市场法不适用于专用机器设备和大部分的无形资产，以及受到地区、环境等严格限制资产的评估。

（3）由于参照物与被评估资产之间的差异不容易量化，市场法在一定程度上也会影响评估结果的准确性。

第三节　收　益　法

一、收益法及其适用的前提条件

（一）收益法的概念

收益法是指通过将评估对象的预期收益资本化或折现，来确定其价值的各种评估方法的总称。收益法包括多种具体方法。企业价值评估中的现金流量折现法、净利润折现法等；无形资产评估中的增量收益法、超额收益法、节省许可费法、收益分成法等；金融资产评估中的股利折现法等。其中，预期收益是指评估对象在使用或持有过程中所带来的净收入。衡量净收入的指标有很多种，需要根据待评估资产具体分析。例如，企业价值评估中的税后利润、税前利润、息税前利润和现金流量等；又如股票价值评估中的股利等。

在评估实务中，收益法是通过估算待评估资产的未来预期收益，并将未来预期收益折算成现值，据此估算资产价值。其计算公式为：

$$P = \sum_{t=1}^{n} \frac{R_t}{(1+i)^t}$$

式中：P 为待评估资产的评估价值；i 为折现率；R_t 为第 t 年待评估资产的预期收益；n 为待评估资产的预计收益期限。

收益法根据将利求本的思路，采用折现或资本化的方法来判断和估算资产价值。任何一个理智的投资者在购置或投资于某一资产时，所愿意支付或投资的货币数额不会高于他购置或投资的资产在未来能为其带来的回报，即收益额。收益法利用投资收益折现等技术手段，把评估对象的预期产出能力和获利能力作为评估标的来估算评估对象的价值。根据评估对象的预期收益来评估其价值，容易被资产业务各方接受。所以，从理论上讲，收益法是资产评估中较为科学合理的评估方法之一。当然，运用收益法评估需要满足一些基本条件。

（二）收益法的适用前提

收益法是依据待评估资产未来预期收益经本金化或折现来估算资产价值，它涉及三个基本要素。

（1）评估对象的未来预期收益。

（2）折现率或资本化率。

（3）评估对象取得预期收益的持续时间。

因此，能否清晰地把握上述三个基本要素，就成了能否运用收益法的基本前提。从这个意义上讲，应用收益法必须具备的前提条件如下：

（1）评估对象的未来收益可以合理预期并用货币计量。评估对象的预期收益必须能被较为合理地估测，待评估资产与其经营收益之间存在着较为稳定的比例关系，同时，影响资产预期收益的主要因素，包括主观因素和客观因素应比较明确，评估专业人员可以据此分析和测算出待评估资产的未来预期收益。

（2）预期收益所对应的风险能够度量。评估对象所面临的行业风险、区域风险及经营风险是可以比较和测算的，这是测算折现率或资本化率的基本参数之一。评估对象所处的行业不同、地区不同和企业差别，都会不同程度地体现在资产拥有者的获利能力上。对于投资者来说，风险大的投资，要求的回报率就高；投资风险小，其回报率也相应降低。

（3）收益期限能够确定或合理预期。评估对象获利期限的长短，即评估对象的预期寿命，也是影响其价值的重要因素之一。因此，待评估资产的预期获利年限应可以预测。

另外，运用收益法时，还应当关注以下影响评估测算结果可靠性的因素：

（1）无法获得支持专业判断的必要信息。

（2）评估对象没有历史收益记录或者尚未开始产生收益，对收益的预测仅基于预期。

（3）未来的经营模式或者盈利模式发生重大变化。

即问即答

只要能够产生收益的资产都可以用收益法评估，这个说法对吗？

【解析】　不正确。应用收益法必须具备三个前提条件：①评估对象的未来收益可以合理预期并用货币计量；②预期收益所对应的风险能够度量；③收益期限能够确定或者合理估计。

二、收益法评估的基本程序

运用收益法评估资产时，一般按下列步骤进行：

（1）搜集并验证与评估对象未来预期收益有关的数据资料，包括企业基本情况、财务状况、市场信息及经营风险。

（2）分析测算待评估资产的未来预期收益。

（3）确定折现率或资本化率。结合银行存款和国库券利率，考虑各种风险因素，计算折现率或资本化率。

（4）估算收益期限。根据待评估资产的运行状况、社会经济发展、科技进步及相关法律规定等因素，测算资产收益期限。

（5）确定评估结果。将待评估资产未来预期收益进行折现，分析、确定评估结果。

三、收益法评估的基本参数

收益法的运用不仅在于掌握其在各种情况下的计算过程，更重要的是要科学、合理地确定运用各项参数。运用收益法评估涉及许多经济技术参数，其中最基本的参数有三个，即预期收益、折现率或本金化率和收益期限。

(一)预期收益

预期收益是运用收益法评估资产价值的基本参数之一。在评估实务中,资产的预期收益是指根据投资回报的原理,资产在正常情况下所能得到的归其产权主体的收益额。预期收益有两个比较明确的特点需要注意:

(1)预期收益是待评估资产的未来预期收益额,而不是待评估资产的历史收益或现实收益。

(2)预期收益通常是待评估资产的客观收益,而不是待评估资产的实际收益。

预期收益的上述两个特点非常重要,评估专业人员在评估实务中应切实注意预期收益的特点,以便合理运用收益法来估算资产的价值。由于资产种类繁多,不同种类资产的价值类型不同,预期收益表现形式亦不完全相同。例如,企业的预期收益通常表现为净利润或净现金流量,无形资产的预期收益为增量收益、超额收益,金融资产的预期收益是股利或利息,而房地产的预期收益则通常表现为纯租金收入等。关于预期收益如何估算将在以后各章结合不同类型资产的具体情况分别介绍。

评估专业人员在确定预期收益时应当重点关注以下几点:

(1)预期收益类型与口径。预期收益可以选择收入、利润、股利或现金流量,以及整体资产或部分权益的收益、税前或税后收益、名义或实际收益等。名义收益包括预期的通货膨胀水平,实际收益则会剔除通货膨胀的影响。选择哪一种指标作为收益额,评估时应该根据所评估资产的类型、特点及评估目的做决定,重要的是准确反映资产收益,并与折现率或资本化率的口径保持一致。由于收益法是通过将资产未来某个时点的收益折算为现值,并以其作为资产评估值,因此,用净现金流量表示预期收益更能体现资金的时间价值。正因为如此,在资产评估中采用净现金流量作为预期收益比较常见。

(2)收益预测应当根据资产的性质、可以获取的信息和所要求的价值类型等做出。评估专业人员应当对收益预测所利用的财务信息及其他相关信息、假设及其对评估目的的恰当性进行分析评价。另外,预期收益的确定还需对待评估资产经营的内外部环境进行分析,了解待评估资产最近几年的财务状况和经营成果,分析、预测待评估资产未来的经营状况和市场状况,分析国家产业政策及经济形势的发展趋势。

(二)折现率和本金化率

折现所反映的是资金的时间价值,用特定比率将待评估资产的预期收益折算为当前价值。折现率本身说明特定条件下资产的收益率水平。资产的收益率越高,在收益期限一定的情况下资产评估值就越低。折现率不同于利率,利率是资金的报酬,折现率是管理的报酬。利率只表示资金本身的获利能力,与使用条件、拥有者和用途没有直接联系,而折现率则与资产及所有者使用效果有直接关系。

从本质上讲,折现率可以被认为是一种期望投资报酬率,是资产拥有者在风险一定的情况下,期望获得的回报率。在评估实务中,确定折现率应遵循以下原则:

(1)折现率就其构成而言,是由无风险报酬率和风险报酬率组成的。无风险报酬率是指资产在一般条件下的获利水平,通常情况下,无风险报酬率可以参照同期的国库券利率或银行存款利率加以确定。风险报酬率是指超过无风险报酬率以上部分的投资回报率,即承担风险取得的报酬与资产的比率。在评估实务中,因资产的行业分布、种类、市场条件等的不同,其折现率亦不相同,评估专业人员应根据社会、行业、企业、评估对象使用条件和资产收益水平等综合分析测算得出折现率。

(2)本金化率与折现率在本质上没有区别,只是适用场合不同。一般来说,折现率是将未来有限期的预期收益折算成现值采用的比率,而本金化率则是将未来永续性预期收益折算成现值所采用的比率。至于折现率与资本化率在量上是否恒等,主要取决于同一资产在未来长短不同的时期所面临的风险是否相同。

(3)折现率要与预期收益额相匹配。折现率不仅要反映资金的时间价值,还应当体现与收益类型和评估对象未来经营相关的风险,即折现率的计算口径与预期收益额保持一致。

(三)收益期限

收益期限是指待评估资产具有获利能力所持续的时间,通常以年为时间单位。评估专业人员在确定收益期限时,应当考虑被评估资产自身的效能、预期寿命、法律法规和相关合同契约等的限制,在考虑评估对象达到稳定收益的期限、周期性等因素的基础上,预测收益期限。

四、收益法的应用

收益法是通过将评估对象的预期收益资本化或折现,来确定其价值的各种评估方法的总称。按照预期收益、收益期限的不同,收益法具体可以分为几类:①按照待评估资产未来预期收益的期限划分,分为有限期方法和无限期方法(资本化);②按照待评估资产预期收益划分,又可分为等额收益评估方法(年金法)和非等额收益评估方法等。

(一)未来预期收益具有特定时期

在待评估资产未来预期收益具有特定时期的情况下,按照每年预期收益的具体状况可分为三种情形:

1. 待评估资产每年预期收益不相等

通过预测有限期内各期的收益额,以适当的折现率进行折现,各年预期收益折现值之和,即为待评估资产的评估价值。其基本公式为:

$$P = \sum_{t=1}^{n} \frac{R_t}{(1+i)^t}$$

式中,P 为待评估资产的评估价值;i 为折现率;R_t 为第 t 年待评估资产的预期收益;n 为待评估资产的预计收益期限。

2. 待评估资产每年预期收益相等

通过预测有限期内各期的收益额,以适当的折现率进行折现,每年的预期收益相等,即为年金,年金的现值就是待评估资产的评估价值。其基本公式为:

$$P = A \times \frac{1 - (1+i)^{-n}}{i}$$

式中，P 为待评估资产的评估价值；A 为每年待评估资产的等额预期收益，即年金；i 为折现率；n 为待评估资产的预计收益期限。

3. 待评估资产前 n 年收益不等，第 n 年后保持不变，一直持续到第 m 年

通过预测前 n 年内各期的收益额，以及第 n 年后一直持续到第 m 年的年预期收益，以适当的折现率分别进行折现，然后相加，即为待评估资产的评估价值。其基本公式为：

$$P = \sum_{t=1}^{n} \frac{R_t}{(1+i)^t} + \frac{A}{i(1+i)^n} \left[1 - \frac{1}{(1+i)^{m-n}} \right]$$

式中，P 为待评估资产的评估价值；R_t 为第 t 年待评估资产的预期收益；A 为第 n 年后持续到第 m 年每年待评估资产的等额预期收益，即年金；i 为折现率。

例 2-14 某无形资产未来 3 年的预计收益分别为 300 万元、400 万元、450 万元，从第 4 年起各年收益维持在 500 万元，假设该无形资产的收益期限为 20 年，折现率为 10%。则该无形资产的评估价值为：

$$P = \sum_{t=1}^{n} \frac{R_t}{(1+i)^t} + \frac{A}{i(1+i)^n} \left[1 - \frac{1}{(1+i)^{m-n}} \right]$$

$$= 300 \times 0.909\,1 + 400 \times 0.826\,4 + 450 \times 0.751\,3 + 500 \times 8.021\,6 \times 0.751\,3$$

$$= 3\,954.67(万元)$$

（二）未来预期收益无期限

在待评估资产未来预期收益无期限的情况下，按照每年预期收益的具体状况可分为三种情形。

1. 预期收益年金化

待评估资产每年预期收益相等时，对年预期收益进行本金化处理，即可得到待评估资产的评估价值。其基本公式为：

$$P = \frac{A}{i}$$

式中，P 为待评估资产的评估价值；A 为每年待评估资产的等额预期收益；i 为资本化率。

在对某些资产进行评估时，可能会存在这样的情况，这些资产尽管其未来预期收益不完全相等，但生产经营活动相对稳定，各期收益基本稳定在同一水平，在这种情况下，评估这些资产时也可以采用预期收益年金化方法进行评估。

2. 预期收益在若干年后保持不变

假设待评估资产前 n 年预期收益不等，第 n 年后预期收益保持不变，且一直持续下去，直到无穷。

（1）分段法。将预期收益分成两段，即前 n 年和第 n 年以后一直持续到无穷。通过预测前 n 年内各期的收益额，以及第 n 年后的年预期收益，以适当的折现率分别进行折现，然后相加，即为待评估资产的评估价值。其基本公式为：

$$P = \sum_{t=1}^{n} \frac{R_t}{(1+i)^t} + \frac{A}{i(1+i)^n}$$

式中，P 为待评估资产的评估价值；R_t 为第 t 年待评估资产的预期收益；A 为第 n 年后每年待评估资产的等额预期收益，即年金；i 为折现率。

例 2-15　评估专业人员经测算，某企业未来 5 年的税后净现金流分别是 150 万元、130 万元、120 万元、140 万元、150 万元，假定该企业可以永续经营下去，且从第 6 年以后每年收益均为 150 万元，折现率为 10%，运用分段法评估该企业的价值。

$$
\begin{aligned}
P &= \sum_{t=1}^{n} \frac{R_t}{(1+i)^t} + \frac{A}{i(1+i)^n} \\
&= 150 \times 0.909\,1 + 130 \times 0.826\,4 + 120 \times 0.751\,3 + 140 \times 0.683\,0 + \\
&\quad 150 \times 0.620\,9 + 1\,500 \times 0.620\,9 \\
&= 1\,454.06（万元）
\end{aligned}
$$

（2）年金法。年金法的基本思路：首先将前 n 年的预期收益进行折现，然后以该折现值为现值，换算成前 n 年的年金，再假设被评估资产的预期收益维持在该年金水平直到无穷，最后计算永续年金的现值，即为待评估资产的评估价值。其基本步骤为：

① 估算前 n 年预期收益的现值。

$$P_{1-n} = \sum_{t=1}^{n} \frac{R_t}{(1+i)^t}$$

式中，P_{1-n} 为待评估资产前 n 年预期收益的折现值；i 为折现率；R_t 为第 t 年待评估资产的预期收益。

② 计算年金。

$$A = P_{1-n} \times \frac{i}{1-(1+i)^{-n}}$$

式中，P_{1-n} 为待评估资产前 n 年预期收益的折现值；A 为前 n 年的年金；i 为折现率。

③ 确定评估价值。假设第 $n+1$ 年后，被评估资产预期收益维持在年金 A 水平，则可以理解为从第 1 年开始，预期收益一直是年金水平，即为永续年金。永续年金的现值就是待评估资产的评估价值。其基本公式为：

$$P = \frac{A}{i}$$

式中，P 为待评估资产的评估价值；A 为每年待评估资产的等额预期收益；i 为资本化率。

例 2-16　运用年金法评估例 2-15 中企业的价值。

（1）估算前 5 年预期收益的现值。

$$
\begin{aligned}
P_{1-n} &= \sum_{t=1}^{n} \frac{R_t}{(1+i)^t} \\
&= 150 \times 0.909\,1 + 130 \times 0.826\,4 + 120 \times 0.751\,3 + \\
&\quad 140 \times 0.683\,0 + 150 \times 0.620\,9 \\
&= 522.72（万元）
\end{aligned}
$$

（2）计算年金。

$$A = P_{1-n} \times \frac{i}{1-(1+i)^{-n}}$$
$$= 522.72 \times 0.263\,8$$
$$= 137.89(万元)$$

（3）确定评估价值。假设第 6 年后，被评估资产预期收益维持在年金水平，则可以理解为从第 1 年开始，预期收益一直是年金水平，即为永续年金。将永续年金本金化处理，即得评估价值。

$$P = \frac{A}{i}$$
$$= 137.89 \div 10\%$$
$$= 1\,378.9(万元)$$

3. 预期收益每年按照一个固定增长率 g 增长

$$P = \frac{R_0(1+g)}{i-g}$$

式中，P 为待评估资产的评估价值；R_0 为待评估资产期初的预期收益；i 为折现率。

五、收益法的优缺点

（一）收益法的优点

利用收益法评估具有以下优点：

（1）采用收益法评估资产充分考虑了资产未来收益和资金的时间价值，能真实和较准确地反映资产的本金化（资本化）价值。

（2）采用收益法评估资产只要准确地测算预期收益、折现率（本金化率）和收益年限三项指标，计算过程较为简单，结果准确，而且能够与投资决策相结合，应用此法评估得到的资产评估结果，容易被资产买卖双方所接受。

（3）采用收益法评估企业的价值，能够比较全面地反映企业资产的使用收益。

（二）收益法的缺点

收益法的缺点表现在：

（1）预期收益额预测难度较大，易受较强的主观判断和未来不可预见因素的影响。

（2）对不具有综合获利能力，没有连续性收益的资产，不能采用收益法进行评估。因此，收益法在资产评估中一般适用于企业整体资产和可预测未来收益的单项资产的评估。

第四节　评估方法的比较与选择

（一）评估方法之间的比较

资产评估的市场法、收益法和成本法及由以上三种基本评估思路衍生出来的其他评估思路,共同构成了资产评估的方法体系。资产评估的专业性质决定了资产评估方法体系内的各种评估方法之间存在着内在联系。而各种评估方法的独立存在,又说明它们各自具有特点。正确认识资产评估方法之间的内在联系,以及各自的特点,对于恰当地选择评估方法,高效地进行资产评估是十分重要的。

1. 资产评估方法之间的联系

评估方法是实现评估目的的手段。对于特定经济行为,在相同的市场条件下,对处在相同状态下的同一资产进行评估,其评估价值应该是客观的。这个客观的评估值不会因为评估人员所选用的评估方法的不同,而出现截然不同的结果。可以认为正是评估基本目的决定了评估方法间的内在联系。而这种内在联系为评估人员运用多种评估方法评估同一条件下的同一资产,并相互验证提供了理论根据。但需要指出的是,运用不同的评估方法评估同一资产,必须保证评估目的、评估前提、被评估对象状态的一致,以及运用不同评估方法所选择的经济技术参数的合理性。

由于资产评估工作基本目标的一致性,在同一资产的评估中可以采用多种方法,如果使用这些方法的前提同时具备,而且评估专业人员也具备相应的专业判断能力,那么,多种方法得出的结果应该趋同。如果采用多种方法得出的结果出现较大差异,可能的原因如下:

(1)某些方法的应用前提不具备。

(2)分析过程有缺陷。

(3)部分资产未包含在内。比如,对企业价值进行评估时,运用资产基础法的评估结果未能包含企业自创的商誉价值,而收益法则包含了企业自创的商誉价值。

(4)某些支撑评估结果的信息依据出现失真。

(5)评估专业人员的职业判断有误。

评估专业人员应为不同评估方法建立逻辑分析框图,通过对比分析,有利于问题的发现。评估专业人员在发现问题的基础上,除了对评估方法做出取舍外,还应该分析问题产生的原因,并据此研究解决问题的对策,以便最后确定评估价值。

2. 资产评估方法之间的区别

各种评估方法独立存在本身就说明各种评估方法之间存在差异。各种评估方法是从不同的角度去表现资产的价值。不论是通过与市场参照物比较获得评估对象的价值,还是根据评估对象的预期收益折现获得的评估价值,或者是按照资产的重置途径寻求评估对象的价值,都是对评估对象在一定条件下的价值的描述,它们之间是有内在联系并可相互替代的。但是,每一种评估方法都有其自成一体的运用过程,都要求具备相应的信息基础,评估结论也都是从某一角度反映资产的价值。因此,各种评估方法又是有区别的。

由于评估的特定目的的不同,评估时市场条件上的差别,以及评估时对评估对象使用状态设定的差异,需要评估的资产价值类型也是有区别的。评估方法由于自身的特点在评估不同类型的资产价值时,就有了效率上和直接程度上的差别,评估人员应具备选择最直接且最有效率的评估方法以完成评估任务的能力。

（二）评估方法的选择

资产评估方法的多样性为评估专业人员提供了适当选择评估方法的可能。选择合适的资产评估方法有利于合理、准确地确定资产的评估价值。在选择资产评估方法时，应当充分考虑影响评估方法选择的因素。选择评估方法所考的因素包括以下几个方面：

1. 评估目的和价值类型

资产评估方法作为获得特定价值尺度的技术规程必须与评估目的、价值类型相适应。评估目的、价值类型与评估方法是不同层次的概念。前者说明为什么要评，评什么，是评估价值质的规定，具有排他性和对评估方法的约束性；评估方法说明如何评，是评估价值量的规定，具有多样性和替代性，且服务于评估目的和价值类型。要明确评估目的、价值类型与评估方法的相互关系，否则就会影响资产的权益和资产评估有关当事人的利益。评估目的的明确性、价值类型的准确性、评估方法的科学性及三者相匹配是资产评估价值科学有效的保证。

2. 评估对象

资产评估方法必须与评估对象相适应。单项资产、整体资产、有形资产、无形资产等不同的评估对象要采用不同的评估方法，评估专业人员总是寻求最简单、最能客观地反映资产价值的方法对资产进行估价。资产评估对象的状态不同，所采用的评估方法也不同。从评估对象看，如果评估对象能满足评估方法的诸要素，则成本法、收益法和市场法均可使用。当资产评估的价值类型为市场价值时，可以按照市场法、收益法和成本法的顺序进行评估。

3. 评估方法的适用条件

资产评估方法的选择和使用，实际上是评估专业人员根据实际条件约束下的资产或模拟条件约束下的资产的价值进行理性分析、论证和比较的过程，通过这个过程做出有足够理由支持的价值判断。因此，评估方法的选择受评估对象的类型、状态等因素制约。例如，对于既无市场参照物，又无经营记录的资产，只能选择成本方法进行评估；对于工艺比较特别且处在经营中的企业，可以优先考虑选择收益法。

4. 评估方法应用所依据数据的质量和数量

评估方法的选择受数据和信息资料的质量和数量的影响。各种评估方法的运用都要根据一系列数据、资料进行分析、处理和转换，资产评估过程实际上就是收集资料的过程。从评估对象来分析资产评估方法的适用问题，事实上就是在评估中要根据已有的资料和经过努力可获得相关数据资料的能力寻求相应的评估方法，有哪种参数比较容易获得，就可采用相适应的评估方法评估资产的价值。在评估方法中，西方国家评估机构更多地采用市场法，因为能够从公开市场中获取比较充分的数据信息；但在我国，受公开市场发育不完善的限制，从公开市场获取的数据质量一般，数量有限，因此，市场法的应用远远落后于成熟市场经济国家。

5. 选择评估方法还要考虑评估途径

由于对评估结果需要进行相互验证，同一评估价值类型可能适用几种方法。在选择评估方法时，一方面要从评估工作效率出发选择简便易行的方法，另一方面也要根据评估人员的经验和特长选择相适应的方法。

一般应在评估开始前确定评估方法,也可以分别采取几种方法进行评估后,再对各种方法得出的评估价值进行分析,比较各种结果的科学性。例如,在拥有活跃的市场,容易找到与评估对象相同或相似的参照物的情况下,可以采用市场法评估资产的价值;对于大多数不具备综合获利能力并且很难取得参照物的专用机器设备,通常则采用成本法进行评估;对于股票而言,尽管影响股票价格的因素很多,但是最重要的还是股票的预期收益,也就是股票发行公司的盈利能力;对于非上市交易的股票,通常采用收益法进行评估,通过分析股票发行公司的未来发展潜力和获利能力,预测出股票投资的未来收益,选择适当的折现率,确定股票的评估价值。

当满足采用不同评估方法的条件时,评估专业人员应当选择两种或两种以上评估方法,通过综合分析形成合理评估结论,而不能把评估结果进行简单算术平均或加权平均。当存在下列情形时,评估专业人员可以采用一种评估方法。

(1)基于相关法律、行政法规和财政部部门规章的规定可以采用一种评估方法。

(2)由于评估对象仅满足一种评估方法的适用条件而采用一种评估方法。

(3)因操作条件限制而采用一种评估方法。操作条件限制应当是资产评估行业通常的执业方式普遍无法排除的,而不得以个别资产评估机构或个别资产评估专业人员的操作能力和条件作为判断标准。

综上所述,各种评估方法作为实现评估目的的手段,在本质上是没有区别的,资产评估存在的客观经济条件既然决定了资产评估经济活动的存在,自然也就为各种评估方法的运用提供了各种必备条件。与此同时,根据上述的分析也应当看到,资产评估方法都具有各自使用的条件和一定的局限性,为了弥补某一种方法在评估实践中的局限性,可以在保证实现评估目的、遵循评估的前提假设和确保各种有关评估参数可取性的基础上,考虑将资产评估的各种方法配合使用,以便获得更加充分和准确的评估结论。资产评估报告应当对评估方法的选择及其理由进行披露。因适用性受限而选择一种评估方法的,应当在资产评估报告中披露其他基本评估方法不适用的原因;因操作条件受限而选择一种评估方法的,应当对所受的操作条件限制进行分析、说明和披露。

　【拓展阅读】

在中国古代民间,人们对于资产评估有着丰富的认识和广泛的应用。古人对资产评估知识的运用场景除了商品交换外,还大量应用于日常社会生活。在长期的生产经营中,发现了很多极富有辩证思想的对资产或事项进行评估的方法。西汉司马迁《史记·货殖列传》中有云:"欲长钱,取下谷;长石斗,取上钟。"意思是说,如果买谷物是自己食用,就买差一些的谷物,因为这样可以节省开支;如果买谷物是当作种子用,就要买上等谷物,因为这样可以保证来年丰收。显然,古人已经认识到,种子的用途不同,对种子品质的要求亦可不同,购买时愿意支付的价钱自然也有所不同。同是出自《史记·货殖列传》的"贵出如粪土,贱取如珠玉"意在说明,当储存的货物贵到极点时,要视同粪土一样及时卖出;当市场上的货物贱到极点时,要视同珠宝一样及时购进。西汉陆贾的《新语·术事》中有云:"圣人不贵寡,而世人贱众,五谷养生,而弃之于地;珠玉无用,而宝之于身。"意思是说,五谷杂粮虽然可以养活人的生命,但因平时很常见,所以不贵重,随意放置于地上;珠玉对于人的生命没什么用处,但因稀少却被人们看得很重而佩戴在身上。这其中显然包含了物品稀有程度对于资产价值评估的重要影响。还有一个值得注意的观点是,出自清代杜文澜辑《古谣谚》中的"马骑上等马,牛用中等牛,人使下等人",旨在说明,马是用来跑路的,所以跑得快的上等马好;牛是用来耕田的,不挑食料、喂养简单的中等牛就足够了;下等人能吃苦,顺从听话,支付的工钱也低,招佣时自然找下等人。该民谚实际上说出了人们在选择购买资产、物品或劳务时对于功能与成本的评估与权衡问题。

资料来源:常华兵.资产评估在中国古代社会渊源寻踪[J].中国资产评估,2019(6).

【关键术语】

成本法　重置成本　复原重置成本　更新重置成本　实体性贬值　功能性贬值　经济性贬值　重置核算法　物价指数法　功能价值法　修复费用法　成新率　实体性贬值率　实际已使用年限　尚可使用年限　资产利用率　超额投资成本　超额运营成本　市场法　参照物　现行市价法　市价折扣法　类比调整法　比较因素　比准价格　收益法　预期收益　预期收益年限　折现率　本金化率　年金法　分段法

【主要知识点】

❖ 成本法是指按照重建或重置评估对象的思路,将评估对象的重建或重置成本作为确定资产价值的基础,扣除相关贬值,以确定资产价值的评估方法的总称。成本法评估的基本思路是将待评估资产在评估基准日的重置成本扣除各项价值损耗来确定资产价值。

❖ 重置成本是指以现时价格水平重新购置或重新建造与评估对象相同或具有同等功能的全新资产所发生的全部成本。

❖ 重置成本分为复原重置成本和更新重置成本。复原重置成本是指以现时价格水平重新购置或重新建造与评估对象相同的全新资产所发生的全部成本。更新重置成本是指以现时价格水平重新购置或重新建造与评估对象具有同等功能的全新资产所发生的全部成本。

❖ 重置成本的估算一般可以采用重置核算法、价格指数法、功能价值类比法和统计分析法。

❖ 实体性贬值,亦称有形损耗,是指由于使用及自然力作用导致资产物理性能损耗或下降而引起的资产价值损失。资产的实体性贬值通常采用相对数计量,即用实体性贬值率表示。

❖ 功能性贬值是指由于技术进步引起的资产功能相对落后而造成的资产价值损失。功能性贬值主要体现在由于采用新工艺、新材料和新技术等,而使被评估资产在原有方式下的建造成本超过现行建造成本,或者被评估资产继续运营会出现超过现有技术进步的同类资产的运营成本等方面。

❖ 超额投资成本形成的功能性贬值(Ⅰ类功能性贬值),由于新材料、新工艺和新技术的采用,使得生产相同的资产所需要的社会必要劳动时间减少,被评估资产现

行的建造成本低于原来的建造成本而导致的功能性贬值。复原重置成本－更新
重置成本＝Ⅰ类功能性贬值。

❖ 超额运营成本形成的功能性贬值(Ⅱ类功能性贬值),在产量相等的情况下,由于
被评估资产的运营成本高于同类型技术先进的资产而导致的功能性贬值。

❖ 经济性贬值是指由于外部条件的变化引起资产收益、资产利用率发生具有持续性
的减少、下降或闲置等而造成的资产价值损失。

❖ 市场法也称比较法、市场比较法,是指通过将评估对象与可比参照物进行比较,以
可比参照物的市场价格为基础,确定评估对象价值的评估方法的总称。

❖ 市场法实际上是在一种评估思路下的若干具体评估方法的集合,具体可以分为直
接比较法和类比调整法两大类。直接比较法主要包括但不限于现行市价法、市价
折扣法、成新率价格调整法、价格指数法和功能价值类比法等。类比调整法是市
场法中最基本的评估方法。在公开市场上选择若干个类似资产的交易案例作为
参照物,通过分析比较评估对象与各个参照物在功能、时间、市场条件和交易情况
等方面的差异,并将其量化,在参照物成交价格的基础上,进行逐个调整,从而估
算评估对象的价值。

❖ 收益法是指通过将评估对象的预期收益资本化或者折现,来确定其价值的各种评
估方法的总称。收益法包括多种具体方法。例如,企业价值评估中的现金流量折
现法、股利折现法等;无形资产评估中的增量收益法、超额收益法、节省许可费
法、收益分成法等;金融资产评估中的股利折现法等。

❖ 运用收益法评估涉及许多经济技术参数,其中最基本的参数有三个,即预期收益、
折现率或本金化率和收益期限。

❖ 资产评估的市场法、收益法和成本法及由以上三种基本评估思路衍生出来的其他
评估思路,共同构成了资产评估的方法体系。资产评估的专业性质决定了资产评
估方法体系内的各种评估方法之间存在着内在联系。而各种评估方法的独立存
在,又说明它们各自具有特点。正确认识资产评估方法之间的内在联系,以及各
自的特点,对于恰当地选择评估方法,高效地进行资产评估是十分重要的。

【复习思考题 】

1. 什么是成本法? 成本法适用的前提条件是什么?
2. 什么是复原重置成本? 什么是更新重置成本? 二者的关系是怎样的?
3. 成新率为什么不能直接按折旧年限计算?
4. 成本法的优缺点有哪些?
5. 什么是市场法? 市场法适用的前提条件是什么?
6. 运用市场法中的类比调整法评估资产时,选择的可比因素主要有哪些?
7. 市场法的优缺点有哪些?
8. 什么是收益法? 收益法适用的前提条件是什么?
9. 运用收益法评估的主要参数有哪些? 如何确定?
10. 收益法的优缺点有哪些?

11. 选择资产评估方法应考虑哪些因素？

【计算题】

1. 现对拟转让的二手房进行评估，评估基准日为 2022 年 12 月 31 日。评估专业人员在该二手房所在地附近调查并选取了 A、B、C 交易实例作为参照物，参照物的有关情况见下表。

项 目 名 称	A	B	C	评估对象
成交价格/(元/平方米)	15 000	12 000	13 000	
面积/平方米	100	138	120	120
成交日期	2022.6.28	2022.12.10	2022.11.20	2022.12.31
交易情况	+2%	+5%	-3%	
房地产状况	-8%	-4%	+6%	

表中正(负)值表示可比实例的房地产状况优(劣)于评估对象而导致的价格差异百分比。假设该二手房的市场价格 2022 年 1 月 1 日—2022 年 8 月 31 日平均每月比上月下降 1%，以后平均每月比上月上升 0.5%。要求评估该二手房价值。

2. 某评估机构以 2022 年 12 月 31 日为评估基准日，对 A 企业进行整体评估。已知该企业 2021 年实现纯收益 1000 万元，经评估专业人员调查分析，预计该企业自评估基准日起前 3 年内每年的纯收益将在前一年的基础上增加 4%，自第 4 年起将稳定在第 3 年的水平上，若折现率为 10%，假设企业无限期经营，要求评估该企业价值。

3. 被评估非专利技术自评估基准日起剩余使用年限为 8 年，经专业评估人员分析，评估基准日后第 1 年的预期收益为 500 万元，折现率为 10%。要求按下列条件评估该非专利技术的价值。

(1) 如果以后各年的预期收益一直维持在第 1 年水平。

(2) 如果以后各年的预期收益以 2% 的比例递增。

(3) 如果以后各年的预期收益将以 2% 的比例递减。

4. 被评估对象为某企业的无形资产，预计该无形资产在评估基准日后未来 5 年每年的收益维持在 120 万元的水平，并在第 5 年末出售该无形资产，经评估专业人员分析认为，该无形资产在第 5 年末的预期出售价格约为 200 万元，假设折现率为 10%，要求计算该无形资产的评估价值。

5. 评估某企业，经评估专业人员分析预测，该企业评估基准日后前 3 年的预期净利润分别为 200 万元、220 万元、230 万元，从未来第四年至第十年企业净利润将保持在 230 万元水平上，企业在未来第 10 年末的资产预计变现价值为 300 万元，假定企业适用的折现率与资本化率均为 10%，要求计算企业股东全部权益价值。

6. 某企业将某项资产与国外企业合资，要求对该资产进行评估。具体资料如下。

该资产账面原值 270 万元，净值 108 万元，按财务制度规定该资产折旧年限为 30 年，已计折旧 20 年。经评估专业人员调查分析确定：按现在市场材料价格和工资费用水平，新建造相同的资产的全部费用支出为 480 万元。经查询原始资料和企业记录，该资产截至评估基准日的法定利用时间为 57 600 小时,实际累计利用时间为 50 400 小时。经评估专业人员估算,该资产还能使用 8 年。由于技术落后,设计不合理,该资产耗电量大,维修费用高,与现在同类标准资产相比,每年多支出营运成本 3 万元。假定折现率为 10%,企业所得税税率为 25%。要求根据上述资料,采用成本法对该资产进行评估。

7. 被评估对象为甲企业于 2019 年 12 月 31 日购入的一台设备,该设备生产能力为年产产品 100 万件,设计使用年限为 10 年,当时的设备价格为 120 万元,甲企业在购入该设备后一直未将该设备安装使用,并使设备保持在全新状态,评估基准日为 2022 年 12 月 31 日。评估专业人员经调查获知,目前该种设备已经改型,与改型后的设备相比,被评估设备在设计生产能力相同的条件下,需要增加操作工人 2 人,在达到设计生产能力的条件下每年增加设备运转能耗费 4 万元,同时,由于该设备生产的产品市场需求下降,要使产品不积压,每年只能生产 80 万件,经调查,根据有关规定,该种设备自投入使用之日起,10 年必须报废,该类设备的规模经济效益指数为 0.7,评估基准日之前 5 年内,该设备的价格指数每年递增 4%,行业内操作工人的平均人工费用为每人每月 1 200 元(含工资、保险费、福利费),行业适用折现率为 10%,企业正常纳税,企业所得税税率为 25%。要求评估该设备的价值。

【自测题目】

自测题 2-1   自测题 2-2

第三章

机器设备评估

学习目标：
1. 了解机器设备和机器设备评估的特点。
2. 掌握成本法在机器设备评估中的应用。
3. 掌握市场法在机器设备评估中的应用。
4. 理解工匠精神。

第一节　机器设备评估概述

一、机器设备的定义

在自然科学中，机器设备是特指人们利用机械原理制造的装置。在资产评估中所指的机器设备与自然科学中的定义是不同的，资产评估中所指的机器设备是广义的概念，除了机械装置，还包括人们根据声、光、电技术制造的电子设备、电器设备、仪器仪表等，包括单台设备及设备的组合。在《国际评估准则》中，对机器设备的描述是：设备、机器和装备是用来为所有者提供收益的、不动产以外的有形资产。设备是包括特殊性非永久性建筑物、机器和仪器在内的组合资产；机器包括单独的机器和机器的组合，指使用或应用机械动力的机械装置，由具有特定功能的结构组成，用以完成一定的工作；装备是用以支持企业功能的附属性资产。

在资产评估中，机器设备是指人类利用机械原理及其他科学原理制造的、特定主体拥有或控制的有形资产，包括机器、仪器、器械、装置以及附属的特殊建筑物等。

资料卡 3-1

资产评估执业准则——机器设备

目标：了解资产评估执业准则——机器设备

（一）机器设备的特点

1. 单位价值大、使用寿命长

相对于流动资产而言，机器设备的单位价值大、使用年限长、流动性比较差。如果企业会计制度将单价在 2000 元以上、使用年限超过一年以上的设备列为固定资产，则大多

数的机器设备都属于固定资产。

2. 技术性强,隐含着无形资产的价值

机器设备本身属于有形资产的范畴,但往往具有较高的技术成分或技术含量,隐含着一定的无形资产价值。例如,一台数控机床的价值远远高于一台普通机床,这是因为数控机床具有较高的科技含量。因为机器设备技术性强,因此,更新换代的速度比较快,机器设备存在技术进步导致的贬值,容易遭淘汰。

3. 使用情况影响实体性损耗

机器设备用于生产经营活动,从选购开始到安装调试,再经过使用、维修和改造,一直到报废更新,是一个完整的机器设备的生命周期。在机器设备的生命周期中,虽然依然维持着原有的实物形态,但是由于使用的频率和强度不同,会发生不同程度的损耗。一般情况下,机器设备的利用率越高,发生的损耗越大。但是也有例外,有些设备装置常年不使用,也会发生损耗,例如,空调设备常年不用,主板容易出现故障,导致不能开机使用。

4. 价值补偿与实物更新周期不一致

在现行管理制度下,机器设备的价值补偿是通过分期,即逐年或逐月计提折旧来实现的;而机器设备的逐步更新是通过对原有设备的更新改造,或当设备结束使用寿命时予以报废,维修及时或经过大修理的机器设备可以延长使用寿命,继续发挥使用功能,而维修不及时的机器设备可能被淘汰。

5. 属于动产,具有可移动性

这使得机器设备与房屋建筑物等其他固定资产不同。房屋建筑物属于不动产,其价值高低受地域影响较大。而机器设备属于动产,其价值高低与所处地域不具有直接关系。

6. 涉及专业面广,工程技术性强

机器设备种类繁多,工程技术性强,这就为评估工作带来一定的困难。因此,评估时应结合机器设备的日常管理和技术特点综合分析判断,合理确定其评估价值。

(二)机器设备评估的特点

由于机器设备具有上述特点,这也决定了机器设备评估具有以下特征。

1. 以单台、单件为评估对象

机器设备的规格型号多,情况差异大,为了保证评估的真实性和准确性,一般来说,应逐台、逐件进行评估。对机器设备往往需要进行单项的独立评估,这主要是因为以下两个方面:第一,由于机器设备在功能上和实体上都具有较强的独立性特征,客观上为机器设备作为单项独立评估对象提供了可能;第二,由于机器设备的功能、使用条件、使用时间和现实状况等千差万别,尤其是带有较强行业特征的专用设备,差别更大。即使同一型号、同一使用年限的机器设备,它们的新旧程度也会因其使用保养的差异而出现较大的不同。为保证评估的准确性,如实反映被评估机器设备的现实价值,客观上要求把机器设备作为单项独立评估对象进行评估。

2. 以技术检测为评估基础

一方面,机器设备本身就是一类技术含量很高的资产,机器设备自身的技术含量多少在很大程度上决定了机器设备评估价值的高低,而技术检测是确定机器设备技术含量的重要手段。另一方面,机器设备虽然可供长期使用,但由于使用和自然力的作用,它又处于不断磨损过程中,其磨损程度的大小,因使用、维修保养等状况不同而造成一定的差异。有的机器设备由于使用、维修保养不当,造成过度磨损或提前报废。因此,评定机器设备的实物和价值状况,往往需要通过技术检测的手段逐台地对设备的实体状态进行调查、鉴定,以确定其损耗程度。通过技术检测评定机器设备的技术水平、损耗程度、实物状况。

3. 需要估算机器设备的贬值

机器设备的贬值因素比较复杂,包括实体性贬值、功能性贬值和经济性贬值。这些贬值因素在评估中要予以充分的、尽可能准确的计量。由于使用和自然力的作用会导致实体性损耗,又因为科学技术进步使得机器设备的功能相对落后,从而产生功能性贬值,还存在因为外部环境的变化使得机器设备开工严重不足或造成停产,产生经济性贬值。这些方面的贬值都需要量化,在评估中予以充分考虑。

4. 针对不同设备特性采用不同的评估方法

由于机器设备在使用过程中,多次反复地进入生产过程,实物状态与功能都在发生变化,因此,影响机器设备评估的因素十分复杂。而且机器设备的种类繁多,各类设备的单项价值、经济寿命、性能等差别较大,在评估实践中,应针对不同的机器设备,选用适合其本身特点的方法进行评估。即使是对同一设备,必要时也可选用几种不同的方法进行评估,以验证评估结果的准确性。

5. 机器设备所包含的技术性无形资产应酌情考虑统一评估或分别评估

比较先进或复杂的机器设备,特别是成套设备、机组、检测设备等,其功能的正常发挥还需要有专利、专有技术或计算机软件等技术类无形资产的支持。一般来说,在单台设备及无法将该设备中包含的无形资产严格区分的情况下,可以将这些无形资产含在设备价值中一起评估。而成套设备、机组和复杂的检测设备中含有可分离的专用无形资产,则可考虑将设备与无形资产分开评估。

⟨?⟩ 即问即答

机器设备与房屋建筑物相比较,导致其实体性贬值的因素一样吗? 分别采用什么方法评估实体性贬值?

【解析】 不一样。导致机器设备实体性贬值的主要是使用和自然力,尤其是使用频率和使用强度直接影响实体性贬值;维修或大修理可以延长机器设备的使用寿命,对于维修及时或经过大修理的机器设备可以适当高估,而对于未及时修理或未经过大修理的机器设备可以适当低估。而导致房屋建筑物实体性贬值的主要是自然力,即房屋建筑物经受的"风吹雨打",使用频率和使用强度则影响较小,甚至于可以忽略。评估机器设备的实体性贬值主要采用观察法、使用年限法(重点关注资产利用率指标)和修复费用法。评估房屋建筑物主要采用使用年限法(重点关注名义使用年限)。

二、机器设备的分类

机器设备种类繁多,分类方法十分复杂。在资产评估中,对机器设备进行分类,其目的主要包括以下几个方面:一是考虑到机器设备的技术特点,为评估中的专业技术检测创造条件;二是有利于收集市场和其他方面的相关资料,有效地选择参照物;三是适应评估委托方的要求,与资产占有方的会计处理相适应;四是便于评估专业人员合理分工,专业化协作,提高评估工作的质量和效益。在资产评估中,可根据需要选择不同标准对机器设备进行分类。

1. 按照机器设备适用范围划分

(1)通用设备。通用设备是指没有专门用途,产品或加工对象不确定,具有综合加工能力的设备,即普遍应用于各行业,不具备专门用途或特定用途。例如,普通机床(车床、铣床、刨床、磨床、镗床、钻床等)、起重机、卡车、电动机、机电设备等。

(2)专用设备。专用设备是专门为某行业、某部门或某企业设计制造的设备,它具有很强的行业特点或个性。例如,专门为电视机厂制造的彩电生产线,为啤酒厂家制造的生产流水线等。

(3)非标准设备。非标准设备一般没有国家统一的制造标准,通常需要根据企业需要自行制造或委托加工而成,属于国家不予定型的自制设备。

2. 按照国家固定资产分类标准划分

国家市场监督管理总局、国家标准化管理委员会于 2022 年 12 月 30 日发布了《固定资产等资产基础分类与代码》国家标准(GB/T 14885—2022),规定了我国现行的机器设备分类国家标准,分为信息化设备、办公设备、车辆、图书档案设备、机械设备、电气设备等 47 类。该标准中对上述 47 类设备都列出了详细目录。

3. 按照使用性质划分

根据我国现行会计制度,机器设备按照其使用性质分为六大类。

(1)生产用机器设备。指直接参与生产过程的机器设备。例如,生产设备、动力设备、起重运输设备、测试仪器和其他生产用具等。

(2)非生产用机器设备。指在单位所属的后勤等非生产部门使用的设备。例如,厨房设备、厂区绿化设备等。

(3)租出机器设备。指出租给其他单位使用的机器设备。

(4)融资租入机器设备。指企业以融资租赁的方式租入使用的机器设备。例如,航空公司以融资租赁方式租入的飞机等。

(5)未使用机器设备。指尚未投入使用的新设备、正在改造尚未验收投产的机器设备等。

(6)不需用机器设备。指不适合本单位使用,待处理的机器设备。

4. 按机器设备的组合程度分类

机器设备在使用中通常将不同功能的设备进行分配组合,以完成某种生产活动。按组合方式和组合程度划分,可分为:

(1)单台机器设备。单台机器设备是指以独立形态存在、可以单独发挥作用或以单台的形式进行销售的机器设备。例如,一辆汽车,一台普通车床等。

(2)机器设备组合。机器设备组合是指为了实现特定功能,由若干机器设备组成的有机整体。例如,组合机床、柴油发电机组、矿泉水生产线等。机器设备组合的价值并不等于单台机器设备价值的简单相加。

三、机器设备评估的基本程序

由于机器设备涉及的专业面比较广,工程技术性强、种类繁多,为确保评估质量,提高评估工作效率,机器设备的评估一般按以下步骤进行。

(一)评估准备阶段

评估机构在签订了资产评估委托合同,明确评估目的、评估对象和评估范围之后,评估专业人员就应着手做好评估的准备工作。具体包括:

1. 明确评估目的

在执行机器设备评估业务时,首先应当了解评估结论的用途,明确评估目的。机器设备评估大体可分为两种形式:一是机器设备作为独立的评估对象评估;另一种是机器设备与企业的其他资产一起整体评估。机器设备单独评估的目的主要是:机器设备转让(包括出售、继承、赠与、抵债等)、机器设备抵押、机器设备保险、机器设备投资、处理机器设备纠纷和有关法律诉讼等。机器设备与企业的其他资产一起整体评估的目的主要是:企业合资、合作,企业兼并、分立,企业出售,企业租赁经营,企业承包经营,企业改制,企业上市,企业破产清算等。因此,在受理机器设备评估业务时,必须明确评估目的,并在资产评估委托合同和资产评估报告中体现。

2. 确定价值类型

根据评估目的等相关条件,选择恰当的价值类型。价值类型分为市场价值和市场价值以外的价值类型两类,而市场价值以外的价值类型又包括投资价值、在用价值、清算价值、残余价值等。具体要根据机器设备评估的目的、评估时的市场条件、评估对象自身的性质和状况等,选择相适应的评估价值类型。

3. 明确评估基准日

评估基准日通常由委托方提出,评估机构与委托方协商确定。评估基准日的确定应根据评估目的,遵循与评估目的实现日期相接近的原则。

4. 明确评估假设

评估专业人员应当根据机器设备的预期用途和评估目的,明确评估假设。预期用途包括:①继续使用或变现;②原地使用或移地使用;③现行用途使用或改变用途使用等。对需要改变使用地点,按原来的用途继续使用,或改变用途继续使用的机器设备进行评估时,应当考虑机器设备移位或改变用途对其价值产生的影响。

5. 明确评估对象和评估范围

机器设备涉及的专业面比较广、工程技术性强、种类繁多,评估时必须明确评估对象和评估范围,以便有效地收集评估资料和合理地安排评估人员。机器设备的评估对象分为单台机器设备和机器设备组合对应的全部或者部分权益。在执行机器设备评估业务时,应当根据评估目的、评估假设等条件,明确评估范围是否包括设备的安装、基础、附属设施,是否包括软件、技术服务、技术资料等无形资产。对于附属于不动产的机器设备,应当划分不动产与机器设备的评估范围,避免重复或遗漏。

（二）评估前期阶段

1．指导委托方编制设备清册

清查核实待评估机器设备是评估前期的基础性工作，以确认账实是否相符、产权界限是否明确等。评估机构在评估之前要求委托方提供评估对象的基础资料，评估专业人员指导资产占有方做好设备清册的编制工作。比如，待评估机器设备清册及分类明细表的填写；待评估机器设备的自查及盘盈盘亏事项的调整；机器设备产权资料及有关经济技术资料的准备和提供等。

2．清查核实机器设备

在分析研究委托方提供的待评设备清册及相关表格的基础上，评估专业人员深入被评估企业的现场，对所有待评估机器设备进行现场逐台（件）核实调查或者抽样调查，确定机器设备是否存在、明确机器设备存在状态。如果采用抽样的方法进行现场调查，应当充分考虑抽样风险。因客观原因等因素限制，无法实施现场调查的，应当采取措施加以判断，并予以披露。

清查核实完毕之后，需要填写盘存记录，确定待评估机器设备的实际数量。若出现表实、账表不符的情况，应查明原因，按一定审批程序调整账面值。要求委托方根据现场清查核实的结果，调整或确定其填报的待评机器设备清册及相关表格，并以清查核实后的待评估机器设备作为评估对象。同时，评估专业人员应关注机器设备的权属，收集相关的权属证明文件，对于没有权属证明文件的机器设备应当要求委托人或其他相关当事人对其权属做出承诺或说明，并对相关资料进行核查验证。发现账实不符或产权界限不明确的资产，应及时上报有关部门并进行账务调整，并填列机器设备评估申报表。

3．制定评估技术路线

在清查核实的基础上，明确评估重点，制订具体的评估工作计划，设计评估基本思路、评估作业表、评估明细表和评估分类汇总表等。落实评估专业人员和专家等人员安排，设计评估技术路线。

按照评估重点或评估专业人员安排，对待评估设备进行分类。为了突出重点，发挥具有专长的评估专业人员的作用，对待评估设备进行必要的分类。可以考虑按设备的重要性划分，如 ABC 分类法，把单位价值大的重要设备作为 A 类；把单位价值小且数量较多的设备作为 C 类；把介于 A 类和 C 类之间的设备作为 B 类。根据委托方对评估的时间要求，对 A、B、C 三类设备投入不同的精力进行评估。也可以按设备的性质分为通用设备和专用设备，以便有效地搜集数据资料，合理地配备评估人员。

4．收集和验证相关资料

机器设备评估数据与参数是否科学、合理是评估结果的关键。评估专业人员应当获得真实、可靠的机器设备的市场信息。主要包括收集待评估机器设备的背景数据并对其进行现场调查。一方面评估人员应对收集到的数据进行筛选、分析和整理，确定评估的有关数据，如同类设备现行市场购买价格、价格指数、现行的有关费用标准、关税税率、利率、汇率等；另一方面根据现场勘察和技术检测所掌握的资料，测定各种技术参数，如设备磨损系数、完好率、尚可使用年限、有形损耗率、成新率等。如果经分析判定机器设备存在功能性贬值或经济性贬值,还应测定超额运营成本、设备收益损失额、规模效益指数、折现率或本金化率等有关数据和参数。如果评估机器设备的变现价格,还应分析确定设备的变现时间、变现风险和变现费用等。

(三)现场工作阶段

评估专业人员通过现场观察,利用机器设备使用单位所提供的技术档案、检测报告、运行记录等历史资料,利用专业机构的检测结果,对机器设备的技术状态做出判断。必要时可以聘请专业机构对机器设备进行技术鉴定。在机器设备评估的现场工作中,应抓住待评机器设备的工作特点,考察工艺流程,了解待评估设备的现状、磨损程度和匹配状况等。

对设备进行鉴定是现场工作的重点。评估专业人员在了解设备的规格型号、制造厂家、出厂日期、加工精度、设备负荷、维修情况及大修周期等基础上进行设备鉴定,具体包括技术鉴定、使用情况鉴定、质量鉴定及磨损程度鉴定等。

1. 技术鉴定

对设备技术状况的鉴定主要是对设备满足生产工艺的程度、生产精度和废品率,以及各种消耗和污染情况的鉴定,判断设备是否存在技术过时和功能落后等情况。

2. 使用情况鉴定

对设备使用情况鉴定主要了解设备是处在在用状态还是闲置状态,使用中的设备的运行参数、故障率、零配件保证率、设备闲置的原因和维护情况等。

3. 质量鉴定

对设备质量进行鉴定主要应了解设备的制造质量,设备所处环境、条件对设备质量的影响,设备现时的完整性、外观和内部结构情况等。

4. 磨损程度鉴定

对设备的磨损程度鉴定主要是了解和掌握设备的有形损耗,如锈蚀、损伤、精度下降,以及无形损耗,如功能不足及功能过剩等。

现场工作要有完整的工作记录,特别是设备的鉴定工作更要有详细的鉴定记录。这些记录将是评估机器设备价值的重要数据,也是工作底稿的重要组成内容。

(四)评定估算阶段

1. 选择评估方法

评估方法的选择取决于评估目的和价值类型。一般而言,单项机器设备评估的目的主要是转让、抵押、保险、投资和处置等;企业整体价值评估中涉及的机器设备评估,主要是企业产权转移等。在对持续经营前提下的企业价值进行评估时,机器设备作为企业资产组成部分的价值可能有别于作为单项资产的价值,其价值取决于它对企业价值的贡献程度。价值类型包括市场价值和市场价值以外的价值类型,而市场价值以外的价值类型又包括投资价值、在用价值、清算价值、残余价值等。评估方法的选用应与价值类型相一致。在机器设备评估中最常用的方法是成本法,其次是市场法,而收益法用得较少。

2. 确定经济技术参数

评估目的、价值类型和评估方法不同,评估所需要的经济技术参数也有区别。评估所需的经济技术参数不仅要在性质上与评估目的、价值类型、评估假设前提保持一致,而且在数量上也要恰如其分。因此,应根据评估目的和价值类型的要求,及所选择的评估方法,科学合理地确定评估所需要的各类经济技术参数。需要注意的是,对产权受到某种限制的设备,包括已抵押或作为担保品的设备、将要强制报废的设备等,其有关数据资料要单独处理。

3. 评定估算

在完成上述工作并掌握充分的数据资料的前提下,根据评估目的、价值类型,评估专业人员选用适当的评估方法,运用恰当的经济技术参数,对机器设备进行评定估算。在评定估算过程中,要始终关注评估目的、价值类型、评估假设前提、评估参数与评估结果的内在联系。应尽可能选择高效、直接的评估途径和方法,使机器设备评估实现快速、合理、低成本、低风险。通过科学的计算得出评估值,并对单台设备评估值汇总,得出总的评估结果,具体的估算过程可通过填写机器设备评估作业分析表、机器设备评估明细表、机器设备评估汇总表来完成。

在机器设备评定估算阶段,要注意与委托方有关人员进行信息交流,沟通评估中遇到的问题和困难。在保证资产评估独立性的前提下,可以听取和吸纳委托方的合理化建议,以保证评估结论的相对合理性。

(五)编制评估报告

评估专业人员在机器设备评定估算工作基本完成后,按照资产评估执业准则撰写资产评估报告书初稿和评估说明。评估报告书初稿完成后要经过必要的审核,包括复核人的审核、项目负责人的审核和评估机构负责人的审核。对机器设备的评估依据和参数再次进行审核。在确认无误的基础上,根据确定的技术方法将评估结果逐一填入机器设备评估明细表,编制机器设备评估汇总表,编写机器设备评估报告等。

即问即答

在机器设备评估的现场工作中,根据待评机器设备的工作特点,考察其工艺流程,了解待评估设备的现状、磨损程度和匹配状况等,其中关键环节是什么?

【解析】　在评估实务中,评估专业人员在了解设备的规格型号、制造厂家、出厂日期、加工精度、设备负荷、维修情况及大修周期等基础上进行设备鉴定,具体包括技术鉴定、使用情况鉴定、质量鉴定及磨损程度鉴定等。其中技术鉴定是关键环节。

第二节　成本法在机器设备评估中的应用

一、成本法概述

(一)成本法原理及公式

成本法是评估机器设备的常用技术思路和方法。运用成本法评估机器设备,首先要确定被评估机器设备的重置成本,然后再扣减实体性贬值、功能性贬值和经济性贬值,来估测被评估机器设备的价值。其一般表达式为:

机器设备评估价值＝重置成本－实体性贬值－功能性贬值－经济性贬值

＝重置成本×有形成新率－功能性贬值－经济性贬值

（二）成本法的适用范围

虽然成本法是机器设备评估中最常用的一种方法，但仍然有它的适用范围。

1. 成本法适用于持续使用假设前提下的机器设备评估

运用成本法评估处于在用、续用状态下的机器设备，无论是重置成本构成或其他别的因素，不需要做太大的调整。

2. 成本法一般不宜评估非续用状态下的机器设备

如果待评估设备处于非续用状态下，根据具体情况可以考虑市场法或清算价值。当然，使用市场法时需满足市场法的使用条件。

二、重置成本及其估算

采用成本法评估机器设备，第一步是确定机器设备的重置成本。机器设备的重置成本是指按现行价格购建与被评估机器设备相同或相似的全新设备所需的成本。重置成本可分为复原重置成本和更新重置成本两种。复原重置成本是指以现时价格水平重新购置或重新建造与评估设备相同的全新设备所发生的全部成本。更新重置成本是指以现时价格水平重新购置或重新建造与评估机器设备具有同等功能的全新设备所发生的全部成本。

复原重置成本和更新重置成本虽然都属于重置成本范畴，但二者在成本构成因素上却是有差别的。复原重置成本不考虑技术条件、材料替代、制造标准等因素的变化，仅考虑物价因素对成本的影响，即将资产的历史成本按照价格变动指数或趋势转换成重置成本。更新重置成本是在充分考虑了技术条件、材料替代、建造标准及物价变动等因素变化的前提下所确定的重置成本。两种重置成本在成本构成要素上的差别，要求评估专业人员在运用成本法对机器设备评估时，要准确把握所使用的重置成本的确切含义，特别注意两种重置成本对机器设备功能性贬值及成新率的不同影响。

一般来说，评估专业人员应该优先考虑更新重置成本，尤其是技术更新快的机器设备。因为更新重置成本已经考虑了Ⅰ类功能性贬值。

设备的重置成本在构成上包括设备的直接费用和间接费用，由于机器设备的取得方式不同，其成本构成项目也不一致（图 3-1）。

- 直接费用
  - 基础费用：购置价格或制造成本
  - 其他费用
    - 运杂费
    - 安装调试费
    - 配套费
    - 进口设备的关税、增值税、银行手续费等
- 间接费用
  - 管理费用
  - 总体设计费
  - 资金成本
  - 人员培训费等

图 3-1　机器设备重置成本的构成

图 3-1 展示了一台机器设备成本构成中有可能包括的费用,需要注意的是,并不是上述的所有费用都会发生在每一台机器设备上,由于设备取得的方式和渠道不同,其重置成本构成会不完全一样。例如,按照设备取得的方式,设备可以分为外购设备和自制设备。而外购设备又可分为国产设备和进口设备,它们的成本构成就会不一样。

机器设备重置成本的构成中,对基础费用的确定是关键。首先,基础费用在重置成本中所占的比重较大,基础费用估算是否正确,直接影响重置成本;其次,重置成本的其他直接费用和间接费用通常都是以基础费用为估算基数的,即按照基础费用乘以一定的费率计算,因此,基础费用估算正确是重置成本估算正确的基础。

不同类型机器设备重置成本构成内容有很大的不同,但都以基础费用为核心。自制设备的基础费用为制造成本,外购设备的基础费用为购置价。

(一)自制设备重置成本的估算

自制设备重置成本的构成一般包括建造或购置评估对象的直接成本、间接成本、资金成本、税费及合理的利润等。直接费用是自制设备的基础费用,即最终凝结到机器设备本体上的材料和劳务费用,包括主材费、辅助材料费、制作人工费和机械使用费等。间接费用主要是摊入到机器设备的设计费、管理费用和资金成本等。此外,还要考虑税费、合理的利润和其他必要的费用,比如论证费等前期费用和最终的安装调试费用等。

自制设备也可分为标准设备和非标准设备。对于标准设备的重置成本可参考专业生产厂家的标准设备价格,在通盘考虑了质量因素的前提下,运用替代原则合理确定。

对于自制设备,通常采用重置核算法和价格指数法来估算重置成本。

1. 重置核算法

通过分别测算机器设备的各项成本费用来确定设备重置成本的方法。在评估实务中,根据设备的性质特点,有依据设备材料费来确定设备重置成本的,也有根据设备人工费来确定设备重置成本的。

例 3-1 一座自制水箱的材料费用为 50 000 元,制作安装等相关费用为材料价格的 20%,那么这座自制水箱的重置成本为 50 000×1.2=60 000 元。

2. 价格指数法

以设备的原始购买价格为基数,根据该设备或同类设备的价格变动指数来估算待评估机器设备的重置成本。其计算公式如下:

设备重置成本=设备原始成本×(1+价格变动指数)

一般情况下,价格指数分为定基价格指数和环比价格指数两种。

(1)定基价格指数。定基价格指数是指在一定时期内对比基期固定不变的价格指数。通常用百分比表示。

$$\text{设备重置成本}=\text{设备原始成本}\times\frac{\text{评估基准日的价格指数}}{\text{资产购建时的价格指数}}$$

(2)环比价格指数。环比价格指数是指本期与上期相比而得出的价格指数。通常用报告期定基指数除以上一期定基指数而得到。

设备重置成本=设备原始成本×环比价格指数$(a_1 \times a_2 \times \cdots \times a_n)$

式中,a_t 为第 t 年环比价格变动指数,$t=1,2,\cdots,n$。

在评估实务中,对于一些难以获得现行市场价格的机器设备,采用价格指数法评估时,应该注意以下问题:

(1) 选取的物价指数应该与评估对象相匹配。一般采用某一类机器设备的分类物价指数,不能采用综合物价指数。

(2) 应注意审查原始成本的真实性。因为在设备的使用过程中,其账面价值可能也进行了调整,以至于其账面价值已经不能反映真实的历史成本。

(3) 设备账面的历史成本一般还包括运杂费、安装费等其他费用,上述费用的价格指数与设备价格指数往往是不同的,应该分别计算。

例 3-2 某被评估机器设备购建于 2017 年 12 月 20 日,其账面原始价值为 650 000 元,购建时该类资产的物价指数为 110%,2022 年 12 月 31 日进行评估时,该类资产的价格指数为 135%。则

$$设备重置成本 = 650\,000 \times (135\%/110\%)$$
$$= 797\,727.27(元)$$

3. 自制机器设备重置成本的估测

自制机器设备通常是根据企业自身的特定需要,自行设计并建造或委托加工建造的非标准机器设备。由于自制机器设备是非通用设备,很难采用市场询价的方法测算其重置成本。如果市场上有功能相同的替代设备,可以以替代设备作为参照物,采用功能价值法评估。而自制设备重置成本估测中通常的做法是采用重置核算法。

重置核算法是利用成本核算的原理,根据机器设备建造时所消耗的材料、工时及其他费用,按现行价格或费用标准计算资产现行的建造费用及安装调试费用,然后再加上合理的利息、利润来确定被评估机器设备重置成本的方法。

例 3-3 对某企业的一台自制设备进行评估,经核查企业提供的资料得知,该自制设备有关材料、人工、费用等成本要素的核算资料如表 3-1、表 3-2 所示。

表 3-1 制造费用核算表

材料、人工、费用消耗	数 量	单价/元	金额/元
钢材消耗/t	24	1 250	30 000
铸铁消耗/t	25	400	10 000
外协件/t	10	2 000	20 000
工时消耗/定额工时	5 000	4	20 000
期间费用		2[①]	10 000
合计			90 000

表 3-2 安装调试费用核算表

材料、人工、费用消耗	数 量	单价/元	金额/元
水泥消耗/吨	8	250	2 000
钢材消耗/吨	4	1 250	5 000
工时消耗(定额工时)/小时	500	4	2 000
期间费用		2[②]	1 000
合计			10 000

注:①、②为每定额工时分摊的期间费用数。

经评估专业人员市场调查和测算,现行适用单价:钢材为 1 550 元,铸铁为 580 元,外协件为 2 400 元,水泥为 300 元,每定额工时成本为 6 元,每定额工时分摊期间费用为 2.5 元。根据现价和费用标准及该自制设备的自制和安装调试的材料人工消耗量,重置成本计算如下:

$$制造费用 = 24 \times 1\ 550 + 25 \times 580 + 10 \times 2\ 400 + 5\ 000 \times 6 + 5\ 000 \times 2.5$$
$$= 37\ 200 + 14\ 500 + 24\ 000 + 30\ 000 + 12\ 500$$
$$= 118\ 200(元)$$

$$安装调试费用 = 8 \times 300 + 4 \times 1\ 550 + 500 \times 6 + 500 \times 2.5$$
$$= 2\ 400 + 6\ 200 + 3\ 000 + 1\ 250$$
$$= 12\ 850(元)$$

经调查分析,该自制设备建造及安装的期间较短,故本次评估不考虑资金成本,该类设备制造企业的平均利润率按 10% 计算,则

$$被评估设备重置成本 = 制造费用 + 安装调试费用 + 利润 = 118\ 200 + 12\ 850 + 11\ 820$$
$$= 142\ 870(元)$$

(二)外购设备重置成本的估算

外购设备可分为外购国产设备和进口设备两种。外购国产设备是指企业购置的由国内厂家生产的各种通用设备及专用设备。该类设备在机器设备中占的比重最大,是机器设备评估中最主要的内容。

外购设备重置成本主要包括设备自身的购置价格、运杂费和安装调试费等。进口设备的重置成本除了购置价格、运杂费、安装调试费以外,还包括设备进口时的有关税费,如关税、消费税、增值税、外贸手续费和银行手续费等。

1. 国产设备重置成本估算

(1)设备购置价格

设备购置价格也就是通常意义上的设备买价,是指设备的出厂价格,它是外购设备的基础价格,该价格一般不包括运杂费和安装调试费。估算设备购置价格的方法主要有询价法、功能价值法和价格指数法等。

① 询价法。询价法就是根据市场交易数据直接获得设备价格的一种方法,该方法最简单,同时可信度也最高。但使用此方法的前提是,必须具备充分的市场资料。询价法通常适用于具备充足市场资料的标准设备,一般非标准设备不适用。

在使用询价法的时候,需要注意的是,有的机器设备价格变动是非常大的,尤其是那些技术进步快的机器设备,例如,电子产品、计算机和汽车等。

 即问即答

估测一台在用续用的设备的重置成本,首选方法应该是什么?

【解析】 利用询价法询价再考虑运杂费和安装调试费等费用。询价法就是根据市场交易数据直接获得设备价格的一种方法,该方法最简单,同时可信度也最高。但使用此方法的前提是,必须具备充分的市场资料。

② 功能价值法。对于无法取得现行购置价格的设备,可采用功能价值法获取设备的购置价格。根据被评估设备的具体情况,寻找现有同类设备的市场价格,然后根据该同类设备与被评估设备的功能比较,调整得到被评估设备的购置价格。当然,获取的同类设备的市场价格资料中也可能已经包含了设备的运杂费和安装调试费,这样就可以直接得出同类设备的重置成本了。

功能价值法按照资产的功能与其价值的关系可区分为生产能力比例法和规模经济效益指数法。当资产的功能与其价值呈线性关系时,人们习惯称之为生产能力比例法。而当资产的功能与其价值呈指数关系时,则称为规模经济效益指数法。对单台(件)设备可以考虑运用生产能力比例法或规模经济效益指数法。而对设备机组的评估通常采用规模经济效益指数法。因为机组是由多台(件)机器设备所组成的,具有相对独立的生产能力和一定收益能力的生产装置,具有规模经济效益。

评估机组价格可以先计算出构成机组(套)设备的所有单件设备的重置成本,然后加和得到机组的重置成本。但是,在实际测算时,应注意机组在购建过程中所发生的一些整体性费用是难以计入各单台(件)设备中的,如机组的设计费用、建设期的投资利息等。特别是对于那些大型连续生产系统,机组中包括的机器设备种类和数量较多,这些设备在生产经营过程中,可能几经更新改造或维修,而且机组的整体费用也十分复杂。这些都使得采用分项评估再加总的评估方式存在缺陷。因此,把机组作为一个完整的生产系统,以整体方式运用成本法评估可能更合适。

生产能力是影响机器设备价值的重要因素,在利用参照物测算被评估机组的重置成本时,当参照物的生产能力与被评估机组不相同时,利用规模效益指数调整参照物与被评估机组之间因生产规模和生产能力不同而引起的价值偏差。其计算公式为

$$被评估机组的重置成本 = 参照机组的重置成本 \times \left(\frac{被评估机组生产能力}{参照机组生产能力} \right)^x$$

式中,x 为规模效益指数。

一般大型机组、生产线等的规模效益指数可以在相应的专业工程造价书中寻找,或向有关部门查询。

另外,需要注意的是,在选择参照物时,应尽可能考虑参照物所在地点和购建时间与评估基准日是否相同,否则还要对时间和空间上的差异进行调整。

例 3-4 某企业 2017 年购建一套年产 50 万吨产品的生产线,账面原值为 5 000 000 元,2022 年 10 月进行评估,评估时选择了一套与被评估生产线相似的生产线,该生产线于 2019 年建成,年产同类产品 75 万吨,造价为 10 000 000 元。经查询,该类生产线的规模效益指数为 0.7。要求根据被评估生产线与参照物生产能力方面的差异,调整计算被评估生产线的重置成本。

$$被评估生产线的重置成本 = 10\,000\,000 \times (50 \div 75)^{0.7}$$
$$= 7\,530\,000 \,(元)$$

③ 价格指数法。在评估实务中,许多机器设备无法取得现行购置价格,也无法取得同类设备的重置成本,对于这样的机器设备可采用价格指数法测算其重置成本。但需要注意,这种方法通常只适用于技术进步速度慢,技术进步因素对设备价格影响不大的设备

重置成本的测算。对于技术进步快,技术进步因素对设备价格影响较大的设备,不宜采用价格指数法测算其重置成本。

 即问即答

按成本法评估设备的重置成本,当被评估设备已不再生产时,应采用什么方法?

【解析】 按成本法评估设备的重置成本,当被估设备已不再生产时,可参照替代设备价格采用功能价值法评估。

（2）运杂费

国产设备的运杂费是从生产厂家到安装使用地点发生的装卸、运输、采购、保管、保险及其他费用。

设备运杂费可以根据设备的生产地点、使用地点及重量、体积、运输方式,铁路、公路、船运、航空等部门的运输计费标准计算。也可以按照设备购置价格的一定比率作为设备的运杂费率,比如,目前国内建筑安装工程中设备的运杂费率按照1.8%计算。其计算公式为:

$$国产设备运杂费 = 国产设备购置价格 \times 国产设备运杂费率$$

（3）安装调试费用

安装调试费用包括机器设备安装过程中发生的所有人工费、材料费、机械费和其他相关的费用。由于设备的性能及存在形式不同,其安装调试费用可能差异会很大,小型、单价不高的设备通常不考虑安装调试费用。例如,分体式空调、汽车等。而对于一些大型设备,安装调试费用可能会占设备总价的30%~60%,例如,锅炉、化工设备、输电设备等。而安装调试周期较长的设备,还需要考虑资金所占用的资金成本,资金成本用购置设备所花费的全部资金总额乘以现行相应期限的银行贷款利率计算。

安装调试费用的估算方法如下:

① 定额套用法。国家的相关部门通常会颁布一些机器设备的安装价格标准,即所谓的安装定额。例如,《全国统一安装工程预算定额》。在定额中规定了安装不同类型设备的安装费用,其中包含了安装一台设备所需要的人工费、机械费、材料费等相关的费用。采用这种方法计算出来的安装费用精确度较高,但是这种方法比较烦琐复杂,而且还要求评估专业人员熟悉相关的安装定额,难度较大。

② 费率计算法。按照设备安装费率标准进行计算,得到设备安装费。

$$设备安装费 = 设备原价 \times 设备安装费率$$

式中,设备安装费率按照所在行业概算指标中规定的费率计算。

该方法计算比较简单,但是精确度相对较低,可以想象同样型号和功能的设备理论上安装费用应该是相同的。但是,在使用这种方法的时候,可能因为品牌和设备原价的不同,造成安装费率也出现差异。

（4）基础费

设备的基础是为安装设备而建造的特殊构筑物。基础费是指建造设备基础所发生的人工费、材料费、机械费及其他所有费用。评估中需要注意的是有些设备基础是当作建筑物来估算的。

2. 进口设备重置成本估算

进口机器设备重置成本的估算在思路上与国产设备的重置成本估测没有大的区别，通过询价的方式是测算进口设备重置成本最直接的方法。但是，由于进口设备生产厂家在国外，向国外的设备生产厂家询价有相当的困难，并不是每一个评估机构都能做得到。另外，由于企业拥有外贸进出口权，进口设备的进口渠道也比较多，进口设备的引进方式也不统一。加之国家对机器设备的进口有各种各样的政策规定，这些政策规定也在不断地调整和变化。这就使得进口设备重置成本的估算较国产设备更为复杂。

（1）进口机器设备重置成本构成

进口机器设备重置成本的基本构成是：现行国际市场的离岸价格（free on board, FOB）、境外途中保险费、境外运杂费、进口关税、增值税、消费税、银行及其他手续费、国内运杂费、安装调试费。区别于国产设备，进口设备增加的费用一是入关以前所发生的在境外的运杂费和途中保险费，二是入关时根据国家规定所需要交纳的相关税费。

（2）进口设备重置成本估算

① 重置核算法。对可查询到进口设备现行离岸价（FOB）或到岸价（cost insurance and freight，CIF）的，可用重置核算法评估重置成本，其计算公式为

$$重置成本 = CIF \times 现行外汇汇率 + 进口关税 + 增值税 + 消费税 +$$
$$银行及其他手续费 + 国内运杂费 + 安装调试费$$

式中，CIF＝FOB＋远洋运费＋保险费；

进口关税＝CIF×进口税率；

消费税＝[CIF＋进口关税]÷（1－消费税税率）×消费税税率；

增值税＝[CIF＋进口关税＋消费税]×增值税税率。

例 3-5 现对某企业拥有的一套从美国进口的设备进行评估，评估专业人员经过调查了解得知，现在该设备从美国进口的离岸价格为 60 万美元，境外运杂费为 2 万美元，保险费为 FOB 的 0.4%，该设备现行进口关税税率为 20%，增值税税率为 17%，银行手续费约占 CIF 的 0.6%，国内运杂费及安装调试费为 2.5 万元人民币。评估基准日美元同人民币的比价为 1∶6.7，则该进口设备重置成本计算如下：

保险费＝60×0.4%

　　　　＝0.24（万美元）

CIF＝60＋2＋0.24

　　　＝62.24（万美元）

进口关税＝62.24×20%

　　　　　＝12.448（万美元）

增值税＝（62.24＋12.448）×17%

　　　　＝12.697（万美元）

银行手续费＝62.24×0.6%

　　　　　　＝0.373（万美元）

重置成本＝（62.24＋12.448＋12.697＋0.373）×6.7＋2.5

　　　　　＝590.48（万元）

② 功能价值法。对无法查询到进口设备现行 FOB 价格或 CIF 价格的,如果可以获取国外替代产品的现行 FOB 或 CIF 价格,可采用功能价值法估算重置成本。该方法的评估原理与前面介绍的国产机器设备重置成本估测中的功能价值类比法基本相同。需要注意的是,所选择的参照物必须是和被评估对象功能相同或相似的进口机器设备;参照物的购置价格或重置成本应和评估基准期日相一致,否则应进行价格因素和汇率因素的调整,调整为评估基准期日的价格;另外,在估算时还应注意参照物购置价格或重置成本的构成是否与被评估对象重置成本的构成相一致,如果不一致应进行必要的调整。

如果没有国外替代产品的现行 FOB 或 CIF 价格,可利用国内替代设备的现行市价或重置成本推算被评估进口设备的重置成本。

③ 价格指数法。在进口设备的现行价格、替代产品价格都无法查询时,可以采用价格指数法估测进口设备的重置成本。使用价格指数法测算进口设备重置成本时需要注意两点:一是国外机器设备的技术更新期较短,设备更新换代快,一旦旧型号设备被淘汰,其价格会大幅度下降。对于技术已经更新的进口设备不宜采用价格指数法。二是运用价格指数法调整计算进口设备重置成本时,其价格指数应使用设备生产国的价格变动指数,而不是国内同类设备的价格指数。但国内的进口关税税率、增值税、消费税及其他费用的变动率可按国内有关时期的数据测算获取。采用价格指数法测算进口设备重置成本,其计算公式为:

重置成本 ＝ 账面原值中的到岸价值 ÷ 进口时的外汇汇率 ×

进口设备生产国同类资产价格变动指数 × 评估基准日外汇汇率 ×

（1 ＋ 现行进口关税税率）×（1 ＋ 其他税费率）＋

账面原值中支付人民币部分价格 × 国内同类资产价格变动指数

该计算公式是假定进口设备的到岸价格全部以外汇支付,其余均为人民币支付。如果实际情况与此假设不相符,应自行调整。在运用价格指数法对进口设备重置成本进行测算时,应尽量将支付外汇部分与支付人民币部分,或者说将受设备生产国物价变动影响部分与受国内价格变动影响部分分开,分别运用设备生产国的价格指数与国内价格指数发别进行调整,不能综合采用国内或设备生产国的价格变动指数一揽子调整。

例 3-6　某企业 2020 年从美国进口一套设备,账面原值为 735 万元人民币。购建时以外汇支付的部分为 500 万元,其中设备价款为 485 万元,境外运输及保险费为 15 万元,以人民币支付的部分为 235 万元,其中关税和其他税费为 225 万元,国内运费及安装调试费为 10 万元,进口时美元和人民币的比价为 1：7.011 9。2022 年对该进口设备进行评估,经调查分析得知,该类设备目前在美国市场的销售价格比 2020 年提高了 10％,境外运输费及保险费之和比 2020 年提高了 5％,2022 年美元同人民币的比价为 1：6.912 1,2022 年关税税率为 20％,增值税税率为 17％,其他税费率为 1.5％,国内运输费及安装调试费之和比较,2022 年比 2020 年提高了 6％,则该进口设备的重置成本计算如下:

$$重置成本 ＝ [485 ÷ 7.011\ 9 × (1 ＋ 10\%) ＋ 15 ÷ 7.011\ 9 × (1 ＋ 5\%)] ×$$
$$6.912\ 1 × (1 ＋ 20\%) × (1 ＋ 18.5\%) ＋ 10 × (1 ＋ 6\%)$$
$$＝ 769.92 ＋ 10.60$$
$$＝ 780.52(万元)$$

对进口设备重置成本的估测还存在其他情况。比如,被评估对象是以进口设备为主机,与国产设备相配套的一条生产线或生产机组。在评估时如果有设备构成及功能相同或相类似的生产线或生产机组的重置成本及生产能力资料,可采用功能价值法进行评估测算;也可采用价格指数法,把整条生产线或生产机组分解成几个构成部分,如进口设备主机、进口备件、国内配套设施、其他费用等,根据每一部分价格变动情况,把原始成本调整为按现行价格计算的重置成本,具体计算可参照前面所讲的方法进行。

三、实体性贬值的估算

(一)实体性贬值的影响因素

实体性贬值是由于机器设备在运行中的磨损和暴露在自然环境中被侵蚀,造成设备实体形态的损耗而引起的贬值。

对机器设备而言,影响实体性贬值的因素主要有以下四个方面:

(1)使用时间。机器设备的使用时间越长,其有形损耗就越大,剩余价值也就越小。

(2)使用频率。机器设备的使用率越高,有形损耗越大。需要注意的是,也有例外,有些机器设备闲置的时间越长,反而损耗越大。例如,分体式空调、电视机等闲置时间过长,内部的集成电路容易损坏。

(3)机器设备制造质量。机器设备本身的制造质量越好,在相同的使用时间和使用强度之下,有形损耗也越小。

(4)维修保养程度。机器设备在使用过程中维护保养得越好,其有形损耗越小。但是,要注意把日常维修保养与技术改造区分开来。技术改造属于对机器设备的再投资,可以延长机器设备的使用寿命,应采用投资年限法进行估算。

(二)实体性贬值的估算方法

机器设备的实体性贬值也称为有形损耗,一般用实体性贬值率或有形损耗率来表示,可以理解为机器设备的实体损耗与重置成本的比率。机器设备实体性贬值的估算通常采用观察法、使用年限法和修复费用法。

1. 观察法

观察法是评估专业人员或技术专家对被评估机器设备实体的各主要部位进行现场观察和现场技术检测,并结合设备的实际使用情况,如使用时间、使用强度、技术状况、维护保养、修理情况及制造质量等技术参数,将待评估设备与其全新状态相比较,考察由于使用和自然损耗对设备的功能、使用效率带来的影响,综合判断被评估设备的实体性贬值率,从而估算实体性贬值。其计算公式为

$$实体性贬值 = 重置成本 \times 实体性贬值率$$

运用观察法时,应重点观测、分析的指标包括设备的现时技术状态、设备的实际已使用时间、设备的正常负荷率、设备的制造质量、设备的维修保养状况、设备重大故障(事故)经历、设备的大修及技改情况、设备的工作环境和条件、设备的外观和完整性等。

在估算机器设备的实体性贬值率时,可以参考美国评估协会使用的实体性贬值率参

考表(表 3-3)中给定的经验数据。在评估实务中,这些经验数据只能作为参考,不可作为唯一的标准套用。运用观察法估测设备的实体性贬值率,不论是否有设备实体性贬值率参考表,评估专业人员的专业水准和评估经验都是十分重要的。选派称职的评估专业人员来估测设备的实体性贬值率,是准确判断设备实体性贬值的基本前提。特别是对精密设备、成套设备和生产线等,有条件的可组成专家组共同判断这些设备的实体性贬值率。在评估实务中,评估专业人员应广泛听取设备专家及设备使用单位一线操作人员、维修人员和管理人员的介绍和评判,并进行分析、归纳,综合判断设备的实体性贬值。

表 3-3　美国评估协会使用的实体性贬值率参考表

设 备 状 态		贬值率/%
全新	全新,刚刚安装,尚未使用,资产状态极佳	0
		5
很好	很新,只轻微使用过,无须更换任何部件或进行任何修理	10
		15
良好	半新资产,但经过维修或更新,处于极佳状态	20
		25
		30
		35
一般	旧资产,需要进行某些修理或更换一些零部件,如轴承之类	40
		45
		50
		55
		60
尚可使用	处于可运行状况的旧资产,需要大量维修或更换零部件,如电机等	65
		70
		75
		80
不良	需要进行大修理的旧资产,如更换运动机件或主要结构件	85
		90
报废	除了基本材料的废品回收价值外,没有希望以其他方式出售	97.5
		100

2. 使用年限法

使用年限法是从使用寿命角度来估算机器设备的贬值,它假设机器设备有一定的使用寿命,所评估的机器设备实体性贬值率是与其已使用年限成正比的,并且呈线性关系。

实体性贬值率＝实际已使用年限 / 预计使用总年限 × 100%

＝实际已使用年限 /(实际已使用年限 ＋ 尚可使用年限)× 100%

实体性贬值 ＝(重置成本 － 预计残值)× 实体性贬值率

式中,预计残值是被评估设备在清理报废时净收回的金额。在评估实务中,通常只考虑数额较大的残值,如果残值数额较小可以忽略不计。

在评估实务中,为了更加直观地反映机器设备的现状,有时用成新率表示评估对象现时的新旧程度。机器设备的实体性贬值率与成新率的关系的表达式为:

成新率 ＝1 － 实体性贬值率

成新率＝尚可使用年限／预计使用总年限×100%

　　　　＝尚可使用年限／(实际已使用年限＋尚可使用年限)×100%

实体性贬值＝(重置成本－预计残值)×(1－成新率)

从上述表达式可知,运用使用年限法估测设备的实体性贬值率涉及三个基本参数:设备的使用总年限、设备的已使用年限和设备的尚可使用年限。

(1) 预计使用总年限

机器设备的实际已使用年限与尚可使用年限之和为设备的预计使用总年限,即机器设备的总寿命。机器设备的总寿命是指从开始投入使用到淘汰的整个过程,通常可以分为设计寿命、物理寿命、技术寿命和经济寿命。

① 设计寿命。设计寿命是指机器设备设计时考虑的预计不失去使用功能的有效使用时间。设计寿命从理论上保证了机器设备使用的时间长久性,机械工程师在进行设计时依据设计寿命进行材料选择和零配件的选用,设计寿命在一定程度上反映了机器设备的真实寿命。但是,因为机器设备实际使用情况的复杂性,其设计寿命不能代表产品的真实寿命。一般而言,一台在正常维护的环境中使用的设备真实寿命更加接近其设计寿命,而在管理不当、使用过度的环境中,设备的真实寿命往往不能达到设计寿命。

② 物理寿命。物理寿命是指机器设备从开始使用到报废为止经历的时间。物理寿命的长短主要取决于机器设备的自身质量与运行过程中的使用、保养和正常维修情况。

③ 技术寿命。技术寿命是指机器设备从开始使用到技术过时经历的时间。技术寿命在很大程度上取决于社会技术进步和技术更新的速度和周期,可通过现代化改造予以延长。

④ 经济寿命。经济寿命是指机器设备从开始使用到因经济上不划算而停止使用所经历的时间。所谓经济上不划算是指维持机器设备的继续使用所需要的费用大于机器设备继续使用所带来的收益。

这样,在估算机器设备的实体性贬值时,就涉及机器设备的预计使用总年限应该选择哪个寿命年限的问题。应该说,这个问题比较复杂。一般而言,经济寿命要小于物理寿命和技术寿命,因此,国际评估界往往首选的是经济寿命,但并不排除设计寿命、物理寿命和技术寿命作为预计使用总年限的可能性。另外一个考虑,如果设计寿命、物理寿命、技术寿命和经济寿命都能获得,一般选择最短的作为预计使用总年限。目前,在评估实务中,把设备的实际已使用年限和尚可使用年限之和作为其预计使用总年限,这样虽然易于操作,但是尚可使用年限怎么确定又是一个难题。

(2) 实际已使用年限

机器设备的已使用年限相对比较容易确定。机器设备从购进投入使用到评估基准日的年限称为名义已使用年限,可以通过会计记录、资产登记簿、登记卡片查询确定。由于机器设备在使用中受使用频率、负荷程度及日常维护保养等差别的影响,实际已使用年限并不等同于名义已使用年限,也不同于已提折旧年限。在采用实际已使用年限确定设备的实体性贬值时,应注意以下几点:

第一,运用使用年限法估测设备实体性贬值率或成新率,使用年限是代表设备运行量或工作量的一种计量。这种计量是以设备的正常使用为前提的,包括正常的使用时间和正常的使用强度。例如,在正常情况下,各种加工设备一般是以两班制生产为前提的。因此,在评估实务中,应充分注意设备的实际已使用时间,而不是简单的日历天数。

第二,关于使用已计提折旧年限作为已使用年限问题。折旧年限是企业会计制度规定的机器设备计提折旧的时间跨度。它综合考虑了机器设备物理使用寿命、技术进步因素、企业的承受能力,以及国家税收状况等因素,旨在促进企业加强会计核算,适时实施机器设备技术更新。机器设备的已折旧年限并不能全面地反映出机器设备的实际使用状况及其磨损程度。已提折旧年限并不等同于估测实体性贬值中的已使用年限。

在评估实务中,需要将名义已使用年限调整为实际已使用年限。实际已使用年限与名义已使用年限的差异,可以通过机器设备的利用率来调整。其计算公式为:

实际已使用年限＝名义已使用年限×机器设备利用率

$$机器设备利用率＝\frac{截至评估基准日机器设备的累计实际使用时间}{截至评估基准日机器设备的累计法定使用时间}×100\%$$

当机器设备利用率＞1时,表示设备超负荷运转,设备实际已使用年限比名义已使用年限要长。

当机器设备利用率＝1时,表示设备满负荷运转,设备实际已使用年限等于名义已使用年限。

当机器设备利用率＜1时,表示开工不足,设备实际已使用年限小于名义已使用年限。

例 3-7　某被评估设备已投入使用 5 年,在正常情况下该设备按一班制生产,每天工作 8 小时。经评估专业人员调查了解,该设备在 5 年中实际平均每天工作只有 6 小时,经现场鉴定,若该设备保持每天 8 小时的工作量尚可使用 7 年。则

$$设备利用率＝\frac{截至评估基准日机器设备的累计实际利用时间}{截至评估基准日机器设备的累计法定利用时间}×100\%$$

$$=\frac{5×52×6}{5×52×8}×100\%$$

$$=75\%$$

实际已使用年限＝5×75%

$$=3.75(年)$$

实体性贬值率＝实际已使用年限/(实际已使用年限＋尚可使用年限)×100%

$$=3.75/(3.75＋7)×100\%$$

$$=34.88\%$$

(3)尚可使用年限

机器设备的尚可使用年限就是其剩余使用寿命。严格地讲,尚可使用年限应通过技术检测与技术鉴定来确定。事实上,在评估实务中难以对机器设备逐台(件)进行技术检测与技术鉴定。替代的方法是用设备的预计使用总年限减去实际已使用年限来求取尚可使用年限。

根据机器设备的具体情况,尚可使用年限可以采用下述方法估算。

① 对于较新且使用、维护正常的设备,可用设备的预计使用总年限减去设备的实际已使用年限,得到设备的尚可使用年限。但是,如何确定预计使用总年限又是一个问题。

② 对那些已经接近，甚至超过使用总年限的设备，可以通过专业技术人员的判断，直接估算尚可使用年限。

③ 对那些不准备通过大修理继续使用的设备，可以利用设备的一个大修理周期作为设备尚可使用年限的上限，减去设备上一次大修理至评估基准日的时间，余下的时间便是尚可使用年限。

④ 对于国家明文规定限期淘汰、禁止超期使用的设备，例如，压力容器、运输车辆、严重污染环境及高能耗等设备，不论设备的现时状态如何，其尚可使用年限不能超过国家规定禁止使用的日期。

对于经过大修，特别是经过技术改造或追加投资的机器设备，会延长其尚可使用年限，或相对减少其实际已使用年限。在评估实务中，采用的是缩短其实际已使用年限的方法，即以各次投资的重置成本为权数，对各次投资的已使用年限进行加权平均，以确定其实际已使用年限。其计算公式为：

$$实体性贬值率 = 加权投资年限 / (加权投资年限 + 尚可使用年限)$$

式中，加权投资年限 $= \sum 加权重置成本 / \sum 重置成本$

$$加权重置成本 = 重置成本 \times 投资后设备的已使用年限$$

值得注意的是，如果在计算加权重置成本时采用的已使用年限是名义已使用年限，那么以此为基础计算出来的加权投资年限应该是加权投资名义年限，还必须将其再乘以设备利用率以转换为加权投资实际年限。

例 3-8　某企业 2012 年购入一台设备，账面原值为 3 000 000 元，2017 年和 2019 年进行两次更新改造，当年投资分别为 300 000 元和 200 000 元，2022 年 12 月 31 日对该设备进行评估，假定 2012—2022 年每年价格上升率为 10%，经评估专业人员检测和鉴定，认为该设备的尚可使用年限为 7 年，试估算设备的实体性贬值率。

（1）估算重置成本（表 3-4）。

表 3-4　重置成本估算表

投资日期/年	原始投资额/元	价格变动系数	重置成本/元
2012	3 000 000	2.6	7 800 000
2017	300 000	1.61	483 000
2019	200 000	1.33	266 000
合计	3 500 000		8 549 000

（2）计算加权投资成本（表 3-5）。

表 3-5　加权投资成本

投资日期/年	重置成本/元	投资年限	加权投资成本/元
2012	7 800 000	10	78 000 000
2017	483 000	5	2 415 000
2019	266 000	3	798 000
合计	8 549 000		81 213 000

（3）计算加权投资年限。

$$加权投资年限 = 81\,213\,000/8\,549\,000$$
$$\approx 9.5（年）$$

（4）计算实体性贬值率。

$$实体性贬值率 = 9.5/(9.5 + 7) \times 100\%$$
$$= 58\%$$

3. 修复费用法

修复费用法是假设所发生的实体性贬值是可以修复的，设备的实体性贬值等于补偿实体性损耗所发生的费用。该方法的基本原理：如果机器设备可以通过修复来恢复到其全新状态，那么设备的实体性贬值等于其修复费用。补偿实体性损耗一般通过修理或更换损坏的零部件来完成。例如，某机床的电机损坏，如果这台机床不存在其他贬值，则更换电机的费用即为机床的实体性贬值。

机器设备的实体性损耗可分为可修复部分和不可修复部分。在采用修复费用法时，要尽量把实体性贬值中的可修复部分和不可修复部分区别开来。可修复部分的实体性贬值是指可以通过维修恢复其功能，在技术上可行，且经济上合理的。不可修复部分的实体性贬值是指通过维修不能恢复其功能，或者虽然技术上可行，但经济上不划算的。对可修复部分的实体性损耗，可以将修复费用直接作为实体性贬值；对不可修复部分的实体性损耗，可以考虑采用观察法或使用年限法加以确定。这两部分之和就是被评估设备的全部实体性贬值。计算公式为：

实体性贬值率 ＝（可修复部分的实体性贬值＋不可修复部分的实体性贬值)/设备的重置成本

例 3-9　被评估设备为一储油罐，这个油罐已经建成并使用了 10 年，并预计将来还能再使用 20 年。评估专业人员了解到，目前该油罐正在维修，其原因是原储油罐因受到腐蚀，底部已出现裂纹，发生渗漏，必须更换才能使用。整个维修大约需要花费 350 000 元，其中包括油罐停止使用造成的经济损失，清理及布置安全工作环境、拆卸并更换被腐蚀底部的全部费用。评估专业人员已估算出该油罐的复原重置成本为 2 000 000 元，现在用修复费用法估测油罐的实体性贬值率。

计算过程如下：

（1）计算可修复部分实体性贬值。

$$可修复部分实体性贬值 = 350\,000\ 元$$

（2）计算不可修复部分实体性贬值率。

$$不可修复部分实体性贬值率 = 10/(10 + 20) \times 100\%$$
$$= 33.3\%$$

（3）计算不可修复部分复原重置成本。

$$不可修复部分复原重置成本 = 2\,000\,000 - 350\,000$$
$$= 1\,650\,000（元）$$

（4）计算不可修复部分实体性贬值。

$$不可修复部分实体性贬值 = 1\,650\,000 \times 33.3\%$$
$$= 549\,450（元）$$

（5）计算油罐实体性贬值率。

$$油罐实体性贬值率 = (350\,000 + 549\,450)/2\,000\,000 \times 100\%$$
$$= 45\%$$

需要注意的是，在运用修复费用法估算机器设备的实体性贬值率时，必须明确该修理费用是否包括了对被评估机器设备技术更新和改造的支出，以便在考虑设备的功能性贬值时避免重复计算或漏评。

修复费用法有着比较广泛的使用领域，尤其是对需要定期更换易损件的机器设备，如纺织机械、机组、生产线等，修复费用法更为适用。

4. 估算实体性贬值应注意的问题

首先，选择估算设备实体性贬值的具体方法时，可以根据信息资料的获得情况、被评估设备的具体特点及评估专业人员的专业知识和经验来确定。一般情况下，如果信息资料充分，可同时运用几种方法估算实体性损耗，并且互相核对，在核对的基础上根据孰高原则确定实体性贬值率。也可以在有充分依据的前提下，采用加权平均法确定实体性贬值率。

其次，在分析估算实体性贬值时，要注意其中是否含有功能性贬值或其他贬值因素，以避免发生重复扣减的问题。用观察法确定设备的实体性贬值时，往往会联想到功能性贬值；用使用年限法确定实体性贬值时，对已经过大修或技改的设备，也可能涉及功能性贬值；用修复费用法确定实体性贬值时，修复费用中更有可能含有功能性贬值，因为新替换上去的部件如果是采用新技术生产的，那么它不仅可以恢复设备的原有功能，还可能改善设备的原有功能。因此，当可修复贬值在设备总贬值额中占有较大比重时，就应考虑用修复费用法计算的实体性贬值率是否包含了功能性贬值。

四、功能性贬值的估算

机器设备的功能性贬值主要是由于技术进步引起的。在机器设备这类资产上具体有两种表现形式。

第一，由于新工艺、新材料和新技术的采用，以及技术进步引起劳动生产率的提高，社会必要劳动时间减少，成本降低，从而造成原有设备相对贬值，即原有设备的建造成本超过现行建造成本的超支额，称为超额投资成本。此类贬值称为Ⅰ类功能性贬值。

第二，由于技术进步出现了新的、性能更优的设备，致使原有设备的功能相对新设备已经落后，从而引起贬值。具体表现为原有设备在完成相同生产任务的前提下，在能源、动力、人力、原材料等方面的消耗增加，形成了一部分超额运营成本。此类贬值称为Ⅱ类功能性贬值。

（一）超额投资成本形成的功能性贬值（Ⅰ类功能性贬值）

从理论上讲，设备的超额投资成本形成的功能性贬值是设备的复原重置成本与更新重置成本之间的差额。即

$$Ⅰ类功能性贬值 = 复原重置成本 - 更新重置成本$$

在评估实务中，如果能够直接获取设备的更新重置成本，其实就已经将被评估设备的超额投资成本考虑在内，此时就不必再去通过设备的复原重置成本，然后再去测算超额投

资成本,并将其从复原重置成本中剔除。

在评估实务中,有可能遇到被评估的设备已经停产,评估时只能参照其替代设备。而这些替代设备的性能通常要比被评估设备更优,其价格通常也会高于被评估设备。在这种情况下,就不应机械地套用超额投资成本计算公式进行估测。而应该参照设备的现行价格,采用功能价值法(如生产能力比例法、规模经济效益指数法)估算被评估设备的更新重置成本。利用参照设备采用功能价值法估算的被评估设备的更新重置成本,至少已经将被评估设备价值中的超额投资成本所形成的功能性贬值剔除掉了,也可能还剔除了一部分超额运营成本。

(二)超额运营成本形成的功能性贬值(Ⅱ类功能性贬值)

超额运营成本是由于技术进步引起的被评估设备性能相较现有设备落后,从而导致被评估设备继续运营出现超过现有同类设备的运营成本,由此引起的贬值称为Ⅱ类功能性贬值。

通常情况下,Ⅱ类功能性贬值的估算可以按以下步骤进行。

(1)计算年超额运营成本。将被评估设备的年运营成本,与功能相同但性能更好设备的年运营成本进行比较,计算二者的差异额,即超额运营成本。

(2)计算净超额运营成本。功能性贬值会引致设备的税前收益额相对下降,由于存在所得税,使得企业负担的运营成本低于其实际支付额。因此,净超额运营成本是超额运营成本扣除其抵减的所得税以后的余额。

(3)估计使用年限。估算被评估设备的剩余寿命,将剩余寿命作为净超额运营成本的折算年限。

(4)确定功能性贬值。选用适当的折现率将被评估设备在剩余寿命期内每年的净超额运营成本折算成现值,折现值之和就是被评估设备的Ⅱ类功能性贬值。

例 3-10　现对一电焊机进行评估,经评估专业人员调研分析,该设备存在Ⅱ类功能性贬值。被评估的电焊机与新型电焊机相比,能耗比较高。通过统计分析,按每天 8 小时工作,每年 300 个工作日,被评估电焊机比新电焊机多耗电 6 000 度,每度电电费为 0.5元。根据该电焊机的现状分析,评估专业人员预计该电焊机尚可使用 10 年。假设折现率为 10%,企业所得税税率为 25%。Ⅱ类功能性贬值计算过程如下:

(1)计算年超额运营成本。

$$年超额运营成本 = 6\,000 \times 0.5$$
$$= 3\,000(元)$$

(2)净超额运营成本。

$$净超额运营成本 = 税前超额运营成本 \times (1 - 所得税税率)$$
$$= 3\,000 \times (1 - 25\%)$$
$$= 2\,250(元)$$

(3)确定Ⅱ类功能性贬值。

$$Ⅱ 类功能性贬值 = 2\,250 \times \frac{1 - (1 + 10\%)^{-10}}{10\%}$$

$$= 2\,250 \times 6.144\,6$$
$$= 13\,825.35(元)$$

则该电焊机由于超额运营成本引起的Ⅱ类功能性贬值为 13 825.35 元。

(三)估算功能性贬值应注意的问题

1. 参照物选择的问题

无论是Ⅰ类功能性贬值还是Ⅱ类功能性贬值,都表现为评估对象相对于现有机器设备功能相对贬值。这个现有设备就是评估功能性贬值的参照物,参照物的选择直接影响功能性贬值的大小。在评估实务中,一般应选择评估涉及的地区范围内已普遍使用的先进设备,而不是尚未普及使用的最先进的设备。因为后者的技术在评估所涉及的行业或地区范围内尚未成熟,其功能价值尚未被普遍接受。

2. 功能性贬值是否需要单独计算的问题

如果估算机器设备的重置成本是复原重置成本,就需单独计算Ⅰ类功能性贬值和Ⅱ类功能性贬值。如果估算机器设备的重置成本是更新重置成本,一般来说,更新重置成本已经剔除了Ⅰ类功能性贬值,此时只要再单独计算Ⅱ类功能性贬值就可以了。

五、经济性贬值的估算

经济性贬值是指由于外部条件的变化引起设备利用率、设备收益发生具有持续性的减少、下降或闲置等而造成的设备价值损失。

经济性贬值主要原因有:①由于市场竞争加剧,产品需求减少,导致设备开工不足,生产能力相对过剩;②原材料、能源等提价,造成成本提高,在生产能力和产品售价没有相应提高的情况下,收益下降;③国家对有关能源、环境保护等限制,使产品生产成本提高或使设备利用率下降及设备强制报废等。这些情况可以归结为两个方面:一是设备的生产能力下降;二是在生产能力不变的情况下,原材料、能源价格提高导致被评估设备的收益减少。

(一)设备利用率下降引起的经济性贬值

当机器设备因外部原因,如经济衰退、产业结构调整、国家环保政策限制等因素的影响,出现开工不足,致使设备的实际生产能力明显低于其设计能力时,产生经济性贬值。生产线等在生产经营过程中存在规模效益,因外部条件的变化导致生产线的利用率下降,损失部分表现为经济性贬值。其计算公式为:

$$经济性贬值率 = \left[1 - \left(\frac{设备预计可被利用的生产能力}{设备原设计生产能力}\right)^{x}\right] \times 100\%$$

$$经济性贬值 = 重置成本 \times 经济性贬值率$$

式中,x 为规模经济效益指数。

例 3-11 假定被评估生产线年设计生产能力为 10 000 吨,评估专业人员调研发现,受政策调整因素影响,市场不景气,预计实现生产能力为年产 8 000 吨,经评估,生产线的重置成本为 1 500 万元,生产线的规模指数 x 为 0.7。则该生产线的经济性贬值计算如下:

$$经济性贬值率=[1-(8\,000/10\,000)^{0.7}]\times100\%$$
$$=14.46\%$$
$$经济性贬值=15\,000\,000\times14.46\%$$
$$=2\,169\,000(元)$$

(二) 设备收益减少造成的经济性贬值

设备生产能力并未降低,但出现如原材料涨价、燃料动力价格提高、劳动力成本上升等情况,导致生产成本提高,或部分产品被迫降价出售等,使得设备的收益减少,出现经济性贬值。此时的经济性贬值按以下步骤估算:

(1) 计算年收益损失额。将被评估设备现有的年收益与外部条件没有发生变化前的年收益进行比较,计算二者的差异额。

(2) 计算净年收益损失额。经济性贬值会引致设备的税前收益额相对下降,由于存在所得税,使得企业实际年收益损失额减少。因此,净年收益损失额是年收益损失额扣除其抵减的所得税以后的余额。

(3) 估计使用年限。估算被评估设备的剩余寿命,将剩余寿命作为净年收益损失额的折算年限。

(4) 确定经济性贬值。选用适当的折现率将被评估设备在剩余寿命期内每年的净年收益损失额折算成现值,折现值之和就是被评估设备的经济性贬值。

例 3-12　某被评估设备的设计生产能力为年产 10 万件产品,每件产品正常市场售价为 100 元,现因市场竞争激烈及市场需求变化,每件售价只能为 90 元,生产能力为年产 10 万件,评估专业人员估测该设备尚可使用 3 年,假设折现率为 6%,企业所得税税率为 25%,则该设备的经济贬值计算如下:

(1) 计算年收益损失额。

$$年收益损失额=(100-90)\times100\,000$$
$$=1\,000\,000(元)$$

(2) 计算净年收益损失额。

$$净年收益损失额=1\,000\,000\times(1-25\%)$$
$$=750\,000(元)$$

(3) 确定经济性贬值。

$$经济性贬值=750\,000\times\frac{1-(1+6\%)^{-3}}{6\%}$$
$$=750\,000\times2.673\,0$$
$$=2\,004\,750(元)$$

(三) 估算经济性贬值应注意的问题

在估算经济性贬值时,应注意以下几个方面:

(1) 注意被评估设备是否为能够单独计算获利能力的生产线或成套设备。一般来说,不能单独计算获利能力的单台(件)设备不计算经济性贬值。

（2）需预测评估基准日后影响设备利用率或收益额的相关因素，进而判断是否存在经济性贬值的问题。

（3）需要区分引起设备经济性贬值的原因究竟是什么，是资产利用率下降导致的，还是产品价格下降或生产成本提高引起的设备收益减少的结果，进而选择相应的评估计算公式估算设备经济性贬值。

六、成本法应用举例

运用成本法评估机器设备的基本思路，首先确定被评估机器设备的重置成本，然后再扣减实体性贬值、功能性贬值和经济性贬值，估测被评估机器设备的价值。其一般表达式为

机器设备评估价值＝重置成本－实体性贬值－功能性贬值－经济性贬值

例 3-13 被评估设备购建于 2008 年，账面价值为 1 000 000 元，2013 年进行了技术改造，追加技改投资 500 000 元。2022 年对该设备进行了评估，根据评估专业人员的调查、检查、对比分析，得到以下数据：①2008—2022 年每年的设备价格上升率为 10%。②该设备的月人工成本比其替代设备高 10 000 元。③被评估设备所采用的折现率为10%，规模效益指数为 0.7，所得税税率为 25%。④该设备在评估前使用期间的实际利用率仅为正常利用率的 50%，经技术检测，该设备尚可使用 5 年，在未来 5 年中，设备利用率能够达到设计要求。根据上述条件，估算该设备的有关参数和评估价值。

（1）计算该设备的重置成本及加权投资成本。

$$重置成本＝1\,000\,000 \times (1+10\%)^{10} + 500\,000 \times (1+10\%)^{5}$$
$$＝3\,398\,950(元)$$

$$加权投资成本＝1\,000\,000 \times (1+10\%)^{10} \times 10 + 500\,000 \times (1+10\%)^{5} \times 5$$
$$＝29\,963\,250(元)$$

（2）计算加权投资名义年限。

$$加权投资名义年限＝29\,963\,250/3\,398\,950$$
$$＝8.82(年)$$

（3）计算加权投资实际年限。

$$加权投资实际年限＝8.82 \times 50\%$$
$$＝4.41(年)$$

（4）计算实体性贬值率。

$$实体性贬值率＝[4.41/(4.41+5)] \times 100\%$$
$$＝46.87\%$$

（5）计算功能性贬值。

$$功能性贬值＝10\,000 \times 12 \times (1-25\%) \times \frac{1-(1+10\%)^{-5}}{10\%}$$
$$＝341\,170.81(元)$$

（6）经济性贬值。

该设备利用率可以达到设计能力，可以判定生产基本正常，故经济性贬值率为零。

（7）计算评估价值。

$$设备评估价值 = 3\ 398\ 950 - 3\ 398\ 950 \times 46.87\% - 341\ 170.81$$
$$= 1\ 464\ 691.33(元)$$

 即问即答

两个评估机构分别对同一台设备进行评估，评估目的、基准日和市场条件相同，且均采用成本法，但其评估结果却相差 30% 以上。经复查，两机构对重置成本的估算及对设备自然现状和寿命的鉴定、判断基本接近，试问：两个评估机构所得评估结果出现显著差异的原因最大可能是什么？

【解析】　设备还可能存在功能性贬值或经济性贬值，有一方可能未考虑。

第三节　市场法在机器设备评估中的应用

一、市场法概述

市场法是获取资产价值较为简捷的方法，对机器设备评估而言也是如此。在市场经济及市场发育比较完善的国家和地区，运用市场法评估机器设备价值是比较普遍的。

市场法根据目前公开市场上与被评估对象相似的或可比的参照物的价格来确定被评估对象的价格。如果参照物与被评估对象不完全相同，则需要根据评估对象与参照物之间的差异对价值的影响做出调整。

市场法评估机器设备，要求有一个有效、公平的市场。有效是指市场所提供的信息是真实可靠的，参照物在市场上的交易是活跃的。公平是指市场应该具备公平交易的所有条件，买卖双方的每一步决策都是在谨慎和充分掌握信息的基础上做出的，并且假定价格不受其他因素的影响。

市场法适用于市场发育较完善的地区，当存在同类设备的二手设备交易市场或有较多的交易实例时，是获取资产价值较为简捷的方法。但当前我国二手设备市场交易品种单调、频率不高，交易信息不透明，可采用案例贫乏，这限制了市场法在现实资产评估中的广泛运用。

采用市场法评估时，应注意评估的是机器设备的成交价，而不是一台持续使用的机器设备的完全重置成本，得出成交价后应加计运输费、安装调试费、设备基础费，安装调试时间较长的还应加计管理费用、资金成本等。运用市场法评估不存在成新率、功能性贬值和经济性贬值等问题。

 即问即答

自制非标准机器设备能用市场法评估吗？

【解析】　不能。市场法是根据目前公开市场上与被评估对象相似的或可比的参照物的价格来确定被评估对象的价格。如果参照物与被评估对象不完全相同，则需要根据评估对象与参照物之间的差异对价值的影响做出调整。自制非标准机器设备在公开市场上无法找到与之相似或可以比较的参照物,故无法评估。

二、市场法评估的基本步骤

运用市场法评估机器设备,一般按照以下步骤:

1. 明确并鉴定被评估对象

明确机器设备类别、名称、规格型号、生产厂家、生产日期、设备性能等,通过技术检测或技术鉴定确定机器设备现时技术状况,估算尚可使用年限等。

2. 选择参照物

在市场中选择参照物,最重要的是各个比较因素之间具有可比性。比较因素是一个指标体系,它要能够全面反映影响价值的因素。不全面的或仅使用个别指标所做出的价值评估是不准确的。一般来说,设备的比较因素可分为四大类,即个别因素、交易因素、地域因素和时间因素等。要认真分析比较因素,确认其成交价具有代表性和合理性,才可以将其作为参照物。在条件允许的情况下,参照物最好能有三个及三个以上。

3. 选择适当的方法估算比准价值

在选定参照物之后,就要选择适当的方法具体分析、对比、调整评估对象与参照物之间的可比因素,估测评估对象的比准价值。评估设备可选用的具体评估方法有直接匹配法、因素调整法和成本比率法等。

4. 确定评估结果

如果评估时所选择的参照物不止一个,大概就会出现若干个评估对象的比准价值。按照资产评估的要求,最终要给出一个评估结论。这就需要评估专业人员结合每个比准价值及其参照物的情况,分析给出最终评估结论。

 即问即答

在运用市场法评估机器设备时,选择参照物应优先遵循什么原则?

【解析】 替代原则。市场法根据目前公开市场上与被评估对象相似的或可比的参照物的价格来确定被评估对象的价格。如果参照物与被评估对象不完全相同,则需要根据评估对象与参照物之间的差异对价值的影响做出调整。

三、市场法评估的比较因素

比较因素是指可能影响机器设备市场价值的因素。使用市场法评估时,一项重要的工作是将参照物与评估对象进行比较。在比较之前,评估专业人员首先要确定哪些因素可能影响机器设备的价值,哪些因素对价值没有影响。比较因素是一个指标体系,它要能够全面反映影响价值的因素。一般来讲,设备的比较因素可分为四大类,即个别因素、交易因素、时间因素和地域因素。

1. 个别因素

设备的个别因素一般指反映设备在结构、形状、尺寸、性能、生产能力、安装、质量、经济性等方面差异的因素。不同的设备,差异因素也不同。在评估实务中,常用于描述机器设备的指标一般包括：(1)名称。(2)型号或规格。(3)生产能力。(4)制造厂家。(5)技术指标。(6)附件。(7)设备的出厂日期。(8)役龄。(9)安装方式。(10)实体状态。

2. 交易因素

设备的交易因素是指交易动机、背景对价格的影响,不同的交易动机和交易背景都会对设备的出售价格产生影响。如:以清偿、快速变现为目的或带有一定优惠条件的出售,其价格往往低于正常交易的价格。另外,交易数量也是影响设备售价的一个重要因素,大批设备的购买价格一般要低于单台购买的价格。

3. 时间因素

不同交易时间的市场供求关系、物价水平等都会不同,评估人员应选择与评估基准日最接近的交易案例,并对参照物的时间影响因素做出调整。

4. 地域因素

由于不同地区市场供求条件等因素不同,设备的交易价格也会受到影响,因此,评估参照物应尽可能与评估对象在同一地区。如评估对象与参照物存在地区差异,则需要做出调整。

四、具体技术方法

1. 直接匹配法

直接匹配法是指在市场上找到与评估设备完全相同或基本相同的参照物,利用参照物的交易价格及参照物的某一基本特征,直接与评估对象的同一基本特征进行比较,进而判断评估对象价值。例如,评估一辆汽车时,如果二手汽车交易市场上能够发现与评估对象基本相同的汽车,它们的制造商、型号、年代、附件都相同,只有行驶里程和实体状态方面有些差异,在这种情况下,评估专业人员一般直接将评估对象与市场上正在销售的同样的汽车做比较,确定评估对象的价格。直接比较法相对比较简单,但是它对市场的反映最为客观,能最精确地反映设备的市场价值。这种方法可用以下公式表示。

$$V = V' \pm \Delta i$$

式中,V 为评估价值;V' 为参照物的市场价值;Δi 为差异调整。

2. 成本比率调整法

该方法是通过了解相似的市场参照物的交易价格与全新设备售价的比率关系,用此比率作为确定被评估机器设备价值的依据。例如,评估专业人员在评估 A 公司生产的 8 米直径的车床,但市场上没有相同的或类似的参照物,只有其他厂家生产的 4 米或 6 米的机床的二手价格,该成交价格相当于全新的该类设备价格的 70%,那么可以认为,评估对象的价格也应该是其重置成本的 70%。

例 3-14 现需对二手车进行价值评估。评估对象基本情况如下。

品牌型号:荣威 RX5

发动机:上汽蓝芯动力 1.5T

车身颜色:蓝色

初登日期:2019 年 6 月

已行驶里程:52000KM

该车为专人驾驶的家庭自备车,手续齐全。

配置说明:此车排量 1.5T,DM21 PLUS 自动变速箱,基本配置。另外,加装了 USB 接口、低音炮及四门电动车窗。

静态检查:从该车的保养状况看,还算得上良好。该车车漆属原车漆,前后保险杠有划痕,部分漆面脱落,属一般性擦伤,对车辆本身并未造成影响,建议修复;车内没有损坏的部件;空调器制冷不够,经检测非空调器质量问题,添加氟利昂即可;变速器正常,离合器、制动器使用无异常;发动机无维修记录,电路整齐,胎面正常。

动态检查:经试车,该车发动机整体性能良好。由于该车为三缸发动机,排量 1.5T,故马力一般,启动后怠速较不稳,发动机抖动较厉害。比较出人意料的是,该车加速有力,且变速器不像一般微型车那样生涩,入挡相当轻松,可以判断该车机械部件保养良好,运转正常。检查底盘和悬挂系统时,并没有发现悬挂系统出现其他异常。只是在行驶过程中,车厢内来自路面的噪音较大,影响了乘坐的舒适性。据介绍,这是大部分经济型轿车为了节省成本而落下的通病,如果车主实在介意,可以通过做底盘隔音纠正。由于该车无助力转向,令驾驶人员感觉打方向较费力,这不能不说是一个遗憾。除此之外,该车其他一切正常良好。

鉴定评估:该车上牌至评估日期为 2 年 6 个月(30 个月),如今市面上新车净价为 115 800 元,含牌价约为 120 000 元,车价比较没有大幅度调整,可见其保值性比较高。另外,该品牌车保有量大,维修费用低,经济省油,也是值得考虑的因素。

总体来说,该车车况良好,52 000 公里的里程对一部已使用两年多的轿车来说并不算多。根据实际检查及其他各方面因素综合考虑,得出该车成新率为 65%。另外,考虑到车主平日保养汽车有道,并且加装了比较实用的汽车音响,因此该车的评估价值为 78 000 元。

荣威车虽然外形不够靓丽,动力性能较为欠缺,但对那些经济不宽裕却需要汽车代步的人来说,依然是非常不错的选择。另外,加装了 USB 接口和"低音炮",初步完善了汽车的听音系统,对于爱好音乐的买家来说,不失为一个不错的选择,预计该车在二手车市场上很容易售出。

3. 因素调整法

因素调整法是通过比较分析相似的市场参照物与被评估设备的可比因素差异,并对这些因素逐项做出调整,由此确定被评估设备的价值。这种方法是在无法获得基本相同的市场参照物的情况下,以相似的参照物作为分析调整的基础。例如,评估一台由 A 公司制造的车床,评估专业人员发现在市场上没有 A 公司生产的相似的车床,但是有 B 公司和 C 公司生产的相似的车床。这种方法与直接比较法相比要主观,因此在对比较因素进行分析的基础上,需要做更多的调整。

为了减少调整时因主观因素产生的误差,所选择参照物应尽可能接近于评估对象。从时间上来讲,参照物的交易时间应尽可能接近评估基准日;在地域上,应尽可能与评估对象在同一地区。另外,评估对象与参照物应具有较强的可比性,实体状态方面比较接近。

例 3-15 对某企业一台纺织机进行评估,评估专业人员经过市场调查,选择本地区近几个月已经成交的同类纺织机的 3 个交易实例作为参照物,被评估对象及参照物的有关情况如表 3-6 所示。

表 3-6　被评估对象及参照物情况表

	参照物 A	参照物 B	参照物 C	被评估对象
交易价格/元	1 000 000	600 000	950 000	
交易状况	公开市场	公开市场	公开市场	公开市场
生产厂家	上海	济南	上海	沈阳
交易时间	6 个月前	5 个月前	1 个月前	
成新率/%	80	60	75	70

评估专业人员经过对市场信息进行分析得知,3 个交易实例都是在公开市场条件下销售的,不存在受交易状况影响使价值偏高或偏低的现象,影响售价的因素主要是生产厂家(品牌)、交易时间和成新率。

(1) 生产厂家(品牌)因素分析和修正。

经分析,参照物 A 和参照物 C 是上海一家纺织机械厂生产的名牌产品,其价值同一般厂家生产的纺织机相比高 25% 左右。则参照物 A、参照物 B、参照物 C 的修正系数分别为:100/125、100/100、100/125。

(2) 交易时间因素的分析和修正。

经分析,近几个月纺织机械的销售价值每月上升 3% 左右,则参照物 A、参照物 B、参照物 C 的修正系数分别为:118/100、115/100、103/100。

(3) 成新率因素分析和修正。

根据公式,成新率修正系数＝被评估对象成新率/参照物成新率,参照物 A、参照物 B、参照物 C 成新率修正系数分别为:70/80、70/60、70/75。

(4) 计算比准价格。

根据参照物 A、参照物 B、参照物 C 的比较因素修正,得到比准价格。

$$参照物 A 的比准价格 = 1\ 000\ 000 \times \frac{100}{125} \times \frac{118}{100} \times \frac{70}{80} = 826\ 000(元)$$

$$参照物 B 的比准价格 = 600\ 000 \times \frac{100}{100} \times \frac{115}{100} \times \frac{70}{60} = 805\ 000(元)$$

$$参照物 C 的比准价格 = 950\ 000 \times \frac{100}{125} \times \frac{103}{100} \times \frac{70}{75} = 730\ 613(元)$$

(5) 确定评估值。

对参照物 A、参照物 B、参照物 C 的比准价格进行简单算术平均,得出评估价值。

$$该纺织机的评估价值 = (826\ 000 + 805\ 000 + 730\ 613)/3$$
$$= 787\ 204.33(元)$$

例 3-16　评估机构接受委托,对一台拟转让的普通车床进行评估。评估专业人员首先对被评估普通车床进行鉴定,基本情况如下。

设备名称:普通车床

规格型号:CA6140×1500

制造厂家:A 机床厂

出厂日期：2015 年 2 月

投入使用时间：2015 年 2 月

安装方式：未安装

附件：齐全(包括：仿形车削装置、后刀架、快速换刀架、快速移动机构)

实体状态：评估专业人员通过对车床的传动系统、导轨、进给箱、溜板箱、刀架、尾座等部位进行检查、打分,确定其综合分值为 6.1 分。

(1) 评估目的：资产转让。

(2) 价值类型：市场价值。

(3) 评估基准日：2023 年 3 月 31 日。

(4) 评估假设：继续使用。

(5) 评估对象：普通车床 CA6140×1500。

(6) 选择参照物。

评估专业人员对二手设备市场进行调研,选择确定了与被评估对象比较接近的 3 个市场交易实例作为参照物(表 3-7)。

表 3-7 被评估对象与参照物情况

	评估对象	参照物 A	参照物 B	参照物 C
名称	普通车床	普通车床	普通车床	普通车床
规格型号	CA6140×1500	CA6140×1500	CA6140×1500	CA6140×1500
制造厂家	S 机床厂	S 机床厂	L 机床厂	L 机床厂
出厂日期/役龄	2015 年/8 年	2015 年/8 年	2015 年/8 年	2015 年/8 年
安装方式	未安装	未安装	未安装	未安装
附件	仿形车削装置、后刀架、快速换刀架、快速移动机构	仿形车削装置、后刀架、快速换刀架、快速移动机构	仿形车削装置、后刀架、快速换刀架、快速移动机构	仿形车削装置、后刀架、快速刀架、快速移动机构
状况	良好	良好	良好	良好
实体状态描述	传动系统、导轨、进给箱、溜板箱、刀架、尾座等各部位工作正常,无过度磨损现象,状态综合分值为 6.1 分	传动系统、导轨、进给箱、溜板箱、刀架、尾座等各部位工作正常,无过度磨损现象,状态综合分值为 5.7 分	传动系统、导轨、进给箱、溜板箱、刀架、尾座等各部位工作正常,无过度磨损现象,状态综合分值为 6.0 分	传动系统、导轨、进给箱、溜板箱、刀架、尾座等各部位工作正常,无过度磨损现象,状态综合分值为 6.6 分
交易市场		评估对象所在地	评估对象所在地	评估对象所在地
市场状况		二手设备市场	二手设备市场	二手设备市场
交易背景及动机	正常交易	正常交易	正常交易	正常交易
交易数量	单台交易	单台交易	单台交易	单台交易
交易日期	2023 年 3 月 31 日	2023 年 2 月 10 日	2023 年 1 月 25 日	2023 年 3 月 10 日
转让价格/元		230 000	271 000	323 000

(7) 确定调整因素,进行差异调整。

① 制造厂家调整。所选择的 3 个参照物中,参照物 A 与评估对象的生产厂家相同,

参照物 B、参照物 C 为另一厂家生产。在新设备交易市场 S、L 两个制造商生产某相同产品的价格分别为 40 万元和 44.4 万元,新设备的价格差异率为 11%。即 L 厂家生产的该产品市场价格比 S 厂家高 11%,以此作为被评估设备的调整比率。

$$被评估车床价值 / 参照物 B 价值 = 100/[100(1+11\%)]$$

或者,参照物 B 价值比被评估车床价值高 11%,则

$$被评估车床价值 = 参照物 B 的价值 /(1+11\%)$$

得到调整系数为 0.900 9。

② 出厂年限调整。被评估车床的出厂年限是 8 年,参照物 A、参照物 B、参照物 C 的出厂年限均为 8 年,故不需调整。

③ 实体状态调整。实体状态调整如表 3-8 所示。

表 3-8　实体状态调整表

参照物	实体状态描述	调整比率
A	传动系统、导轨、进给箱、刀架、尾座等各部位工作正常,无过度磨损现象,状态综合值为 5.7 分	+7%
B	传动系统、导轨、进给箱、刀架、尾座等各部位工作正常,无过度磨损现象,状态综合值为 6.0 分	+2%
C	传动系统、导轨、进给箱、刀架、尾座等各部位工作正常,无过度磨损现象,状态综合值为 6.6 分	-8%

调整比率计算过程如表 3-9 所示。

表 3-9　调整比率计算过程表

参照物	调整比率
A	$(6.1-5.7)/5.7 \times 100\% = 7\%$
B	$(6.1-6.0)/6.0 \times 100\% = 2\%$
C	$(6.1-6.6)/6.6 \times 100\% = -8\%$

(8) 计算评估价值。

被评估车床的评估价值计算过程如表 3-10 所示。

表 3-10　评估价值的计算表

	参照物 A	参照物 B	参照物 C
交易价格/元	230 000	271 000	323 000
制造厂家因素调整	100/100	100/(100+11)	100/(100+11)
出厂年限因素调整	100/100	100/100	100/100
实体状态因素调整	(100+7)/100	(100+2)/100	(100-8)/100
比准价格/元	246 100	249 027	267 712

$$被评估车床的评估值 = (246\,100+249\,027+267\,712)/3$$
$$\approx 254\,280(元)$$

【拓展阅读】

1. 工匠精神

中国自古以来就是一个工艺制造大国,无数行业工匠的创造,是灿烂的中华文明的标识。在我国的工艺文化历史上,产生过鲁班、李春、李冰、沈括这样的世界级工匠大师。进入现代工业社会,伴随手工艺向机械技艺以及智能技艺转换,传统手工工匠似乎远离了人们的生活,但工匠并不是消失了,而是以新的面貌出现了,即现代工业领域里的新型工匠,机械技术工匠和智能技术工匠。我国要成为世界范围内的制造强国,面临着从制造大国向智造大国的升级转换,对技能的要求直接影响到工业水准和制造水准的提升,因而更需要将中国传统文化中所深蕴的工匠文化在新时代条件下发扬光大。

工匠精神首先是一种劳动精神。即热爱劳动、专注劳动、以劳动为荣,在劳动中体验和升华人生意义与价值,是工匠精神的题中应有之义。工匠精神是对职业劳动的奉献精神。从事技艺劳动的各种工匠,其社会地位并不高,然而,千百年来工匠们以技艺为立身之本,无私地奉献全部心血,不断提高和完善技艺,创造了灿烂的工匠文化。工匠精神是爱岗敬业精神。干一行爱一行,在干中增长技艺与才能,在平凡的岗位干出不平凡的业绩,就是工匠精神的体现。无论是三峡大坝、高铁动车,还是航天飞船,都凝结着现代工匠的心血和智慧。工匠精神是一丝不苟、精益求精的精神。重细节、追求完美是工匠精神的关键要素。几千年来,我国古代工匠制造了无数精美的工艺美术品,如历代精美陶瓷以及玉器。这些精美的工艺品是古代工匠智慧的结晶,同时也是中国工匠对细节完美追求的体现。现代机械工业尤其是智能工业对细节和精度有着十分严格的要求,细节和精度决定成败。工匠精神的核心要素是创新精神。在现代工业条件下,需要将传承与创新统一起来,在传承的前提下追求创新。现代机械制造尤其是现代智能制造,对技艺提出了越来越高的难度和精度要求,不仅要有娴熟的技能,而且要求技术创新。每一个产品的开发,每一项技术的革新,每一道工艺的更新,都需要有工匠的创新技艺参与其中。

资料来源:龚群.工匠精神及其当代意义[N].光明日报,2021-1-18.

2. 国之重器

在国资委官网,通过扫一扫,进入"中央企业装备制造创新成就云展览",大批"国之重器"映入眼帘,精彩纷呈。

我国自主三代核电华龙一号全球第四台、海外第二台机组——巴基斯坦卡拉奇 K3 机组通过临时验收,华龙一号海外首个工程两台机组全面建成投产。来自中核集团最新消息,中核集团已与全球 20 多个国家和地区建立核电项目合作意向,华龙一号成为中国高端制造业走向世界的又一张"金名片"。

中国电科突破活性复合粒子发生技术,研发出 AOE 空气消毒机,可主动释放活性复合粒子,快速覆盖空间中每个角落,对环境中的新型冠状病毒(SARS-CoV-2)可达到 99.99% 杀灭率,形成防疫屏障,具有主动、高效、安全、绿色等优点,以防疫"黑科技"助力打赢疫情防控"智慧仗"。

中国中车承担研制的我国时速 600 公里高速磁浮交通系统具有完全自主知识产权,是世界首套设计时速达 600 公里的高速磁浮交通系统,标志着我国掌握了高速磁浮成套技术和工程化能力。

东方电气集团定子冲片"无人车间"以数字化赋能高端制造车间,产品质效大幅提升。融入 5G、互联网、物联网等信息技术,车间所有工作都由自动化设备完成,实现了生产可视化、数据化管理和制造过程中的自动排产调度、自动报工、自动跟踪预警、故障自动推送。车间稳定运行后,发电机定子冲片人均产出提升 620%,能源利用率提高 56.6%,劳动强度降低 90% 以上。

中国中铁研制的世界最大直径全断面硬岩掘进机"高加索号",正在格鲁吉亚南北走廊科维谢提至科比段公路隧道项目快速掘进;中国海油首条旋转导向钻井与随钻测井"璇玑"系统智能化生产线在广东佛山建成投产,标志着由我国自主研发的"璇玑"系统正式迈入大规模产业化新阶段;国机集团 7MW 风电主轴轴承打破大功率主轴轴承的进口依赖……

资料来源:矫阳.大批最新"国之重器"亮相中国品牌云展厅[N].科技日报,2022-5-11.

【关键术语】

机器设备　成本法　重置成本　复原重置成本　更新重置成本　实体性贬值　功能性贬值　经济性贬值　自制设备　外购设备　进口设备　离岸价　到岸价　观察法　使用年限法　修复费用法　成新率　实体性贬值率　实际已使用年限　尚可使用年限　技术寿命　经济寿命　技术鉴定　资产利用率　超额投资成本　超额运营成本　加权投资成本　市场法　现行市价法　市价折扣法　类比调整法　比较因素　比准价格

【主要知识点】

❖ 机器设备是指人类利用机械原理及其他科学原理制造的、特定主体拥有或控制的有形资产,包括机器、仪器、器械、装置、附属的特殊建筑物等。

❖ 基于机器设备的特点,机器设备评估具有以下特征:以单台、单件为评估对象;以技术检测为评估基础;需要估算机器设备的贬值;针对不同设备特性采用不同的评估方法;机器设备所包含的技术性无形资产应酌情考虑统一评估或分别评估。

❖ 对设备进行鉴定是现场工作的重点。评估专业人员在了解设备的规格型号、制造厂家、出厂日期、加工精度、设备负荷、维修情况及大修周期等基础上进行设备鉴定,具体包括技术鉴定、使用情况鉴定、质量鉴定及磨损程度鉴定等。

❖ 成本法是评估机器设备的常用技术思路和方法。运用成本法评估机器设备,首先要确定被评估机器设备的重置成本,然后再扣减实体性贬值、功能性贬值和经济性贬值,来估测被评估机器设备的价值。

❖ 不同类型机器设备重置成本构成内容有很大的不同,但都以基础费用为核心。自制设备的基础费用为制造成本,外购设备的基础费用为购置价格。

❖ 机器设备的实体性贬值也称为有形损耗,一般用实体性贬值率或有形损耗率来表示,可以理解为机器设备的实体损耗与重置成本的比率。机器设备实体性贬值的估算通常采用观察法、使用年限法和修复费用法。

❖ 市场法评估机器设备,要求有一个有效、公平的市场。有效是指市场所提供的信息是真实可靠的,评估参照物在市场上的交易是活跃的;公平是指市场应该具备公平交易的所有条件,买卖双方的每一步决策都是在谨慎和充分掌握信息的基础上做出的,并且假定这价格不受不适当刺激的影响。

❖ 一般来讲,设备的比较因素可分为四大类,即个别因素、交易因素、时间因素和地域因素。

【复习思考题】

1. 如何测算机器设备的成新率?
2. 如何估算进口机器设备的重置成本?
3. 简述机器设备的重置成本及其构成内容。
4. 如何估算机器设备的实体性贬值?
5. 机器设备功能性贬值的成因是什么? 如何测算功能性贬值?
6. 什么条件下需考虑机器设备的经济性贬值?
7. 运用市场法评估机器设备时,如果采用因素调整法,应考虑的比较因素主要包括哪些?

【计算题】

1. 被评估设备为 2012 年从美国引进的设备,进口合同中的 FOB 价是 40 万美元。2022 年评估时美国生产厂家已不再生产这种设备了,其替代产品是全面采用计算机控制的新型设备,据估测被评估设备的现行 FOB 价格为 23.06 万美元,境外运杂费约占 FOB 价格的 5%,保险费约占 FOB 价格的 0.5%,被评估设备所在企业以及与其发生交易的企业均属进口关税、增值税免税单位。银行手续费按 CIF 价格的 0.8% 计算,被评估设备尚可使用 5 年,年运营成本比其替代设备超支 2 万元人民币,被评估设备所在企业的正常投资报酬率为 10%,评估时人民币与美元的汇率为 6.7:1。企业所得税税率为 25%。国内运杂费按 CIF 价格加银行手续费之和的 3% 计算,年限为 5 年。根据上述数据计算该进口设备的评估价值。

2. 某被评估设备为 2010 年 12 月购入,账面原值 120 万元,评估基准日为 2022 年 12 月 31 日。目前市场上无法获得该设备相关售价信息。已知该类设备 2010 年的定基物价指数为 102%,2016 年的定基物价指数为 116%,自 2017 年开始,同类物价指数每年比上一年上升 4%,若该设备的成新率为 40%,不考虑其他因素,要求估算该设备的价值。

3. 被评估对象为一台注塑机,年生产能力为 15 万件。评估人员经市场查询得知,该设备的生产厂家已停止这种设备的生产,评估基准日年生产能力为 20 万件的同类新设备市场价格为 8 万元,如果该类设备的运输安装费用为设备价格的 5%,被评估设备的成新率为 40%,该类设备的规模指数为 0.7,不考虑其他因素,要求估算该设备的价值。

4. 根据有关资料(表 3-11),以 B 设备为参照物,计算 A 设备的功能性贬值。折现率为 10%。

表 3-11　功能性贬值资料表

项　　目	A 设备	B 设备	超额营运费用
每日司炉人员工资/元	80	50	30
每日耗煤/元	1 200	1 000	200
日均维修费/元	60	20	40
每日营运费用小计/元	1 340	1 070	270
剩余寿命/年	5	5	
折现率/%	10	10	
行业所得税税率/%	25	25	

5. 被评估设备年设计生产能力为 20 000 吨,评估时,由于受政策调整因素影响,产品销售市场不景气。①如不降低销售产品价格,企业必须减产至年产 16 000 吨。②每吨降低 100 元以保持设备生产能力正常发挥。政策调整期预计会持续 5 年,该企业正常投资报酬率为 10%,生产线的规模指数 X 为 0.6;时限为 5 年,所得税税率为 25%。根据所给条件估测经济性贬值率和经济性贬值额。

6. 评估对象为某企业 2020 年 1 月购进的一条生产线,账面原值为 300 万元,2023 年 1 月进行评估。经评估专业人员调查分析确定,该生产线的价格每年比上一年增长 10%,评估专业人员勘察估算认为,该资产还能使用 8 年。目前市场上已出现功能更先进的同类生产线,并被普遍运用,新生产线与评估对象相比,可节省人员 5 人,每人的月工资水平为 6 000 元。此外,由于市场竞争的加剧,该生产线开工不足,由此造成收益损失额每年为 10 万元,该企业所得税税率为 25%,假定折现率为 10%。要求根据上述资料,采用成本法对该生产线进行评估。

【自测题目】

自测题 3-1

自测题 3-2

第四章

流动资产评估

学习目标：

1. 了解流动资产评估的原则和评估程序。
2. 了解流动资产的分类及其特点。
3. 掌握实物类资产的评估。
4. 掌握非实物类资产的评估。

第一节　流动资产评估概述

一、流动资产的内容与特点

（一）流动资产的内容

流动资产是指企业在生产经营活动中，以交易为目的而控制的，可以在一年或超过一年的一个营业周期内变现、出售或耗用的资产。流动资产一般包括以下内容：

1. 现金

现金指企业的库存现金，包括企业内部各部门用于周转使用的备用金。

2. 各项银行存款

各项银行存款指企业的各种不同性质、不同类型的银行存款。

3. 其他货币资金

其他货币资金指除现金和银行存款以外的其他货币资金，包括外埠存款、银行本票存款、银行汇票存款、存出投资款、信用卡存款、信用证保证金存款等。

4. 短期投资

短期投资指企业购入的各种能随时变现、持有时间不超过一年的投资，包括股票、债券和基金等有价证券和其他投资。

5. 应收账款

应收账款指企业因销售商品、提供劳务等应向购货单位或劳务的接受单位收取的款项，是购货单位所欠的短期债务。

6. 预付账款

预付账款指企业按照购货合同规定预付给供货单位的购货定金或部分货款，以及企业预交的各种税、费等。

7．存货

存货指企业在其生产经营过程中为销售或耗用而储备的资产,包括产成品、库存商品、在产品、自制半成品、原料及主要材料、辅助材料、燃料、修理用备件、包装物和低值易耗品等。

8．其他流动资产

其他流动资产指除上述资产以外的其他流动资产。

（二）流动资产的特点

流动资产作为企业资产中必不可少的一部分,与其他资产比较,具有如下特点:

1．循环周转速度快

流动资产的实物形态通常只参加一个生产周期,便改变了原有形态,其价值也转移到产品价值中并在产品销售后随之收回。因此,循环周转速度较快是流动资产的一个显著特点,且循环与生产经营周期具有一致性,周转速度的加快能给企业带来增值。

2．变现能力强

各种形态的流动资产通常都可以在较短的时间内出售或变卖,具有较强的变现能力,是企业对外支付和偿还债务的重要基础和保障。变现能力强是企业中流动资产区别于其他资产的重要标志,但不同的流动资产变现能力是各不相同的,变现能力由强到弱的一般顺序是:货币资金、短期投资、应收款项、存货及其他流动资产等。一个企业拥有变现能力强的流动资产越多,企业对外支付和偿还债务的能力越强,企业的财务风险就越小。

3．形态变动多

在企业的再生产过程中流动资产依次经过购买、生产、销售三个阶段,并分别采取货币资产、储备资产、生产资产和成品资产等形态,不断地循环流动。因此,企业的流动资产是以多种形态并存于企业生产经营过程各个阶段的。同时,各种形态的流动资产又按照生产经营过程的顺序相继转化,如此周而复始地形成流动资金循环和周转过程。

4．占用数量波动大

由于企业的流动资产,尤其是存货,通常随着生产经营的进行,需要不停地购买和销售,受供求关系和生产、消费的季节性影响较大,同时还要受到宏观经济形势等多种经济因素的影响和制约,从而导致其占用总量、形态及构成比例呈现出显著的波动性。

二、流动资产评估的内容与特点

流动资产评估包括实物类流动资产评估及非实物类流动资产评估。前者一般包括材料、在产品、产成品及库存商品的评估,后者一般包括货币性资产的评估、应收账款及预付账款的评估、应收票据的评估、待摊费用和预付费用的评估等。

由于流动资产的流动性及其他资产特性,国际评估界极少涉及流动资产评估领域(特别是非实物类流动资产),关于流动资产评估的理论与方法都较为缺乏。而中国评估师由于经常需要对资产负债表内的各项资产发表评估意见,因此要求对流动资产进行评估,并对其评估价值发表专业意见。

一般而言,由于流动资产的流动性较强、容易变现,其账面价值与现行市场价格较为

接近。因此,流动资产的价值评估与其他资产的评估相比,具有如下特点:

1. 流动资产评估主要是单项资产评估

对流动资产的评估主要是以单项资产为对象进行价值评估。因此,不需要以其综合获利能力进行综合性价值评估。

2. 必须选准流动资产评估的基准时点

由于流动资产与其他资产的显著不同在于其资产的流动性和价值的波动性。不同形态的流动资产随时都在变化,而评估则是确定其某一时点上的价值,不可能人为地停止流动资产的周转。因此,评估基准日应尽可能选择在会计期末,必须在规定的时点进行资产清查、登记和确定流动资产数量和账面价值,避免重登和漏登现象的发生。

3. 既要认真清查,又要分清主次抓重点

由于流动资产一般具有数量大、种类多的特点,清查工作量大,所以流动资产清查应考虑评估的时间要求和评估成本。对流动资产评估往往需要根据不同企业的生产经营特点和流动资产分布的情况,对流动资产分清主次、重点和一般,选择不同的方法进行清查和评估,做到突出重点,兼顾一般。清查采用的方法是抽查、重点清查和全面清查。当抽查核实中发现原始资料或清查盘点工作可靠性较差时,应扩大抽查面,直至核查全部流动资产。

4. 流动资产的账面价值基本上可以反映其现值

由于流动资产周转快、变现能力强,在物价水平相对比较稳定的情况下,正常流动资产的账面价值基本上可以反映出流动资产的现值。因此,在特定情况下,可以采用历史成本作为其评估值。同时,评估流动资产时一般可以不需要考虑资产的功能性贬值因素,其有形损耗(实体性损耗)的计算只适用于诸如低值易耗品、呆滞、积压存货类流动资产的评估。

三、流动资产评估的原则和程序

(一) 流动资产评估的原则

1. 根据具体情况界定流动资产的范围

流动资产与固定资产在概念上是很容易区分的,但是由于企业规模与性质不同,固定资产与流动资产的划分标准是不一样的。比如,同样一种设备,在有的企业当作低值易耗品,而在另外的企业则有可能作为固定资产。

2. 根据所有权确定评估范围

有些流动资产虽然在评估时为企业所有,但其所有权并不属于企业,因此在对企业进行价值评估时,无须对这些流动资产的价值进行评估。这些流动资产通常包括:受托加工材料、受托代销产品、代管商品、已开销售发票未提货产品等。

3. 评估方法与评估目的、评估假设相匹配

(1) 持续使用假设。是指即使资产发生了产权变动或产权转移,但被评估企业继续维持原有的生产经营范围和经营方式,或在不改变原生产经营方式和范围的情况下进一步扩大规模,被评估流动资产在今后的生产经营中被继续按原来用途使用。在此前提下,通常选用成本法对流动资产进行评估。

（2）公开市场假设。是指在合作、联营、购并等企业产权发生变动的情况下，被评估企业生产经营范围和方式发生改变，原来的经营规模会缩小，未来的生产经营对被评估流动资产的需求可能出现大幅度减少，则这些多余流动资产就需要通过市场出售来调剂余缺。在此前提下，通常选用市价法对流动资产进行评估。

（3）清偿假设。是指被评估企业发生了清偿事宜，资产急需变现以清偿债务，被评估流动资产要在限定的期限内公开出售。在此前提下，通常选用清算价格法对流动资产进行评估。

（4）根据不同种类的流动资产选用不同的评估方法。一般来说，对于实物类流动资产，可以采用成本法、市价法和清算价格法；对于货币类流动资产，只需核实其账面价值，无须采用专门的方法进行评估；而对于债权类流动资产，一般只适用市场法进行评估。

（二）流动资产评估的程序

1. 确定评估对象和评估范围

在对流动资产进行评估之前，首先要确定流动资产的评估对象和范围，这是保证评估质量的重要条件之一。具体应做好以下几个方面工作：

（1）明确流动资产的评估范围。进行流动资产评估，首先应明确被评估流动资产的范围，必须注意划清流动资产与非流动资产的界限，防止将不属于流动资产的机器设备等固定资产作为流动资产，也不得把属于流动资产的低值易耗品等作为固定资产，以避免重复评估和漏评估。

（2）核查待估流动资产的产权。企业在对流动资产价值进行评估前，应该核实流动资产的产权，避免将产权不属于企业但存放在企业的财产物资作为评估对象，如外单位委托加工的材料、代为保管的材料物资等。

（3）核实评估对象。即对被评估的流动资产进行清查核实，验证基础资料。由于企业流动资产往往量大且种类多，因此，对流动资产的清查核实通常采用在企业自查的基础上再抽查核实，抽查数量和金额取决于评估人员对企业自查结果所做的判断和抽查所得出的初步结论。如果评估人员认为企业自查结果可信度不高，则可根据实际情况扩大抽查范围，甚至对流动资产进行全面清查。

2. 对具有实物形态的流动资产进行质量和技术状况调查

对企业需要评估的材料、半成品、产成品等流动资产进行质量和技术状况调查，目的是了解这部分资产的质量状况，以便确定其是否还具有使用价值，并核对其技术情况和等级与被评估资产清单的记录是否一致。对被评估资产进行技术调查是正确评估资产价值的重要基础。特别是对那些时效性较强的存货，如有保鲜期要求的食品、有有效期要求的药品、化学试剂等，对其进行技术调查尤为重要。存货如果在存放期内质量发生变化，会直接影响其变现能力和市场价格。因此，在对各类存货进行评估时，必须考虑其在评估基准时点的内在质量及其使用价值。对各类存货进行技术质量调查，可由被评估企业的有关技术人员、管理人员与评估人员合作完成，也可委托独立第三方进行调查。

3. 对企业的债权情况进行分析

根据对被评估企业与债务人经济往来活动中的资信情况的调查了解,以及对每项债权资产的经济内容、发生时间的长短及未清理的原因等因素进行核查,综合分析确定各项债权回收的可能性、回收的时间、回收时将要产生的费用等。

4. 选择合理的评估方法

评估方法的选择前面已经讲到,主要是根据评估目的和不同种类流动资产的特点。对于实物类流动资产,可以采用市场法或成本法。对存货类流动资产的评估,如果其价格变动较大,则以市场价格为基础,对购入价格较低的存货,按现行市价进行调整;而对购入价格较高的存货,除考虑现行市场价格外,还要分析最终产品价格是否能够相应提高,或存货本身是否具有按现行市价出售的可能性。对于货币类流动资产,其清查核实后的账面价值本身就是现值,无须采用特殊方法进行评估,只是对外币存款应按评估基准日的汇率进行折算。对于债权类流动资产评估,宜采用可变现净值进行评估。对于其他流动资产,应分不同情况进行,其中机器设备等有物质实体的流动资产,则应视其价值情形,采用与机器设备等相同或相似的方法进行评估。

5. 评定估算流动资产,出具评估结论

经过上述程序按选定的方法对被评估流动资产进行评定估算,得出相应的评估结论。对各项流动资产评估的结果进行汇总得出综合性评估结论后,评估人员撰写评估报告,如果流动资产只作为企业资产评估的一部分进行评估,一般不需要单独提交流动资产的评估报告。

第二节 实物类流动资产评估

实物类(存货类)流动资产主要包括各种材料、在产品、产成品、低值易耗品、包装物等。实物类流动资产评估是流动资产评估的重要内容,也是流动资产评估的重点和难点。

一、材料的评估

(一)材料价值评估的内容与步骤

企业中的材料,按其存放地点可分为库存材料和在用材料。库存材料包括原料及主要材料、辅助材料、燃料、修理用备件、外购半成品等;在用材料是在生产过程中已形成产成品或半成品,已不再作为单独的材料存在。因此,材料评估主要是对库存材料进行评估。同时,由于低值易耗品和包装物在某种程度上与材料类似,故可采用与材料评估类似的方法进行评估。

库存材料具有品种多、金额大,而且性质、计量单位、购入时间、自然损耗各不相同等特点。因此,评估时可按下列步骤进行:

(1)盘点实物,使其账实相符。在进行材料的价值评估前,首先应进行材料清查,做到账实相符,并查明材料有无霉烂、变质、呆滞、毁损等情况。

(2)根据不同评估目的和待评估资产特点,选择相应的评估方法。在评估方法的选择上,更多的是采用成本法或市场法。因为材料等流动资产的功效高低取决于其自身,而且是再生产过程中被一次性消费的资产,所以,即使在发生投资行为的情况下,仍可采用成本法或市场法。就这两种方法而言,在某种材料存在活跃市场,供求基本平衡的情况下,成本法和市场法二者可以互换使用。如不具备上述条件,则应分别使用。

（3）运用 ABC(activity based classification)分类法进行分类管理。由于企业的材料品种、规格繁多,性质各异,而且单位价值不等,因此,在进行材料评估时,可按照一定的目的和要求,对材料按照 ABC 分类法进行分类,分清主次、突出重点,着重对重点材料进行评估。通常,A 类材料品种少,占用资金多;C 类材料品种多,占用资金少;B 类材料处于二者之间。A 类材料属于重点关注对象,应重点评估。

即问即答

什么是 ABC 分类法？

【解析】   ABC 分类法又称帕累托分析法、主次因分析法、ABC 分析法、分类管理法、重点管理法,平常我们也称之为"80 对 20"规则。它是根据事物在技术或经济方面的主要特征,进行分类排队,分清重点和一般,从而有区别地确定管理方式的一种分析方法。由于它把被分析的对象分成 A、B、C 三类,所以又称为 ABC 分析法。ABC 分类法是由意大利经济学家维尔弗雷多·帕累托首创的。

在资产评估中,一般认为：A 类材料,品种占 10%,价值占 60%～75%,应进行重点评估；B 类材料,品种占 20%～30%,价值占 15%～25%；C 类材料,品种占 60%～75%,价值小于 15%。对于 BC 类材料应进行一般性核实。

（二）库存材料的评估

对库存材料进行评估时,可以根据材料购入情况,选择相适应的方法。

1. 近期购入的库存材料评估

近期购入的材料,由于库存时间较短,在市场价格变化不大的情况下,其账面价值与现行市价基本接近。评估时,既可采用成本法,也可采用市场法。但在实务中,更多地采用成本法。

例 4-1   某企业中甲种材料是半个月前从外地购买的,数量 5 000 千克,单价 100 元/千克,运杂费为 10 000 元。根据材料消耗的原始记录和清查盘点,评估时库存尚有 2 000 千克。根据上述资料,可以确定该材料的评估值如下：

$$材料评估值 = 2\,000 \times (100 + 10\,000 \div 5\,000) = 204\,000(元)$$

对于购入时发生运杂费的材料,如果是从外地购入的,可能运杂费数额较大,评估时应将由被评估材料分担的运杂费计入评估值；如果是从本地购买,运杂费数额较小,评估时可忽略运杂费。

2. 购入批次间隔时间长、价格变化较大的库存材料的评估

对这类材料评估时,可以采用最接近市场价格的材料价格或直接以市场价格作为其评估值,同时考虑购置费用对评估价值的影响。

例 4-2   某企业库存的乙种材料是分两批购买的,上年 12 月购入 800 吨,单价 3 500

元/吨;本年6月又购入200吨,单价5 000元/吨。本年7月1日进行价值评估,经核实,上年12月购入的该材料尚存300吨,而本年6月购入的尚未使用。因此,需评估的材料总数为500吨。可直接采用本年6月的市场价格5 000元/吨计算,评估值为:

$$材料评估值 = 500 \times 5\,000 = 2\,500\,000(元)$$

在本例中,因评估基准日7月1日与本年6月购入时间较近,因而直接采用6月份购入材料价格作为评估值。如果近期内该材料价格变动很大,或者评估基准日与最近一次购入时间间隔期较长,其价格变动较大,应采用评估基准日的市价。同时,也可以采用物价指数法,即以统一的评估时点为基准日,利用物价指数对不同批次的材料账面价值进行调整。

另外,由于材料分期购入,且购入价格各不相同,企业采用的存货计价方法不同,如先进先出法、后进先出法、加权平均法等,其账面余额也就不一样。但是,存货计价方法的差异不应影响评估的结果,因为评估的关键是通过核查库存材料的实际数量,并按最接近市场的价格计算确定其评估值。

对于购入时间很早,市场已经无货可供的材料,无法判断准确的市场价格,则应该通过以下方法进行价值评估。

第一种方法:运用同类商品平均物价指数修正、调整原进价,其计算公式为

材料评估价值 = 库存材料数量 × 进价 × 同类商品物价指数 − 减值

第二种方法:参照替代品的现行市价,其计算公式为

材料评估价值 = 库存材料数量 × 替代品现行市价 × 调整系数 − 减值

第三种方法:根据市场价格趋势修正进价,其计算公式为

材料评估价值 = 库存材料数量 × 进价 × 市场供需升降指数 − 减值

3. 缺乏准确现行市价库存材料的评估

企业库存的某些材料可能购入的时间早,市场已经脱销,目前已无明确的市场价格。对这类材料的评估,可以通过寻找替代品的价格变动资料来修正材料价格;也可以在分析市场供需的基础上,确定该项材料的供需关系,并以此修正材料价格;还可以通过市场同类商品的平均物价指数进行评估。

4. 超储积压材料的评估

超储积压材料是指从企业库存材料中清理出来,需要进行处理的材料。这类材料由于积压时间较长,可能会因为自然力作用或保管不善等原因造成使用价值下降。对这类资产的评估,首先应对其数量和质量进行核实和鉴定,然后区分不同情况采用不同的评估方法进行评估。对其中失效、变质、残损、报废、无用的,应通过分析计算,扣除相应的贬值数额后,确定其评估值。

另外,在库存材料评估过程中,可能还存在盘盈、盘亏的情况,评估时应以有无实物存在为原则进行评估,并选用相适应的评估方法。

二、低值易耗品的评估

(一)低值易耗品的种类

低值易耗品是指不构成固定资产的劳动工具。不同行业对固定资产和低值易耗品的

划分标准是不完全相同的。比如,服装行业的缝纫机,虽然其单位价值较小,但它是该行业的主要劳动工具,应作为固定资产核算和管理。但在其他行业,一般情况下,则把缝纫机作为低值易耗品处理。因此,在评估过程中判断劳动资料是否为低值易耗品,原则上视其在企业中的作用而定,一般可尊重企业原来的划分标准。同时,低值易耗品又是特殊流动资产,与典型流动资产相比,它具有周转时间长、不构成产品实体等特点。掌握低值易耗品的特点,是做好低值易耗品评估的前提。

低值易耗品种类较多,为了准确评估其价值,可以对其进行分类。分类方法主要有两种:

(1) 按用途分类,低值易耗品可以分为一般工具、专用工具、替换设备、管理用具、劳动保护用品和其他低值易耗品等类别。这种分类方法可以按大类进行评估,以简化评估工作。

(2) 按使用情况分类,低值易耗品可以分为在库低值易耗品和在用低值易耗品两种类别。这种分类方法考虑了低值易耗品使用的具体情况,对评估方法选用影响较大。

(二) 低值易耗品的评估

在库低值易耗品的评估,可以根据具体情况,采用与库存材料评估相同的方法进行评估;而在用低值易耗品的评估,则可以采用成本法进行评估,计算公式为

在用低值易耗品评估值 = 全新低值易耗品的账面价值 × 成新率

对于全新低值易耗品的评估价值,在价格变动不大的情况下,可以直接采用其账面价值,也可以采用现行市场价格,还可以在账面价值基础上乘以其物价变动指数来确定。

在对低值易耗品评估时,由于其使用期限短于固定资产,一般不考虑其功能性损耗和经济性损耗。其成新率计算公式为:

$$成新率 = \left(1 - \frac{低值易耗品实际已使用月数}{低值易耗品可使用总月数}\right) \times 100\%$$

由于对低值易耗品采用摊销的方式将其价值转入成本、费用,而摊销的目的是计算成本、费用。但是,低值易耗品的摊销在会计学上采用了较为简化的方法,并不完全反映低值易耗品的实际损耗程度。因此,评估师在确定低值易耗品成新率时,应根据其实际损耗程度确定,而不能完全按照其摊销方法(一次摊销或分次摊销)确定其成新率。

另外,就低值易耗品的来源而言,有自制和外购两种形式,确定评估价值时,在细节分析上有所不同,评估者应视具体情况分析计算。

例 4-3 某企业的某项低值易耗品,购买价 480 元,预计使用 1 年,现已使用 6 个月。该低值易耗品现行市价为 400 元,由此确定该在用低值易耗品评估值为

低值易耗品评估值 = $400 \times (1 - 6 \div 12) \times 100\% = 200$(元)

三、在产品的评估

在产品包括生产过程中尚未加工完毕的在制品、已加工完毕但不能单独对外销售的半成品(可直接对外销售的半成品视同产品评估,在此不做介绍)。在产品评估通常采用成本法或市场法。

（一）成本法

采用成本法对在产品评估,是根据技术鉴定和质量检测的结果,按评估时的相关市场价格及费用水平重置同等级在产品及半成品所需的合理的料工费计算评估值。但这种评估方法只适用于生产周期较长的在产品的评估。对生产周期较短的在产品,主要以其实际发生的成本作为价值评估依据,在没有变现风险的情况下,可根据其账面值进行调整。通常有以下几种方法可供选择。

1. 根据价格变动系数调整原成本

此方法主要适用于生产经营正常,会计核算水平较高的企业在产品的评估。可参照实际发生的原始成本,根据评估日的市场价格变动情况,调整成重置成本。具体评估步骤如下:

(1) 对被评估的产品进行技术鉴定,将其中不合格在产品的成本从总成本中剔除,同时对在产品进行等级分类。

(2) 分析原成本构成,将不合理的费用从总成本中剔除。

(3) 分析原成本构成中材料成本从其生产准备开始到评估日止市场价格变动情况,并测算出价格变动系数。

(4) 分析原成本中的工资、燃料、动力费用及制造费用从开始生产到评估日有无大的变动,是否需要进行调整,如需调整,测算出调整系数。

(5) 根据技术鉴定、原始成本构成的分析及价值变动系数的测算,调整成本,确定评估值,必要时,从变现的角度修正评估值。

评估价值计算的基本公式如下:

$$某项或某类在产品的评估价值 = 原合理材料成本 \times (1 + 价格变动系数) +$$
$$原合理工资、费用(含借款费用) \times$$
$$(1 + 合理工资、费用变动系数)$$

需要说明的是,在产品成本包括材料、工资、制造费用等其他费用。制造费用等其他费用属间接费用,工资尽管是直接费用,但也同间接费用一样较难测算。因此,评估时可将工资和制造费用等合并为一项费用进行测算。

例 4-4 某企业准备继续生产已入库的某在产品,其累计账面总成本为 2 500 000 元。该在产品中有 150 件报废,账面成本为 100 元/件,估计可回收的废料价值为 1 500 元,该在产品的材料成本占总成本的 60%,该材料从其生产准备开始到评估基准日有 180 天,该种材料在半年内价格上涨 10%,另有前期漏转费用 60 000 元计入本期成本。试评估该在产品的价值。

$$在产品评估值 = 2\,500\,000 - 100 \times 150 - 60\,000 +$$
$$(2\,500\,000 - 150 \times 100) \times 60\% \times 10\% + 1\,500$$
$$= 2\,575\,600(元)$$

2. 按社会平均消耗定额和现行市价计算评估值

此方法是按重置同类资产的社会平均成本确定被评估资产的价值。采用此方法对在产品进行评估需要掌握以下资料:

（1）被评估在产品的完工程度。

（2）被评估在产品有关工序的工艺定额。

（3）被评估在产品耗用物料的近期市场价格。

（4）被评估在产品的合理工时及单位工时费率，而且合理的工时及单位工时费率应按正常生产经营情况进行测算。

计算评估价值的基本公式为

某在产品评估价值＝在产品实际数量×（该工序单位产品材料工艺定额×

单位材料现行市价＋该工序单位在产品工时定额×单位工时费率）

对于工艺定额的选取，如果有行业的平均物料消耗标准的，可按行业标准计算；没有行业统一标准的，按企业现行的工艺定额计算。

3. 按在产品完工程度计算评估值

一般来说，在产品最终都会加工成为产成品，因此在产品价值的评估可以在计算产成品成本的基础上，按在产品的完工程度确定在产品成本，从而评估在产品的价值。其基本计算公式为

在产品评估值＝产成品重置成本×在产品约当量

在产品约当量＝在产品数量×在产品完工率

在产品约当量、完工率可以根据其完成工序与全部工序比例、生产完成时间与生产周期比例确定。当然，确定时应分析完成工序、完成时间与其成本耗费的关系。

（二）市场法

采用市场法对在产品评估，是按同类在产品和半成品的市价，扣除销售过程中预计发生的费用后计算评估值。这种方法适用于因产品下马，在产品和自制半成品只能按评估时的状态向市场出售情况下的评估。一般来说，被评估资产通用性好，能够作为产成品的部件，或用于维修等，其评估的价值就较高。对不能继续使用或生产，又无法通过市场调剂出去的专用配件等只能按废料回收价格进行评估。

对此类在产品计算评估值的基本公式为

某在产品评估值＝该在产品的实有数量×市场可接受的不含税单价－

预计销售过程中发生的费用

如果在调剂过程中有一定的变现风险，还要考虑设立一个风险调整系数，计算可变现评估值。

某报废在产品评估值＝可回收废料数量×单位回收价格

例 4-5 某企业准备兼并一家因产品技术落后而全面停产的公司，现需要对该公司的在产品进行评估。有关在产品的资料如下：

在产品原账面记录的成本为 175 万元。按其状态及通用性分为三类。

第一类：已从仓库中领出，但尚未进行加工的原料。

第二类：已加工成部件，可通过市场销售且流动性较好的在产品。

第三类：加工成的部件无法销售，又不能继续加工，只能报废处理的在产品。

对于第一类,可按实有数量、技术鉴定情况、现行市场价格计算评估值;第二类在产品可根据市场可接受的现行价格、调剂过程中的费用、调剂的风险确定评估值;第三类在产品只能按废料的回收价格计算评估值。

根据评估资料可以确定评估结果,如表 4-1、表 4-2、表 4-3 所示。

表 4-1　车间已领用尚未加工的原材料

材料名称	编号	计量单位	实有数量	现行单位市价/元	按市价计算的资产价值/元
黑色金属	A001	吨	150	1 600	240 000
有色金属	A002	千克	3 000	18	54 000
有色金属	A003	千克	7 000	12	84 000
合计					378 000

表 4-2　车间已加工成部件并可直接销售的在产品

部件名称	编号	计量单位	实有数量	现行单位市价/元	按市价计算的资产价值/元
A	B001	件	1 800	54	97 200
B	B002	件	600	100	60 000
C	B003	台	100	250	25 000
D	B004	台	130	165	21 450
合计					203 650

表 4-3　报废在产品

在产品名称	计量单位	实有数量	可回收废料/(千克/件)	可回收废料数量/千克	回收价格/(元/千克)	评估值/元
D001	件	5 000	35	175 000	0.4	70 000
D002	件	6 000	10	60 000	0.4	24 000
D003	件	4 500	2	9 000	6	54 000
D004	件	3 000	11	33 000	5	165 000
合计						313 000

四、产成品及库存商品的评估

产成品及库存商品是指已完工入库和已完工并经过质量检验但尚未办理入库手续的产成品,以及商品流通企业的库存商品等。对产成品及库存商品应依据其变现能力和市场可接受的价格进行评估,适用的方法有成本法和市场法。

(一)成本法

采用成本法对生产及加工工业的产成品评估,主要根据生产、制造该项产成品全过程发生的成本费用确定评估值。具体应用过程中,可分以下两种情况进行:

1. 评估基准日与产成品完工时间接近

当评估基准日与产成品完工时间较接近,成本变化不大时,可以直接按产成品的账面成本确定其评估值。计算公式为:

$$产成品评估值 = 产成品数量 \times 产成品单位成本$$

2. 评估基准日与产成品完工时间间隔较长

当评估基准日与产成品完工时间相距较远时,产成品的成本费用变化较大时。产成品评估值可按下列两种方法计算。

方法一:

$$产成品评估值 = 产成品实有数量 \times (合理材料工艺定额 \times 材料单位现行价格 +$$
$$合理工时定额 \times 单位工时费率)$$

方法二:

$$产成品评估值 = 产成品实际成本 \times (材料成本比例 \times 材料综合调整系数 +$$
$$工资、费用成本比例 \times 工资、费用综合调整系数)$$

例 4-6 某企业委托资产评估事务所对企业的产成品进行资产评估。经评估人员核查,该企业产成品实有数量为 1 600 件,根据该企业的成本资料并结合同行业成本耗用资料分析,合理材料工艺定额为 275 千克/件,合理工时定额为 18 小时。由于制造该产成品的材料价格上涨,评估时,已从原来 28 元/千克涨至 32 元/千克,单位小时合理工时工资、费用不变,仍为 10 元/小时。依据上述分析和有关资料,确定该企业产成品评估值为:

$$产成品评估值 = 1\ 600 \times (275 \times 32 + 18 \times 10) = 14\ 368\ 000(元)$$

例 4-7 某企业的产成品实有数量为 2 700 台,每台实际成本 135 元,根据会计核算资料,生产该产品的材料费用与工资、其他费用的比例为 65∶35,根据目前价格变动情况和其他相关资料,确定材料综合调整系数为 1.13,工资、费用综合调整系数为 1.04。由此可以确定该企业的产成品评估值为:

$$产成品评估值 = 2\ 700 \times 135 \times (65\% \times 1.13 + 35\% \times 1.04) = 400\ 403.25(元)$$

(二)市场法

采用市场法对产成品评估,是以不含价外税的可接受市场价格扣除相关费用后的余额作为被评估产成品价值。其中工业企业的产品以卖出价为依据,商业企业一般以买入价为依据。

应用市场法评估产成品的价值,在选择市场价格时应重点考虑以下几项因素:

(1)产成品的使用价值。根据对产品本身的技术水平和内在质量的技术鉴定,确定产品是否具有使用价值及产品的实际等级,以便选择合理的市场价格。

(2)分析市场供求关系和被评估产成品的前景。

(3)所选择的价格应是在公开市场上所形成的近期交易价格,非正常交易价格不能作为评估的依据。

(4)对于产品技术水平先进,但产成品外表存在不同程度的残缺,可根据其损坏程度,通过调整系数予以调整。

第三节　非实物类流动资产评估

一、货币性资产的评估

现金和银行存款等货币性资产不会因时间的变化而发生差异,因此,对于货币性资产的评估,实际上就是清查和确认其数额。对现金进行盘点,并与现金日记账和现金总账核对,实现账实相符;对各项银行存款进行清查确认,核实各项银行存款的实有数额。核实后的现金和银行存款实有额即作为评估值。如有外币存款,应按评估基准日的汇率折算成等值人民币。

二、应收账款及预付账款的评估

企业的应收账款和预付账款主要指企业在经营过程中由于赊销等原因形成的尚未收回的款项及企业根据合同规定预付给供货单位的货款等。由于应收款项(以下主要介绍应收账款的评估,预付账款的评估可比照进行)存在一定的回收风险,因此,在对这些资产估算时,一般应从两方面进行:一是清查核实应收账款数额;二是估计可能的坏账损失。估算应收账款价值的计算公式为:

应收账款评估值 = 应收账款账面价值 − 已确定的坏账损失 − 预计可能发生的坏账损失

具体进行应收账款的评估时,其基本程序如下。

(一)确定应收账款的账面价值

应收账款评估时,除了进行账证核对、账表核对外,应尽可能要求按客户名单发函核对,查明每项应收账款发生的时间、金额、债务人单位的基本情况,并进行详细记录,作为评估时预计坏账损失的重要依据。对机构内部独立核算单位之间的往来必须进行双向核对,以避免重计、漏计。

(二)确认已发生的坏账损失

已发生的坏账损失是指评估时债务人已经死亡或破产倒闭,并有明显证据证明确实无法收回的应收账款。

(三)预计可能发生的坏账损失

根据企业与债务人的业务往来和债务人的信用情况,对应收账款进行分类,并按不同类别估计坏账损失发生的潜在可能性及其数额。企业的应收账款通常可以分成四类。

第一类:业务往来较多,对方结算信用好。这类应收账款一般能够如期全部收回。

第二类:业务往来少,对方结算信用一般。该类应收账款收回可能性大,但回收时间不能完全确定。

第三类:偶然发生业务往来,对方信用状况未能调查清楚。这类应收账款也许只能收回一部分。

第四类：有业务往来,但对方已经长期拖欠或对方企业已倒闭。这类应收账款可能无法收回。

上述分类方法,既是对应收账款坏账损失可能性的判断过程,也是对预计坏账损失定量分析的准备过程。定量确定预计可能发生的坏账损失的方法主要有以下两种。

1. 坏账比例法

此方法是通过坏账占全部应收账款的比例来判断不可收回的应收账款,即确定坏账损失的数额。坏账比例可根据被评估企业前若干年(一般为三至五年)的实际坏账损失额与其应收账款发生额的比例确定。计算公式为:

$$坏账比例 = \frac{评估前若干年发生的坏账数额}{评估前若干年应收账款发生额} \times 100\%$$

如果一个企业的应收账款多年未清理,账面没有已处理的坏账数额,也就无法推算出坏账损失率,在这种情况下就不能采用坏账比例法。

例 4-8　对某企业进行应收账款评估。经核实,截止到评估基准日,应收账款的账面余额为 182 万元,前 5 年的应收账款发生情况及坏账损失情况如表 4-4 所示。

表 4-4　坏账损失情况表　　　　　　　　　单位:元

时　　　间	应收账款余额	处理坏账额	备　　　注
第一年	525 000	70 000	
第二年	857 500	25 200	
第三年	875 000	42 000	
第四年	1 067 500	29 225	
第五年	749 000	13 535	
合计	4 074 000	179 960	

由此计算前 5 年坏账占应收账款的比例为:

坏账比例 = (179 960 ÷ 4 074 000) × 100% = 4.42%

预计坏账损失额 = 1 820 000 × 4.42% = 80 444(元)

确定坏账损失比率时,还应该分析是否存在因特殊原因造成的坏账损失,如有,则在计算坏账损失比例时,将这部分坏账从中剔除,因为特殊因素不能作为预计未来的依据。

2. 账龄分析法

此方法是根据应收账款账龄的长短,分析判断可收回的金额及其产生坏账的可能性。应收账款账龄越长,则产生坏账损失的可能性就越大。因此,可将应收账款按账龄长短分组,按组别估计坏账损失的可能性,进而估算坏账损失的金额。

例 4-9　在对某企业进行评估时,经核实该企业应收账款实有额为 729 300 元,具体发生情况及由此确定坏账损失情况如表 4-5、表 4-6 所示。

根据表 4-6 的数据,计算应收账款评估值为:

应收账款评估值 = 729 300 − 126 752 = 602 548(元)

一般来说,应收账款评估以后,账面上的"坏账准备"科目应按零值计算,评估结果中不再有此项目。因为"坏账准备"科目是应收账款的备抵账户,是企业根据坏账损失发生的可能性按一定的比例(现行会计制度规定的比例为 0.3%~0.5%)计提的。对应收账款评估时,是按照实际可收回的可能性进行的,因此,应收账款评估值就不必再考虑坏账准备数额。

表 4-5 应收账款账龄分析表 单位:元

应收账款项目	总金额	其中:未到期	其中:已过期			
			半年	一年	二年	三年及三年以上
A	413 950	171 700	72 250	136 000	34 000	
B	149 600	68 000	34 000		8 500	39 100
C	56 100			15 640	27 200	13 260
D	109 650	18 700	15 300	20 400	21 250	34 000
合计	729 300	258 400	121 550	172 040	90 950	86 360

表 4-6 坏账损失计算分析表

应收账款账龄	应收金额/元	预计坏账损失率/%	预计坏账金额/元
未到期	258 400	1	2 584
已过期半年	121 550	5	6 077.5
已过期一年	172 040	15	25 806
已过期二年	90 950	35	31 832.5
已过期三年及三年以上	86 360	70	60 452
合计	729 300		126 752

三、应收票据的评估

应收票据是由付款人或收款人签发、由付款人承兑、到期无条件付款的一种书面凭证。票据可依法背书转让,也可以向银行申请贴现。票据又有带息和不带息之分,所以对不带息票据,其评估值即为票面金额。对于带息票据,可采用下列两种方法确定其评估值。

(一)本利和法

此方法是以票据的面值(即本金)加上票据签发日到评估基准日这段时间应计的利息来确定应收票据评估值。其计算公式为:

$$应收票据评估值 = 本金 \times (1 + 利息率 \times 时间)$$

例 4-10 某企业拥有一张期限为 9 个月的票据,本金 150 万元,月息为 10‰,截至评估基准日离付款期尚差 4 个月的时间,由此确定该票据的评估值为

$$应收票据评估值 = 150 \times [1 + 10‰ \times (9 - 4)] = 157.5(万元)$$

(二)贴现法

此方法是以评估基准日到银行申请贴现所获得的现金数额来确定应收票据评估值。其计算公式为

$$应收票据评估值 = 票据到期价值 - 贴现息$$

$$贴现息 = 票据到期价值 \times 贴现率 \times 贴现期$$

例 4-11　甲公司向乙公司售出一批材料,价款 400 万元,采取带息商业承兑汇票结算,商定收款期 6 个月,票面利率为 5%。甲公司于 2 月 1 日开出汇票,并经乙公司承兑。现以 4 月 1 日为基准日,对甲公司的该票据进行评估,贴现率按 6% 计算。则该应收票据的评估值为:

$$票据到期价值 = 400 \times (1 + 5\% \times 6 \div 12) = 410(万元)$$
$$贴现息 = 410 \times 6\% \times (6 - 2) \div 12 = 8.2(万元)$$
$$应收票据评估值 = 410 - 8.2 = 401.8(万元)$$

与应收账款类似,如果被评估的应收票据是在规定的时间尚未收回的票据,由于会计处理上将不能如期收回的应收票据转入应收账款账户,此时,应按应收账款的评估方法,在分析调查其原因的基础上做坏账处理。

四、待摊费用、预付费用的评估

(一)待摊费用的评估

待摊费用是指企业已经支付或发生,但应由本月和以后月份负担的,且分摊期限不超过一年的费用。由于待摊费用本身不是资产,它是已耗用资产的反映,因此,待摊费用的评估并非针对待摊费用本身,而是待摊费用形成的具体资产,即评估与待摊费用的摊余价值没有本质联系,评估值应按其形成的具体资产价值来确定。

比如,某企业待摊费用中,发生的待摊修理费用 2 万元,而在机器设备评估时,由于发生大修理费用会延长机器设备寿命或增加其功能,使机器设备评估值增大,因此,待摊费用 2 万元已在机器设备价值中得以实现,这部分反映在待摊费用中的价值不应体现。同样,如果待摊费用所形成的具体资产已经消失,不论会计账面的摊余金额有多大,待摊费用的评估值都为零。

(二)预付费用的评估

预付费用与待摊费用类似,只是这类费用在评估日之前企业已经支出,但在评估日之后才可能产生效益,如预付的报纸杂志费、预付保险金、预付租金等。预付费用可以看作企业取得未来服务的权利,因此要作为资产进行评估,即评估这种取得服务的权利的价值。预付费用的评估依据其未来可产生效益的时间,如果预付费用的效益已在评估日前全部体现,只因发生的数额过大而采用分期摊销的办法,这种预付费用的评估值为零。只有那些在评估日之后仍将发挥作用的预付费用,才是真正的评估对象。

例 4-12　某企业需要对待摊费用和预付费用进行单项评估,评估基准日为 2022 年 6 月 30 日。经核查,截至评估基准日,企业待摊和预付费用账面余额为 82.44 万元,其中半年前企业预付了一年的保险金 7.18 万元,已摊销 1.80 万元,余额为 5.38 万元;尚待摊销的低值易耗品余额 37.72 万元;预付的房租租金 23.75 万元,已摊销 4.75 万元,余额为 19 万元,根据租约,起租时间为 2020 年 6 月 30 日,租约终止期为 2025 年 6 月 30 日;以前年度应结转但因成本太高而未结转的费用 20.34 万元。根据上述资料进行如下评估。

（1）预付保险金的评估。根据保险金全年支付数额计算每月应分摊数额为

$$每月应分摊数额 = 71\,800 \div 12 = 5\,983.33（元）$$
$$应预留保险金（即评估值）= 5\,983.33 \times 6 = 35\,900（元）$$

（2）未摊销的低值易耗品的评估。低值易耗品根据实物数量和现行市场价格评估，评估值为 392 179 元（体现在未摊销的低值易耗品的评估应避免与在用的实物低值易耗品重复评估）。

（3）预付租金的评估。按租约规定的租期和总租金计算每年应付的租金为

$$每年应付租金 = 237\,500 \div 5 = 47\,500（元）$$
$$剩余 3 年使用期的评估值 = 47\,500 \times 3 = 142\,500（元）$$

（4）以前年度应结转而未结转的费用评估。因为这一款项已经不再发生作用，没有经济效益产生，因此，该项费用评估值为 0。

最终确定评估结果为：

$$企业待摊费用和预付费用评估值 = 35\,900 + 392\,179 + 142\,500 = 570\,579（元）$$

 【拓展阅读】

国家完善多项法律严厉打击恶意拖欠款项。

（1）根据《中华人民共和国刑法》第三百一十三条的规定，对人民法院的判决、裁定有能力执行而拒不执行，情节严重的，处三年以下有期徒刑、拘役或者罚金；情节特别严重的，处三年以上七年以下有期徒刑，并处罚金。单位犯前款罪的，对单位判处罚金，并对其直接负责的主管人员和其他直接责任人员，依照前款的规定处罚。

恶意拖欠贷款一般不构成犯罪，属于经济纠纷，可以直接到人民法院起诉要去偿还贷款。但是如果以非法占有为目的，采用虚构事实、隐瞒真相的方法，骗取银行或其他金融机构的贷款，数额较大的，可能构成贷款诈骗罪，数额较大的，处五年以下有期徒刑或者拘役，并处二万元以上二十万元以下罚金；数额巨大或者有其他严重情节的，处五年以上十年以下有期徒刑，并处五万元以上五十万元以下罚金；数额特别巨大或者有其他特别严重情节的，处十年以上有期徒刑或者无期徒刑，并处五万元以上五十万元以下罚金或者没收财产。

（2）根据《中华人民共和国刑法》第一百九十三条"贷款诈骗罪"有下列情形之一，以非法占有为目的，诈骗银行或者其他金融机构的贷款，数额较大的，处五年以下有期徒刑或者拘役，并处二万元以上二十万元以下罚金；数额巨大或者有其他严重情节的，处五年以上十年以下有期徒刑，并处五万元以上五十万元以下罚金；数额特别巨大或者有其他特别严重情节的，处十年以上有期徒刑或者无期徒刑，并处五万元以上五十万元以下罚金或者没收财产：①编造引进资金、项目等虚假理由的；②使用虚假的经济合同的；③使用虚假的证明文件的；④使用虚假的产权证明作担保或者超出抵押物价值重复担保的；⑤以其他方法诈骗贷款的。

（3）同时，根据《最高人民法院关于公布失信被执行人名单信息的若干规定》最新规定，被执行人为自然人的，被采取限制消费措施后，不得有以下高消费及非生活和工作必

需的消费行为：①乘坐交通工具时，选择飞机、列车软卧、轮船二等以上舱位；②在星级以上宾馆、酒店、夜总会、高尔夫球场等场所进行高消费；③购买不动产或者新建、扩建、高档装修房屋；④租赁高档写字楼、宾馆、公寓等场所办公；⑤购买非经营必需车辆；⑥旅游、度假；⑦子女就读高收费私立学校；⑧支付高额保费购买保险理财产品；⑨乘坐 G 字头动车组列车全部座位、其他动车组列车一等以上座位等其他非生活和工作必需的消费行为。

国家完善相关法律法规严厉打击恶意拖欠款项，对于减少公司坏账损失和合理评估应收账款的价值具有特别意义。

【关键术语】

流动资产　现金　银行存款　其他货币资金　短期投资　应收账款　预付账款　存货　材料　在产品　产成品　库存商品　低值易耗品　包装物　ABC 分类法　账面值　现行市价　成本法　市场法　超储积压材料　功能性损耗　经济性损耗　综合调整系数　坏账损失　坏账比例法　账龄分析法　坏账准备　应收票据　贴现　本利和法　贴现法　带息票据　不带息票据　票据到期价值　贴现率　贴现期　待摊费用　预付费用

【主要知识点】

❖ 流动资产是指企业在生产经营活动中，以交易为目的而控制的，可以在一年或超过一年的一个营业周期内变现、出售或耗用的资产。

❖ 现金是指企业的库存现金，包括企业内部各部门用于周转使用的备用金。

❖ 其他货币资金，是指除现金和银行存款以外的其他货币资金，包括外埠存款、银行本票存款、银行汇票存款、存出投资款、信用卡存款、信用证保证金存款等。

❖ 短期投资，是指企业购入的各种能随时变现、持有时间不超过一年的投资，包括股票、债券和基金等有价证券和其他投资。

❖ 应收账款，是指企业因销售商品、提供劳务等应向购货单位或劳务的接受单位收取的款项，是购货单位所欠的短期债务。

❖ 预付账款，是指企业按照购货合同规定预付给供货单位的购货定金或部分货款，以及企业预交的各种税、费等。

❖ 存货，是指企业在其生产经营过程中为销售或耗用而储备的资产，包括产成品、库存商品、在产品、自制半成品、原料及主要材料、辅助材料、燃料、修理用备件、包装物和低值易耗品等。

❖ ABC 分类法。由于企业的材料品种、规格繁多，性质各异，而且单位价值不等，因此，在进行材料评估时，可按照一定的目的和要求，对材料按照 ABC 分类法进行分类，分清主次、突出重点，着重对重点材料进行评估。

❖ 近期购入的材料，由于库存时间较短，在市场价格变化不大的情况下，其账面值与现行市价基本接近。评估时，既可采用成本法，也可采用市场法。

❖ 购入批次间隔时间长、价格变化较大的库存材料的评估。对这类材料评估时，可以采用最接近市场价格的材料价格或直接以市场价格作为其评估值,同时考虑购置费用对评估价值的影响。

❖ 缺乏准确现行市价库存材料的评估。企业库存的某些材料可能购入的时间早,市场已经脱销,目前已无明确的市场价格,对这类材料的评估,可以通过寻找替代品的价格变动资料来修正材料价格。

❖ 超储积压材料是指从企业库存材料中清理出来,需要进行处理的材料。这类材料由于积压时间较长,可能会因为自然力作用或保管不善等原因造成使用价值下降。对这类资产的评估,首先应对其数量和质量进行核实和鉴定,然后区分不同情况采用不同的评估方法进行评估。对其中失效、变质、残损、报废、无用的,应通过分析计算,扣除相应的贬值数额后,确定其评估值。

❖ 在产品包括生产过程中尚未加工完毕的在制品、已加工完毕但不能单独对外销售的半成品,在产品评估通常采用成本法或市场法。

❖ 采用成本法对在产品评估,是根据技术鉴定和质量检测的结果,按评估时的相关市场价格及费用水平重置同等级在产品及半成品所需的合理的料工费计算评估值。

❖ 采用市场法对在产品评估,是按同类在产品和半成品的市价,扣除销售过程中预计发生的费用后计算评估值。

❖ 产成品及库存商品是指已完工入库和已完工并经过质量检验但尚未办理入库手续的产成品,以及商品流通企业的库存商品等。对产成品及库存商品应依据其变现能力和市场可接受的价格进行评估,适用的方法有成本法和市场法。

❖ 现金和银行存款等货币性资产不会因时间的变化而发生差异,因此,对于货币性资产的评估,实际上就是清查和确认其数额。对现金进行盘点,并与现金日记账和现金总账核对,实现账实相符;对各项银行存款进行清查确认,核实各项银行存款的实有数额。核实后的现金和银行存款实有额即作为评估值。

❖ 坏账比例法,此方法是通过坏账占全部应收账款的比例来判断不可收回的应收账款,即确定坏账损失的数额。

❖ 账龄分析法,此方法是根据应收账款账龄的长短,分析判断可收回的金额及其产生坏账的可能性。应收账款账龄越长,则产生坏账损失的可能性就越大。因此,可将应收账款按账龄长短分组,按组别估计坏账损失的可能性,进而估算坏账损失的金额。

❖ 应收票据是由付款人或收款人签发、由付款人承兑、到期无条件付款的一种书面凭证。

❖ 待摊费用是指企业已经支付或发生,但应由本月和以后月份负担的,且分摊期限不超过一年的费用。

❖ 预付费用,这类费用在评估日之前企业已经支出,但在评估日之后才可能产生效益。预付费用可以看作企业取得未来服务的权利,因此要作为资产进行评估,即评估这种取得服务的权利的价值,只有那些在评估日之后仍将发挥作用的预付费用,才是真正的评估对象。

【复习思考题】

1. 流动资产评估的特点表现在哪些方面？
2. 简述流动资产评估的程序。
3. 简述对应收账款进行评估的基本程序。
4. 应用市场法评估产成品的价值,在选择市场价格时应重点考虑哪些因素？
5. 对库存材料进行评估时,应该如何选择相适应的方法？
6. 如何判断预付费用是否是评估对象？

【自测题目】

自测题 4-1

自测题 4-2

第五章

金融资产评估

学习目标：
1. 了解金融资产的分类及评估的特点。
2. 掌握债券价值评估的基本方法。
3. 掌握股票价值评估的基本方法。
4. 掌握其他金融资产评估的基本方法。

第一节　金融资产评估概述

一、金融资产

（一）金融资产的定义

目前关于金融资产尚无一个明确而统一的定义。一般而言，金融资产指一切可以在有组织的金融市场上进行交易、具有现实价格和未来价值的金融工具的总称，包括一切提供到金融市场上的金融工具。值得注意的是，金融工具并不等于金融资产，只有当金融工具是持有者的投资对象时，才能称为金融资产，也就是说金融工具对其持有者而言才是金融资产。

金融资产的最大特征是能够在市场交易中为其所有者提供即期或远期的货币收入流量。

（二）金融资产的分类

在国民经济核算体系中，从统计目的出发对金融资产做了以下分类：①货币黄金和特别提款权；②通货和存款；③股票以外的证券（包括金融衍生工具）；④贷款；⑤股票和其他权益；⑥保险专门准备金；⑦其他应收（应付账款）等。

国民经济核算体系中的金融资产，实际是按国民经济各个部门的资产负债表记录的这些统计对象所有的金融资产和负债。对每一部门来说，资产负债表显示的是该部门为筹集资金发生的金融负债和该部门已经获得的金融资产，它提供了相关部门金融手段运用程度及该部门在债权、债务关系中所处地位的双重关系。金融资产主要包括库存现金、银行存款、应收账款、应收票据、贷款、其他应收款、应收利息、债权投资、股权投资、基金投资、衍生金融资产等。企业应当结合自身业务特点和风险管理要求，将取得的金融资产确认分为以下几类：①以公允价值计量且其变动计入当期损益的金融资产；②持有至到期投资；③贷款和应收款项；④可供出售的金融资产等。

（三）金融资产的特征

（1）货币性。货币性是指金融资产可以用作货币或容易转换为货币,行使交易媒介或支付功能。

（2）流通性。流通性是指可以迅速变现,同时不受价值上的损失。

（3）偿还期限。偿还期限指在行使最终支付前有一段持有的时间长度。

（4）风险性。风险性指用于购买金融资产的本金有遭受损失的危险和可能性。

（5）收益性。金融资产能定期或不定期给持有者带来收益,收益的大小用收益率表示,具体指标有名义收益率、实际收益率和平均收益率等。

二、金融资产评估

（一）金融资产评估的含义

金融资产评估是伴随金融交易而产生的。在金融资产出现以后,它和其他资产的交易一样,也要求交易双方在等价原则的基础上进行交易,只有普遍地实现等价交换,金融交易才能得以持续。没有金融资产评估,就不可能顺利地进行金融交易；没有金融交易,金融资产评估也同样没有必要。因此,金融资产评估是金融交易的前提,金融交易是金融资产评估的主要目的。

金融资产评估是指评估机构接受金融资产业务单位的委托,为了特定目的,依据国家的法律和有关资料,按照科学的程序、方法和标准,对金融资产的现时价值进行评定估算。

由于金融资产本身具有与其他资产不同的特点,金融资产评估除具有资产评估的共性以外还有一些自身的特点。一方面,金融资产的现时价值由它的收益和风险决定,金融资产评估就是对金融资产的收益和风险进行界定的过程；另一方面,金融资产为其所有者或支配者提供货币收入流量。货币收入流量最直接的表现形式就是利息、股息、红利等。当人们用自己的货币以一定的价格购买金融资产时,这种金融资产提供的收入流量并不是现时的收入,而是在未来一定时期内陆续实现的货币收入。因此,在这种待实现的货币收入流量转化为实际货币收入流量时必须考虑时间因素。金融资产在未来的时期内到底能产生多少货币收入存在不确定性,这种不确定性就是通常所说的金融风险。

（二）金融资产评估的一般功能

金融资产评估在金融交易中的功能主要取决于金融资产评估所要完成的任务。金融资产评估的任务主要有：①全面核实资产的数量和质量；②准确评定和估算被评估金融资产的现时价值；③科学合理评价金融资产的运营状况,为金融资产的所有者、经营者的经济决策提供依据；④在必要的情况下进行产权界定。

因此,金融资产评估的一般功能体现在以下几个方面：

1. 金融资产评估是确定资产的现时价值

金融资产评估是对被评估金融资产的现时价格进行评定和估算,为金融资产交易提供基础依据。由于金融资产的现时价格处于不断变化之中,账面价值难以反映金融资产的真实价值,因此需要通过金融资产评估来确定金融资产的现时价值。

2. 金融资产评估是评价金融资产

金融资产评估是对各种金融资产组合的经济效果进行评价,反映不同条件下的金融资产价值和营运绩效的差异性,以此来检查、考核和评价金融资产管理者的经营状况。

3. 金融资产评估具有公证内涵

金融资产评估结果的真实性、公平性和合法性在法律上具有公证效力,可以为金融交易的顺利进行提供一定的可信度保障。

资料卡 5-1

金融不良资产评估指导意见
目标: 了解金融不良资产评估指导意见

第二节　债券评估

一、债券评估的概述

(一)债券的含义及其特点

债券是政府、企业、银行等债务人为了筹集资金,按照法定程序发行的并向债权人承诺于指定日期还本付息的有价证券。大多数债券都是固定收入证券,即在债券的有效期内,各期的利息收入相等。但也有些债券能带来可变的收入,这些债券被称为浮动利率债券。

与股票相比较,债券具有以下特点:

1. 投资风险较小,安全性较高

国家对债券发行有严格的规定,发行债券必须满足国家规定的基本要求。如政府发行国库券由国家担保;银行发行金融债券需以其信誉和一定的资产作为后盾;企业发行债券需以其实力及发展潜力作为保证。债券的风险主要体现在发行主体出现财务困难,以至于债券投资者遭受损失的可能性。但是,相对于股票而言,债券具有较高的安全性,根据破产法规,在破产清算时,债券持有者具有优先受偿权。

2. 到期还本付息,收益相对稳定

由于影响债券收益的票面金额和票面利率是事前约定的,在通常情况下,往往高于同期银行存款利率。因此,只要债券发行主体不发生较大变故,债券的收益是稳定的。

3. 具有较强的流动性

如果债券可以上市流通,则可以随时在证券市场上变现,体现出较强的变现能力和良好的流动性。

即问即答

购买国债有风险吗？

【解析】 购买国债一样存在风险，但一般来说，与公司发行的债券相比，政府发行国债不能按期偿还的风险要小，但一样存在政府倒台，国债不能按期偿还的风险。据媒体报道，由于两年来严重的经济危机，2022 年 4 月 7 日黎巴嫩政府正式对外宣布政府和央行破产，有关损失将由黎巴嫩中央政府、地方政府、银行和储户分摊。该例子说明国债一样存在不能按期偿还的风险。

（二）债券评估的主要参数

从理论上讲，债券价值是其收益现值的市场反映。债券的收益体现在债券发行者每期支付的利息和在到期日归还的本金。因此，在评估时，需要明确债券的预期收益、折现率及债券持有期限等参数。

债券价值的计算公式为：

$$P = \sum_{t=1}^{n} \frac{C_t}{(1+i)^t} + \frac{M}{(1+i)^n}$$

式中：P 为债券的评估价值；C_t 为第 t 年的预期利息收入；M 为债券票面金额（或到期兑付值）；i 为折现率；n 为评估基准日距离到期还本付息日的期限。

1. 预期收益

对于债券来说，预期货币收入包括每期利息收入和到期兑付值（面值），因为票面利率和票面金额是印刷在债券票面上的，因此，债券的预期货币收入是相对稳定的。

2. 折现率

债券价值评估时采用的折现率包括无风险报酬率、风险报酬率。无风险报酬率通常以银行储蓄存款利率或国库券利率为准；风险报酬率取决于债券发行主体的具体情况，比如：国库券、金融债券具有良好的担保条件，其风险报酬率可以近似为零，企业债券的风险报酬率需要评估师根据债券发行企业的经营业绩和还本付息能力分析确定。

折现率的确定是债券价值的关键，也是个难点。债券价值的变动主要取决于市场利率的变化，所以债券的风险实际上就是债券利率风险。当然，利率风险的测度是一项复杂的工作，人们希望找到某种直观、准确的度量方法，久期（duration）是一种相对理想的方法。所谓久期法，就是将所有影响债券利率风险的因素全部考虑进去，形成一个经过修正的投资标准期限，用以衡量债券价格的利率风险程度。该标准期限越短，债券对利率的敏感度越低，风险越小；该标准期限越长，债券对利率的敏感度越高，风险越大。

麦考莱久期 D 表示现在至各付息日的期限 t 对现金流量 C_t 的加权平均值，权重为当期现金流量的折现值 $C_t/(1+i)^t$ 在折现值之和 P 中的比例。即

$$D = 1W_1 + 2W_2 + 3W_3 + \cdots + nW_n$$

$$= 1 \times \frac{C_1/(1+i)}{P} + 2 \times \frac{C_2/(1+i)^2}{P} + \cdots + n \times \frac{C_n/(1+i)^n}{P}$$

其中，P 满足

$$P = \frac{C_1}{(1+i)} + \frac{C_2}{(1+i)^2} + \cdots + \frac{C_n}{(1+i)^n}$$

$$\sum_{t=1}^{n} W_t = 1$$

如果债券为息票券，每期债息为 C，则有

$$P = \frac{C}{(1+i)} + \frac{C}{(1+i)^2} + \cdots + \frac{C}{(1+i)^n} + \frac{M}{(1+i)^n}$$

对 P 求 i 的导数，有

$$\frac{\mathrm{d}P}{\mathrm{d}i} = (-1)\frac{C}{(1+i)^2} + (-2)\frac{C}{(1+i)^3} + \cdots + (-n)\frac{C}{(1+i)^{n+1}} + (-n)\frac{M}{(1+i)^{n+1}}$$

$$= \frac{-1}{(1+i)}\left[\frac{C}{(1+i)} + \frac{2C}{(1+i)^2} + \cdots + \frac{n(C+M)}{(1+i)^n}\right]$$

对上式两边同除以 P 得

$$\frac{\mathrm{d}P}{\mathrm{d}i} \times \frac{1}{P} = \frac{-1}{(1+i)}\left[\frac{C}{(1+i)} + \frac{2C}{(1+i)^2} + \cdots + \frac{n(C+M)}{(1+i)^n}\right]\frac{1}{P} = \frac{-1}{(1+i)} \times D$$

$$\frac{\mathrm{d}P}{\mathrm{d}i} \times \frac{1}{P} = \frac{\mathrm{d}P/P}{\mathrm{d}i} = \frac{-1}{(1+i)} \times D$$

$$D = \frac{\mathrm{d}P/P}{\mathrm{d}(i+1)/(i+1)}$$

麦考莱久期 D 表明折现率变化引起债券价格变化的幅度，是债券价格对 $(1+i)$ 的弹性系数。

3. 债券持有期限

债券的持有期限是指从评估基准日至债券到期日止的期限。

二、债券价值的评估

(一)上市交易债券的评估

上市交易债券是指可以在证券市场上交易、自由买卖的债券。对此类债券的评估一般采用市场法，即按照评估基准日当天收盘价格确定其评估价值。

运用市场法，债券价值的计算公式为

债券评估价值＝评估基准日债券的市价(收盘价)×债券数量

值得注意的是，采用市场法评估债券的价值，应在评估报告书中说明所用评估方法和结论与评估基准日的关系，并说明此评估结果应随市场价格的变化进行调整。

在特殊情况下，某种上市交易的债券市场价格严重扭曲，不能够代表市场价格，就应该采用非上市交易债券的评估方法评估。

例 5-1 某评估公司接受委托对 A 公司的长期债权投资进行评估，债券面值 100 元，票面利率 6%，期限 3 年，债券数量 1 000 张，长期债权投资的账面余额为 10 万元，该债券已上市交易。评估师调查发现，此债券于评估基准日的收盘价格为 120 元，则

$$该债券的评估价值 = 120 \times 1\,000$$
$$= 120\,000(元)$$

（二）非上市交易债券的评估

非上市交易债券价值的大小取决于债券的预期货币收入。对此类债券的评估一般采用收益法,即将债券的预期货币收入折算到评估基准日的现值。

1. 对距评估基准日一年内到期的非市场交易债券

此类债券评估时,一般根据本金加上持有期间的利息确定评估价值。

2. 超过一年到期的非市场交易债券

此类债券评估时,一般根据本利和的现值确定评估价值。

具体根据债券付息方法,又可分为到期一次还本付息债券和分次付息、一次还本债券两种。评估时应采用不同的方法计算其价值。

1) 到期一次还本付息债券的价值评估

$$P = \frac{F}{(1+i)^n}$$

如果债券按单利计息,评估价值计算公式为

$$F = M(1 + q \times r)$$

则

$$P = \frac{M(1 + q \times r)}{(1+i)^n}$$

如果债券按复利计息,评估价值计算公式为

$$F = M(1+r)^q$$

则

$$P = \frac{M(1+r)^q}{(1+i)^n}$$

式中：P 为债券的评估价值；F 为债券到期时的本利和（根据债券的约定计算）；M 为票面金额（或到期兑付值）；q 为计息期；r 为票面利率；i 为折现率；n 为评估基准日距到期还本付息日的期限。

例 5-2　某评估公司接受委托对 B 公司的长期债权投资进行评估,债券的账面余额为 10 万元,该债券于 2021 年 7 月 1 日发行,期限 3 年,债券面值 100 元,票面利率 5%,债券数量 1 000 张。评估基准日为 2022 年 6 月 30 日,假设当时的国库券利率为 4%,评估师经过调查分析,发现目前债券发行企业的经营状况尚可,推断两年后具有还本付息能力,确定风险报酬率为 2%。

如果该债券按单利计息,则评估价值为

$$P = \frac{M(1 + q \times r)}{(1+i)^n} = \frac{100\,000 \times (1 + 3 \times 5\%)}{(1 + 6\%)^2} = 102\,349.59(元)$$

如果债券按复利计息,则评估价值为

$$P = \frac{M(1+r)^q}{(1+i)^n} = \frac{100\,000 \times (1 + 5\%)^3}{(1 + 6\%)^2} = 103\,028.21(元)$$

2）分次付息，到期一次还本债券的评估

分次付息，到期一次还本的债券，其价值的计算公式为

$$P = \sum_{t=1}^{n} \frac{C}{(1+i)^t} + \frac{M}{(1+i)^n}$$

式中：P 为债券的评估价值；C 为每期的预期利息收入；M 为票面金额（或到期兑付值）；i 为折现率；n 为评估基准日距到期还本付息日的期限。

例 5-3 仍以例 5-2 的资料，假定该债券是每年付息一次，到期一次还本。则其评估价值为

$$P = \sum_{t=1}^{n} \frac{C}{(1+i)^t} + \frac{M}{(1+i)^n} = \frac{100\,000 \times 5\%}{1+6\%} + \frac{100\,000 \times 5\%}{(1+6\%)^2} + \frac{100\,000}{(1+6\%)^2}$$
$$= 98\,166.61(元)$$

第三节 股票评估

一、股票的含义及其特点

（一）股票的含义

股票是股份公司发行的，表示持有人投资入股，并据此享有一定利益的凭证。股票的拥有者即为股东，股东是股份公司的所有人。股票可以转让、买卖和作为质物。

股票问世至今已有几百年的历史，股票的种类也越来越多。按股东是否具有全部权利划分为普通股和优先股；按是否记名划分为记名股票和不记名股票；按有无面额划分为面额股票和无面额股票；按是否公开上市分为公开上市股票和非上市股票等。我国目前证券市场上的股票，按股本结构分为国家股、法人股、社会流通股（个人股），而流通股中又可分为 A 股、B 股和 H 股等。

（二）股票的特点

一般而言，股票具有以下基本特点：

1. 股票没有期限

股票一般没有规定期限届满的日子，属于无期限证券。只要股份公司存在一天，股东就不能要求股份公司退股抽回投资，结束投资可以在股票交易市场将股票出售。

2. 股票具有流动性

股票属于有价证券，可以在证券市场上买卖交易，投资人在股票买卖中可能获利，也可能受损。

3. 股票具有风险

与债券相比较，股票的市场价格涨跌频繁，使投资者面临资本受损的风险。风险一般又分为系统性风险和非系统性风险，前者指证券交易所处的大环境中，政治、经济、利率、通货膨胀及突发性事件对证券市场的影响，此风险会波及所有同类股票；后者只针对发行股票的公司，主要是公司的经营管理能力，劳资纠纷，消费观念改变等因素影响公司的

盈利能力,从而导致某些股票的价格走低。

(三) 股票的价格形式

1. 票面价格

票面价格是指股份公司在发行股票时所标明的每股股票的票面金额。

2. 发行价格

发行价格是指股份公司在发行股票时的出售价格,主要有面额发行、溢价发行、折价发行。

3. 账面价格

账面价格又称股票的净值,指股东持有的每一股票在公司财务账单上所表现出来的净值。

4. 清算价格

清算价格是指企业清算时,每股股票所代表的真实价格。它是公司清算时,公司净资产与公司股票总数之比值。

5. 内在价格

内在价格是一种理论依据,是根据证券分析人员对未来收益的预测而折算出来的股票现时价格。股票内在价格的高低,主要取决于公司的发展前景、财务状况、管理水平及获利风险等因素。

6. 市场价格

市场价格是指证券市场上买卖股票的价格。在证券市场发育完善的条件下,股票市场价格是市场对公司股票的一种客观评价。

股票的价值评估,与上述前三种股票价格关系不大,只与股票的内在价格、清算价格和市场价格有关。

二、股票价值的评估

(一) 上市交易股票的评估

上市交易股票是指股份公司公开发行的、可以在证券市场上市交易的股票。在正常情况下,对此类股票的评估一般采用市场法,即按照评估基准日的收盘价格确定其评估价值。所谓正常情况是指股票市场发育正常,股票自由交易,不存在非法炒作的现象。此时股票的市场价格可以代表评估时点被评估股票的价值,否则,应采用非上市流通股票的评估方法。

运用市场法,股票价值的计算公式为

$$股票评估价值 = 评估基准日股票的市价(收盘价) \times 股票数量$$

值得注意的是,采用市场法评估股票的价值,应在评估报告书中说明所用评估方法,并说明该评估结果应随市场价格的变化进行调整。

如果不满足正常情况的条件,应该采用非上市交易股票的评估方法进行评估。

（二）非上市交易股票的评估

非上市交易股票价值取决于股票的未来预期收入。对此类股票的评估一般采用收益法，即将股票的未来预期收入折算到评估基准日的现值。

非上市交易股票分为普通股和优先股采用不同的评估方法。

1. 普通股的价值评估

常见的股份公司股利政策有零增长型、稳定增长型和分段增长型三种类型，在不同类型的股利政策下，股票价值的评估方法不完全相同。

1）零增长型股利政策下股票价值评估

零增长型是假设股份公司经营稳定，未来红利增长率为零，即每期分配红利相等，并且一直维持同一水平。在此假设前提下，股票价值的计算公式为

$$P = \frac{R}{i}$$

式中：P 为股票的评估价值；R 为未来每期的红利收入；i 为折现率。

例 5-4 某评估公司接受委托对 C 公司拥有 M 股份公司的非上市普通股票进行评估，每股面值 1 元，普通股数量 20 000 股。据评估师调查了解，M 股份公司未来的红利分配比率为 10%，且能一直保持此水平，评估时点国库券利率为 4%，风险报酬率测定为 3%。则该股票的评估价值为

$$P = \frac{R}{i} = \frac{20\,000 \times 10\%}{7\%} = 28\,571.43（元）$$

2）稳定增长型股利政策下股票价值评估

稳定增长型是假设股份公司发展潜力大，没有将剩余收益全部分配给股东，而是用于追加投资扩大再生产。股东的收益率会逐步提高，红利分配呈稳定增长趋势，且红利支付是永久性的。在此假设前提下，股票价值的计算公式为

$$P = \frac{R_0}{r} = \frac{R_0(1+g)}{i-g}$$

式中：P 为股票的评估价值；R_0 为股份公司初始的红利；r 为折现率；g 为股利增长率；i 为预计收益率。

此类型适合于成长型企业股票价值评估。

股利增长率 g 的确定方法有两种。

方法一：统计分析法。即根据过去股利的实际数据，利用统计学的方法计算出的平均增长率，作为股利增长率 g。

方法二：趋势分析法。即根据股份公司的股利分配政策，以公司剩余收益中用于再投资的比率与净资产利润率相乘确定股利增长率 g。

$$g = 再投资的比率（即税后利润的留存比率） \times 净资产利润率$$
$$= （1 - 股利支付率） \times 净资产利润率$$

例 5-5 某评估公司接受委托对 D 公司拥有 M 股份公司的非上市普通股票进行评估，每股面值 1 元，普通股数量 100 000 股。据评估师调查了解，M 股份公司当年的红利

分配比率为 10%,每年股利增长 5%,评估时点国库券利率为 4%,风险报酬率测定为 3%。则该股票的评估价值为

$$P = \frac{R_0(1+g)}{i-g} = \frac{100\,000 \times 10\% \times (1+5\%)}{7\% - 5\%} = 525\,000(元)$$

例 5-6　某评估公司受托对 D 企业进行资产评估,D 企业拥有某非上市公司的普通股股票 20 万股,每股面值 1 元,在持有股票期间,每年股票收益率(每股股利/每股面值)在 12% 左右。股票发行企业每年以净利润的 60% 用于发放股利,其余 40% 用于追加投资。根据评估人员对企业经营状况的调查分析,认为该行业具有发展前途,该企业具有较强的发展潜力。经过分析后认为,股票发行企业至少可保持 3% 的发展速度,净资产收益率将保持在 16% 的水平,无风险报酬率为 4%,风险报酬率为 4%。试评估该股票的价值。

解：

(1) 计算收益。

$$R = 200\,000 \times 12\% = 24\,000(元)$$

(2) 确定折现率。

$$r = 4\% + 4\% = 8\%$$

(3) 计算股利增长率 g。

$g = $ 再投资的比率(即税后利润的留存比率) $\times$ 净资产利润率 $= 40\% \times 16\% = 6.4\%$

(4) 确定评估价值。

$$P = \frac{R}{r-g} = \frac{24\,000}{8\% - 6.4\%} = 1\,500\,000(元)$$

那么,股利增长率能否为负呢?

例 5-7　如果股利增长率为负数,以例 5-5 的资料,M 股份公司的股利增长率为 -5%,则股票的价值为

$$P = \frac{100\,000 \times 10\% \times (1-5\%)}{7\% - (-5\%)} = 79\,166.66(元)$$

在直观意义上,它意味着什么呢? 一种可能的解释是,M 股份公司在每年逐步地清理自身,直至其恰好消失为止。对因技术进步而被淘汰,或因关键性客户的流失而面临破产的股份公司来说,股利增长率应该是个负值。

3) 分段型股利政策下股票价值评估

零增长型、稳定增长型股利政策是在严格的假设条件下得出的过于理想化的分配政策。为了更加准确地预测股票的真实价值,可将股票的未来收益划分为两个阶段。第一阶段为异常增长阶段;第二阶段为永续稳定增长阶段,而且股利增长率一直保持不变。

股票价值的计算公式为

股票评估价值 = 异常增长阶段红利的现值 + 稳定增长阶段红利的现值

$$P = \sum_{t=1}^{n} \frac{R_0(1+g)^t}{(1+i)^t} + \frac{P_n}{(1+i)^n} = \frac{R_0(1+g)\left[1 - \frac{(1+g)^n}{(1+i)^n}\right]}{i-g} + \frac{R_{n+1}}{(i'-g') \times (1+i)^n}$$

式中：P 为股票的评估价值；R_0 为股份公司初始的红利；n 为异常增长阶段的期限；i 为异常增长期的折现率；i' 为稳定增长期的折现率；g 为异常增长期的增长率；g' 为稳定增长期的增长率。

例 5-8 某评估公司接受委托对 E 公司拥有的 M 股份公司的非上市普通股票进行评估，每股面值 1 元，普通股数量 100 000 股。据评估师调查预测，M 股份公司前 5 年每年的红利分配比率可达到 10%，股利增长率为 5%；从第 6 年起进入稳定增长阶段，第 6 年的红利分配可提高 2 个百分点，此时股利增长率为 3%，并将长期持续下去。评估时点国库券利率为 4%，异常增长期风险报酬率测定为 3%，稳定增长期风险报酬率测定为 5%。则该股票的评估价值为

$$P = \sum_{t=1}^{n} \frac{R_0(1+g)^t}{(1+i)^t} + \frac{P_n}{(1+i)^n}$$

$$= \frac{100\,000 \times 10\% \times (1+5\%)\left[1 - \frac{(1+5\%)^5}{(1+7\%)^5}\right]}{7\% - 5\%} + \frac{100\,000 \times 12\%}{(9\% - 3\%) \times (1+7\%)^5}$$

$$= 189\,868.95(元)$$

在实际工作中，如何划分异常增长阶段和稳定增长阶段是一个难点，这需要评估师充分了解股份公司的经营状况。通常具有以下特征的股份公司适合运用分段型股利政策的价值评估：一是公司目前处于高速增长阶段，并预期今后一段时期内仍保持这一较高的增长率，在此之后，支持高速增长的因素消失。如公司拥有一项专利权，在未来的几年内能带来超额收益，预期公司将实现超常增长，一旦专利权到期，预计公司无法保持超常增长，进而转入稳定增长阶段。二是公司的经营存在较高的进入壁垒，如国家政策限制、基础设施的限制等，预计这一壁垒在今后的几年内能够继续阻止新的进入者进入该行业。

2. 优先股的价值评估

1）一般优先股的评估

在正常情况下，优先股在发行时就已规定了股息率。评估优先股主要是判断股票发行主体是否有足够税后利润用于优先股的股息分配。这种判断是建立在对发行股票的股份公司的全面了解和分析的基础上，包括公司生产经营情况、利润实现情况、股本构成中优先股所占的比重、股息率的高低，以及公司的负债状况等。如果股份公司资本结构合理，企业盈利能力强，具有较强的支付能力，评估师就可以根据事先确定的股息率计算出优先股的年收益额，然后折算成现值求和，得出优先股的评估值。优先股股票价值的计算公式为

$$P = \sum_{t=1}^{\infty} \frac{R_t}{(1+i)^t} = \frac{A}{i}$$

式中：P 为优先股的评估价值；R_t 为第 t 年的优先股的收益；i 为折现率；A 为优先股的年等额股息收益。

例 5-9 某评估公司接受委托对 F 公司拥有的 M 股份公司累积性、非参加分配的优先股进行评估，每股面值 1 元，优先股数量 100 000 股，股息率为年息 12%。评估时，根据

评估师的调查发现，M 股份公司的资本结构不尽合理，负债率较高，可能会对优先股股息的分配产生消极影响，因此，评估将 F 公司拥有的 M 股份公司的优先股的风险报酬率定为 5％，假设银行存款利率为 3％，根据上述数据，该优先股的评估价值为

$$P = \frac{A}{i} = \frac{100\,000 \times 1 \times 12\%}{3\% + 5\%} = 150\,000(元)$$

2）非上市优先股有上市的可能，持有人又有转售意向的优先股评估

该类优先股可按照下列公式计算：

$$P = \sum_{t=1}^{n} \frac{R_t}{(1+i)^t} + \frac{F}{(1+i)^n}$$

式中，P 为优先股的评估价值；R_t 为第 t 年的优先股的定额股息；F 为优先股的预期市场转让价格。

例 5-10　某评估机构于 2022 年 1 月对 A 公司进行评估，A 公司拥有 B 公司发行的非上市普通股 200 万股，每股面值 1 元。经评估人员预测，评估基准日后该股票第一年每股收益率为 5％，第二年每股收益率为 8％，第三年每股收益率（每股股利与每股面值的比例）为 10％，从第四年起，因生产、销售步入正轨，专利产品进入成熟期，每股收益率可达 12％，而且从第六年起，B 公司每年年终将把税后利润的 80％用于股利分配，另 20％用于公司扩大再生产，B 公司净资产收益率将保持在 15％的水平上。如果无风险报酬率为 4％，风险报酬率为 6％，评估基准日为 2022 年 1 月 1 日，试评估 A 公司所拥有的 B 公司股票的价值。

解：

（1）计算折现率。
$$r = 4\% + 6\% = 10\%$$

（2）求未来三年股票收益现值之和。

$$收益现值 = \frac{1 \times 200 \times 5\%}{1 + 10\%} + \frac{1 \times 200 \times 8\%}{(1 + 10\%)^2} + \frac{1 \times 200 \times 10\%}{(1 + 10\%)^3} = 9.09 + 13.22 + 15.03$$
$$= 37.34(万元)$$

（3）求未来第四年、第五年股票收益现值之和。

$$收益现值 = \frac{1 \times 200 \times 12\%}{(1 + 10\%)^4} + \frac{1 \times 200 \times 12\%}{(1 + 10\%)^5} = 16.39 + 14.90 = 31.29(万元)$$

（4）求第六年起的股利增长率。
$$g = 20\% \times 15\% = 3\%$$

（5）求未来第六年起的股票收益现值之和。

$$收益现值 = \frac{1 \times 200 \times 12\%}{10\% - 3\%} \times \frac{1}{(1 + 10\%)^5} = 342.86 \times 0.620\,9 = 212.89(万元)$$

这里，第六年的股利和第五年是一样的，到了第七年才开始增长。

（6）确定股票的评估价值。
$$P = 37.34 + 31.29 + 212.89 = 281.52(万元)$$

第四节　其他金融资产评估

一、其他金融资产评估的内涵

其他金融资产是指股票投资、债券投资以外的投资，这种投资通常以现金、实物资产或无形资产等直接投入到被投资企业，组成联营企业、合资企业等，以取得被投资企业的股权，旨在控制被投资企业，获取收益。

对于其他金融资产的评估首先需了解具体投资形式、收益获取方式和投资额占被投资单位股份的比重，然后根据不同情况选择不同的方法进行评估。对于非控股的长期投资，一般应采用收益法进行评估，即根据以往公司的投资收益情况和被投资企业的未来经营情况及风险，预测长期投资的未来收益，然后选取适当折现率折算为现值进而确定其评估值。在未来收益难以确定的情况下，也可采用成本法进行评估，即通过对被投资企业进行整体评估，确定净资产数额，再根据投资方应占的份额确定长期投资的评估值。如果该项投资发生时间不长，被投资企业资产账实基本相符，则可根据核实后的被投资企业资产负债表上净资产数额，按投资方应占的份额确定评估值。

对到期收回资产的实物投资，可按约定或预测的收益折为现值再加上到期收回资产价值的现值计算评估值。对于不是直接获取资金收入，而是取得某种权利或其他间接经济利益的，可尝试测算相应的经济收益并进行折现计算其评估值，或根据剩余的权利或利益所对应的重置价值确定评估值。如果对外投资明显不能获取经济利益，也不能形成任何经济权利，应按零值计算其评估值。对控股的长期投资，应对被投资企业进行整体评估，评估人员到现场实地核查其资产和负债金额，然后进行全面评估。评估方法以收益法为主，特殊情况下也可单独采用加和法或市场法。

二、其他金融资产评估的计算公式

其他金融资产评估的主要形式是企业以货币资金、实物资产、无形资产等直接投入到其他企业取得股权的联营投资。联营投资通常是有期限的，在联营期投资人按出资比例或事先约定承担风险、共享收益，联营期满按约定收回投资。

联营投资评估值的计算公式为

$$P = \sum A_t (1+r)^{-t} + P_n (1+r)^{-n}$$

式中：P 为联营投资的评估值；A_t 为对外投资在第 t 年的预期收益；r 为适用的折现率；n 为剩余的联营时间；P_n 为联营期满约定收回的投资额。

公司对外联营投资的投资报酬主要有两种情况：①按被投资企业获取收益的一定比例分成，分成的基数按约定可以是被投资企业销售收入或实现毛利、净利等；②按投资作价额的一定比例获得投资回报，不受被投资企业的实际盈利水平影响。

联营期满收回的投资通常有三种情况：①按原投资作价额，以货币资金返还；②将原投入资产返还；③按联营期末原投入资产的变现价格或约定以货币资金返还。如果收回投资是按原作价额或双方约定金额以货币资金收回，则在评估中 P_n 值容易确定；当收回投资是以原投入资产返还或按资产期末变现价格以货币资金返还时，P_n 值的确定不仅要考虑原投入资产的自然损耗，还应充分考虑至联营期末资产的功能性贬值和经济性贬值。

例 5-11 甲公司以自有的某专有技术使用权向乙企业进行投资，并商定联营期限为 3 年，甲公司每年按照乙企业销售收入的 2% 收取投资回报，到期后甲公司全部收回专有技术使用权。评估人员经深入调查，发现，乙企业近年来生产的产品平均年销售收入大致为 4 000 万元人民币，现在由于可以使用甲公司的专有技术，其产品质量大幅改进，进而导致其产品的销售收入也大幅增加，估计投入第 1 年的销售收入将可以达到 8 000 万元，并且以后每年销售收入以 10% 的比率增长，假设折现率为 15%。那么该联营投资的评估值计算如下：

$$P = 80\ 000\ 000 \times 2\% \times (1+15\%)^{-1} + 80\ 000\ 000 \times (1+10\%) \times 2\% \times$$
$$(1+15\%)^{-2} + 80\ 000\ 000 \times (1+10\%)^2 \times 2\% \times (1+15\%)^{-3}$$
$$= 1\ 391\ 300 + 1\ 330\ 810 + 1\ 272\ 950$$
$$= 3\ 995\ 060（元）$$

 【拓展阅读】

为促进我国经济快速发展、帮助企业融资和进行资本交易合理定价，2021 年 11 月 15 日，北京证券交易所正式揭牌开市，自此我国形成了上海证券交易所、深圳证券交易所以及北京证券交易所"三足鼎立"之势，我国建立了多层次资本交易市场。

（1）上海证券交易所（简称为上交所）。成立于 1990 年。经过 30 余年的快速成长，上交所已发展成为拥有股票、债券、基金、衍生品 4 大类证券交易品种、市场结构较为完整的证券交易所；拥有可支撑上海证券市场高效稳健运行的交易系统及基础通信设施；拥有可确保上海证券市场规范有序运作、效能显著的自律监管体系。依托这些优势，上海证券市场的规模和投资者群体也在迅速壮大。截至 2021 年末，沪市上市公司家数达 2 037 家，总市值 52 万亿元；2021 年全年股票累计成交金额 114 万亿元，日均成交 4 691 亿元，股票市场筹资总额 8 336 亿元；债券市场挂牌 24 058 只，托管量 15.2 万亿元，现货成交 16.9 万亿元；基金市场上市只数达 538 只，累计成交 15.3 万亿元；衍生品市场全年累计成交 8 233 亿元。沪市投资者开户数量已达 31 081 万户。经过 30 余年发展，目前上交所已经成为全球第三大证券交易所和全球最活跃的证券交易所之一。截至 2021 年底，上交所 IPO 数量及融资金额均位列全球第三，总融资额位列全球第二；股票成交金额超过 114 万亿元，在全球交易所中排名第四。

（2）深圳证券交易所（简称为深交所）。成立于 1990 年，坐落于深圳深南大道，主要服务于流动股本规模相对较小，具有较高成长性和科技含量的中小企业，是主板市场的组成部分。深交所坚决按照国家统一部署，立足服务实体经济和人民生活，发扬敢为天下先的特区"拓荒牛"精神，发挥直接融资主渠道作用和资源优化配置功能，服务国企改革，支持民营经济，助力传统产业转型升级，促进创新资本加速形成。经过三十多年接续奋斗，初步构建了基础功能完善、板块特色鲜明、监管规范透明、运行安全可靠、服务全面高效的市场体系，形成"主板＋创业板"定位清晰、特色鲜明的市场结构，既支持相对成熟的蓝筹企业和成长型创新创业企业,又服务各种类型的投资者,成为落实创新驱动发展战略、推动经济高质量发展的重要平台。近年来,深交所产品种类日益丰富,市场规模稳步扩大,市场功能持续增强,吸引力和影响力不断提升,多项指标位居世界前列,成为全球最具活力的新兴市场之一。2021年,深市股票成交金额、融资金额、IPO公司家数和股票市价总值分别位列世界第三、第三、第四和第六位,在联合国可持续交易所倡议对G20主要交易所碳排放量统计排名中,深交所表现最优,为全面建设社会主义现代化国家积极贡献了力量。

(3)北京证券交易所(简称为北交所)。成立于2021年,是经国务院批准设立的我国第一家公司制证券交易所,受中国证监会监督管理。经营范围为依法为证券集中交易提供场所和设施、组织和监督证券交易及证券市场管理服务等业务。2021年9月2日,习近平总书记在2021年中国国际服务贸易交易会全球服务贸易峰会上的致辞中宣布:"我们将继续支持中小企业创新发展,深化新三板改革,设立北京证券交易所,打造服务创新型中小企业主阵地。"这是对资本市场更好的服务构建新发展格局、推动高质量发展作出的新的重大战略部署,是实施国家创新驱动发展战略、持续培育发展新动能的重要举措,也是深化金融供给侧结构性改革、完善多层次资本市场体系的重要内容,对于更好发挥资本市场功能作用、促进科技与资本融合、支持中小企业创新发展具有重要意义。北交所坚持下列原则:坚守"一个定位"。北京证券交易所将牢牢坚持服务创新型中小企业的市场定位,尊重创新型中小企业发展规律和成长阶段,提升制度包容性和精准性。处理好"两个关系"。一是北交所与沪深交易所、区域性股权市场坚持错位发展与互联互通,发挥好转板上市功能。二是北交所与新三板现有创新层、基础层坚持统筹协调与制度联动,维护市场结构平衡。实现"三个目标"。一是构建一套契合创新型中小企业特点的涵盖发行上市、交易、退市、持续监管、投资者适当性管理等基础制度安排,提升多层次资本市场发展普惠金融的能力。二是畅通北交所在多层次资本市场的纽带作用,形成相互补充、相互促进的中小企业直接融资成长路径。三是培育一批优秀的创新型中小企业,形成创新创业热情高涨、合格投资者踊跃参与、中介机构归位尽责的良性市场生态。

【关键术语】

金融资产　以公允价值计量且其变动计入当期损益的金融资产　持有至到期投资　贷款　应收款项　可供出售的金融资产　债券　国债　票面利率　票面金额　无风险报酬率　风险报酬率　预期利息收入　债券票面金额　折现率　计息期　票面利率　折现率　股票　票面价格　发行价格　账面价格　清算价格　内在价格　市场价格　优先股

【主要知识点】

- ❖ 金融资产主要包括库存现金、银行存款、应收账款、应收票据、贷款、其他应收款、应收利息、债权投资、股权投资、基金投资、衍生金融资产等。
- ❖ 金融资产评估是对被评估金融资产的现时价格进行评定和估算,为金融资产交易提供基础依据。
- ❖ 债券是政府、企业、银行等债务人为了筹集资金,按照法定程序发行的并向债权人承诺于指定日期还本付息的有价证券。

❖ 股票是股份公司发行的,表示持有人投资入股,并据此享有一定利益的凭证。股票的拥有者即为股东,股东是股份公司的所有人。股票可以转让、买卖和作为质物。

❖ 票面价格是指股份公司在发行股票时所标明的每股股票的票面金额。

❖ 发行价格,是指股份公司在发行股票时的出售价格,主要有面额发行、溢价发行、折价发行。

❖ 账面价格,是指股东持有的每一股票在公司财务账单上所表现出来的净值。

❖ 清算价格,是指企业清算时,每股股票所代表的真实价格。它是公司清算时,公司净资产与公司股票总数之比值。

❖ 内在价格,是根据证券分析人员对未来收益的预测而折算出来的股票现时价格。股票内在价格的高低,主要取决于公司的发展前景、财务状况、管理水平及获利风险等因素。

❖ 市场价格,是指证券市场上买卖股票的价格。在证券市场发育完善的条件下,股票市场价格是市场对公司股票的一种客观评价。

❖ 其他金融资产是指股票投资、债券投资以外的投资,这种投资通常以现金、实物资产或无形资产等直接投入到被投资企业,组成联营企业、合资企业等,以取得被投资企业的股权,旨在控制被投资企业,获取收益。

❖ 其他金融资产评估的主要形式是企业以货币资金、实物资产、无形资产等直接投入到其他企业取得股权的联营投资。

❖ 非上市交易股票价值取决于股票的未来预期收入。对此类股票的评估一般采用收益法,即将股票的未来预期收入折算到评估基准日的现值。

【复习思考题】

1. 金融资产如何分类?具有哪些特征?

2. 什么是金融资产评估?金融资产评估具有哪些一般功能?

3. 债券评估的主要参数有哪些?如何确定?

4. 股票的价格类型有哪些?股票价值评估与哪些价格类型相关?

5. 金融不良资产的评估方法有哪些?

【计算题】

1. 某评估公司受托对 B 企业的长期债权投资进行评估,被评估企业债券面值为 50 000 元,系 A 企业发行的 3 年期一次还本付息债券,年利率 5.5%,评估时点距离到期日为 2 年,当时国库券利率为 3.5%。经评估人员分析调查,发行企业经营业绩尚好,财务状况稳健。2 年后具有还本付息的能力,投资风险较低,取 1.5% 的风险报酬率。

(1) 假设债券本利和采用单利计算,试评估该债券的价值。

(2) 假设债券本利和采用复利计算,试评估该债券的价值。

(3) 假定该债券是每年付息一次,到期一次还本,试评估该债券的价值。

（4）假定该债券是每半年付息一次，到期一次还本，试评估该债券的价值。

2．某企业计划拥有甲企业发行的面值100万元非上市普通股票，预期甲企业次年发放相当于股票面值10%的股利，且股利以3.75%的速度增长，假设折现率为9%。试评估该100万元股票的价值。

3．被评估企业拥有另一企业发行的面值共80万元的非上市普通股票，从持股期间来看，每年股利分派相当于票面值的10%。评估人员通过调查了解到，股票发行企业每年只把税后利润的80%用于股利分配，另20%用于扩大再生产。假定股票发行企业今后的股本利润率（净资产收益率）将保持在15%左右，折现率确定为12%。试确定被评估企业拥有的该普通股票的价值。

4．被评估企业甲拥有乙企业发行的优先股100万股，每股面值10元，股息率为12%。根据评估人员调查，乙企业的资产收益率每年都在16%左右，并可持续下去。甲企业计划在评估基准日后第五年年末新上一个大型项目，到时将所持有的乙企业的优先股出让，预计出让价格为每股14元，折现率为8%。试确定甲企业持有的乙企业优先股的价值。

5．某评估机构以2022年1月1日为评估基准日对甲企业进行评估，甲企业账面有四项长期投资，账面原值共计8 500万元，其中：

第一项为向A有限责任公司投资，投资时间为2013年12月31日，账面原值200万元，占A企业总股本的15%。根据投资合同，全部以现金投入，合同期共10年，合同约定甲企业按投资比例对A企业每年的净利润进行分红。根据A企业提供的资产评估机构出具的资产评估报告，A企业至评估基准日的净资产为1 200万元。经调查得知，A企业由于产品陈旧、管理不善，连续几年亏损，已于两年前完全停产，无法继续经营。

第二项为向B企业投资，投资日期为2019年1月1日，账面原值500万元，占B企业总股本的8.5%。根据投资合同，甲企业全部以现金投入，合同期共15年。合同约定B企业每年按甲企业投资额的16%作为甲企业的投资报酬，每年支付一次，合同期满后B企业不再向甲企业返还投资本金。根据B企业提供的审计报告，B企业至评估基准日账面净资产为8 200万元，企业每年净利润保持在650万元左右的水平上，企业经营稳定。

第三项为向C企业投资，投资日期为2018年1月1日，账面原值5 800万元，占C企业总股本的70%。C企业是由甲企业发起设立的，根据合同规定，只要C企业不出现连续3年亏损，就一直经营下去。根据企业提供的财务报表，至评估基准日C企业净资产为9 200万元，2021年度的净利润为600万元，在过去的4年中每年的净利润一直稳步递增。评估人员调查得知，C企业为高新技术企业，产品的销售前景较好，预计评估基准日之后第一年至第五年的净利润分别在前一年的基础上递增10%，从第六年起，每年将在上一年的基础上以2%的速度递减。

第四项为向D企业投资，投资日期为2008年12月31日，账面原值2 000万元。D企业为股份公司，并于2020年上市。经调查得知，在甲企业初始投资时，按每1元折合1股，共计2 000万股，为企业法人股。D企业上市时进行了缩股，缩股前的1.25股在缩股后变为1股。半年前D上市公司进行了股改，法人股股东又将所持股数的20%作为法人股获得流通权利对原流通股股东的补偿支付给原流通股股东，至评估基准日该法人股已允许上市交易。评估基准日时 D 企业股票开盘价为 7 元/股,最高价为 7.6 元/股。最低价为 6.9 元/股,收盘价为 7.5 元/股。

在上述资料的基础上,不再考虑其他因素(其中包括少数股权折价和控股股权溢价因素),假设折现率及资本化率均为 12%。

要求:对甲企业的长期投资进行评估。

【自测题目】

自测题 5-1

自测题 5-2

第六章

房地产评估

学习目标：

1. 掌握房地产评估的含义及其特点。
2. 理解房地产价格的影响因素。
3. 了解房地产评估的原则和评估程序。
4. 掌握房地产评估成本法的应用。
5. 掌握房地产评估市场法的应用。
6. 掌握房地产评估收益法的应用。
7. 掌握房地产评估假设开发法的应用。

第一节　房地产评估概述

一、房地产的概念及其特征

房地产也称不动产，是指土地、建筑物和其他地上附着物及其权属的总称。但是，这并不意味着只有土地和建筑物的合成体才是房地产。本章房地产的评估对象有三种：单纯土地的评估，即地产评估；单纯建筑物的评估，即房产评估；土地和建筑物合成体的评估，即房地产评估。当然，在房地产评估实务中，单纯建筑物的评估比较少见，这里我们以土地的评估和房地产评估为重点内容。

（一）土地

土地一般是指地球表层的陆地部分，包括内陆水域和滩涂。从广义上讲，土地是指陆地及其空间的全部环境因素，是由土壤、气候、地址、地貌、生物和水文、地质等因素构成的自然综合体。土地具有两重性，因为它不仅是资源，也是资产。

土地的供给可以分为土地的自然供给和经济供给两个方面。地球提供给人类可利用的土地数量，称为土地的自然供给，它反映了土地供人类使用的天然特性，其数量包括已利用的土地和未来可供利用的土地。土地的自然供给是相对稳定的，几乎不受任何人为因素或社会经济因素的影响，所谓土地的经济供给，是指在土地的自然供给范围内，对土地进行了开发、规划和整治，以满足人类不同需求的土地供给。因此可以说，土地的经济供给是通过人类开发利用而形成的土地供给，土地经济供给的数量会受人类社会活动的影响。比如，开发新土地，调整用地结构，提高土地集约率等活动都会影响土地的经济供给量。由此可见,土地的经济供给是有弹性的。土地的经济供给的变化可以是直接变化,也可以是间接变化。直接变化是指土地经济供给的绝对土地面积的变化或某种用途土地数量绝对面积的变化;间接变化是指单位土地面积上集约率的变化。

1. 土地的特性

土地的特性可以分为土地的自然特性和经济特性两个方面。

(1) 土地的自然特性如下:

① 位置的固定性。土地不因土地产权的流动而改变其空间的位置。地产交易,不是土地实体本身的空间移动,而是土地产权的转移。土地位置的固定性决定了土地价格具有明显的地域性特征。

② 质量的差异性。土地的位置不同,造成了土地之间存在自然差异,这个差异导致土地级差地租的产生。

③ 不可再生性。土地是自然的产物,是不可再生资源,土地资源的利用只有科学、合理,才能供人类永续利用。

④ 效用的永续性。只要土地使用得当,土地的效用即利用价值会一直延续下去。

(2) 土地的经济特性如下:

① 供给的稀缺性。主要是指某一地区某种用途的土地供不应求,形成稀缺的经济资源。土地经济供给的稀缺性,与土地总量的有限性、土地位置的固定性、土地质量的差异性有关。土地经济供给的稀缺性客观上要求人们集约用地。

② 可垄断性。土地的所有权和使用权都可以垄断。由于土地具有可垄断性,因此,土地所有权或使用权在让渡时,就会在经济利益上有所体现。

③ 土地利用多方向性。一块土地的用途是多种多样的,可以作为农田,也可以建住宅或建写字楼,或者建商场。土地利用的多方向性客观上要求在土产估价中确定土地的最佳用途。

④ 效益级差性。由于土地质量的差异性而使不同土地的生产力不同,从而在经济效益上具有级差性。

2. 土地使用权

在我国,城市土地的所有权属于国家,农村和城市郊区的土地,除由法律规定属于国家所有的以外,属于农民集体所有,宅基地和自留地、自留山属于农民集体所有。集体土地不能进入房地产市场流转,国有土地所有权也不能进入房地产市场流转,因此,地价一般指的是土地使用权的价格。

(1) 土地使用权出让。土地使用权出让是指国家以土地所有者的身份将国有土地使用权在一定年限内让与土地使用者,并由土地使用者向国家支付土地使用权出让金的行为。我国土地使用权最高出让年限为:①居住用地70年;②工业用地50年;③教育、科技、文化、卫生、体育用地50年;④商业、旅游、娱乐用地40年;⑤综合或其他用地50年。

(2) 土地使用权转让。土地使用权转让是指土地使用者将土地使用权再转移的行为,包括出售、交换、赠与。但要注意,土地使用权转让时,土地使用权出让合同和登记文件中所载明的权利与义务要随之转移,而且未按出让合同规定的期限和条件开发、利用土地的不得转让。

（3）土地使用权出租。土地使用权出租是指土地使用者作为出租人将土地使用权随同地上建筑物和附着物租赁给承租人使用，由承租人向出租人支付租金的行为。未按出让合同规定的期限和条件开发、利用土地的不得出租。

（4）土地使用权抵押。土地使用权抵押时，抵押人与抵押权人应当签订抵押合同。抵押合同不得违背国家法律法规和土地使用权出让合同的规定，同时，还应当办理抵押登记和过户登记。

值得注意的是，土地使用权的使用年限届满，土地使用者需要继续使用土地的，应当最迟于届满前一年申请续期，除非有社会公共利益需要，一般应该予以批准。土地使用权使用年限届满未申请续期或虽申请但未被批准续期的，土地使用权由国家无偿收回。

（二）建筑物

建筑物的主要特点有如下几个方面。

（1）建筑物不能脱离土地而独立存在。土地是可以独立存在的一种自然资源和社会资源，而建筑物必须建立在土地之上，与土地具有不可分割性，离开土地的空中楼阁是不存在的。

（2）建筑物的使用寿命是有限的。尽管建筑物的使用寿命很长，一般可以达到十几年、数十年，甚至更长，但相对于土地来说，建筑物的寿命是相当有限的，也就是说，建筑物的使用价值是有时间限制的。随着时间的推移，不管使用还是不使用，建筑物的主体和功能都会不断地贬值，在一定年限后，建筑物就会失去其使用价值。

（3）建筑物属于可再生性社会资源。建筑物的使用寿命尽管是有限的，但可以通过重建恢复其使用价值，扩展其功能，或通过局部翻修、改造等手段延长其使用寿命。

（三）房地产

房地产是土地和房屋及其权属的总称。土地是房屋不可缺少的物质载体，任何房屋都不能离开土地而独立存在。《中华人民共和国城市房产管理法》第三十二条规定："房地产转让、抵押时，房屋的所有权和该房屋占用范围内的土地使用权同时转让、抵押。"同时，土地的区位决定了房屋的位置，直接影响到房地产的价格，因此，在房地产评估中，通常评估房地产的整体价值。房地产一般具有下述特性。

1. 位置固定性

由于房屋固着在土地上，因此，房地产的相对位置是固定不变的。可以说，地球上没有完全相同的房地产，即使有两宗房地产的地上建筑物设计、结构和功能等完全相同，因土地位置的差异，也会造成价格的差异。

2. 供求区域性

由于土地位置的固定性，房地产还具有区域性的特点。一个城市房地产的供给过剩并不能解决另一个城市供给不足的问题。房地产供求关系的区域差异又造成区域之间房地产价格的差异性。

3. 长期使用性

由于土地可以永续利用,建筑物也是可以再生的,使用年限可达数十年甚至上百年,使用期间即使房屋变旧或受损,也可以通过不断的翻修,延长其使用期限。

4. 投资大量性

房地产生产和经营管理要经过一系列过程:取得土地使用权、土地开发和再开发、建筑设计和施工、房地产销售等。这一系列过程中都要投入大量的资金。

5. 保值增值性

一般物品在使用过程中由于老化、变旧、耗损、毁坏等原因,其价值会逐渐减少。与此相反,由于人口和社会生产力的发展,社会对土地的需求日益增加,从长期来看,土地的价值呈上升走势。土地资源的有限性和固定性制约了对房地产不断膨胀的需求,特别是对良好地段房产的需求,这就会使房地产价格上涨。同时,对土地的改良和城市基础设施的不断完善,使土地原有的区位条件改善,导致土地增值。

6. 投资风险性

房地产使用的长期性和保值、增值性使之成为投资回报率较高的行业,同时房地产投资风险比较大。房地产投资的风险主要来自三个方面:首先,房地产无法移动,建成后又不易改变用途,如果市场销售不对路,容易造成长期的空置、积压;其次,房地产的生产周期较长,从取得土地到房屋建成销售,通常要 3～5 年的时间,在此期间影响房地产发展的各种因素发生变化,都会对房地产的投资效果产生影响;最后,自然灾害、战争、社会动荡等,都会对房地产投资产生无法预见的影响。

7. 相对不易变现性

由于房地产位置固定、用途不易改变等,房地产变现性相对较差。但是,随着房地产市场的不断成熟和完善,房地产的变现能力也在不断提高。

8. 政策限制性

房地产市场受国家和地区政策影响较大,如城市规划、土地利用规划、土地用途管理、住房政策、房地产信贷政策、房地产税收政策等都会对房地产的价格产生直接或间接的影响。

二、房地产价格的种类及特点

(一)房地产价格的种类

房地产价格种类有各种表现形式,可根据其权益及形成方式等加以分类。

1. 根据权益的不同,可分为所有权价格、使用权价值、其他权利价格

房地产发生交易行为时,所针对的权益有所有权、使用权、抵押权、租赁权、典权等。所针对的房地产权益不同,其价格就不同,如房地产使用权价格、房地产抵押价格、房地产租赁价格等。房地产的使用权价格,是指房地产使用权的交易价格。一般情况下,房地产所有权价格高于房地产使用权价格。抵押价格是为房地产抵押而评估的房地产价格,由于要考虑抵押贷款清偿的安全性,抵押价格一般要比市场交易价格低。租赁价格是承租方为取得房地产租赁权而向出租方支付的价格。

2. 按价格形成方式可分为市场交易价格、评估价格

市场交易价格是房地产在市场交易中的实际成交价格。在正常的市场条件下，买卖双方均能迅速获得交易信息。买卖双方均以自身利益为前提，在彼此自愿的前提下，以某一价格完成房地产交易。由于交易的具体环境不同，市场交易价格经常波动，可能是公平交易价格，也可能是非公平交易价格。拍卖价格、协议价格、招标价格、转让价格等都属于市场交易价格。市场交易价格一般具有如下作用：它是交易双方收支价款、缴纳契税和管理费的依据等。

评估价格是对市场交易价格的模拟。由于评估人员的经验、对房地产价格影响因素的理解不同，同一宗房地产可能得出不同的评估价格。但在正常的情况下，不论运用何种方法，评估结果不应有太大的差距。房地产评估价格根据使用目的及其作用可分为基准地价、标定地价、房屋重置价格交易底价、课税价格等。其中基准地价、标定地价、房屋重置价格由政府制定，且由政府定期公布。交易底价则不一定由政府制定，由交易有关方面制定。房屋重置价格，是指在重置时的建筑技术、工艺水平、建筑材料价格、工资水平及运输费用等条件下，重新建造与原有房屋结构、式样、设备和装修相仿的新房时所需的费用。课税价格，是政府为课征有关房地产税而由估价人员评估的作为课税基础的价格。

3. 按房地产的实物形态，可划分为土地价格、建筑物价格和房地产价格

土地价格包括基准地价、标定地价和出让底价等。基准地价是按照城市土地级别或均质地域分别评估的商业、住宅、工业等各类用地和综合土地级别的土地使用权的平均价格。基准地价评估以城市为单位进行。标定地价是市、县政府根据需要评估的正常地产市场中，具体宗地在一定使用年限内的价格。标定地价，可以以基准地价为依据，根据土地使用年限、地块大小、土地形状、容积率、微观区域等条件，通过系数修正进行评估得到，也可以通过市场交易资料直接进行评估得到。出让底价是政府出让土地使用权（招标或拍卖）时确定的最低价格，也称起叫价格，若低于这个价格则不出让。出让底价是政府根据土地出让的年限、用途、地产市场行情等因素确定的待出让宗地或成片土地在某时点的价格。建筑物价格是指纯建筑物部分的价格，不包含其占用的土地价格。在现实生活中，很少有单纯建筑物的买卖，因此，建筑物价格很少见。房地产价格，是指建筑物连同其占用的土地的价格。

4. 按房地产价格表示单位，可划分为总价格、单位价格、楼面地价等

房地产总价格是指一宗房地产的整体价格。房地产单位价格有三种情况：对土地而言，是指单位土地面积的土地价格；对建筑物而言，是指单位建筑面积的建筑物价格；对房地产单位价格而言，是指单位建筑面积的房地产价格。楼面地价，又称单位建筑面积地价，是指平均到每单位建筑面积上的土地价格。楼面地价＝土地总价格/建筑总面积，因为建筑总面积/土地总面积＝容积率，所以楼面地价＝土地单价/容积率。

5. 其他价格

主要有公告地价和申报地价等。公告地价，是政府定期公布的土地价格，在有些国家和地区，一般作为征收土地增值税和土地征用补偿的依据。申报地价，是土地所有人或使用人参照公告地价向政府申报的土地价格。

（二）房地产价格的特点

1．房地产价格是权益价格

由于房地产位置不可移动，因此房地产买卖、抵押等并不能转移房地产的物质实体本身，而转移与房地产有关的各种权益。房地产的权益有多种表现形式，如所有权、使用权、抵押权、租赁权等，因此，发生经济行为的房地产转移方式不同，所形成的房地产权益就不同，其权益价格也不相同。

2．房地产价格与用途有关

一般商品的价格由其生产成本、供给和需求等因素决定，其价格一般并不因使用状况不同而产生差别。但是，同样一宗房地产在不同的用途下产生的收益是不一样的。特别是土地，在不同的规划用途下，其使用价值是不一样的，土地价格与其用途相关性极大。例如，在市场经济条件下，一宗土地如果合法地用于经营商业比用于住宅更有利，其价格必然由商业用途决定。

3．房地产价格具有个别性

由于房地产的个别性，没有两宗房地产条件完全一致。同时，房地产价格形成中，交易主体之间的个别因素也很容易起作用。因此，房地产价格的形成具有个别性。由于房地产位置的固定性，其交易往往是单个进行，因此形成的房地产市场是一个不完全竞争市场。

4．房地产价格具有可比性

房地产价格尽管具有与一般商品不同的许多特性，但并不意味着其价格之间互不联系。事实上，人们可以根据房地产价格的形成规律，对影响房地产价格的因素进行比较，据此比较房地产的价格。

三、房地产价格的影响因素

影响房地产价格的因素很多且错综复杂，这些因素作用于房地产价格的影响是不同的，有的有利于提高房地产的价格，有的则起相反的作用。同时，不同的因素对房地产价格的影响程度也不尽相同，有的影响较大，有的则影响甚微。即使同一因素，也会由于房地产的用途、类型等的不同而产生不同的影响。此外，随着时间的变化、地区的不同，影响房地产价格的因素也会发生变化。正因为这样，在进行房地产价格评估时，应明确把握各种影响因素，充分调查和分析过去的变化、现在的状态及未来的趋势，并研究、分析各种因素之间的相互关系。

影响房地产价格的因素，按照它们与房地产的关系，可分为一般因素、区域因素和个别因素三个层次。

（一）一般因素

一般因素是指影响房地产价格的一般、普遍、共同的因素。它通常会对整个房地产市场产生全面的影响，从而成为影响房地产价格的基本因素。

1．社会因素

社会因素包括人口数量、人口素质、家庭规模、政治安定状况、社会治安状况、城市化程度及公共设施的建设状况等。人口因素与房地产价格的关系非常紧密，呈正相关。人口增多，对房地产的需求就增加，在供给相对匮乏的情况下，房价水平趋高。人口素质，包括人们的受教育程度、文明程度等，也可能引起房地产价格的变化。例如，地区居民的素质低、组成复杂，地区社会秩序欠佳，则该地区房地产价格必定低落。家庭规模是指社会或某一地区家庭平均人口数。家庭人口数有变化，即使人口总数不变，也将影响居住单位数的变动，从而影响住宅使用面积数额的变动，导致房地产需求的变化，最终影响到房地产价格。政治安定状况是指现有政权的稳定程度、不同政治观点的党派和团体的冲突情况、民族的团结情况等。一般来说，政局稳定、民族团结、人们安居乐业，房地产价格就会呈上升趋势。社会治安状况对房价的影响主要指不同区域的治安状况对该区域房价的影响。城市化意味着人口向城市地区集中，造成城市房地产需求不断扩大，带动城市房地产价格上涨。另外，公共设施的建设又从成本方面推动房地产价格，从而导致房地产价格上涨。

2．经济因素

经济因素包括经济发展状况，储蓄及投资水平，财政收支及金融状况，物价，工资及就业水平，利率水平等。经济发展状况对房地产价格的影响巨大。经济发展速度快，各行各业对房地产的需求也就相应增大，房地产价格看涨；在经济发展速度放慢甚至萧条时，房地产价格就会出现徘徊甚至回落的情况。因此，从房地产价格的变化也可以反映经济发展的状况。储蓄及投资水平对房地产价格的影响较为复杂。房地产是消费资料和生产资料的综合体，一般来说，随着储蓄水平和投资水平的提高，对房地产的需求就会增加。财政收支和金融状况对房地产价格的影响表现为：财政、金融状况的恶化会导致银根紧缩，从而造成一方面对房地产的需求减退，另一方面因开发资金不足，使房地产的供给量也相应下降。物价波动对房地产价格的影响较为明显，通常来说，当通货膨胀严重时，人们为减少货币贬值带来的损失，往往转向房地产投资，以求保值、增值，从而刺激房地产价格猛涨。在工资及就业水平较高时期，由于人们货币购买力较强，就可能推动房地产价格；反之，失业率上升，问津房地产的人就会减少。利率水平对房地产价格的影响也较为复杂，但一般来讲，利率提高一方面增加房地产的开发成本，另一方面会减少对房地产的投资需求；反之则相反。

3．政策因素

政策因素是指影响房地产价格的制度、政策、法规、行政措施等方面的因素。主要有土地制度、住房制度、城市规划、土地利用规划、房地产价格政策、房地产税收政策等。土地制度对土地价格的影响很大。例如，在我国传统的土地无偿使用的制度下，地租、地价等根本不存在。在市场经济条件下，制定科学、合理的土地制度和政策，不仅使国家作为土地所有者的权益得到体现，而且通过市场形成合理的土地使用权价格，可以大大促进土地的有效使用。住房制度与土地制度一样，对房地产价格的影响也是很大的。实行福利型的住房制度，必然造成住宅房地产价格的低水平，无法促进供给的有效增加，难以形成真正的房地产市场。城市规划、土地利用规划等，对房地产价格都有很大的影响，特别是城市规划中规定的用途、容积率、覆盖率、建筑高度等指标。就规定的用途来说,城市规划把土地规划为住宅区、商业区、工业区等,这就相当于大体上规定了某地区的土地价格。房地产价格政策对房地产价格的影响是通过具体的政策措施来实现的,如果政府试图抑制过高的房价,就会采取一系列有助于降低房价的措施。如降低房产建造相关税费,大力推行廉租房,推行福利政策鼓励租房,限制投资性房屋数量。房地产税收政策对房地产价格的影响是比较明显的,税收的变化必然会直接影响房地产价格。

影响房地产价格的一般因素除了上面所讲的三个方面外,还有自然因素,如日照、气候、温度、湿度、降雨量等。一般因素影响到所有房地产,在所有房地产的价格上体现出来,因而对具体的评估对象而言,一般因素并不是评估中所重点考虑的因素。

(二)区域因素

区域因素是指房地产所在区域的自然、社会、经济、政策等因素相结合所产生的对房地产价格水平的影响因素。这些因素可细分为商业繁华度、道路通达度、交通便捷度、设施完备度和环境质量状况等。

1. 商业繁华度

商业繁华度是指所在区域的商业繁华状况及各级商业中心的位置关系。一般来说,商业繁华程度高,则该地区的房地产价格也高。

2. 道路通达度

道路通达度是指所在区域道路系统的通畅程度。道路的级别(一般分为主干道、次干道、支路)越高,则该区域的房地产价格也越高。

3. 交通便捷度

交通便捷度是指区域交通的便捷程度,包括公共交通系统的完善程度和便利程度。交通越是便捷,房地产价格就越高。

4. 设施完备度

设施完备度是指城市的基础设施、生活设施、文化娱乐设施等的完备程度。基础设施主要包括供水、排水、供电、供气、供热、通信等设施;生活设施主要包括学校、医院、农贸市场、银行、邮电局等设施;文化娱乐设施主要包括电影院、图书馆、博物馆、俱乐部、文化馆、公园、体育场馆等设施。这些设施的完备程度对房地产价格有较大的影响,设施越是完备,房地产价格就越高。

5. 环境质量状况

环境质量状况是指区域景观环境、人文环境、社区环境等状况,包括景观、绿化、空气质量、区域居民素质、社区文化、污染等状况。一般来说,环境优美、清新,则该区域的房地产价格水平会较高。

当然,在进行房地产评估时,应注意评估对象的用途。因为,不同用途的房地产,所考虑的区域因素是不同的,且同一种因素对不同用途的房地产来说,其影响的方向、影响的程度均会有所不同,如对于临街的住宅,车水马龙、人来人往是一个不利因素,但对于商铺来说却是个有利因素。

（三）个别因素

个别因素是指房地产的个别性对房地产个别价格的影响因素，它是决定相同区域房地产出现差异价格的因素，包括土地个别因素和房屋建筑物个别因素两个方面。

1. 土地个别因素

不同用途的土地个别因素并不完全一致，对土地价格影响较大的个别因素主要有下述几个方面。

1）位置、面积、地势、地质

位置的差异可带来收益上的差异、生活环境的差异，要获得位置好的地段，必然要支付较高的代价。土地面积大小对于土地的利用有一定的制约作用，土地面积对土地价格的影响主要是通过它与土地利用性质是否匹配发挥作用的。如果土地面积过小，其可利用的范围就会缩小，从而影响地价。地势即与相临地块的高低关系，一般来说，地势高的土地价格要高于地势低的土地价格。地质条件与地价的关系是正相关的，即：地质条件越好，地价越高；地质条件低劣，地价则低。

2）形状、宽度、深度

土地的形状可能是矩形、三角形或不规则形。通常，地块形状使用的效用大，则价格就高，临街宽度与深度对商业地块的价格影响很大，一般来说，宽度增大，土地的价格也增加，如宽度与深度适当，则可使地块充分发挥面积的效用。

3）临街状况

地块的临街状况对地价的影响很大，街角地处于两条街道交叉或拐角处，对商用房地产最能发挥效用，从而使地价提高。但对于居住用房地产来说，街角地对地价的影响则相反。一面临街的地块，其商用价值低于街角地。袋地深入到街区的腹地，通过巷道与街道相连，从而造成了不利的位置条件，其商用价值较低，但袋地用于住宅建设时，地价可能高于商用，这要看袋地的采光、通风、视野、防火等情况。盲地一般指未接公共道路的宗地，其价格一般较低。

4）规划用途、容积率、使用年限

土地的用途对地价的影响很大，同样一块土地规划为不同的用途，则地价不同。一般来说，对于同一宗土地，商业用途、住宅用途、工业用途的地价是递减的。容积率是影响地价的一个主要因素，容积率越大，地价就越高。使用年限对地价影响也较大，土地使用年限越长，则地价越高。

5）生熟程度

生熟程度是指被开发的程度，土地的被开发程度越高，则地价也越高。土地有生地、毛地、熟地之分，熟地的价格要高于生地和毛地的价格。

2. 房屋建筑物个别因素

影响房地产价格的个别因素主要有下述几个方面。

1）层数和高度

房屋建筑物的层数是指房屋的自然层数，一般按室内地坪±0以上计算。采光窗在室外地坪以上的半地下室，其室内层高在 2.20 米以上（不含 2.20 米）的，计算自然层数。

房屋总层数为房屋地上层数与地下层数之和。假层、附层（夹层）、插层、阁楼（暗楼）、装饰性塔楼，以及突出屋面的楼梯间、水箱间不计层数。这里的地下室是指房屋全部或部分在室外地坪以下的部分（包括层高在2.2米以下的半地下室），房间地面低于室外地平面的高度超过该房间净高的1/2者。半地下室是指房间地面低于室外地平面的高度超过该房间净高的1/3，且不超过1/2者。

房屋建筑物一般按总层数划分：1至3层的为低层住宅；4至6层的为多层住宅；7至9层的为中高层住宅；10层及10层以上的为高层住宅。另外，除住宅建筑之外的民用建筑高度不大于24米的为单层和多层建筑，大于24米的为高层建筑（不包括建筑高度大于24米的单层公共建筑）。建筑高度大于100米的民用建筑为超高层建筑。

2）面积、小区容积率和绿化率

房屋建筑物的面积具体分为建筑面积、使用面积、公用面积等。建筑面积指建筑物外墙外围所围成空间的水平投影面积。如果计算多层、高层住宅的建筑面积，则是各层建筑面积之和。建筑面积包含了房屋居住的可用面积、墙体柱体占地面积、楼梯走道面积、其他公摊面积等。使用面积指住宅各层平面中直接供住户生活使用的净面积之和。住宅使用面积比较直观地反映住宅的使用状况。在住宅买卖中，一般按照建筑面积来计算房屋总价格，而不是采用使用面积来计算。公用面积指住宅楼内为住户出入方便、正常交往、保障生活所设置的公共走廊、楼梯、电梯间、水箱间等所占面积的总和。房地产开发商在出售商品房时，计算的建筑面积中包含了公共面积的分摊部分。

小区容积率是住宅小区建筑总面积与住宅小区占地面积的比。例如，某住宅小区的占地面积为1万平方米，该小区的建筑总面积为4000平方米，则该住宅小区的容积率为0.4。建筑密度是指住宅小区各类建筑物的基底总面积与住宅小区占地面积的比，反映住宅小区内建筑物的密集程度和空地率。绿化率是住宅小区内的绿化面积与住宅小区占地面积之比。对购房者而言，小区绿化率越高，居住越舒适。

3）建筑结构

房屋建筑物的结构主要根据房屋建筑物承重构件进行区分。承重构件一般包括梁、柱、墙、楼地面等构件。根据承重构件所用的建筑材料不同，建筑结构大致可以分为钢结构、钢筋混凝土结构、混合结构、砖木结构和其他结构等。具体如表6-1所示。

表6-1　房屋建筑物的建筑结构类型

钢结构	承重的主要构件用钢材料建造，包括悬索结构等。如大型体育场等
钢、钢筋混凝土结构	承重的主要构件用钢、钢筋混凝土建造。如一幢房屋的一部分梁柱采用钢制构架，一部分梁柱采用钢筋混凝土构架建造而成
钢筋混凝土结构	承重的主要构件用钢筋混凝土建造。包括薄壳结构、大模板现浇结构及使用滑模、升板等先进施工方法建造的钢筋混凝土结构的建筑物。 钢筋混凝土结构进一步可分为框架结构、排架结构和剪力墙结构。框架结构以钢筋混凝土的柱、梁、板组成的空间结构体系作为骨架，常用于大跨度的公共建筑，如剧场、商场等。排架结构采用钢筋混凝土柱和屋架构成的排架作为其承重骨架，外墙起围护作用，单层厂房是其典型。剪力墙结构的楼板与墙体均为现浇或预制钢筋混凝土结构，多被用于高层住宅楼和公寓建筑

续表

混合结构	承重的主要构件用钢筋混凝土和砖木建造。如一幢房屋的梁用钢筋混凝土制成,以砖墙为承重墙;或者梁用木材建造,柱用钢筋混凝土建造
砖木结构	承重的主要构件用砖、木材建造。如一幢房屋是木制屋架、砖墙、木柱建造的
其他结构	凡不属于上述结构的房屋都归此类。如竹结构、砖拱结构、窑洞等

高层建筑采用的都是钢结构和钢筋混凝土结构,多层建筑可以采用混合结构,而一般低矮的建筑才采用砖木结构。

在单独评价房屋建筑物时建筑结构的差异是构成房屋建筑物价格差异最主要的因素,钢结构和钢筋混凝土结构的房屋单方造价最高,混合结构相对较低,砖木结构的最低。

4)设计风格、装修、设备

房屋建筑物的设计风格影响视觉效果与使用功能,对房屋建筑物的建造成本有较大影响。一般来说,房屋建筑物的布局、造型及使用功能合理,房屋价格就高。房屋的装修包括内装修和外装修,内装修指的是房屋内部的装修,包括地面装修,墙面装修,天棚装修和门窗装修等;外装修指的是房屋外表面的装修,常见有玻璃幕墙,石材饰面和涂料饰面。装修根据档次不同,单方造价会有很大的差别。房屋为满足人类的使用功能还要配备相应的给排水工程、电气照明工程、电气动力工程、空调工程、通风工程、消防工程、通信工程、安防工程和楼宇智能化工程。

5)楼层、朝向

楼层的高低影响房屋的使用功能和使用的方便性、舒适性,进而影响房价。房屋的朝向影响房屋的通风、采光及视野等。楼层、朝向一般共同影响房屋使用的舒适性。

6)政府各种法规的限制

如政府对住宅区绿地面积的规定,对房屋间距的规定,消防对建筑的要求及建筑高度限制等,都会影响到房价。

 【拓展阅读】

我国地大物博,建筑艺术源远流长。不同地域其建筑艺术风格等各有差异,但其传统建筑的组群布局、空间、结构、建筑材料及装饰艺术等方面却有着共同的特点,区别于西方,享誉全球。中国古代建筑的类型很多,主要有宫殿、坛庙、寺观、佛塔、民居和园林建筑等。这些传统建筑承载了我国悠久的历史传统文化和民族特色。例如,传统建筑的大门、大窗、大进深、大屋檐,不仅给人以舒展的感觉,而且大屋檐下形成的半封闭的空间,既遮阳避雨,起庇护作用,又视野开阔,直通大自然,充分体现了我国传统建筑"天人合一"的思想。

四、房地产评估的原则

所谓房地产评估,是专业评估人员为特定目的对房地产的特定权益在某一特定时点上的价格进行估计。由于土地具有固定性、稀缺性、个别性等特性,房地产市场是一个不完全竞争即不充分市场。房地产价格通常依交易要求个别形成,受许多个别因素影响,因此评估师在评估时,是在个人经验基础之上对市场做出判断,是科学方法和经验判断的结合。评估师在进行评估活动时,必须受到行业行为准则的约束,需要在一定的评估原则下开展评估活动。在进行房地产评估时,除了需要遵循供需原则、替代原则、贡献原则和预期收益原则,还特别需要注意遵循最有效使用原则和合法原则。

(一)最有效使用原则

土地及其建筑物可以有商业、工业、住宅等多种用途。但同一房地产在不同用途状况下,其收益并不相同。房地产权利人为了获得最大的收益总是希望房地产达到最佳使用的状态。但是房地产的最佳使用必须在法律、法规允许的范围内,必须受城市规划的制约。在市场经济条件下,房地产用途可以通过竞争决定,使房地产达到最有效的使用状态。因此,评估房地产价值时,不能仅仅考虑房地产现时的用途和利用方式,而是要结合预期原则考虑何种情况下房地产才能达到最佳使用状态及实现的可能,以最佳使用所能带来的收益评估房地产的价值。

(二)合法原则

合法原则是指房地产评估应以评估对象的合法产权、合法使用和合法处分等为前提进行。在分析房地产的最有效使用时,必须根据城市规划及有关法律的规定,依据规定用途、容积率、建筑高度与建筑风格等确定该房地产的最有效使用。又如,测算房地产的净收益时,其经营用途应为合法用途,比如不能用作赌场。城市规划为居住用地的,评估该地块价值时,必须以居住用地作为其用途,不能当作工业用地或商业用地。测算房地产的净收益时,不能以临时建筑或违章建筑的净收益作为测算依据。

资料卡 6-1

资产评估执业准则——不动产
目标:了解资产评估执业准则——不动产

五、房地产评估的程序

房地产评估一般应依照以下程序进行:明确评估基本事项,签订评估合同,制订工作计划,实施勘察与搜集资料,测算被估房地产的价值,确定评估结果和撰写评估报告。

(一)明确评估基本事项

在评估房地产时,必须了解评估对象的基本情况,这是拟订房地产评估方案、选择评估方法的前提。评估事项包括下述内容。

1. 明确评估目的

不同的评估目的,其所评估的价值的内涵也不完全相同。如土地使用权出让评估、房地产租赁价值评估等,因此在受理评估业务时,通常由委估方提出评估目的,并将评估目的明确地写在评估报告上。

2. 了解评估对象

即对被估房地产的实体和权益状态进行了解。对房地产的实体了解包括：土地面积，土地形状，临路状况，土地开发程度，地质、地形及水文状况，建筑物的类型、结构、面积、层数、朝向、平面布置、工程质量、新旧程度、装修和室内外的设施等。对房地产的权益状态了解包括土地权利性质、权属、土地使用权年限、建筑物的权属、评估对象设定的其他权利状况等。

3. 确定评估基准日

所谓确定评估基准日，就是确定待估对象的评估时点，通常以年、月、日表示。由于房地产价格经常处于变化之中，所以必须明确所评估的是某一具体时点的价值。

（二）签订评估合同

在明确评估基本事项的基础上，双方便可签订评估合同，用法律的形式保护各自的权益。评估合同是委托方和受理方就评估过程中双方的权利和义务达成的协议，包括对评估对象、评估目的等事宜的约定。一旦确定，评估人员必须按期保质完成。评估合同的内容要明确规定双方的权利和应尽的义务，及对违反合同的处理办法。一旦合同签订后，任何一方未经对方同意不得随意更改合同内容，如有未尽事宜，必须通过双方协商解决。

（三）制订工作计划

制订工作计划，就是对评估工作日程、人员组织等做出安排。在对被评估对象有基本了解后，就可以对资料的搜集、分析和价值的测算等工作程序和组织做出科学的安排。工作计划的合理制订，有助于提高工作效率和评估质量。

（四）实地勘察与搜集资料

虽然受理评估业务时评估师已通过对方提供的资料大体了解到评估对象的基本状况，但此时评估师仍需亲临现场勘察。因为评估需要的资料和数据十分广泛，委托方提供的资料有限，并不能完全满足评估工作的需要。房地产市场是地域性很强的市场，交易都是个别交易，非经实地勘察难以对房地产进行评估。实地勘察就是评估人员亲临房地产所在地，对被估房产实地调查，以充分了解房地产的特性和所处的区域环境。实地勘察要做记录，形成工作底稿。

评估资料的搜集在评估过程中是一项耗时较长而且艰苦、细致的工作。需要搜集的资料包括：①评估对象的基本情况。②有关评估对象所在地段的环境和区域因素资料。③与评估对象有关的房地产市场资料，如市场供需状况、建造成本等。④国家和地方涉及房地产评估的政策、法规和定额指标。获得上述资料的途径除了委托方提供外，主要是通过现场的勘测和必要的调查访问。

（五）测算被估房地产价值

在调查研究和资料分析的基础上，便可以根据选定的评估方法，进行价值测算。评估的基本方法有成本法、市场法和收益法。由这三种基本评估方法所派生的其他评估方法，如假设开发法、路线价法、长期趋势法等,也是目前常用的评估方法。由于被估房地产的性质和资料取得的难易不同,并非每种评估方法都适用于各类具体条件下的房地产。为求得一个公平、合理的价值,一般以一种评估方法为主,同时以另一种方法或几种评估方法为辅,以求互相对照和检验修正。

无论采用何种方法,评估师应对搜集到的数据、参数进行认真的分析,特别是对一些有变化幅度的参数,如市场法中的修正系数,收益法中的折现率或资本化率,成本法中的土地开发成本、房屋新旧程度等,这些参数虽然都有一些经验数据可供参考,但最终确定还要依靠评估师的正确判断和选择。此时,评估师的经验对计算结果具有重要的影响。

(六)确定评估结果

同一宗房地产运用不同评估方法评估出来的价值往往不一致,需要进行综合分析。综合分析是对所选用的资料、评估方法及评估程序的各个阶段做客观的分析和检查。此时应特别注意以下几点:所选用的资料是否适当;评估原则的运用是否适当;资料分析是否准确,特别是对影响因素权重的赋值是否恰当。

(七)撰写评估报告

评估报告是评估过程和评估成果的综合反映。通过评估报告,不仅可以得到房地产评估的最后结果,还能了解整个评估过程的技术思路、评估方法和评估依据。

第二节　成本法在房地产评估中的应用

成本法是以重置一宗与待估房地产同等效用的房地产所需投入的各项费用之和为依据,再加上合理的利润和税金来确定房地产价格。房地产评估的成本法和一般意义上的成本法是不同的,评估结果不是房地产的成本价,而是从再取得房地产的角度评判其交换价值。成本法的评估对象可以具体划分为以下三类:一是新开发的土地;二是新建的房地产;三是旧的建筑物。

成本法与其他评估方法相比具有特殊的用途,一般适用于房地产市场发育不成熟,成交实例不多,无法利用市场法和收益法等进行评估的情况。特别适用于那些既无收益又很少发生交易的房地产的评估,如政府的办公楼、学校、图书馆、医院、军队、公园等公用、公益性房地产,以及只针对个别用户的特殊需要而开发建造的房地产。

一、土地评估中成本法的操作步骤

土地评估中成本法的计算公式为

土地价值＝土地取得费＋土地开发成本＋利息＋利润＋税费＋土地增值收益

(一)土地取得费

土地取得费,是为取得土地而向原土地使用者支付的费用,分为两种情况。

(1)国家征用集体土地而支付给农村集体经济组织的费用,包括土地补偿费、地上附着物和青苗补偿费及安置补助费等。一般认为，土地补偿费中包含一定的级差地租。地上附着物和青苗补偿费是对被征地单位已投入土地而未回收的资金的补偿，类似地租中所包含的投资补偿部分。安置补助费是为保证被征地农业人口在失去其生产资料后的生活水平不致降低而设立的，因而可以看成是从被征土地未来产生的增值收益中提取部分作为补偿。

按照《中华人民共和国土地管理法》的有关规定：征用耕地的补偿费用包括土地补偿费、安置补助费及地上附着物和青苗的补偿费。征用耕地的土地补偿费，为该耕地被征用前3年平均产值的6～10倍。征用耕地的安置补助费，按照需要安置的农业人口数计算；需要安置的农业人口数，按照被征用的耕地数量除以征地前被征用单位平均每人占有耕地的数量计算。每一个需要安置的农业人口的安置补偿费标准，为该耕地被征前3年平均年产值的4～6倍。但是，每公顷被征用耕地的安置补助费，最高不得超过被征用前3年平均年产值的15倍。征用其他土地的土地补偿费和安置补助费标准，由各省、自治区、直辖市参照征用耕地的土地补偿费和安置补助费的标准规定。被征用土地上的附着物和青苗的补偿标准，由省、自治区、直辖市规定。征用城市郊区的菜地，用地单位应当按照国家有关规定缴纳新菜地开发建设基金。另外，按照以上规定支付土地补偿费和安置补助费，尚不能使需要安置的农民保持原有生活水平的，经省、自治区、直辖市人民政府批准，可以增加安置补助费。但是，土地补偿费和安置补助费标准的总和不得超过土地被征用前3年平均年产值的30倍。在特殊情况下，国务院根据社会经济发展水平，可以提高被征用耕地的土地补偿费和安置补助费标准。

（2）为取得已利用城市土地而向原土地使用者支付的拆迁费用，这是对原城市土地使用者的土地投资未收回部分的补偿，补偿标准各地均有具体规定。

（二）土地开发成本

一般来说，土地开发成本涉及基础设施配套费、公共事业建设配套费和小区开发配套费。

（1）基础设施配套费。对于基础设施配套常常概括为"三通一平"和"七通一平"。"三通一平"是指通水、通路、通电和平整地面；"七通一平"是指通上水、通下水、通电、通信、通气、通热、通路和平整地面。

（2）公共事业建设配套费。主要指邮电、图书馆、学校、公园绿地等设施的费用。这与项目大小、用地规模有关，各地情况不一，视实际情况而定。

（3）小区开发配套费。同公共事业建设配套类似，各地根据用地情况确定合理的项目标准。

（三）投资利息

投资利息就是资金的时间价值。在用成本法评估土地价值时，投资包括土地取得费和土地开发费两大部分。这两部分资金的投入时间和占用时间不同，因此要分别考虑其计息期。土地取得费在土地开发开工前即要全部付清，在开发完成销售后方能收回，因此，计算期应为整个开发期和销售期。而土地开发费在开发过程中逐步投入，销售后收回,若土地开发费是均匀投入,则计息期为开发期的一半。

(四)投资利润

投资的目的是获取相应的利润作为投资的回报,土地投资当然也要获取相应的利润。该利润计算的关键是确定销售利润率或投资回报率。利润率计算的基数可以是土地取得费和土地开发费,也可以是开发后土地的地价。计算时,要注意所用利润率的内涵。

(五)税费

即整个开发过程中涉及的税金和费用,可以按照国家税收政策和法规来确定。

(六)土地增值收益

土地增值收益主要是由于土地的用途改变或土地功能变化而引起的。由农业用地转变为建设用地,新用途的土地收益将远高于原用途土地,必然会带来土地增值收益。由于这种增值是土地所有者允许改变土地用途带来的,因此,应归土地所有者所有,土地价格中应该考虑土地增值收益。

根据计算公式,前四项(或五项)之和为成本价格,成本价格乘以土地增值收益率即为土地所有权收益。目前,土地增值收益率通常为 $10\%\sim25\%$。

二、新建房地产评估中成本法的操作步骤

$$新建房地产价值＝土地取得费用＋开发成本＋管理费用＋$$
$$投资利息＋销售税费＋正常利润$$

(一)土地取得费用

土地取得的途径有征用、拆迁改造和购买等,根据取得土地的不同途径,可分别测算取得土地的费用,包括取得有关土地的手续费及税金。

(二)开发成本

开发成本包括勘察设计和前期工程费、基础设施建设费、建筑安装工程费、公共配套设施费和其他税费及间接费用。

1. 勘察设计和前期工程费

勘察设计和前期工程费包括临时用地、水、电、路、场地平整费,工程勘察测量及工程设计费,城市规划设计、咨询、可行性研究费,建设工程许可证执照费等。

2. 基础设施建设费

基础设施建设费包括由开发商承担的自来水、雨水、污水、煤气、热力、供电、电信、道路、绿化、环境卫生、照明等建设费用。

3. 建筑安装工程费

开发商取得土地后将建筑工程全部委托给建筑商施工,开发商应当付给建筑商的全部费用,包括建筑安装工程费、招投标费、预算审查费、质量监督费、竣工图费等。

4. 公共配套设施费和其他税费

公共配套设施费和其他税费包括由开发商支付的非经营性用房如居委会、派出所、托幼所、自行车棚、信报箱、公厕等,附属工程如锅炉房、热力点、变电室、开闭所、煤气调压站的费用等,文教卫生如中小学、文化站、门诊部、卫生所用房的建设费用。而商业网点如粮店、副食店、菜店、小百货店等经营性用房的建设费用应由经营者负担,按规定不计入商品房价格。

5. 开发过程中的税费及其他间接费用

包括项目开发管理人员的工资、办公费用、项目营销设施建造费等费用。

(三)开发利润

以土地取得费用和开发成本之和作为利润计算的基数。利润率应根据开发类似房地产的平均利润率来确定。

(四)管理费用

管理费用主要是指开办费和开发过程中管理人员的工资等。

(五)投资利息

投资利息是以土地取得费用和开发成本之和作为计算利息的基数。计算期的确定如前所述。

(六)销售税费

销售税费一般包括下列支出:

1. 销售费用

销售费用包括广告宣传费用、展销费、销售人员的工资、办公费用、委托销售代理费及其他在销售过程中发生的费用。

2. 销售税金及附加

销售税金及附加包括应缴纳的营业税、城市维护建设税和教育费附加等。

3. 其他销售税费

其他销售税费包括应由开发商负担的印花税、土地增值税、交易手续费、空房看管费、保修期内的维修费等。销售税费可根据税法和政府的有关收费标准来测算。

三、旧建筑物评估中成本法的操作步骤

应用成本法评估旧建筑物,应该以旧建筑物的重新建造成本为基础,结合建筑物的贬值来确定。

$$旧建筑物价值 = 重置成本 - 年贬值额 \times 已使用年数$$

或

$$旧建筑物价值 = 重置成本 \times 成新率$$

(一)重置成本

建筑物的重置成本是指重新建造与旧建筑物完全相同或具有相同效用的新建筑物所

需的一切费用与相关的税金和正常利润之和。

(二)年贬值额

贬值额是指建筑物的价值减损。这里所指的贬值与会计上的折旧的内涵是不一样的。建筑物的价值减损,一般由两方面因素引起。一方面是物理、化学因素,即因建筑物使用而使建筑物磨损、建筑物自然老化及自然灾害引起的建筑物结构缺损和功能减弱,这种减损又被称为有形损耗。另一方面是社会经济因素,即由于技术革新、建筑工艺改进或人们观念的变化,引起的建筑物陈旧、落后,致使其价值降低,这种减损称为无形损耗。

计算年贬值额的方法很多,常用的方法是直线法,又称定额法,即假设建筑物的价值损耗是均匀的,在耐用年限内每年的贬值额相等。建筑物贬值额的公式为

$$D = (C - S) \div N = C \times (1 - R) \div N$$

式中：D——年贬值额;

C——建筑物的重新建造成本;

S——建筑物的净残值,即建筑物在达到耐用年限后的剩余价值扣除旧建筑物拆除、清理等处理费用后所剩余的价值;

N——建筑物的耐用年限;

R——建筑物的残值率,即建筑物的净残值与重新建造成本的比率。

根据中华人民共和国国家标准《房地产估价规范》(GB/T 50291—2015),各种结构房屋的经济耐用年限参考值如下：

钢结构：生产用房 70 年,非生产用房 80 年;

钢筋混凝土结构：生产用房 50 年,非生产用房 60 年;

砖混结构一等：生产用房 40 年,非生产用房 50 年;

砖混结构二等：生产用房 40 年,非生产用房 50 年;

砖木结构一等：生产用房 30 年,非生产用房 40 年;

砖木结构二等：生产用房 30 年,非生产用房 40 年;

砖木结构三等：生产用房 30 年,非生产用房 40 年;

简易结构：10 年。

在评估实务中,耐用年限还可用下式计算：

耐用年限＝建筑物已使用年限＋建筑物尚可使用年限

(三)成新率

建筑物的成新率测算主要采用使用年限法和打分法两种方法。

1. 使用年限法

建筑物成新率＝建筑物尚可使用年限 ÷ (建筑物实际已使用年限 ＋
建筑物尚可使用年限) × 100%

2. 打分法

打分法是指评估人员借助于建筑物成新率的评分标准,包括建筑物整体成新率评分

标准,以及按不同构成部分的评分标准进行对照打分,得出或汇总得出建筑物的成新率。具体操作时可按评分标准对建筑物的结构、装修、设备三个部分分别打分,然后再对三个部分的得分进行修正,最后得出建筑物的成新率。可参照下列公式进行。

$$成新率 = (G \times 结构部分合计得分 + S \times 装修部分合计得分 + B \times$$

$$设备部分合计得分) \div 100 \times 100\%$$

式中:G 为结构部分的评分修正系数;S 为装修部分的评分修正系数;B 为设备部分的评分修正系数。

不同结构类型房屋成新率评分修正系数表,如表 6-2 所示。

表 6-2　不同结构类型房屋成新率评分修正系数表

	钢筋混凝土结构			砖混结构			砖木结构			其他结构		
	结构部分 G	装修部分 S	设备部分 B	结构部分 G	装修部分 S	设备部分 B	结构部分 G	装修部分 S	设备部分 B	结构部分 G	装修部分 S	设备部分 B
1 层	0.85	0.05	0.1	0.7	0.2	0.1	0.8	0.15	0.05	0.87	0.1	0.03
2～3 层	0.8	0.1	0.1	0.6	0.2	0.2	0.7	0.2	0.1	—	—	—
4～6 层	0.75	0.12	0.13	0.55	0.15	0.3	—	—	—	—	—	—
7 层以上	0.8	0.1	0.1	—	—	—	—	—	—	—	—	—

四、应用举例

例 6-1　某市经济技术开发区内有一块土地面积为 15 000 平方米,该地块的土地征地费用(含安置费、拆迁费、青苗补偿费和耕地占用税)为每亩 10 万元,土地开发费为每平方公里 2 亿元,土地开发周期为两年,第一年投入资金占总开发费用的 35%,开发商要求的投资回报率为 10%,当地土地出让增值收益率为 15%,银行贷款年利率为 6%,试评估该土地的价值。

该土地的各项投入成本均已知,可用成本法评估。

(1) 计算土地取得费。

$$土地取得费 = 10(万元 / 亩) = 150(元 / 平方米)$$

(2) 计算土地开发费。

$$土地开发费 = 2(亿元 / 平方公里) = 200(元 / 平方米)$$

(3) 计算投资利息。

土地取得费的计息期为两年,土地开发费为分段均匀投入,则

$$土地取得费利息 = 150 \times [(1 + 6\%)^2 - 1] = 18.54(元 / 平方米)$$

$$土地开发费利息 = 200 \times 35\% \times [(1 + 6\%)^{1.5} - 1] + 200 \times 65\% \times [(1 + 6\%)^{0.5} - 1]$$

$$= 6.39 + 3.84 = 10.23(元 / 平方米)$$

(4) 计算开发利润。

$$开发利润 = [(1) + (2)] \times 10\% = 35(元 / 平方米)$$

(5) 计算土地增值收益。

$$土地增值收益 = [150 + 200 + 18.54 + 10.23 + 35] \times 15\% = 62.07(元 / 平方米)$$

(6) 计算土地价值。

土地单价＝(1)＋(2)＋(3)＋(4)＋(5)

＝150＋200＋18.54＋10.23＋35＋62.07＝475.84(元／平方米)

土地总计＝475.84×15 000＝7 137 600(元)

该宗地单价为 475.84 元/平方米,总价为 7 137 600 元。

例 6-2 某建筑物为钢筋混凝土结构,建于 2012 年 8 月,经济寿命为 60 年。经调查测算,现在重新建造全新状态的该建筑物的建造成本为 800 万元(建设期为 2 年,假定第一年投入为建造成本的 60%,第二年投入 40%,均为均匀投入),管理费用为建造成本的 3%,年利息率为 6%,销售税费为 55 万元,开发利润为 120 万元。该建筑物因供暖系统设计不合理造成的功能性贬值为 21 万元,假设残值率为零。计算该建筑物 2022 年 8 月的评估价值。

1. 计算建筑物的重置成本

建造成本＝800(万元)

管理费用＝800×3%＝24(万元)

投资利息＝$(800+24)×60%×[(1+6\%)^{1.5}-1]+(800+24)×$

$40\%×[(1+6\%)^{0.5}-1]=54.90$(万元)

建筑物的重置成本＝800＋24＋54.90＋55＋120＝1 053.9(万元)

2. 计算建筑物的贬值

被评估建筑物的贬值＝1 053.9×10/60＝175.65(万元)

3. 计算建筑物的评估价值

该建筑物的功能性贬值为 21 万元,该建筑物利用率较高,不存在闲置的现象,不存在经济性贬值因素。

建筑物的评估价值＝1 053.9－175.65－21＝857.25(万元)

第三节　市场法在房地产评估中的应用

用市场法求取一宗待评估房地产价格时,依据替代原理,将待评估房地产与类似房地产的近期交易价格进行比较,通过对交易情况、交易日期、区域因素和个别因素等进行修正,得出待评估房地产在评估基准日的价格。

一般来说,只要有与被评估房地产相类似的交易实例都可应用市场法。因此,在房地产市场比较发达的情况下,市场法得到广泛应用。在同一地区或同一供求范围内的类似地区中,与待估房地产相类似的房地产交易越多,市场法的应用就越有效。

一、计算公式

$$P = P' \times A \times B \times C \times D$$

式中：P——待评估房地产评估价格；

P'——可比交易实例价格；

A——交易情况修正系数；

B——交易日期修正系数；

C——区域因素修正系数；

D——个别因素修正系数。

评估值＝参照物成交价×(A) 正常交易情况指数/参照物交易情况指数[100/( )]

　　　　　　×(B) 评估基准日价格指数/参照物交易时价格指数[( )/100]

　　　　　　×(C) 待评估对象区域因素/参照物区域因素 [100/( )]

　　　　　　×(D) 待评估土地容积率/参照物土地容积率

　　　　　　×(D) 待评估土地使用年限因素/参照物土地使用年限因素

　　　　　　×(D) 待评估其他个别因素/参照物其他个别因素 [100/( )]

上述公式中,各个因素比较均为待估房地产的可比特征与参照物可比特征之比,即都是以评估对象为标准的。

A：正常交易定量值定为100,通过参照物实际交易与正常交易比较确定参照物交易的定量值。

B：交易日期修正系数,是待评估房地产交易日物价指数与参照物交易日物价指数之比。

C：区域因素一般采用打分法进行评价。区域因素修正系数为待评估房地产区域因素评价值与参照物区域因素评价值之比。

D：个别因素一般包括容积率因素、土地使用年限因素与其他个别因素。

 即问即答

容积率是什么?

【解析】 容积率是指一个小区的地上建筑总面积与用地面积的比率,又称建筑面积毛密度。对于开发商来说,容积率决定地价成本在房屋中占的比例,而对于住户来说,容积率直接涉及居住的舒适度。一个良好的居住小区,高层住宅容积率应不超过5,多层住宅应不超过3,绿地率应不低于30%。容积率也是衡量建设用地使用强度的一项重要指标,容积率的值是无量纲的比值。容积率越低,居民的舒适度越高,反之则舒适度越低。

二、操作步骤

(一) 搜集交易资料

运用市场法评估房地产,必须以大量的交易资料为基础,如果资料太少,则评估结果难免失真。所搜集的交易资料一般包括房地产的坐落位置、用途、交易价格、交易日期、交易双方的基本情况、建筑物结构、设备及装修情况、周围环境及市场状况等。对于搜集到的每一个交易实例、每一个内容,都需要查证,做到准确无误。另外,所选取的交易案例资料不应该超过5年。

（二）确定可比交易案例

评估人员应对从各个渠道搜集的交易实例进行筛选，选择其中符合本次评估要求的交易对象作为供比较参照的交易实例。为确保估价精度，参照物交易实例的选取要注意以下几点：一是应是相邻或类似地区中的交易实例；二是与待估房地产属于同一交易类型，且用途相同；三是参照物的交易应属于正常交易或可修正为正常交易；四是与待估房地产的估价日期接近；五是与待估房地产的区域特征、个别特征相近。

（三）因素修正

1. 交易情况修正

交易情况修正就是剔除交易行为中的一些特殊因素所造成的交易价格偏差，使所选择的参照物交易实例的交易价格成为正常价格。特殊因素对交易情况的影响主要表现在以下几个方面：①有特别利害关系人之间的交易，如亲友之间、有利害关系的单位之间的交易，通常价格偏低。②有特殊动机的交易，如急于脱手的价格往往偏低，急于购买的价格往往偏高。③有意为逃避交易税签订虚假交易合同，造成交易价格偏低。④买方和卖方不了解市场行情，盲目购买或出售，使交易价格偏高或偏低。上述情况对交易价格的影响主要由评估人员靠经验加以判断和修正。

2. 交易日期修正

由于参照物交易实例与待估房地产的交易时间不同，价格会发生变化，因此，必须进行适当的交易日期修正。交易日期修正一般是利用价格指数，将交易实例当时的交易价格，修正为评估基准日价格。利用价格指数进行交易日期修正的公式为：评估基准日的交易实例价格＝交易实例当时成交价格×评估基准日价格指数/交易日价格指数。值得注意的是，所选用的价格指数应该是本地区的房地产价格指数。当缺乏这样的资料时，可以通过调查本地区过去不同时间的数宗类似房地产的交易价格，并测算出这些房地产价格随时间变化的变动率，以此代替房地产价格指数。

3. 区域因素修正

区域因素修正主要内容包括参照物交易实例所在区域与待估房地产所在区域在繁华程度、交通状况、环境质量、城市规划等方面的差异。进行因素修正时，主要有两种方法。一是直接比较法，即把待估房地产区域因素具体化、分值化。如把待估房地产区域因素具体细化为繁华程度、交通通达状况、基础设施完备程度、公共设施完备程度等，并给出分值，再以此为基准，将所选择的参照物的各因素与它逐项比较打分，求得各个参照物的区域因素修正比率。二是间接比较法，即假想一块标准房地产，以其具体区域因素状况及其分值为基准，参照物房地产与待估房地产的具体区域因素均与其逐项比较打分，求得参照物和待估房地产的区域因素值及区域因素修正比率。

4. 个别因素修正

个别因素修正主要内容包括参照物的交易实例与待估房地产在面积、形状、临街状态、位置、地势、土地使用年限、建筑物结构、朝向、装修、设备、已使用年限等方面的差异。个别因素修正的方法与区域因素修正的方法大致相同。

5. 容积率修正

容积率与地价指数相关,可以根据容积率与地价指数的对应关系,确定不同的容积率对应的地价指数,然后将容积率的对比转化为地价指数的比较;也可将容积率与修正系数直接联系进行比较。

6. 使用年限修正

土地使用年限修正系数的数学表达式为

$$K = \left[1 - \frac{1}{(1+r)^m}\right] \bigg/ \left[1 - \frac{1}{(1+r)^n}\right]$$

式中:K——将可比实例年期修正到待评估对象使用年期的年期修正系数;

r——还原利率;

m——待评估对象的使用年期;

n——可比实例的使用年期。

(四)确定房地产价格

按照要求,采用市场法评估房地产至少应选择三个以上参照物交易实例,通过对比修正后,得到三个以上初步评估结果,最后需要综合求出一个评估值,作为最终的评估结论。在具体操作中,可考虑采用下述几种方法。

1. 简单算术平均法

将多个参照物交易实例修正后的初步评估结果简单算术平均后,作为待估土地的最终评估结果。

2. 加权算术平均法

判断各参照物与待估土地的接近程度,并根据接近程度赋予每个初步评估结果以相应的权重,然后将加权平均后的结果作为待估土地的评估价值。

3. 中位数法

以多个初步评估结果的一个中间价格作为被估土地的评估价值。

三、应用举例

例 6-3 有一待估宗地 G 需评估,现搜集到与待估宗地条件类似的 6 宗地,具体情况如表 6-3 所示。

表 6-3 待估宗地及与之条件类似的 6 宗地的基本信息

宗地	成交价/(元/m²)	交易时间	交易情况	容积率	区域因素	个别因素
A	680	2019	+1%	1.3	0	+1%
B	610	2019	0	1.1	0	−1%
C	700	2018	+5%	1.4	0	−2%
D	680	2020	0	1.0	−1%	−1%
E	750	2021	−1%	1.6	0	+2%
F	700	2022	0	1.3	+1%	0
G		2022	0	1.1	0	0

该城市地价指数表如表 6-4 所示。

表 6-4 该城市地价指数表

时间	2016	2017	2018	2019	2020	2021	2022
指数	100	103	107	110	108	107	112

另根据调查,该市此类用地容积率与地价的关系为:当容积率在 1~1.5 时,容积率每增加 0.1,宗地单位地价比容积率为 1 时的单位地价增加 5%;超过 1.5 时,超出部分的容积率每增长 0.1,单位地价比容积率为 1.5 时的单位地价增加 3%。对交易情况、区域因素、个别因素的修正,都是案例宗地与待估宗地比较,表中负号表示案例条件比待估宗地差,正号表示案例宗地条件优于待估宗地,数值大小代表对宗地地价的修正幅度。

试根据以上条件,评估该宗土地 2022 年的价格。

1. 建立容积率地价指数表(表 6-5)

表 6-5 容积率地价指数表

容积率	1.0	1.1	1.2	1.3	1.4	1.5	1.6
地价指数	100	105	110	115	120	125	128

2. 案例修正计算

A. $680 \times \dfrac{112}{110} \times \dfrac{100}{101} \times \dfrac{105}{115} \times \dfrac{100}{100} \times \dfrac{100}{101} = 620$

B. $610 \times \dfrac{112}{110} \times \dfrac{100}{100} \times \dfrac{105}{105} \times \dfrac{100}{100} \times \dfrac{100}{99} = 627$

C. $700 \times \dfrac{112}{107} \times \dfrac{100}{105} \times \dfrac{105}{120} \times \dfrac{100}{100} \times \dfrac{100}{98} = 623$

D. $680 \times \dfrac{112}{108} \times \dfrac{100}{100} \times \dfrac{105}{100} \times \dfrac{100}{99} \times \dfrac{100}{99} = 755$

E. $750 \times \dfrac{112}{107} \times \dfrac{100}{99} \times \dfrac{105}{128} \times \dfrac{100}{100} \times \dfrac{100}{102} = 638$

F. $700 \times \dfrac{112}{112} \times \dfrac{100}{100} \times \dfrac{105}{115} \times \dfrac{100}{101} \times \dfrac{100}{100} = 633$

3. 评估结果

案例 D 的值为异常值,应予剔除。其他结果较为接近,取其平均值作为评估结果。因此,待估宗地 G 的评估结果为:

$$(620 + 627 + 623 + 638 + 633)/5 = 628(元/m^2)$$

 【拓展阅读】

习近平总书记在党的十九大报告中指出:"坚持房子是用来住的、不是用来炒的定位,加快建立多主体供给、多渠道保障、租购并举的住房制度,让全体人民住有所居。"住有所居是人们生活的基本需求之一,也是保障和改善民生的重要目标,是人民群众对美好生活的向往,也是实现共同富裕的必然要求。二十多年来,我国房地产市场快速发展,尤其是近年来随着城镇化的不断推进,城镇居民家庭的居住条件有了较大的改善。中国人民银行调查统计司城镇居民家庭资产负债调查课题组发布的《2019 年中国城镇居民家庭资产负债情况调查》显示,我国城镇居民家庭资产以实物资产为主,住房占比近 70%,远远超过发达国家。目前,我国城镇居民家庭户均拥有住房 1.5 套,住房拥有率为 96%,即便是收入最低的 20% 的家庭,住房拥有率也达到了 89.1%,房产已成为我国绝大多数家庭主要的财富来源。

第四节　收益法在房地产评估中的应用

一、基本思路

收益法是将被评估房地产未来预期收益折现以确定其评估值的方法。具体的应用步骤为:

(1) 搜集相关房地产收入和费用资料;

(2) 预测房地产客观总收益;

(3) 估算房地产客观总费用;

(4) 测算房地产净收益;

(5) 估测并选择适当的折现率或资本化率;

(6) 选用恰当的具体评估技术和方法估测房地产评估价值。

二、适用范围

应用收益法评估房地产的前提是被评估房地产在未来时期能够形成收益。所以,收益现值法适用于有未来收益的房地产价值评估,如写字楼、商场、旅馆、公寓用地等,而不适用于政府机关、学校、公园等公共建设设施房地产价值的评估。

三、净收益的估算

(一)含义

净收益是指归属于房地产的除去各种费用后的收益,一般以年为单位。在确定净收益时,必须注意房地产的实际净收益和客观净收益的区别。实际净收益是指在现实状态下被估房地产实际取得的净收益。实际净收益由于受到多种因素的影响,通常不能直接用于评估。例如:当前收益权利人在法律上、行政上享有某种特权或受到特殊的限制,致使房地产的收益偏高或偏低,而这些权利或限制又不能随同转让;当前房地产并未处于最佳利用状态,收益偏低;收益权利人经营不善,导致亏损,净收益为零甚至为负值;土地处于待开发状态,无当前收益,同时还必须支付有关税费,净收益为负值。由于评估的结果是用来作为正常市场交易的参考,因此,必须对存在上述偏差的实际净收益进行修正,剔除其中特殊的、偶然的因素,取得房地产在正常的市场条件下用于法律上允许的最佳利用方向上的净收益值,其中还应包含对未来收益和风险的合理预期。我们把这个收益称为客观净收益,只有客观净收益才能作为评估的依据。

净收益由总收益扣除总费用求得。

(二)客观总收益

总收益是指以收益为目的的房地产和与之有关的各种设施、劳动力及经营管理者结合产生的收益。在计算以客观收益为基础的总收益时,房地产所产生的正常收益必须是其处于最佳利用状态下的结果。最佳利用状态是指该房地产处于最佳利用方向和最佳利用程度。

由于现实经济过程的复杂性,呈现在评估人员面前的收益状况也非常复杂,因而收益的确定较难。如某种经营目前所能带来的收益虽较丰厚,但在未来存在激烈竞争或存在潜在的风险,使现实收益具有下降趋势,则不能用现实收益估价,而必须对其加以修正。为此,在确定收益值时,一是需以类似房地产的收益做比较,二是需对市场走势做准确的预测,三是必须考虑收益的风险性和可实现性。

(三)客观总费用

总费用是指取得该收益所必需的各项支出,如维修费、管理费等。也就是为创造总收益所必须投入的正常支出。总费用也应该是客观费用。

总费用所应包含的项目因被评估房地产的状态不同而有所区别。费用支出,有些是正常支出,有些则是非正常支出。所以要对从总收益中扣除的总费用做合理的分析,剔除不正常的费用支出。

(四)不同类型的房地产净收益的估算

不同类型的房地产净收益的具体估算也不同,主要有下述几种可供参考。

1. 出租型房地产正常收益的估测

正常收益＝租赁收入－维修费－管理费－保险费－房地产税－租赁代理费

租赁收入具体包括有效毛租金和租赁保证金、押金等的利息收入。

有效毛租金＝毛租金－空置损失－损失租金

维修费、管理费、保险费、房地产税和租赁代理费是否要扣除,应在分析租赁合同的基础上决定。关键看租赁合同规定这些费用具体由谁来负担。如果上述费用由出租方负担,则应将这些费用全部扣除;如果这些费用全部由承租方负担,此时的租赁收入就接近于净收益或正常收益了。

2. 直接经营性房地产正常收益的估测

直接经营性房地产通常是指房地产所有者同时又是经营者,房地产租金与房地产经营者的利润没有分开。直接经营性房地产的正常收益实际上就是该房地产的纯租金。

正常收益＝销售收入－销售成本－销售费用－销售税金及其附加－

管理费用－财务费用－所得税－经营利润

上述所指的经营利润,是指按正常投资回报率计算的利润数额。

3. 自用或尚未使用房地产正常收益的估测

自用或尚未使用房地产正常收益的估测可以比照同一市场上有收益的类似房地产的有关资料,参照上述方法估算。

四、折现率或资本化率的估测

折现率或资本化率是决定房地产价格的一个重要因素。折现率或资本化率的变动,都会直接导致评估价值的变化。这就要求在房地产评估中确定一个相对合理的折现率或资本化率水平。

(一)折现率或资本化率的种类

1. 综合折现率或资本化率

综合折现率或资本化率是将土地和附着于其上的建筑物看作一个整体进行评估所采用的折现率或资本率。此时评估的是房地产整体的价格,采用的净收益也是房地合一的净收益。

2. 建筑物折现率或资本化率

建筑物折现率或资本化率用于评估建筑物的自身价格。这时采用的净收益是建筑物自身所产生的净收益,把房地产整体收益中的土地净收益排除在外。

3. 土地折现率或资本化率

土地折现率或资本化率用于求取土地自身的价格。这时采用的净收益是土地自身的净收益,把房地产整体收益中的建筑物净收益排除在外。

综合资本化率、建筑物资本化率和土地资本化率的关系,可用公式表示如下:

$$r = \frac{r_1 L + r_2 B}{L + B}$$

或

$$r = r_1 x + r_2 y$$

式中: r ——综合资本化率;

$\quad\quad r_1$ ——土地资本化率;

$\quad\quad r_2$ ——建筑物资本化率;

$\quad\quad x$ ——土地价格占房地产价格的比例;

$\quad\quad y$ ——建筑物价格占房地产价格的比例;

$\quad\quad L$ ——土地价格;

$\quad\quad B$ ——建筑物价格。

(二)求取方法

1. 收益与售价比率法

这种方法是在市场上搜集若干与待评估房地产相类似的交易案例,分析其内含的折现率或资本化率,然后加以加权平均或简单平均求出折现率或资本化率。它适用于市场比较成熟、交易案例较多的情况。由于这种方法的数据来自市场,能直接反映市场供求状况,因而是一种比较客观的方法。

例 6-4 在房地产市场中搜集到 5 个与待估房地产类似的交易实例,如表 6-6 所示。

表 6-6 纯收益与售价交易实例

可比实例	纯收益/[元/(年·m²)]	价格/(元/m²)	资本化率/%
1	418.9	5 900	7.1
2	450.0	6 000	7.5
3	393.3	5 700	6.9
4	459.9	6 300	7.3
5	507.0	6 500	7.8

对以上 5 个可比实例的资本化率进行简单算术平均就可以得到资本化率为

$$r = (7.1\% + 7.5\% + 6.9\% + 7.3\% + 7.8\%)/5 = 7.32\%$$

2. 无风险报酬率加风险报酬率法

无风险报酬率一般可选用一年期国库券利率或银行一年定期贷款利率,然后根据影响待评估房地产的社会经济环境,预计其风险程度确定风险报酬率,以这两者之和为资本化率,这种方法适用于房地产因市场不活跃,难以寻找类似的交易实例的情况。

3. 各投资风险、收益率排序插入法

这种方法的基础思路是,搜集社会上各类型投资及其收益率的资料,按收益率大小进行排序,并制成图表,评估人员再根据经验判断待估房地产的资本化率应在哪个范围内,从而确定出所要求取的资本化率。

五、收益期限

房地产收益期限要根据具体的评估对象的实际情况来确定。

(1)以单独的土地和单纯的建筑物作为评估对象的,应分别根据土地使用权年限和建筑物经济寿命确定未来可获收益的期限。

(2)以土地与建筑物合成体作为评估对象的,如果建筑物的经济寿命长于或等于土地使用权年限,则根据土地使用权年限确定未来可获收益的期限;如果建筑物的经济寿命短于土地使用权年限,则可以先根据建筑物的经济寿命确定未来可获收益的期限,然后再加上土地使用权年限超出建筑物经济寿命的土地剩余使用年限确定未来可获收益的期限。

六、应用举例

例 6-5 某公司于 2016 年 8 月以有偿出让方式取得一块土地 40 年使用权,并于 2018 年 8 月在此地块上建成一栋钢筋混凝土结构的写字楼,造价每平方米 2 500 元,经济耐用年限为 55 年,残值率 2%。目前该类建筑物重置价格为每平方米 3 600 元。该建筑物占地面积 3 000 平方米,建筑面积 9 000 平方米,用于出租,每月实收租金 3 万元(据了解当地同类写字楼出租租金一般为每月每建筑平方米 50 元,空置率 10%)。每年需支付的管理费为每平方米建筑面积 20 元、维修费为建筑物重置价格的 1.5%,年土地使用税及房产税合计为每平方米建筑面积 20 元,保险费为重置价的 0.2%,土地资本化率和建筑物资本化率都为 8%(可看作正常投资回报率)。土地使用权出让年限届满时地上建筑物由国家无偿收回。根据以上资料评估该宗房地产 2022 年 8 月的土地使用权价值。

评估过程如下。

1. 确定评估方法

该房地产有经济收益,且收益能够预测,因此适宜采用收益法进行评估。

2. 计算总收益

总收益应为客观总收益而不是实际收益。

$$年总收益 = 50 \times 12 \times 9\,000 \times (1 - 10\%) = 4\,860\,000(元)$$

3. 计算总费用

(1) 年管理费 $= 9\,000 \times 20 = 180\,000(元)$

(2) 年维修费 $= 3\,600 \times 9\,000 \times 1.5\% = 486\,000(元)$

(3) 年税金 $= 20 \times 9\,000 = 180\,000(元)$

(4) 年保险费 $= 3\,600 \times 9\,000 \times 0.2\% = 64\,800(元)$

年总费用 $= (1) + (2) + (3) + (4) = 180\,000 + 486\,000 + 180\,000 + 64\,800 = 910\,800(元)$

4. 计算房地产净收益

年房地产净收益 $=$ 年总收益 $-$ 年总费用 $= 4\,860\,000 - 910\,800 = 3\,949\,200(元)$

5. 计算房屋净收益

(1) 计算年贬值额。年贬值额应根据房屋耐用年限确定,但在本例中,土地使用年限小于房屋耐用年限,土地使用权出让年限届满国家无偿收回土地上建筑物。因此,房地产使用者可使用的期限为:$40 - 2 = 38(年)$,并且不计残值。

$$年贬值额 = 建筑物重置价 / 使用年限 = 3\,600 \times 9\,000 / 38 = 852\,632(元)$$

(2) 计算房屋价值。

$$房屋价值 = 房屋重置价 - 年贬值额 \times 已使用年数$$
$$= 3\,600 \times 9\,000 - 852\,632 \times 4 = 28\,989\,472(元)$$

(3) 计算房屋净收益。

房屋年净收益 $=$ 房屋价值 $\times$ 房屋投资回报率 $= 28\,989\,472 \times 8\% = 2\,319\,158(元)$

6. 计算土地净收益

土地年净收益 $=$ 年房地产净收益 $-$ 房屋年净收益 $= 3\,949\,200 - 2\,319\,158 = 1\,630\,042(元)$

7. 计算土地使用权价值

土地使用权在 2022 年 8 月的剩余使用年限为 $40 - 6 = 34(年)$

$$P = \frac{1\,630\,042}{8\%} \left[1 - \frac{1}{(1 + 8\%)^{34}} \right] \approx 18\,887\,174(元)$$

土地单价 $= 18\,887\,174 \div 3\,000 = 6\,296(元 / 平方米)$

8. 评估结果

本宗土地使用权在 2022 年 8 月的土地使用权价值为 18\,887\,174 元,土地单价为每平方米 6\,296 元。

第五节　假设开发法在房地产评估中的应用

假设开发法又称倒算法,是将待估房地产预期开发价值,扣除正常投入费用、税金和利润后的剩余值用来推算确定待评估土地价值的一种评估方法。

假设开发法比较适用于成片待开发土地转让价格的确定,如待开发的土地的估价,将生地开发成熟地的土地估价及待拆迁改造的再开发地产的估价。

一、计算公式

按假设开发法的基本思路,可以用以下公式表示:

$$V = A - (B + C + D + E)$$

式中:V——地价;

A——开发完成后房地产价值;

B——开发成本;

C——投资利息;

D——合理利润;

E——正常税费。

目前,在具体的评估实务中,常用的计算公式为

地价 = 预期楼价 - 建筑费 - 专业费用 - 销售费用 - 利息 - 税费 - 利润

二、操作步骤

(一)调查待估对象的基本情况

主要内容如下:

(1)调查土地的限制条件,如土地政策的限制,城市规划、土地利用规划的制约等。

(2)调查土地位置,掌握土地所在城市的性质及其在城市中的具体坐落地点,以及周围土地条件和利用现状。

(3)调查土地面积大小、土地形状、地质状况、地形地貌、基础设施状况、生活设施状况及公用设施状况等。

(4)调查房地产利用要求,掌握城市规划对此宗地的规划用途、容积率、覆盖率、建筑物高度限制等。

(5)调查此地块的权利状况,包括权利性质、使用年限能否续期、是否已设定抵押权等。这些权利状况与确定开发完成后的房地产价值、售价及租金水平有着非常密切的关系。

(二)确定最佳开发利用方式

根据调查的土地状况和房地产市场条件等,在城市规划及法律法规等所允许的范围内,确定地块的最佳利用方式,包括确定用途、建筑容积率、土地覆盖率、建筑高度、建筑装修档次等。

（三）预测楼价

对于出售的房地产,如居住用商品房、工业厂房等,可采用市场比较法确定开发完成后的房地产总价。对于出租的房地产,如写字楼和商业楼宇等,其开发完成后房地产总价的确定,首先采用市场法,确定所开发房地产出租的净收益,然后再采用收益现值法将出租净收益转化为房地产总价。

（四）估算各项成本费用

各项成本费用包括估算开发、建筑成本费用,估算专业费用,确定开发建设工期,估算预付资本利息,估算税金,估算开发完成后的房地产租售费用。

1. 开发、建筑成本费用

开发、建筑成本费用包括直接工程费、间接工程费、建筑承包商利润及由发包商负担的建筑附带费用等,可采用比较法来测算,既可以通过当地同类建筑物当前平均的或一般建造费用来测算,也可以通过建筑工程概预算的方法来估算。

2. 专业费用

专业费用包括建筑设计费、工程概预算费用等,一般采用建造费用的一定比率估算。

3. 确定开发建设工期,估算预付资本利息

开发建设工期是指从取得土地所有权一直到房地产全部销售或出租完毕的这一段时期。利息应为全部预付资本的融资成本,不仅包括建筑工程费用的利息,还应包括土地资本的利息,即使投入的是自有资金,也要计算假计的利息。房地产开发的预付资本包括地价款、开发建造费、专业费和不可预见费等,这些费用在房地产开发建设过程中投入的时间是不同的。在确定利息额时,必须根据地价款、开发费用、专业费用等的投入额,各自在开发过程中所占用的时间长短和当时的贷款利率高低进行计算。

4. 税金

税金主要指建成后房地产销售的营业税、印花税、契税等,应根据当前政府的税收政策估算,一般以建成后房地产总价的一定比例计算。

5. 开发完成后的房地产租售费用

租售费用主要指用于建成后房地产销售或出租的中介代理费、广告费、买卖手续费等,一般以房地产总价或租金的一定比例计算。

（五）确定开发商合理利润

开发商的合理利润一般以房地产总价或预付总资本的一定比例计算。投资回报利润率的计算基数一般为地价、开发费和专业费三项,销售利润率的计算基数一般为房地产售价。

三、应用举例

例 6-6　有一宗“七通一平”的待开发建筑用地,土地面积为 2 000 平方米,建筑容积率为 2.5,拟开发建设写字楼,建设期为两年,建筑费为每平方米 3 000 元,专业费为建筑费的 10%,建筑费和专业费在建设期内均匀投入。该写字楼建成后即出售,预计售价为

每平方米 9 000 元,销售费用为楼价的 2.5%,销售税金为楼价的 6.5%,当地银行年贷款利率为 6%,开发商要求的投资利润率为 10%。试估算该宗土地目前的单位地价。

1. 计算楼价

$$楼价 = 2\,000 \times 2.5 \times 9\,000 = 45\,000\,000(元)$$

2. 计算建筑费和专业费

$$建筑费 = 3\,000 \times 2\,000 \times 2.5 = 15\,000\,000(元)$$

$$专业费 = 建筑费 \times 10\% = 15\,000\,000 \times 10\% = 1\,500\,000(元)$$

3. 计算销售费用和税费

$$销售费用 = 45\,000\,000 \times 2.5\% = 1\,125\,000(元)$$

$$销售税费 = 45\,000\,000 \times 6.5\% = 2\,925\,000(元)$$

4. 计算利润

$$利润 = (地价 + 建筑费 + 专业费) \times 10\% = (地价 + 16\,500\,000) \times 10\%$$

5. 计算利息

$$利息 = 地价 \times [(1+6\%)^2 - 1] + (15\,000\,000 + 1\,500\,000) \times [(1+6\%)^1 - 1]$$
$$= 0.123\,6 \times 地价 + 990\,000$$

6. 求取地价

$$地价 = 45\,000\,000 - 16\,500\,000 - 1\,125\,000 - 2\,925\,000 - 0.1 \times$$
$$地价 - 1\,650\,000 - 0.123\,6 \times 地价 - 990\,000$$
$$地价 = 21\,810\,000 / 1.223\,6$$
$$= 17\,824\,452(元)$$
$$单位地价 = 17\,824\,452 / 2\,000 = 8\,912(元 / 平方米)$$

以上方法是通过计算利息确定地产价值的方法。此外,也可以通过折现的方法来确定地产的价值。具体见例 6-7。

例 6-7 待估土地为一块已完成"七通一平"的待开发空地,土地使用权年限为 50 年,土地面积为 2 000 平方米,拟建设商业居住混合楼,容积率为了 10,建筑层数为 20 层,各层建筑面积为 1 000 平方米,地上 1~2 层为商业用房(建筑面积 2 000 平方米),3~20 层为住宅(建筑面积 18 000 平方米),建设周期 3 年,总建筑费预计为 2 000 万元,专业费为建筑费的 6%,成本利润率 20%,贷款年利率 6%,销售税费为楼价的 4%。在未来 3 年的建设周期中,开发费投入情况如下:第 1 年投入 50% 的建筑费和专业费,第 2 年投入 30%,第 3 年投入余下的 20%。该楼完成后,全部商业用房和 30% 的住宅部分可售出,住宅部分的 50% 在半年后售出,其余 20% 在一年后售出,预计商业用房平均售价为 5 000 元/平方米,住宅的平均售价为 3 500 元/平方米,试计算该土地目前的单位价格(折现率 10%)。

1. 计算楼价

$$楼价 = \frac{5\,000 \times 2\,000}{(1+10\%)^3} + \frac{3\,500 \times 18\,000 \times 30\%}{(1+10\%)^3} + \frac{3\,500 \times 18\,000 \times 50\%}{(1+10\%)^{3.5}} +$$
$$\frac{3\,500 \times 18000 \times 20\%}{(1+10\%)^4}$$
$$= 5\,285.79(万元)$$

2. 计算建筑费和专业费

$$建筑费 = \frac{2\,000 \times 20\%}{(1+10\%)^{2.5}} + \frac{2\,000 \times 30\%}{(1+10\%)^{1.5}} + \frac{2\,000 \times 50\%}{(1+10\%)^{0.5}} = 1\,783.99（万元）$$

专业费 $= 1\,783.99 \times 6\% = 107.04$（万元）

3. 计算销售税费

$$销售税费 = 5\,285.79 \times 4\% = 211.43（万元）$$

4. 计算利润

$$利润 = （地价 + 建筑费 + 专业费）\times 20\% = 地价 \times 20\% + 378.21$$

5. 求取地价

地价 $= 5\,285.79 - 1\,783.99 - 107.04 - 211.43 - 地价 \times 20\% - 378.21$

$$地价 = \frac{5\,285.79 - 1\,783.99 - 107.04 - 211.43 - 378.21}{1 + 20\%} = 2\,337.6（万元）$$

单位地价 $= 2\,337.6 \div 2\,000 = 1.169$（万元／平方米）

该方法在估算总建筑费用、专业费用及宗地地价时均考虑了货币的时间价值,都表现为现值,这其中已经包含了投资利息的因素,因此,投资利息不再重复计算。

第六节　基准地价修正法在房地产评估中的应用

基准地价是按照城市土地级别或均质地域分别评估的商业、住宅、工业等各类用地和综合土地级别的土地使用权的平均价格。基准地价评估以城市为单位进行,由政府统一公布。

一、基准地价的特点与作用

(一)基准地价的特点

基准地价一般具有下列特点:

(1) 基准地价是区域性价格。这个区域可以是级别区域,也可以是区段,因而基准地价的表现形式通常为区片价和路段价,或两者结合起来共同反映某种用途的土地使用权价格。

(2) 基准地价是土地使用权价格。

(3) 由于基准地价是区域性价格,因而必定是平均价格。

(4) 基准地价一般都要覆盖整个城市建成区。

(5) 基准地价是单位土地面积的地价。

(6) 基准地价具有现实性,是评估出的一定时期内的价格。

(二)基准地价的作用

基准地价的作用如下:

(1) 基准地价具有政府公告作用。

（2）基准地价是宏观调控地价水平的依据。

（3）基准地价是进一步评估宗地地价的基础。

（4）基准地价是政府参与土地有偿使用收益分配的依据。

二、基准地价修正法

（一）基本思路

基准地价修正法，是利用城镇基准地价和基准地价修正系数表等评估成果，按照替代原则，将被估宗地的区域条件和个别条件等与其所处区域的平均条件相比较，并对照修正系数表选取相应的修正系数对基准地价进行修正，从而求取被估宗地在评估基准日价格的方法。基准地价修正法的基本原理是替代原理，即在正常的市场条件下，具有相似土地条件和使用功能的土地，应当具有相似的价格。基准地价修正法的本质是市场法。

（二）适用范围

在我国许多城市，尤其是地产市场不太发达的城市，基准地价修正法也是常用的方法。其主要适用于完成基准地价评估的城镇的土地评估，即该城市具备基准地价成果和相应的修正体系成果。

基准地价修正法可快速、方便地进行大面积、数量众多的土地价格评估，但其精度取决于基准地价及其修正系数的精度，因此该方法一般在宗地地价评估中不作为主要的评估方法，而作为一种辅助方法。

（三）估价程序

1. 搜集、整理估价成果资料

定级估价资料是采用基准地价修正法评估宗地地价必不可少的基础性资料，因此在评估前必须搜集当地定级评估的成果资料，主要包括土地级别图、基准地价图、样点地价分布图、基准地价表、基准地价修正系数表和相应的因素条件说明表等，并归纳、整理和分析，作为宗地评估的基础资料。

2. 确定修正系数表

根据被估宗地的位置、用途、所处的土地级别、所对应的基准地价，确定相应的因素条件说明表和因素修正系数表，以确定地价修正的基础和需要调查的影响因素。

3. 调查影响宗地价格的因素

按照与被估宗地所处级别和用途对应的基准地价修正系数表和因素条件说明表中所要求的因素条件，确定符合宗地条件的调查项目，调查项目应与因素修正系数表中的因素一致。宗地因素指标的调查，应充分利用已搜集的资料和土地登记资料及有关图表，不能满足需要的，应进行实地调查采样，在调查基础上，整理、归纳宗地地价因素指标。

4. 制定待估宗地因素修正系数

根据每个因素的指标值，查对相对应用途土地的基准地价影响因素指标说明表，确定因素指标对应的优劣状况，按优劣状况再查对基准地价修正系数表，得到该因素的修正系数。对所有影响宗地地价的因素都同样处理,即得到宗地的全部因素修正系数。

5. 确定待估宗地使用年限修正系数

基准地价对应的使用年限,是各用途土地使用权的最高出让年限,而具体宗地的使用年限可能各不相同,因此必须进行年限修正。土地使用的年限修正系数按下式计算:

$$K = [1 - (1 + r)^{-m}] / [1 - (1 + r)^{-n}]$$

式中:K——年限修正系数;

r——土地折现率或资本化率;

m——待估宗地的可使用年限;

n——该类土地最高出让年限。

6. 确定待估宗地日期修正系数

基准地价对应的是基准地价评估基准日的地价水平,随着时间前移,土地市场的地价水平会有所变化,因此必须进行日期修正,把基准地价对应的地价水平修正到宗地地价评估基准日时的地价水平。一般可根据地价指数变动幅度进行。

7. 确定待估宗地容积率修正系数

这是一个非常重要的修正系数。基准地价对应的是该用途土地在该级别或均质地域内的平均容积率,各宗地的容积率可能各不相同,因此就要确定容积率的修正系数,并据此将区域平均容积率下的地价修正到宗地实际容积率水平下的地价。

8. 评估宗地地价

依据前面的分析和所计算得到的修正系数,按下式计算待估宗地的地价水平。

被估宗地地价 = 待估宗地所处地段的基准地价 × 使用年限修正系数 ×

日期修正系数 × 容积率修正系数 × 其他因素修正系数

第七节　路线价法在房地产评估中的应用

路线价法是根据土地价值随距街道距离增大而递减的原理,在特定街道上设定单价(路线价),依此单价配合深度百分率表及其他修正率表来估算同一街道的其他宗地地价的估价方法。

路线价法认为土地价值与其临街深度大小的关系很大,土地价值随临街深度而递减,一宗地越接近道路部分价值越高,离开街道越远价值越低。路线价法的本质也是一种市场法,理论基础也是替代原理。路线价法适用于同时对大片土地的评估,特别是土地课税、土地重划、征地拆迁等情况。但这种方法仅适用于城市土地,特别是商业用地的估价。

一、计算公式

路线价法的计算公式有不同的表现形式,常用的公式是

宗地总价 = 路线价 × 深度百分率 × 临街宽度

如果宗地条件特殊,如形状不规则,还要在上述公式的基础上进行其他因素的修正。公式为

宗地总价 = 路线价 × 深度百分率 × 临街宽度 × 修正率

二、基本程序

（一）路线价区段划分

地价相等、地段相连的地段一般划分为同一路线价区段，路线价区段为带状地段。街道两侧接近性基本相等的地段长度称为路线段长度。路线价区段一般配以路线价显著增减的地点为界。原则上街道不同的路段，路线价也不相同，如果街道一侧的繁华状况与对侧有显著差异，同一路段也可划分为两种不同的路线价。繁华街道有时需要附设不同的路线价，住宅区用地区位差异较小，所以住宅区的路线段较长，甚至几个街道路线段都相同。

（二）确定标准宗地

路线价是标准宗地的单位价格，路线价的设定必须先确定标准宗地面积。标准宗地是指从城市一定区域中沿主要街道的宗地中选定的深度、宽度和形状标准的宗地。标准深度是指标准宗地的临街深度。临街深度是指宗地离开街道的垂直距离。目前标准宗地的形状为矩形，而标准宗地的深度、宽度各国不尽相同，以美国为例，是把临街宽度为1英尺，深度为100英尺的细长地块作为标准宗地，其路线价就是该标准宗地的价格。在实际评估中的标准深度，通常是路线价区段内临街各宗土地深度的总数。

（三）确定路线价

路线价的确定主要采取两种方法：第一种是由熟练的评估人员根据买卖实例用市场法等基本评估方法确定。第二种是采用评分方式，将形成土地价格的各种因素分成几种项目加以评分，然后合计，换算成附设于路线价上的点数。

（四）制作深度百分率表

深度百分率又称深度指数，深度百分率表又称深度指数表。深度百分率，是地价随临街深度变化的比率。美国归纳出了许多地价与临街深度变化的规律（法则），著名的有四三二一法则（4-3-2-1 Rule）、苏慕斯法则（Somers Rule）、霍夫曼法则（Hoffman Rule）等。

（五）计算宗地价格

依据路线价和深度百分率及其他条件修正率表，运用路线价法计算公式，可以计算得到宗地价值。

三、几个路线价法则介绍

（一）四三二一法则

四三二一法则是将标准深度100英尺[①]（30.48米）的普通临街地，与街道平行区分为四等份，即由临街面算起，第一个25英尺（7.62米）的价值占路线价的40%，第二个25英

[①]　1英尺＝0.304 8米，后面的数字可据此换算。

尺的价值为 30%，第三个 25 英尺的价值为 20%，第四个 25 英尺的价值为 10%。如果超过 100 英尺，则需九八七六法则来补充。即超过 100 英尺的第一个 25 英尺价值为路线价的 9%，第二个 25 英尺为 8%，第三个 25 英尺为 7%，第四个 25 英尺为 6%。应用四三二一法则评估，简明易记，但因深度划分过于粗略，存在评估不够精细的问题。

（二）苏慕斯法则

苏慕斯法则是由苏慕斯（Willam A. Somers）根据其多年实践经验并经对众多的买卖实例价格调查比较后创立的。苏慕斯经过调查证明，100 英尺深的土地价值，前半临街 50 英尺部分占全宗地总价的 72.5%，后半 50 英尺部分占 27.5%，若再深 50 英尺，则该宗地所增的价值仅为 15%。其深度百分率即在这种价值分配原则下拟定。由于苏慕斯法则在美国俄亥俄州克利夫兰市应用最著名，因此一般将其称为克利夫兰法则（Cleveland rule）。

（三）霍夫曼法则

霍夫曼法则是 1866 年纽约市法官霍夫曼所创造的，是最先被承认的对于各种深度的宗地进行评估的法则。霍夫曼法则认为：深度 100 英尺的宗地，在最初 50 英尺的价值应占全宗地价值的 2/3。具体地说，深度 100 英尺的宗地，最初的 25 英尺等于 37.5%，最初的一半，即 50 英尺等于 67%，75 英尺等于 87.7%，全体的 100 英尺等于 100%。

（四）哈柏法则

哈柏法则（Harper rule）创设于英国，该法则认为一宗土地的价值与其深度的平方根成正比。即深度百分率为其深度的平方根的 10 倍。即深度百分率 $=10\times\sqrt{深度}$%，例如一宗 50 英尺深的土地价值，即相当于 100 英尺深的土地价值的 70%。因为深度百分率 $=10\times\sqrt{50}$%，约等于 70%。但标准深度不一定为 100 英尺，所以经修订的哈柏法则认为：

$$深度百分率 =\sqrt{所给深度}/\sqrt{标准深度}\times100\%$$

四、应用举例

例 6-8 现有临街宗地 A、B、C、D、E、F，如图 6-1 所示，深度分别为 25 英尺、50 英尺、75 英尺、100 英尺、125 英尺和 150 英尺，宽度分别为 10 英尺、10 英尺、20 英尺、20 英尺、30 英尺和 30 英尺。路线价为 2 000 元/英尺，设标准深度为 100 英尺，试运用"四三二一"法则，计算各宗土地的价值。

$$A=2\,000\times0.4\times10=8\,000（元）$$
$$B=2\,000\times0.7\times10=14\,000（元）$$
$$C=2\,000\times0.9\times20=36\,000（元）$$
$$D=2\,000\times1.0\times20=40\,000（元）$$
$$E=2\,000\times(1.0+0.09)\times30=65\,400（元）$$
$$F=2\,000\times(1.0+0.09+0.08)\times30=70\,200（元）$$

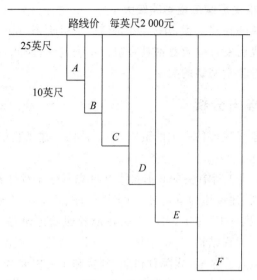

图 6-1　路线价法

第八节　在建工程评估

在建工程是指在评估时未完工或虽然已经完工,但尚未竣工验收、交付使用的建设项目,以及为建设项目备用的材料、设备等资产。

一、在建工程评估的特点

1. 在建工程情况复杂

在建工程的范围很广、情况复杂。以建筑工程为例,它包括建设中的各种房屋建筑物及各种设备和安装工程,具有较强的专业技术和专业特点。

2. 在建工程之间可比性差

在建工程的工程进度差异很大,有的是刚刚投资兴建,有的已经完工但尚未交付使用。这些工程进度上的差异就会造成在建工程资产功能上的差异。因此,在建工程之间的可比性较差,评估时直接可比案例较少。

3. 在建工程的投资不能完全体现在建工程的形象进度

由于在建工程的投资方式和会计核算要求,其账面价值往往包括预付材料款和预付设备款,同时也记录在建工程中的应付材料款及应付设备款等,如出包工程的付款方式是由合同规定的,可能有时预付很多而工程进度未跟上,有时预付较少而进度超出。因此,在建工程的投资并不能完全体现在建工程的形象进度。

4. 建设工期长短差别大

有些在建工程如厂区内的道路、设备基础等,一般工期较短,而有些在建工程如高速公路、港口码头等的建设工期就很长。

5. 在建工程的价格受后续工程影响较大

对于建设工期较长的在建工程,建造期间材料、工费价格、设计等都可能发生变化,使在建工程的成本及建成后发挥的效益都具有很大不确定性,因此,在建工程的价格与后续工程的进度和质量有着非常密切的关系。

二、资料的搜集与分析

可通过搜集与在建工程评估有关的资料,确定被估在建工程的合法性,分析在建工程的有关技术和经济指标。

(1) 搜集与被估在建工程有关的政府批准文件和其他工程详细资料。政府批准文件有土地使用权出让合同、建设用地许可证、施工许可证、开工许可证、预售许可证等。其他资料有工程图纸、工程预算书、施工合同、有关账簿及原始记录等。从上述资料中可以明确项目名称、建筑面积、工程结构、工程预算、实际用款和完工程度,以及需要安装的设备名称、规格、型号、数量、合同金额、实际预付额、到货和工程安装情况等。

(2) 评估人员到工程现场查勘工程进度和工程形象进度,明确工程竣工、达到交付使用的日期及评估基准日工程形象进度是否与总工程进度计划相符。

(3) 了解开发商的有关情况,检查工程质量。要了解开发商的资质、财务状况、工程监管等情况。同时,检查在建工程质量和建筑材料质量,明确建筑工程各组成部分是否存在缺陷及待修理的因素,了解在建工程整体布局是否合理。

(4) 搜集有关法定参数。如有关部门规定或制定的当地建筑工程预算定额、建筑工程间接费用标准、地方建筑材料价差指数、建筑工程预备费用及其他费用标准(如在建工程贷款利率)等。

三、评估方法

(一)形象进度法

形象进度法是选择足够的可比销售资料,根据在建工程建造完成后的房地产市场价格,结合工程形象进度评估在建工程价值的方法。计算公式为

在建工程价值＝建成后房地产单价×工程形象进度百分比×(1－折扣率)

其中,在建工程建造完成后的房地产市场价值,一般可采用市场法或收益法评估。

工程形象进度百分比＝(实际完成建筑工程量＋实际完成安装工程量)/总工程量×100%

折扣率的确定应考虑营销支出、广告费和风险收益等因素。

(二)成本法

成本法评估在建工程是按在建工程客观投入的成本评估,即以开发或建造被估在建工程已经耗费的各项必要费用之和,再加上正常的利润和应纳税金来确定被估在建工程的价值。

公式为

在建工程价值＝土地取得费＋专业费用＋建筑物建造费用＋正常利税

其中，土地取得费是指为获得土地而发生的费用，包括相关手续费和税金。专业费用包括咨询、规划、设计等费用。建筑物建造费用是指在评估基准日在建工程已经耗费的各项必要建造费用之和。正常利税包括建造商的正常利润和营业税等。

（三）假设开发法

用假设开发法评估在建工程，是在求取被估在建工程的价值时，将被估在建工程预期开发完成后的价值，扣除后续的正常的开发费用、销售费用、销售税金及开发利润，以确定被估在建工程的价值。应用假设开发法评估在建工程的公式如下：

在建工程价格＝预期楼价－（后续工程成本＋后续工程费用＋正常利税）

四、方法的选择

根据在建工程的上述特点，在建工程评估一般根据工程形象进度，选用适用的方法进行评估。

（1）整个建设工程已经完成或接近完成，只是尚未交付使用的在建工程，可采用工程形象进度法进行评估，按在建工程建成后的房地产的市场价值结合工程形象进度作适当扣减作为其评估值。

（2）对于实际完成工程量较少的在建工程，可采用成本法或假设开发法进行评估。

（3）属于停建的在建工程，要查明停建的原因，确因工程的产、供、销及工程技术等原因而停建的，要考虑在建工程的功能性及经济性贬值，进行风险系数调整。

 【拓展阅读】

1. 中国桥梁

截至 2020 年底，中国现代桥梁总数已超过 100 万座，世界排名前十位的各类型桥梁中，中国独占半壁江山。世界第一高桥、世界第一长桥、世界最长公铁两用斜拉桥、世界最长跨海大桥……不断刷新着世界桥梁建设的纪录。

武汉长江大桥建设的设想，最早是由湖广总督张之洞在清政府修建京汉铁路的时候提出的，但由于修建难度太大，没有实施。1913 年、1929 年、1936 年、1946 年，曾经四次对武汉长江大桥进行了比较系统的规划和设计，但由于种种原因，最后都没有实施。

桥梁界的"珠穆朗玛峰"——港珠澳大桥。港珠澳大桥是中国境内一座连接香港、珠海和澳门的超级跨海大桥，全长 55 千米，投资金额为 1 269 亿元人民币。它汇聚了当今世界最高端的造桥技术，因空前的施工难度和顶尖的建造技术而闻名世界；比如填海造人工岛、超长的海底隧道，无一不是世界级工程。不管从哪个角度来说，港珠澳大桥都是当之无愧的"世界第一桥"。2018 年，历时 9 年建设的港珠澳大桥通车之后，英国《卫报》甚至将其称为"现代世界七大奇迹"之一。

世界第一高桥——中国北盘江第一桥。2013 年，位于云贵两省交界处的北盘江大桥正式动工，桥梁位于尼珠河峡谷之上，地势险峻，两边是陡峭的悬崖，工程难度是世界级的。然而，中国的工程师仅仅用时三年就造出了一座世界级桥梁。北盘江第一桥全长 1 341.4 米，桥面至江面距离 565.4 米，2018 年被吉尼斯世界纪录认证为世界第一高桥；

同年,该桥又获得第 35 届国际桥梁大会的"诺贝尔奖"——古斯塔夫斯金奖,顿时闻名中外。

2. 中国建筑

故宫,又名紫禁城,位于老北京城的中轴线上,是中国明清两代的皇家宫殿。占地 72 万平方米,建筑面积约 15 万平方米,有大小宫殿七十多座,房屋九千余间,是世界最大的宫殿,也是中国现存最大最完整的古建筑群。北京故宫内的建筑分为外朝和内廷两部分。外朝的中心为太和殿、中和殿、保和殿,统称三大殿,是国家举行大典礼的地方。三大殿左右两翼辅以文华殿、武英殿两组建筑。内廷的中心是乾清宫、交泰殿、坤宁宫,统称后三宫,是皇帝和皇后居住的正宫。其后为御花园。后三宫两侧排列着东、西六宫,是后妃们居住休息的地方。东六宫东侧是天穹宝殿等佛堂建筑,西六宫西侧是中正殿等佛堂建筑。外朝、内廷之外还有外东路、外西路两部分建筑。北京故宫是世界上现存规模最大、保存最为完整的木质结构古建筑之一。

长城,又称万里长城,是中国古代的军事防御工事。长城不是一道单纯孤立的城墙,而是以城墙为主体,同大量的城、障、亭、标相结合的防御体系。长城修筑的历史可上溯到西周时期。春秋战国时期,列国争霸,互相防守,长城修筑进入第一个高潮,但此时修筑的长度都比较短。秦灭六国统一天下后,秦始皇连接和修缮战国长城,始有万里长城之称。明朝是最后一个大修长城的朝代。长城资源主要分布在河北、北京、天津、山西、陕西、甘肃、内蒙古、黑龙江、吉林、辽宁、山东、河南、青海、宁夏、新疆共 15 个省、自治区、直辖市。其中河北省境内长度 2 000 多千米,陕西省境内长度 1 838 千米。根据文物和测绘部门的全国性长城资源调查结果,明长城总长度为 8 851.8 千米,秦汉及早期长城超过 1 万千米,总长超过 2.1 万千米。1987 年 12 月,长城被列为世界文化遗产。

故宫和长城是中华民族文化的结晶,其价值是无法评估的。

【关键术语】

房地产　土地　建筑物　土地使用权　土地所有权　成本法　公益性房地产　土地取得费　土地开发成本　投资利息　投资利润　税费　土地增值收益　重置成本　年贬值额　开发利润　土地价值　评估价值　市场法　容积率　收益法　净收益　客观总收益　客观总费用　收益期限　假设开发法　在建工程

【主要知识点】

❖ 房地产是土地和房屋及其权属的总称。房地产转让、抵押时,房屋的所有权和该房屋占用范围内的土地使用权同时转让、抵押。

❖ 房地产评估,是专业评估人员为特定目的对房地产的特定权益在某一特定时点上的价格进行估计。

❖ 房地产评估一般应依照下列程序进行:明确评估基本事项,制订工作计划,实施勘察与搜集资料,测算被估房地产的价值,确定评估结果和撰写评估报告。

❖ 房地产评估的成本法是以重置一宗与待估房地产同等效用的房地产所需投入的各项费用之和为依据,再加上合理的利润和税金来确定房地产价格。

❖ 土地评估中成本法的计算公式为：

土地价值＝土地取得费＋土地开发成本＋利息＋利润＋税费＋土地增值收益

❖ 建筑物的重置成本是指重新建造与旧建筑物完全相同或具有相同效用的新建筑物所需的一切费用与相关的税金和正常利润之和。

❖ 房地产评估的市场法是依据替代原理，将待评估房地产与类似房地产的近期交易价格进行比较，通过对交易情况、交易日期、区域因素和个别因素等进行修正，得出待评估房地产在评估基准日的价格。

❖ 房地产评估的收益法是将被评估房地产未来预期收益折现以确定其评估值的方法。

❖ 假设开发法又称倒算法，是将待估房地产预期开发价值，扣除正常投入费用、税金和利润后的剩余值来推算确定待评估土地价值的一种评估方法。

【复习思考题】

1. 土地及房地产各有哪些特性？
2. 房地产评估有哪些原则？
3. 什么是基准地价？说明基准地价的特点及作用。
4. 如何用假设开发法对土地价值进行评估？

【计算题】

1. 某开发商于 2017 年 6 月取得一块土地的 40 年使用权，并对该土地进行开发，2 年后建成一座写字楼，当时造价为 1 000 元/平方米，总使用年限为 50 年。占地面积 300 平方米，建筑面积 1 200 平方米，收益全部来自出租，每月租金 50 000 元。该类写字楼重置价格为 3 000 元/平方米。目前当地同类写字楼公寓租金一般为每月 45 元/平方米，空置率为 8%。房租损失准备费按每年 27 000 元计算；房产税按年租金的 10% 计算；土地使用税按每年 2 400 元计算；管理费按年租金的 4% 提取；修理费按年租金的 5% 提取；年保险费为重置价的 0.1%；土地资本化率和建筑物资本化率分别为 5% 和 6%。假设土地使用权出让年限届满，土地使用权及地上建筑物由国家无偿收回。试用收益法评估 2022 年 6 月土地使用权价值。

2. 某市经济技术开发区内有一块土地面积为 10 000 平方米，该地块的土地征收费用（含安置、拆迁、青苗补偿费和耕地占用费）为每亩 15 万元，土地开发费为每平方千米 2 亿元，土地开发周期为两年，第一年投入资金占总开发费用的 40%，投资回报率为土地取得费与开发费用的 12%，当地土地出让增值收益率为 15%，银行贷款年利率为 7.5%，试评估该土地的价值。

3. 某企业拟以刚竣工、建筑面积为 4 500 平方米的一栋营业用房对其他企业投资，现委托资产评估机构于 2022 年 8 月 30 日对该营业用房进行价值评估。评估人员收集的与评估对象相近的交易实例资料如表 6-7 所示。

表 6-7　交易实例资源表

实例	面积/平方米	交易日期	价格/(元/平方米)
A	4 100	2021.7.15	9 000
B	4 300	2020.7.23	8 800
C	4 600	2020.11.10	8 850
D	4 700	2022.6.7	9 900

经调查得知,实例 A、D 为正常交易,实例 B、C 价格分别偏低 3% 和 5%,2020 年 7 月以来,房产价格平均每月上涨 2%。若将待评估营业用房的状况为基准定为 100,交易实例 A、B、C、D 的状况评分数值按顺序分别定为 90、95、100、105,运用市场法计算该营业用房的评估价值。

4. 待估宗地为一块已完成"七通一平"的待开发空地,土地面积 3 200 平方米,国家规定允许容积率为 2.5。拟开发建设为公寓,土地使用年期为 50 年。该项目开发建设周期为 3 年,建成后即可对外出租,出租率估计为 90%,每建筑平方米的年租金预计为 300 元,年总费用为年租金的 25%。建筑费预计为 1 000 元/平方米,专业费为建筑费的 10%,建筑费和专业费在建设期内均匀投入。假设银行贷款利率为 7%,房地产综合折现率为 8%,开发商要求的总利润为所开发房地产总价的 15%。试评估该宗土地的地价。

【自测题目】

自测题 6-1

自测题 6-2

第七章

无形资产评估

学习目标：

1. 掌握无形资产评估的含义、特点。
2. 理解无形资产评估价格的影响因素。
3. 了解无形资产评估的原则和评估程序。
4. 掌握专利权评估的基本方法。
5. 掌握专有技术评估的基本方法。
6. 掌握商标权评估的基本方法。
7. 掌握著作权评估的基本方法。
8. 掌握商誉评估的基本方法。

第一节　无形资产评估概述

一、无形资产的特点及分类

无形资产是指特定主体所拥有或控制的，不具有实物形态，能持续发挥作用且能带来经济利益的资源。无形资产通常包括专利权、专有技术、商标权、著作权、特许经营权、租赁权、土地使用权、矿业权、水域使用权、商誉等。

（一）无形资产的特点

无形资产发挥作用的方式明显区别于有形资产，因而在评估时需把握其固有的特点。

1. 非实体性

相对于有形资产而言，一方面，无形资产没有人们感官可感触的物质形态，只能从观念上感觉它，它或者表现为人们心目中的一种形象，或者以特许权形式表现为社会关系范畴；另一方面，无形资产在使用过程中没有有形损耗，不会像有形资产那样，其价值会因物质实体的变化损坏而贬值，无形资产报废时也无残值。但是，无形资产也有其一定的有形表现形式，如专利文件、商标标记、技术图纸、工艺文件、软盘等。无形资产与有形资产的根本区别在于有形资产的价值取决于有形要素的贡献，无形资产的价值则取决于无形要素的贡献。

2. 效益性

并非任何无形的事物都是无形资产，成为无形资产的前提是其必须能够以一定的方式,直接或间接地为其控制主体(所有者、使用者或投资者)创造效益,而且必须能够在较长时期内持续产生经济效益。那些公知技术不能构成无形资产,那些尽管能产生效益,但不能给特定主体创造效益的技术或其他资源,也不能被确认为无形资产。

3. 不确定性

无形资产所产生的经济效益与有形资产的规模、状况、市场竞争、国家宏观调控政策、技术与经营服务更新、产品性能与质量等诸多因素直接有关。无形资产的不确定性表现为,一方面,无形资产的有效期受技术进步和市场变化的影响很难准确确定;另一方面,无形资产的有效期是不稳定的。

即问即答

持有专有技术能带来确定的经济利益吗?

【解析】 专有技术(非专利技术)属于无专门法律保护的无形资产,一旦这类技术被公开,持有者就可能失去该类技术给其带来的经济利益,包括高额的垄断利润。因此专有技术要特别注意保密性,否则就不能带来经济利益。

4. 排他性

无形资产的排他性有的是通过企业自身措施和《中华人民共和国反不正当竞争法》保护取得,有的则是以适当公开其内容作为代价来取得广泛而普遍的法律保护,有的则是借助法律保护并以长期生产经营服务中的信誉取得社会的公认。

5. 共益性

一项有形资产不可能在不同地点,同一时间,由不同的主体所使用、控制,而一项无形资产却可以在不同的地点,同一时间,由不同的主体所使用、控制,这是无形资产区别于有形资产的一个重要特点。例如,一项先进技术可以使一系列企业提高产品质量、降低产品成本;一项技术专利同时转让给多家企业使用。但是,无形资产的共益性也受到市场有限性和竞争性的制约,例如,由于追求自身利益的需要,各主体对无形资产的使用还必须受相关合约的限制。因此,有形资产的界定是通过物质实体直接界定,而评估无形资产则需要根据其权益界限而确定。

6. 积累性

无形资产的积累性体现在两个方面:一方面,无形资产的形成基于其他无形资产的发展;另一方面,无形资产自身的发展也是一个不断积累和演进的过程。因此,无形资产总是在生产经营的一定范围内发挥特定的作用;无形资产的成熟程度、影响范围和获利能力也处在变化之中。

7. 替代性

在承认无形资产具有积累性的同时,还要考虑到它的替代性。一种无形资产可能会被更新的无形资产所取代,例如,一种技术取代另一种技术,一种工艺替代另一种工艺等,其特性不是共存或积累,而是替代、更新。因此,在无形资产评估中应该考虑它的作用期限,尤其是尚可使用年限。这主要取决于该无形资产所处领域内技术进步的速度。

（二）无形资产的分类

不同类型的无形资产,其性质、特点、作用及价值影响因素均不相同,因此,将无形资产进行科学分类,对于做好无形资产评估工作具有重要意义。

(1) 按照取得方式,无形资产可分为内部自创(或自身拥有)的无形资产和外部取得的无形资产。

前者是由自己研制创造获得的及由于客观原因形成的,如企业自行研制的新产品经申请而获得的产品专利权,企业自制产品的商标经注册而获得的商标权,以及商誉等;后者则是以一定代价从其他单位或个人购入的无形资产、通过非货币性交易换入无形资产、投资者投入无形资产、通过债务重组取得无形资产、接受捐赠取得无形资产等,如外购专利权、商标权等。

(2) 按照能否独立存在,无形资产可分为可辨认无形资产和不可辨认无形资产,或称可确指无形资产和不可确指无形资产。

这种分类方法是评估界最常用的,可辨认的无形资产是指那些具有专门名称,可单独取得、转让或出售的无形资产,如专利权、专有技术、商标权、著作权、土地使用权、特许权等;不可辨认的无形资产是指离开企业整体就不复存在、不能具体辨认、不能单独取得的无形资产,如商誉等。

(3) 按照有无限期,无形资产可分为有限期无形资产和无限期无形资产。

有限期无形资产的有效期为法律所规定,如专利权、专营权、商标权等;无限期无形资产的有效期在法律上并无规定,如专有技术、商誉。

(4) 按照自身性质、内容构成,无形资产可分为技术型无形资产和非技术型无形资产。

前者包括专利权、非专利技术等,后者则指诸如商标权、特许权、著作权、商誉等类无形资产。

(5) 按照有无专门法律保护,无形资产可分为有专门法律保护的无形资产和无专门法律保护的无形资产。

前者包括专利权、注册商标权,后者如无专门法律保护的专有技术。受法律保护的程度对于无形资产价值有重要影响,评估中应当重点考虑。

国际评估准则委员会(International Valuation Standards Committee,IVSC)在其颁布的《国际评估准则》评估指南 4 中,将无形资产分为权利型无形资产,包括合同、特许权、专营权、租赁权益、不竞争契约等;关系型无形资产,包括企业与其雇员的关系、顾客关系;组合型无形资产,包括商誉、正在经营的价值;知识产权型无形资产,包括专利、专有技术、商标权、著作权、计算机软件及商业秘密等。

二、影响无形资产评估价值的因素

进行无形资产评估,首先要明确影响无形资产评估价值的因素。一般说来,影响无形资产评估价值的因素主要有:

（一）无形资产的收益能力

无形资产的收益能力是影响无形资产评估价值的最重要的因素之一。无形资产的价值是由未来收益期限内无形资产可实现的收益额折现而成的，包括有效寿命期间无形资产使用权的转让值、无形资产年收益评估值等。一项无形资产，在环境、制度允许的条件下，获利能力越强，其评估值越高；获利能力越弱，评估值越低。有的无形资产，尽管其创造成本较高，但不为市场所需求，或收益能力低微，其评估值就很低。分析无形资产收益能力对无形资产评估价值的影响时，主要考虑以下几个因素：①被评估无形资产的获利能力因素，包括技术因素、法律因素、经济因素；②被评估无形资产的获利方式；③被评估无形资产获利的取得与其他资产的相关性；④收益与成本费用、现金流量；⑤收益期限；⑥收益风险因素。

（二）无形资产的科学价值和发展前景

一般科技成果都有一个发展—成熟—衰退的过程。成果技术水平越高，垄断性越强，使用期限越长，成果获得超额收益的能力越强，其评估值越高。同时，科技成果的成熟程度如何，直接影响到评估值高低，其开发程度越高，技术越成熟，运用该技术成果的风险性越小，评估值就会越高。另外，无形资产的损耗和贬值也会影响其评估价值。无形资产的更新换代越快，无形损耗越大，其评估值就越低。无形资产价值的损耗和贬值，不取决于自身的使用损耗，而取决于本身以外的更新换代情况。

（三）无形资产的使用期限

从价值本身而言，无形资产价值与该无形资产产生收益的年份密切相关，无形资产使用期限的长短，直接影响无形资产的评估值。所以无形资产的使用期限是影响无形资产评估值的一个重要因素。每一项无形资产，一般都有一定的使用期限。使用期限的长短，一方面取决于该无形资产先进程度；另一方面取决于其无形损耗的大小。无形资产越先进，其领先水平越高，使用期限越长。同样的，其无形损耗程度越低，其具有实际超额收益的期限（或收益期限）越长。确定使用期限的原则和依据是：①受法律保护而不受有效时间影响的无形资产，以法律保护年限为无形资产的使用期限；②既受法律保护，也受经济年限限制的无形资产，以"孰短"的原则确定其使用年限；③不受法律保护的无形资产，由技术测定的有效经济收益年限为其使用年限；④有转让合同的无形资产，以合同规定期限为其使用年限。

 即问即答

无形资产的受益期限如何确定？

【解析】　确定无形资产受益期限的方法包括：

（1）法律或合同、企业申请书分别规定有法定有效期和受益年限的，可按照法定有效期与受益年限孰短的原则确定。

（2）法律无规定有效期，企业合同或企业申请书规定受益年限的，可按照受益年限确定。

（3）法律或合同、企业申请书均未规定有法定有效期和受益年限的，按预计受益年限。预计受益年限采用统计分析或与同类资产比较得出。

（四）无形资产的市场状况

无形资产的市场状况，一般反映在三个方面：一是无形资产市场需求情况及无形资产的适用程度。对于可出售、转让的无形资产，其价值随市场需求的变动而变动。无形资产适用范围广，适用程度高，市场需求大，评估值就高；反之，适用程度低，市场需求小，评估价值就低。二是无形资产的供给，即是否有同类无形资产替代，供给越大，替代无形资产越多，无形资产的评估价值就越低。三是同类无形资产的价格水平，同类无形资产的市场价格与无形资产相关产品或行业的市场状况也会影响无形资产的价值。待估无形资产相关无形资产的市场价格，直接制约着待估无形资产的价值。由于评估一般是以市场价值为基础的，也就是在公开市场上进行的交易，因此，买方对相关无形资产的市场价格是有充分了解的。根据经济人的有限理性假设，他不可能在偏离该市场价很多的情况下购买待估无形资产，这样，相关无形资产的市场价将极大地制约待估无形资产的市场交易价，也就影响了其评估价值。无形资产产品及相关行业的市场状况，指市场容量的大小、市场前景、市场竞争状况及产品供需状况等因素，这些因素将影响待估无形资产的获利额，从而对无形资产评估价值构成影响。

（五）无形资产的转让内容和费用支付方式

从转让内容看，无形资产转让有所有权转让和使用权转让。无形资产转让权利的大小直接关系到买卖双方的经济利益，通常是买受方获得的权利越大，无形资产的评估值越高。就所有权转让和使用权转让来说，所有权转让的无形资产评估值高于使用权转让的评估值。比如专利权的转让价格就比专利许可证的转让价格高得多。因为一项专利可以向多个厂家让受许可证，每个厂家只获得使用权，没有所有权，垄断性有限，转让价格就低，而且随着转让次数的增加其评估值呈降低的趋势。另外，在技术贸易中，同是使用权转让，其许可程度不同，也影响评估值的高低。技术转让费用支付常常贯穿转让的全过程，各种不同的支付方式对评估价值的确定有直接影响。无形资产转让时，如果价格的转让方式是一次性支付，则实施过程中的风险和投资后的经济风险，一般是由买方承担的，此时的评估值就应该定得低一些；如果价格的支付方式是采用多次支付，由于支付期限较长，评估值就应该高一些；采用技术入门费加上收益提成的支付方式，其评估值居中；而完全是依据收益进行提成的，其评估值最高。

（六）无形资产的成本

无形资产与有形资产一样，其取得也有成本。只是相对有形资产而言，其成本的确定不是十分明晰和易于计量。对企业无形资产来说，外购无形资产较易确定成本，自创无形资产的成本计量较为困难。因为，无形资产在创造过程中所耗费的劳动不具有横向比较性，同时无形资产的创造，与其投入、失败等密切相关，但这部分成本确定是很困难的。无形资产价值的成本主要包括创造发明成本、法律保护成本、发行推广成本等。通常，一项无形资产成本越高，价值越高，这是运用成本法计算无形资产价值的理论基础。但是，这个规律并不是绝对的。另外，无形资产还存在机会成本，机会成本是指因将无形资产用于某一确定用途后而不能用于其他用途所受的损失。

 即问即答

目前我国企业无形资产的核算成本有什么特点？

【解析】 根据我国财政部颁布的会计准则，目前我国无形资产成本包括：研制或取得、持有期间的全部物化劳动和活劳动的费用支出。其成本核算具有不完整性、弱对应性和虚拟性等特征。如商标的设计费、登记注册费、广告费只具有象征性的费用。

目前我国无形资产成本核算：①研究阶段。由于研究工作是否能在未来形成成果，即通过开发后是否会形成无形资产，具有很大的不确定性，因此，研究阶段的有关支出在发生时应当费用化，计入当期损益。②开发阶段。在此阶段，由于很大程度上形成一项新产品或新技术的基本条件已经具备，如果企业能够证明其满足无形资产的定义及费用资本化的条件，则所发生的开发支出可予以资本化，计入无形资产的成本。

（七）其他因素

（1）产权因素。知识产权是无形资产的主要组成部分，作为一种法律赋予的权利，知识产权的获得及在经济活动中的运用，必然受到相关法律条款的影响，从而影响知识产权的价值。对于不同类型的知识产权而言，适用不同的法律，具体的影响因素也是不同的。

（2）风险因素。无形资产从开发到受益会遇到多种类型的风险，包括：开发风险、转化风险、实施风险、市场风险等，这些风险因素使无形资产价值的实现存在一定的不确定性，从而对无形资产价值产生影响。

（3）宏观经济因素。宏观经济因素也将对无形资产的评估带来一定的影响。

资料卡 7-1

资产评估执业准则——无形资产
目标：了解资产评估执业准则——无形资产

三、无形资产评估的程序

无形资产评估程序是评估无形资产的操作规程。评估程序既是评估工作规律的体现，也是提高评估工作效率、确保评估结果科学有效的保证。无形资产评估通常按以下程序进行：

（一）明确评估目的

无形资产因其评估目的不同，其评估的价值类型与选择的评估方法也不一样，评估结果也会不同。评估目的由发生的经济行为决定，目前来说无形资产评估须以产权利益主

体变动为前提。从目前所发生的情况看,对无形资产评估业务的需求通常基于下述情形:
①无形资产转让;②无形资产投资;③股份制改造;④企业合资、合作、重组及并购;
⑤银行质押贷款;⑥法律诉讼中作为诉讼标的;⑦纳税需要;⑧保险需要。

(二)确认无形资产

无形资产是附着于企业、与企业共存的资产,许多无形资产并未在企业财务报表中列
示。因此,对被评估的无形资产进行确认是无形资产评估的基础工作,直接影响到评估范
围和评估价值的科学性。无形资产的确认过程包含以下三部分内容:

1. 确认无形资产存在

目的是通过验证无形资产来源是否合法、产权是否明晰、经济行为是否有效,来判断
评估对象能够作为一项无形资产而存在。确认过程可以从以下几方面进行:①查询被估
无形资产的内容、国家有关规定、专业人员评价情况、法律文书(如专利证书、商标注册证、
著作权登记证书等),核实有关资料的真实性、可靠性和权威性;②分析无形资产使用所
要求的与之相适应的特定技术条件和经济条件,鉴定其应用能力;③核查无形资产是否
为委托者所拥有或为他人所有;④分析评估对象是否形成了无形资产。应该注意的是,
有的专利并没有实际经济意义,尽管已获得了专利证书;有的商标还没有使用,在消费者
中间没有影响力,这些专利、商标均不能确认为无形资产。

2. 区别无形资产种类

区别无形资产种类主要是确定对评估工作实际有效的无形资产的种类、具体名称、存
在形式。有些无形资产是由若干项无形资产综合构成,应加以确认,合并或分离,避免重
复评估或漏评估。如有的专利技术作为一项独立存在的技术,不能发挥技术作用,必须配
套其他专利技术或专有技术才能构成一项有实际效用的技术,此时,就应将该项专利技术
和与其配套的其他专利技术或专有技术一并作为一项无形资产进行评估。

3. 确定无形资产有效期限

无形资产的有效期限即无形资产的收益期限,它是无形资产存在的前提,对无形资产
的评估价值具有极大的影响。比如某项专利权,一旦超过法律保护期限,就不能作为专利
权评估;有的专利未交年费,被视为撤回,专利权失效。无形资产有效期限可参照以下方
法确定:①资产设计预计使用年限;②合同或协议规定期限;③法律规定的保护期限;
④按国内外惯例确定,如无限期使用的商标、企业名称等;⑤根据资料分析确定,即借助
专家判断,分析资产功能、特性,预测该技术国内外发展趋势与发展速度等因素,合理确定
资产的有效期限。

(三)收集相关资料

需要收集的无形资产的相关资料通常包括以下几方面:

1. 文件及资料

文件及资料指无形资产的法律文件或其他证明材料。

2. 成本

成本指无形资产的自创(制)成本或外购成本。

3．效益

效益指使用无形资产给受益主体带来的经济效益。

4．期限

期限指无形资产的存续期、法定期限、受益年限、合同约定期限、技术寿命期等。

5．技术成熟程度

技术成熟程度指技术性无形资产在所处技术领域中所处研究阶段,如发展阶段、开发程度、成熟阶段、衰退阶段等。

6．权属转让、许可内容与条件

无形资产的转让有完全产权转让或许可使用之别,许可使用又分独占许可使用、独家许可使用、地区独家许可使用和普通许可等。在转让或许可使用过程中往往有相应条款规定,这些都是确定无形资产评估价值的重要因素,应详细了解。

7．市场供需情况

市场供需情况指同类无形资产在市场上的需求、供给、范围、活跃程度、变动情况等。

8．行业盈利水平及风险

根据无形资产评估的具体类型,有时候还需要有针对性地收集其他一些特定的资料。

(四) 确定评估方法

评估人员应该根据无形资产的具体类型、特点、评估目的、评估前提条件及外部市场环境等具体情况,选用合理的评估方法。无形资产的评估方法主要有收益法、成本法和市场法。

采用收益法进行无形资产评估时,应该注意合理确定超额获利能力和预期收益,分析与之有关的预期变动、受益期限,与收益有关的资金规模、配套资产、现金流量、风险因素及货币时间价值。注意被评估无形资产收益额的计算口径与折现率口径保持一致,避免将其他资产带来的收益误算到被评估无形资产收益中。同时,应充分考虑法律法规、宏观经济环境、技术进步、行业发展变化、企业经营管理、产品更新和替代等因素对无形资产收益期、收益额和折现率的影响,当与实际情况明显不符时,要分析产生差异的原因。

采用成本法进行无形资产评估时,应该注意根据现行条件下重新形成或取得该项无形资产所需的全部费用(含资金成本和合理利润)确定评估值,在评估中要注意扣除实际存在的功能性贬值和经济性贬值。

采用市场法进行无形资产评估时,尤其要注意被评估无形资产必须确实适合运用市场法,确定具有合理比较基础的类似无形资产交易参照对象,收集类似无形资产交易的市场信息和被评估无形资产以往的交易信息。当与类似无形资产具有可比性时,则根据宏观经济、行业和无形资产变化等情况,充分考虑交易条件、时间因素、交易地点和影响价值的其他各种因素的差异,调整确定评估值。

(五) 得出评估结论,撰写评估报告

无形资产评估报告书是评估者通过文字的方式提交给委托方的评定结果文件。它既

是无形资产评估过程的总结,也是评估者履行评估义务、承担法律责任的依据。评估报告书力求简洁、明确、避免误导。无形资产的评估报告应符合《资产评估准则——无形资产》的要求,内容必须注重评估过程的陈述,明确阐述评估结论产生的前提、假设及限定条件,各种参数的选用依据,评估方法使用的理由及逻辑推理方式。

四、无形资产评估的前提及内涵

(一)无形资产评估应在特定的前提下进行

由于无形资产价值的特征,因此在评估它的价值时,必须首先确定它的价值前提。无形资产的价值前提是指它将参与何种经济活动,如转让,许可、质押及合资等,以及如何参与这些经济活动,如许可的方式及合资的规模包括生产规模、投资规模等。对应不同价值前提的无形资产,一般具有不同的价值。因此,在说明无形资产价值时,必须说明是在何种价值前提下做出的。

(二)无形资产评估一般应以产权变动为前提

《资产评估准则——无形资产》中指出:当出现无形资产转让和投资、企业整体或部分资产收购处置及类似经济活动时,注册资产评估师可以接受委托,执行无形资产评估业务。这里强调无形资产评估业务发生的两种常态:

(1)指无形资产的拥有者或控制者以无形资产的完全产权或部分产权进行转让交易或对外投资,需要对无形资产进行评估,这种情况一般表现为单项无形资产的评估。

(2)指在企业整体或部分发生变动时,如企业股份制改造、合作、兼并等,对企业资产中包括的无形资产进行评估,这种情况可能复杂一些。比如,企业股份制改造,往往账面资产没有列示无形资产,要分析企业是否存在无形资产。

(三)无形资产评估是对其获利能力的评估

无形资产的价值从本质上来说,是能为特定持有主体带来经济利益的能力,即无形资产的获利能力。在通常情况下,这种获利能力表现为企业的超常收益能力或超额收益能力。因此,无形资产评估就是对获利能力的评估。无形资产只有能给购买者带来新增收益,才能根据带来的新增收益确定无形资产的价值。需要说明的是,无形资产能够带来超额收益,是一种理论抽象,即指在其他条件保持社会平均水平的情况下,能够获得高于社会平均水平的收益。而在实际中,由于评估参照对象并不一定保持着社会平均经营水平,因而超额收益也就不一定表现为高于社会平均水平的利润,往往只表现为带来的追加利润。在实践中还存在以下两种情形:一是获得和运用某无形资产是该企业正常运行必不可少的条件,特别是使企业起死回生时更为典型,在这类情形下,应根据无形资产对利润增长的影响程度来评估无形资产的价值;二是由于购入和运用无形资产形成市场垄断,企业通过垄断价格获取垄断利润,在这种情形下,应根据市场垄断的不同条件,通过利润的测算,评估无形资产的价值。

第二节　无形资产评估方法

一、收益法在无形资产评估中的应用

在无形资产评估中,收益法是使用最为普遍的一种评估方法,它是通过估算被评估资产的未来预期收益并将其折算成现值,借以确定被评估资产的价值。

采用收益法对无形资产进行价值评估的基本公式可以表示如下:

$$P = \sum_{t=1}^{n} \frac{K \times R_t}{(1+i)^t}$$

式中:P 为无形资产的评估值;R_t 为被评估无形资产第 t 年的预期超额收益;K 为无形资产分成率;i 为折现率;n 为收益期限。

由上述公式可知,运用收益法进行无形资产评估时需要确定以下三个基本参数:预期超额收益 R_t、折现率 i 和收益期限 n。

(一)预期超额收益的确定

采用收益法评估无形资产的关键步骤是测算由无形资产带来的预期超额收益。确定无形资产预期超额收益的常用方法包括以下几种:

1. 直接估算法

直接估算法通过未使用无形资产与使用无形资产的前后收益情况对比分析,确定无形资产带来的收益额。在许多情况下,从无形资产为特定持有主体带来的经济利益上看,可以将无形资产划分为收入增长型和成本费用节约型。

收入增长型无形资产是指无形资产应用于生产经营过程,能够使得产品的销售收入大幅度增大。增大的原因有以下两种。

第一种原因,生产的产品能够以高出同类产品的价格销售。在销售量不变,单位成本不变的情况下,形成的超额收益的计算公式如下:

$$R = (P_2 - P_1)Q(1-T)$$

式中,R 为超额收益;P_2 为使用被评估无形资产后单位产品的价格;P_1 为未使用被评估无形资产前单位产品的价格;Q 为产品销售量;T 为所得税税率。

第二种原因,生产的产品采用与同类产品相同价格的情况下,销售数量大幅度增加,市场占有率扩大,从而获得超额收益。在单位价格和单位成本不变的情况下,形成的超额收益的计算公式如下:

$$R = (Q_2 - Q_1)(P - C)(1-T)$$

式中,R 为超额收益;Q_2 为使用被评估无形资产后产品的销售量;Q_1 为未使用被评估无形资产的产品的销售量;P 为产品价格;C 为产品的单位成本;T 为所得税税率。

应该注意的是,销售量的增减不仅可以增加销售收入,还会引起成本的增加。因此,估算销售量增加形成收入增加从而形成超额收益时,应扣除由于销售量增加而增加的成本。销售收入增加可以引起收益的增加,它们是同方向的,由于存在着税收因素,销售收

入和收益一般不是同比例变动,这在计算中应予以考虑。

费用节约型无形资产是指无形资产的应用,使得生产产品中的成本费用降低,从而形成超额收益。当假定销售量不变,价格不变时,无形资产为投资者带来的超额收益的计算公式如下:

$$R = (C_1 - C_2)Q(1 - T)$$

式中,R 为超额收益;C_1 为未使用被评估无形资产的产品单位成本;C_2 为使用被评估无形资产后产品的单位成本;Q 为产品销售量(此处假定销售量不变);T 为所得税税率。

收入增长型和费用节约型无形资产的划分,是假定其他资产因素不变的情况下,为了明晰无形资产形成超额收益来源情况的人为划分方法。实际上,无形资产应用后,其他资产因素也会发生变化,超额收益是各资产因素共同作用的结果。评估者应根据情况,加以综合性的运用和测算,以科学地测算超额收益。不能简单地把超额收益归为仅由无形资产形成的超额收益。

2. 分成率法

无形资产超额收益通过分成率来获得,是目前国际和国内技术交易中常用的一种实用方法,它是按预测的受让方实现的销售收入或利润指标及相应分成率确定预期超额收益的方法,该方法将技术报酬与实施技术后的利益挂钩,能够较好地体现利益共享、风险共担的原则。

当无形资产独立对外转让或投资,受让方明确时,可以采用分成率法按下列公式计算其超额收益:

超额收益 = 受让方实现的销售收入 × 销售收入分成率 × (1 - 所得税税率)
超额收益 = 受让方实现的销售利润 × 销售利润分成率 × (1 - 所得税税率)

根据上述公式容易推导出以下公式:

$$销售利润分成率 = \frac{销售收入分成率}{销售利润率}$$

$$销售收入分成率 = 销售利润分成率 × 销售利润率$$

预测销售收入或利润指标应当考虑无形资产本身的技术先进性、同行业竞争及市场供求等因素,按科学、合理的原则确定。分成率一般可以按照历史统计资料,以销售收入(产量)或实现利润等分成基数为依据,采用数理统计等方法加以确定。国际惯例通常是采用销售收入作为分成基数,分成率一般为 0.5%~3%,我国的销售收入分成率一般为1%~5%,销售利润分成率一般为 5%~30%。不同行业分成率指标差异可能很大,实际工作中评估人员可根据行业统计数据加以择定。

从销售收入分成率本身很难看出转让价格是否合理,但是,换算成利润分成率,则相对容易判断。因此,在无形资产评估中应以利润分成率的测算为基础,以便判断相关资产转让价格的合理性。实际转让实务中,考虑到利润额的不稳定性及其难以控制与核实,可迂回采用销售收入分成率。

当缺乏行业分成率统计数据时,可以按边际比率法或约当投资分析法确定分成率指标。边际比率法是通过计算使用无形资产以后企业实现的利润增量占使用无形资产以后

企业实现总利润的比例,来确定分成率的一种方法。计算公式如下:

$$无形资产利润分成率 = \frac{\sum 使用无形资产利润增量现值}{\sum 使用无形资产总利润现值}$$

在许多场合下,无形资产与有形资产互为条件,很难确定使用无形资产后的利润增量。考虑到无形资产是高度密集的知识型资产,采取在成本基础上附加相应成本利润率折合成约当投资的办法,按无形资产的折合约当投资与受让方投入资产的约当投资的比例确定利润分成率,这就是约当投资分析法。计算公式如下:

$$无形资产利润分成率 = \frac{无形资产约当投资额}{受让方约当投资额 + 无形资产约当投资额}$$

$$无形资产约当投资额 = 无形资产重置成本 \times (1 + 适用成本利润率)$$

$$受让方约当投资额 = 受让方投入的总资产重置成本 \times (1 + 适用成本利润率)$$

3. 剩余法

如果无形资产转让是与企业其他资产一同产生变动,这时可采用剩余法计算无形资产预期超额收益。剩余法就是将企业总利润扣除所有有形资产及其他所有可确指资产价值以后所获得的利润,作为无形资产的预期超额收益。剩余法计算无形资产预期超额收益的公式如下:

$$超额收益 = 企业总利润 - (固定资产 \times 固定资产投资报酬率) - (流动资产 \times$$
$$流动资产投资报酬率) - (其他可确指资产 \times 相应的投资报酬率)$$

4. 差额法

当无法将使用无形资产和没有使用无形资产的收益情况进行对比时,可采用差额法计算无形资产预期超额收益。差额法就是采用无形资产和其他类型资产在经济活动中的综合收益与行业平均水平进行比较,得到无形资产的预期超额收益。

首先收集有关使用无形资产的产品生产经营活动财务资料,进行赢利分析,得到经营利润和销售利润率等基本数据,再对上述生产经营活动中的资金占用情况(固定资产、流动资产和已有账面价值的其他无形资产)进行统计,同时收集行业平均收益率等指标,然后计算无形资产带来的超额收益。计算公式如下:

$$超额收益 = 净利润 - 净资产总额 \times 行业平均收益率$$

需注意,差额法计算出来的超额收益,有时不完全由被评估无形资产带来(除非能够认定只有这种无形资产存在),往往是一种组合无形资产超额收益,还须进行分解处理。

(二)折现率的确定

折现率的内涵指投资于该无形资产相适应的投资报酬率。折现率一般包括无风险报酬率、风险报酬率和通货膨胀率。一般来说,无形资产投资收益高,风险大,因此,无形资产评估中折现率往往要高于有形资产评估的折现率。评估时,评估者应根据无形资产的不同种类情况,对未来收益的风险影响因素,及收益获得的其他外部因素进行分析,科学地测算其风险报酬率,以进一步测算出其适合的折现率。另外,折现率的口径应与无形资产评估中采用的收益额的口径保持一致。

（三）收益期限的确定

无形资产收益期限又称有效期限,是指无形资产发挥作用并具有超额获利能力的时间。无形资产因为没有物质实体,不像有形资产那样存在由于使用或自然力作用形成的有形损耗,因此,它的价值不会由于它的使用期的延长发生实体上的变化。但是,有些无形资产在发挥作用的过程中,其无形损耗是客观存在的,其损耗的价值量是确定无形资产有效期限的前提。理论上说,造成无形资产价值无形损耗主要有以下三个方面的原因:

1. 无形资产的新陈代谢

新的、更先进、更经济的无形资产出现,这种新的无形资产可以替代旧的无形资产,继续采用原无形资产将无利可图,原有无形资产价值就丧失了。

2. 无形资产的垄断性减弱

因为无形资产传播面扩大,其他企业普遍合法掌握这种无形资产,使拥有这种无形资产的企业获取超额收益的能力降低,无形资产的价值开始下降。

3. 无形资产的作用范围减少

企业拥有的某项无形资产所决定的产品需求大幅度下降时,这种无形资产的价值就会降低,以致完全丧失。

需要强调的是,无形资产具有获得超额收益能力的时间才是真正的无形资产有效期限。资产评估实际评估中,预计和确定无形资产的有效期限,可依照下列方法:①法律或合同、企业申请书分别规定有法定有效期限和受益年限的,可按照法定有效期限与受益年限孰短的原则确定;②法律未规定有效期,企业合同或企业申请书中规定有受益年限的,可按照规定的受益年限确定;③法律和企业合同或申请书均未规定有效期限和受益年限的,按预计受益期限确定(预计受益期限可以采用统计分析或同类资产比较得出)。

实际评估时应该注意到,无形资产的有效期限同时受到诸多因素的影响,如废弃不用、人们爱好的转变及经济形势变化等,特别是科学技术发达的今天,无形资产更新周期加快,使得其经济寿命缩短,因此,无形资产的有效期限有可能比其法定保护期限短。

二、成本法在无形资产评估中的应用

当无形资产确实具有现实或潜在获利能力,但是不易量化时,可以运用成本法进行价值评估。

（一）无形资产成本特性

无形资产成本包括研制或取得、持有期间全部物化劳动和活劳动的费用支出。其成本特性与有形资产相比有以下三个方面明显区别:

1. 不完整性

与购建无形资产相对应的各项费用是否计入无形资产成本是以费用支出资本化为条件的。在企业生产经营过程中,科研费用一般都是比较均衡地发生的,并且比较稳定地为生产经营服务,因而我国现行财务制度一般把科研费用从当期生产经营费用中列支,而不是先对科研成果进行费用资本化处理,再按无形资产折旧或摊销的办法从生产经营费用中补偿。这种办法简便易行,大体上符合实际,并不影响无形资产的再生产。问题是企业账簿上反映的无形资产成本是不完整的,大量无形资产的前期成本在账外存在。同时,即使是符合国家规定进行费用支出资本化的无形资产,其成本核算一般也是不完整的。因为无形资产的创立具有特殊性,有大量的前期费用,如培训、基础开发或相关试验等往往不计入该无形资产的成本,而是通过其他途径进行补偿。

2. 弱对应性

无形资产的创建经历基础研究、应用研究和工艺生产开发等漫长过程,成果的出现带有较大的随机性和偶然性,其价值并不与其开发费用和时间存在既定的关联。如果在一系列的研究失败之后偶尔出现一些成果,由这些成果承担所有的研究费用显然不够合理。而在大量的先行研究(无论是成功,还是失败)成果的积累之上,往往可能产生一系列的无形资产,然而,继起的这些研究成果是否应该及如何承担先行研究的费用也很难明断。因此,无形资产的成本难以与成果精确地一一对应核算。

3. 虚拟性

既然无形资产的成本具有不完整性、弱对应性的特点,因而无形资产的成本往往是相对的。特别是一些无形资产的内涵已经远远超出了它的外在形式的含义,这种无形资产的成本只具有象征意义,如商标,其本身的成本包括商标设计费、登记注册费、广告费等,只具有象征性或虚拟性,因为商标的内涵标示着商品的视觉识别系统和内在质量信誉,实际上包括了该商品的客户消费习惯和特种生产技术、配方等。

(二)成本法的具体操作

采用成本法评估无形资产,其基本公式为

$$无形资产评估值 = 无形资产重置成本 \times (1 - 贬值率)$$

无形资产重置成本是指现时市场条件下重新创造或购置一项全新无形资产所耗费的全部货币总额。根据企业取得无形资产的来源情况,无形资产可以划分为自创无形资产和外购无形资产。自创和外购无形资产重置成本的构成和评估方式不同,需要分别进行估算。

1. 自创无形资产重置成本的估算

自创无形资产的成本是由创制该资产所消耗的物化劳动和活劳动费用构成的。自创无形资产如果已有账面价格,由于它在全部资产中的比重一般较小,可以按照定基物价指数作相应调整,即得到重置成本。但是,自创无形资产往往没有账面价格,需要进行评估。评估的方法主要有两种。

(1)财务核算法。财务核算法的基本计算公式如下:

$$无形资产重置成本 = 生产成本 + 期间费用 + 合理利润$$

其中,生产成本是指创制无形资产过程中直接和间接消耗的材料与人工等费用;期间费用是指创制无形资产过程中分摊到该项无形资产的管理费用、财务费用与销售费用之和,评估实务中可依据受益原则运用费用摊配程序加以合理测算。

(2)倍加系数法。对于投入智力比较多的技术型无形资产,考虑到科研劳动的复杂性和风险性,可用以下公式计算无形资产重置成本:

$$无形资产重置成本 = \frac{C + \beta_1 V}{1 - \beta_2} \times (1 + L)$$

式中，C 为无形资产研制开发中的物化劳动消耗；V 为无形资产研制开发中活劳动消耗；β_1 为科研人员创造性劳动倍加系数；β_2 为科研的平均风险系数；L 为无形资产投资报酬率。

2. 外购无形资产重置成本的估算

外购无形资产一般有购置费用的原始记录，也可能有可以参照的现行交易价格，评估相对比较容易。外购无形资产的重置成本包括购买价和购置费用两部分，通常可以采用以下两种方法估算：

（1）市价类比法。在无形资产交易市场中选择类似的参照物，再根据功能和技术先进性、适用性对其进行调整，从而确定其现行购买价格，购置费用可根据现行标准和实际情况核定。

（2）物价指数法。它是以无形资产的账面历史成本为依据，用物价指数进行调整，进而估算其重置成本。其计算公式为

$$无形资产重置成本 = 无形资产账面价值 \times \frac{评估时物价指数}{购置时物价指数}$$

从无形资产价值构成来看，主要有两类费用，一类是物质消耗费用，一类是人工消耗费用，前者与生产资料物价指数相关度较高，后者与生活资料物价指数相关度较高，并且最终通过工资、福利标准的调整体现出来。不同的无形资产两类费用的比重可能有较大差别，一些需利用现代科研和实验手段的无形资产，物质消耗的比重就比较大。在生产资料物价指数与生活资料物价指数差别较大的情况下，可按两类费用的大致比例按结构分别适用生产资料物价指数与生活资料物价指数估算。两种价格指数比较接近，且两类费用的比重有较大倾斜时，可按比重较大费用类适用的物价指数来估算。

例 7-1 A 企业 2020 年购入的一项无形资产账面价值为 110 万元，2022 年进行评估，试按物价指数法估算其重置完全成本。

分析：经鉴定，该无形资产系运用现代先进的实验仪器经反复试验研制而成，物质消耗费用的比重较大，可适用生产资料物价指数。根据资料，此项无形资产购置时物价指数和评估时物价指数分别为 110% 和 130%，则该项无形资产的重置成本为

$$无形资产重置成本 = 110 \times \frac{130\%}{110\%} = 130（万元）$$

3. 无形资产贬值率的估算

无形资产的贬值率通常可以采用以下两种方法进行估算：

（1）专家鉴定法。专家鉴定法是指邀请相关技术领域的专家，对被评估无形资产的先进性、适用性做出判断，从而确定其贬值率的方法。

（2）剩余经济寿命预测法。它是由评估人员通过对无形资产剩余经济寿命的预测和判断，从而确定其贬值率的方法。其计算公式为

$$贬值率 = \frac{已使用年限}{已使用年限 + 剩余使用年限} \times 100\%$$

其中,已使用年限比较容易确定,剩余使用年限应由评估人员根据无形资产的特征,分析判断获得。

贬值率是运用成本法评估有形资产时使用的一个重要概念。无形资产不存在有形损耗,自然也就不存在有形贬值,成本法评估无形资产时只是为了操作上的方便而借用"贬值率"这一概念,因此,它的运用也受到较大程度的限制。在实际评估中,通常选择综合考虑了被评无形资产的各种无形损耗(功能和经济方面的)后的折算比率。在确定适用的贬值率时应注意无形资产使用效用与时间的关系,这种关系通常是非线性的。有的无形资产其效用是非线性递减(如技术型无形资产),有的无形资产其效用在一定时间内呈非线性递增(如商标、商誉等)。评估人员应该对这种变化趋势进行分析并予以说明。

三、市场法在无形资产评估中的应用

虽然无形资产具有的非标准性和唯一性特征限制了市场法在无形资产评估中的使用,但是如果有充分的源于市场的交易案例,可以从中取得作为比较分析的参照物,并能对评估对象与可比参照物之间的差异做出合适的调整,无形资产评估还是可以采用市场法。如果需要使用市场法评估无形资产,则评估人员应注意以下事项。

(一)选择具有合理比较基础的类似无形资产

作为参照物的无形资产与被评估无形资产至少要满足形式相似、功能相似、载体相似及交易条件相似的要求。所谓形式相似,是指参照物与被评估资产按照无形资产分类原则,可以归并为同一类。所谓功能相似,是指尽管参照物与被评估资产的设计和结构不可避免地存在差异,但它们的功能和效用应该相同和近似。所谓载体相似,是指参照物与被评估资产所依附的产品或服务应满足同质性要求,所依附的企业则应满足同行业与同规模的要求。所谓交易条件相似,是指参照物的成交条件与被评估资产模拟的成交条件在宏观、中观和微观层面上都应大体接近。关于上述要求,国际评估准则委员会颁布的《国际评估准则》评估指南4指出:"使用市场法必须具备合理的比较依据和可进行比较的类似的无形资产。参照物与被评估无形资产必须处于同一行业,或处于对相同经济变量有类似反应的行业。这种比较必须具有意义,并且不能引起误解。"

(二)收集类似的无形资产交易的市场信息

收集类似的无形资产交易的市场信息是为横向比较提供依据,而收集被评估无形资产以往的交易信息则是为纵向比较提供依据。关于横向比较,评估人员在参照物与被评估无形资产在形式、功能和载体方面满足可比性的基础上,应尽量收集致使交易达成的市场信息,即要涉及供求关系、产业政策、市场结构、企业行为和市场绩效的内容。其中对市场结构的分析尤为重要,即需要分析卖方之间,买方之间,买卖双方,市场内已有的买方和卖方与正在进入或可能进入市场的买方和卖方之间的关系。评估人员应熟悉经济学市场结构做出的完全竞争、完全垄断、垄断竞争和寡头垄断的分类。对于纵向比较,评估人员既要看到无形资产具有依法实施多元和多次授权经营的特征,使得过去交易的案例成为未来交易的参照依据,同时也应看到,时间、地点、交易主体和条件的变化也会影响被评估无形资产的未来交易价格。

（三）价格信息应满足相关、合理、可靠和有效的要求

价格信息是市场法应用的基础。相关是指所收集的价格信息与需要做出判断的被评估无形资产的价值有较强的关联性；合理是指所收集的价格信息能反映被评估无形资产载体结构和市场结构特征，不能简单地用行业或社会平均的价格信息推理具有明显差异的被评估无形资产的价值；可靠是指所收集的价格信息经过对信息来源和收集过程的质量控制，具有较高的置信度；有效是指所收集的价格信息能够有效地反映评估基准日的被评估资产在模拟条件下的可能的价格水平。

（四）对评估结果进行合理调整

无论是横向比较，还是纵向比较，参照物与被评估无形资产会因时间、空间和条件的变化而产生差异，评估人员应对此做出言之有理，持之有据的调整。根据我国《资产评估准则》，在采用市场法对无形资产进行评估时，应当根据宏观经济发展、交易条件、交易时间、行业和市场因素、无形资产实施情况的变化，对可比交易案例和被评估无形资产以往交易信息进行必要调整。

第三节　专利权评估

一、专利权资产的特点及评估目的

（一）专利权资产的特点

专利权是由国家专利机关依法批准、专利发明人或其权利受让人对发明成果在一定期间内享有的独占权或专有权。任何人要利用该项专利进行生产经营活动或出售使用该项专利制造的产品，需事先征得专利所有者的许可，并付给报酬。我国《中华人民共和国专利法》（简称为《专利法》）保护三类专利，即发明专利、实用新型专利和外观设计专利。专利权具有以下特点：

1. 独占性

也称排他性，是指同一内容的技术发明只授予一次专利，对于已取得专利权的技术，任何人未经许可不得进行营利性应用。专利所有人实现一段时间对专利技术的垄断，这是专利获得超额经济收益的保证。

2. 地域性

指一项技术仅在其获得专利权的国家或地区，依照当地专利法的规定获得保护，即任何专利只在授权地域范围内有法律效力，在其他地域范围内则不具有法律效力。这主要是由于《专利法》是一个国内法，专利权的地域性特征对国外专利技术及国内专利技术在国际市场的价值有决定性作用。

3. 时间性

指权利的时限是由法律确定的，依法取得的专利权在法定期限内受《专利法》保护，一

且超过规定的保护期限,将不再受保护,则该技术成为公知技术,不再为其权利所有者带来超额经济收益,也就不具有无形资产价值。我国《专利法》规定,发明专利的保护期限为20年,实用新型和外观设计保护期限为10年。

4. 可转让性

指专利权可以转让,由当事人双方订立合同,并经原专利登记机关或相应机构登记和公告后生效。

 【拓展阅读】

世界知识产权组织(World Intellectual Property Organization,WIPO)2022年11月21日发布《世界知识产权指标》报告显示,中国2021年提交的专利申请量达159万件,约占全球申请总量的一半,连续11年位居世界首位。此外,中国在2021年拥有的有效专利数量也达到360万件,首度超越美国,成为世界第一。尽管面临全球新冠肺炎疫情、经济下行的冲击,2021年全球专利、商标和外观设计的知识产权申请量均创历史新高。

(二)专利权评估目的

专利权评估依照专利权发生的不同经济行为,按照特定目的确定该资产评估的价值类型和方法。专利权的评估一般应以产权变动为前提,但是不同情形下的专利权及不同转让形式,确定的评估方法也不相同。专利权转让一般有两种情形:一是刚刚研究开发的新专利技术,专利权人尚未投入使用就直接出让给受让方;二是转让的专利已经过长期的或一段时间的使用,是行之有效的成熟技术。

专利权转让形式通常可以分为全权转让和许可使用权转让。许可使用权转让往往通过专利许可证贸易形式进行,这种使用权的权限、时间期限和地域范围都是在专利许可合同中加以明确的。

1. 使用权限

按使用权限范围的大小,专利使用权可分为:

(1)独占使用权,是指在许可合同所规定的时间和地域范围内出让方只把专利权许可给某一特定受让方,受让方不得转卖。同时,出让方自己也不得在合同规定范围内使用该专利和销售该专利生产的产品。当然,这类转让价格会比较高。

(2)排他使用权,也称独家使用权,是指专利所有人在合同规定的时间和地域范围内只把专利授予特定者使用,同时自己继续保留专利使用权和产品销售权,但不再将该专利授予第三方使用。

(3)普通使用权,是指出让方在合同规定的时间和地域范围内把专利权授予多个使用者,同时自己继续保留专利使用权和产品销售权。

(4)回馈转让权,是指出让方拥有要求受让方在专利使用过程中对转让技术的改进和发展等情况进行回馈的权利。

2. 地域范围

专利许可合同大多数都规定了明确的地域范围,如某个国家或地区,受让方的使用权不得超过这个地域范围。

3. 时间期限

专利许可合同通常都规定有效期限，一项专利技术的许可期限一般要和该专利的法律保护期限相适应。

资料卡 7-2

专利资产评估指导意见

目标：了解专利资产评估指导意见

二、专利权评估程序

资产评估机构接受委托者委托，评估专利权价值，一般按以下程序进行。

（一）确认专利权的存在

专利权的确认，包含三个方面内容：专利权的有效性、专利权的保护范围和专利权人。通常能证明专利权存在的资料包括：专利说明书、权利要求书、专利证书、有关法律性文件和专利年费缴费凭证等。

1. 有效性

对专利技术有效性的判断不能仅凭"专利证书"，"专利证书"虽是依法授予专利权的凭证，但专利权随时可能因各种原因而失效，如未按时交年费或经过无效程序都可能导致丧失专利权。专利失效后，"专利证书"仍保留在原专利权人手中。因此。确认专利权有效性除了查验"专利证书"，还必须进行专利检索，确认该专利权的法律状态是否为有效。另外，评估人员在评估之前，还必须对专利权的稳定性进行分析，因为有效的专利尤其是实用新型专利，很容易被异议者经过无效程序，丧失专利权。

2. 保护范围

根据我国《专利法》的规定，专利权垄断的法定边界是专利权利要求书记载的范围，即专利权的范围是由权利要求书确定的。因此，评估前应该对权利要求书进行全面的分析，而不能仅从专利证书及权利人的介绍，确定专利的保护范围。评估人员在进行价值评估时，只能按照专利实际获得的保护范围进行。

3. 专利权人

专利证书中的专利权人是最初获得该专利权的权利人，而该专利权在日后是否已转让给他人，在专利证书中并没有记载，而往往需要通过查询登记簿来获得该专利权最新的专利权人情况。还应注意该专利权是否已转让，但未在国家知识产权局进行备案的情况。

（二）确定评估方法，收集相关资料

专利权评估可采用收益法、成本法和市场法，其中最常用的是收益法，考虑到专利技术的个别性，基本上不采用市场法。收益法的运算过程在前面已经详述，更重要的是技术指标和参数的确定，因此，收集相关资料是一项重要的基础工作。

评估人员需要收集的资料主要包括：①该项专利权的研制、开发成本，已使用过的专

利要搜集前 3 年为本企业创造的效益；②权威部门关于该项专利先进性、适用性与经济合理性的鉴定与证明文件；③技术成熟程度和预期寿命；④预期在某种生产规模下该专利可能产生的效益；⑤市场需求、占有率、同行业或同类产品竞争情况,行业平均收益率等市场预测情况；⑥该专利的转让方式、转让次数、地区等；⑦预期定价范围。

（三）信息资料核查分析

上述资料大部分需要由委托方提供和协助提供。评估人员在此基础上还应对上述资料、信息加以整理和分析。这些分析包括：

1．技术状况分析

包括技术先进性确认、技术成熟程度和寿命周期分析等。就技术成熟程度而言,一项技术的成长具有开发、发展、成熟和衰退四个阶段。虽然同样是被授予专利的技术,但是成熟程度可能差异很大,有的已经过工业化试验阶段,不再需要二次开发,有的却仅完成了开发,对于批量生产中的许多问题,如原材料来源问题、政策问题等尚未考虑,运用中风险就比较大。寿命周期分析即确认专利可能的有效利用年限。科技发达的今天,技术更新周期加快,新产品能够占领市场的时间越来越短,因此,专利的技术寿命往往比专利的法律保护年限短得多。

2．收益能力分析

收益能力是评估专利权价值的重要标准,收益能力分析包括是否具有获利能力,获利表现为收入增长型还是成本费用降低型等分析。分析应结合未来预测期内的投资量、生产规模、产量、价格、销售款、成本、利润预测,分析时应区分已实施专利和未实施专利两种情况：①已实施专利的技术较为成熟,其经济效果和市场前景都比较明朗,并且有一定的历史数据可供参考。因此,收益能力预测起来相对简单一些,可由预测学中的各种方法得到。②未实施专利由于没有经过实践检验,没有市场和效益的历史数据可供参考,未来收益的预测比较困难,一般从市场的总体出发,逐步分析,最后得出专利产品的销售情况。

3．市场分析

市场分析包括应用该专利技术的产品市场需求总量分析、市场占有率分析。

4．风险分析

风险分析包括技术风险分析、市场风险分析、经营风险分析和资金风险分析。

（四）得出评估结果,完成评估报告

评估报告是专利权评估结果的最终反映,但这种结果是建立在各种分析、假设基础之上的,为了说明评估结果的有效性和适用性,评估报告中应详尽说明评估中的各有关内容,这些内容包括：

1．专利技术成熟度

已经付诸实施的专利技术,应说明运用情况、技术本身先进程度、转让记录、实施中的问题；尚未实施的专利,应说明评估值测定中的依托条件,包括技术本身、受让方条件、市场预测等。

2. 受让方可受度分析

成熟专利技术对受让方的要求,即可受度,包括对接受方基础设施、技术素质、投资规模、资金需求等方面的要求和预测。

这些分析有助于说明评估结果的有效性和适用性,也可明确报告者应承担的法律责任和义务的区间,同时也为买卖双方提供了依据。

三、专利权的评估方法

(一)收益法

收益法的具体方法在本章第二节中已经有详细介绍。收益法应用于专利权评估的关键就在于如何寻找、判断、选择和测算评估中的各项技术指标和参数,即专利权的收益额、折现率和收益期限。专利权收益额指由专利权带来的预期超额收益,可以通过直接测算超额收益或通过利润分成率测算获得。

根据超额收益来源于收入增加还是成本费用节约,可将专利权划分为收入增长型和费用节约型。收入增长型专利权的收入增长原因在于:①产品能以高出同类产品的价格销售,获得垄断加价利润;②与同类产品相同价格的情况下,销售数量大幅度增加,市场占有率扩大。费用节约型专利权是因为专利的应用导致生产产品的成本费用降低,从而形成超额收益。

采用利润分成率测算专利权的超额收益,即以专利权投资产生的收益为基础,按一定比例(利润分成率)分成确定专利技术的收益。利润分成率反映专利技术对整个利润额的贡献程度。利润分成率确定为多少合适?据联合国工业发展组织对印度等发展中国家引进技术价格的分析,认为利润分成率在 $16\%\sim27\%$ 之间是合理的,在挪威召开的许可贸易执行协会上,多数代表提出利润分成率为 25% 左右较为合理。美国认为一般在 $10\%\sim30\%$ 之间是合理的。我国理论工作者和评估人员通常认为利润分成率在 $25\%\sim33\%$ 之间较合适。这些对实际评估业务具有参考价值,但要结合被评估专利进行具体分析。

利润分成是将资产组合中专利对利润的贡献分割出来。实际操作过程中也可采用以销售收入分成率代替利润分成率的变通方法,相应的分成基础则由利润变成销售收入,尽管销售收入分成率和利润分成率可以通过数学关系换算,但必须明确销售收入分成率的合理性基础仍是利润分成率。

折现率和收益期限的测算和确定方法在本章第二节中也已经详细介绍,不再赘述。

下面通过案例说明运用收益法评估专利权的过程。

例 7-2　B 公司 5 年前自行研发成功一项新技术,并获得发明专利证书,专利保护期 20 年。现在 B 公司准备将该专利权出售给 C 企业,需要对该项专利权进行价值评估。

评估过程如下:

(1)确定评估对象和评估目的。由于 B 公司是向 C 企业出售该项专利,因此,转让的是专利技术的所有权。

(2)专利权确认。该项技术已申请专利,该技术所具备的基本功能可以从专利说明书及有关专家鉴定书中得到。此外,该项技术已在 B 公司使用了 5 年,利用该技术生产的产品已进入市场,市场潜力较大。因此,该项专利技术的有效功能较好。

(3)评估方法选择。该项专利技术具有较强的获利能力,而且,同类型技术在市场上被授权使用情况较多,分成率容易获得,从而为测算收益额提供了保证。因此,决定采用收益法进行评估。

(4)判断确定评估参数。根据对该类专利技术的更新周期及市场上产品更新周期的分析,确定该专利技术的剩余使用期限为4年。根据对该类技术的交易实例的分析,以及该技术对产品生产的贡献性分析,采用销售收入的分成率为3%。

根据过去经营绩效及对未来市场需求的分析,评估人员对未来4年的销售收入进行预测,结果如表7-1所示。

表 7-1　预期销售收入测算结果　　　　　　单位:万元

年　　度	销售收入
第一年	400
第二年	500
第三年	600
第四年	600

根据当期的市场投资收益率,确定该专利权评估中采用的折现率为10%。

(5)计算评估值。得出结论如表7-2所示。

表 7-2　评估值计算表　　　　　　单位:万元

年　　度	销售收入 ①	分成额 ②=①×3%	税后净额 ③=②×(1−33%)	收益现值 (i=10%)
第一年	400	12	8.04	10.91
第二年	500	15	10.05	12.40
第三年	600	18	12.06	13.53
第四年	600	18	12.06	12.29
合计				49.13

因此,确定该专利权转让价的评估值为49.13万元。

(二)成本法

成本法应用于专利权的评估,关键在于分析计算其重置完全成本构成、数额及相应的贬值率。专利技术分为外购和自创两种,外购专利技术的重置成本确定比较容易。自创专利技术的成本一般由下列因素组成:

1.研制成本

研制成本包括直接成本和间接成本两大类。

直接成本是指研制过程中直接投入发生的费用,一般包括:①材料费用,即为完成技术研制所耗费的各种材料费用;②工资费用,即参与研制技术的科研人员和相关人员的费用;③专用设备费,即为研制开发技术所购置或专用设备的摊销;④资料费,即研制开发技术所需的图书、资料、文献、印刷等费用；⑤咨询鉴定费，即为完成该项目发生的技术咨询、技术鉴定费用；⑥协作费，即项目研制开发过程中某些零部件的外加工费及使用外单位资源的费用；⑦培训费，即为完成本项目，委派有关人员接受技术培训的各种费用；⑧差旅费，即为完成本项目发生的差旅费用；⑨其他费用。

间接成本是指与研制开发有关的费用，主要包括：①管理费，即为管理、组织本项目开发所负担的管理费用；②非专用设备折旧费，即采用通用设备、其他设备所负担的折旧费；③应分摊的公共费用及能源费用。

2. 交易成本

指发生在交易过程中的费用支出，主要包括：①技术服务费，即卖方为买方提供专家指导、技术培训、设备仪器安装调试及市场开拓的费用；②交易过程中的差旅费及管理费，即谈判人员和管理人员参加技术洽谈会及在交易过程中发生的食宿及交通费等；③手续费，即有关的公证费、审查注册费、法律咨询费等；④税金，即无形资产交易、转让过程中应缴纳的营业税。

3. 专利费

指为申请和维护专利权所发生的费用，包括专利代理费、专利申请费、实质性审查请求费、维护费、证书费、年费等。

由于评估目的不同，其成本构成内涵也不一样，在评估时应视不同情形考虑以上成本的全部或一部分。

专利权评估中的贬值率估算方法详见本章第二节相关内容。

下面通过案例说明运用成本法评估专利权的过程。

例 7-3　甲公司由于经营管理不善，企业经济效益不佳，亏损严重，将要被同行业的某企业整体兼并，现已开始对甲公司的全部资产进行评估。评估的资产中涉及一项专利技术（实用新型），三年前由甲公司自行研制开发并获得专利证书，但没有实际应用于生产。试对该专利权进行评估。

评估过程如下：

（1）确定评估对象和评估目的。该项专利权是甲公司自行研制开发并申请的专利权，甲公司对其拥有所有权。被兼并的资产中包括该项专利技术，因此，确定的评估对象是专利技术所有权。

（2）技术功能鉴定。该专利权的专利权证书、专利权利要求书、说明书及其附图、缴纳专利费用凭证、技术检验报告书等均齐全。根据专家鉴定和现场勘查，认为该专利技术如果成功地应用对于提高产品质量、降低产品成本将会产生很大作用。

（3）评估方法选择。目前该专利技术还未实际应用于生产之中，很难确切地预计该专利技术的超额收益，而且同类技术在市场上尚未发现有交易案例，因此，决定选用成本法进行评估。

（4）各项评估参数的估算。首先，分析测算其重置完全成本。该项专利技术系自创形成，其开发形成过程中的成本资料可从甲公司获得。具体数据如下：

材料费用	22 500 元
工资费用	5 000 元

专用设备费	3 000 元
资料费	500 元
咨询鉴定费	2 500 元
培训费	1 250 元
差旅费	1 550 元
管理费分摊	1 000 元
非专用设备折旧费分摊	4 800 元
专利费用及其他	1 800 元
合计	43 900 元

根据专利技术开发的过程分析,各类消耗仍按过去实际发生定额计算,对其价格可按现行价格计算。根据考察、分析和测算,近两年生产资料价格上涨指数分别为 6% 和 8%。因生活资料物价指数资料难以获得,该专利技术开发中工资费用所占份额很少,因此,可以将全部成本按生产资料价格指数调整,由此可估算出重置完全成本:

$$重置完全成本 = 43\ 900 \times (1 + 6\%) \times (1 + 8\%) = 50\ 256.72(元)$$

其次,确定该项专利权的贬值率。该项实用新型的专利技术,法律保护期限为 10 年,尽管还有 7 年保护期限,但根据专家鉴定分析和预测,该项专利技术的剩余使用期限仅为 5 年,由此可以计算贬值率为

$$贬值率 = 3 \div (3 + 5) \times 100\% = 37.5\%$$

(5) 计算评估值,做出结论。

$$评估值 = 50\ 256.72 \times (1 - 37.5\%) = 31\ 410.45(元)$$

最后,确定该项专利权的评估值为 31 410.45 元。

第四节　专有技术评估

一、专有技术的特点

专有技术,又称技术秘密、技术诀窍,是指为特定的人所知,未公开其完整形式,处于保密状态,但未申请专利的具有一定价值的知识或技巧。专有技术主要包括设计资料、技术规范、工艺流程、材料配方、经营诀窍和图纸、数据等技术资料。

专有技术与专利技术不同,两者的区别主要表现在以下几个方面:

(1) 专有技术具有保密性,所有者只有通过保密手段进行自我保护;专利技术则是在《专利法》规定范围内公开的,一项技术一经公开,别人获取它所耗费的时间与投资远远小于发明者所耗费的时间和投资,因此,必须要有法律手段对发明者的所有权加以保护。

(2) 专有技术的范围很广,包括设计资料、技术规范、工艺流程、材料配方、经营诀窍和图纸等;专利技术只包括发明、实用新型和外观设计等三类。

(3) 专有技术不是一种法定的权利,而只是一种自然的权利,主要受《中华人民共和国合同法》《中华人民共和国反不正当竞争法》等法律保护,但是没有法律保护期限。专利技术是一种法定的权利,受《中华人民共和国专利法》的保护,有明确的法律保护期限。

对专有技术进行评估,首先应该鉴定专有技术,分析、判断其存在的客观性,这一过程要比专利权复杂。一般来说,企业中的某些设计资料、技术规范、工艺流程、配方等之所以能作为专有技术存在,是根据以下特性判断:

1. 实用性

专有技术的价值取决于其是否能够在生产实践过程中操作,不能应用的技术不能称为专有技术。

2. 价值性

专有技术必须有价值,表现在它能为企业带来超额利润。价值是专有技术能够转让的基础。

3. 保密性

保密性是专有技术的最主要特性。如前所述,专有技术不是一种法定的权利,其自我保护是通过保密性进行的。

二、影响专有技术价值的因素

在专有技术评估中,应注意研究影响专有技术评估值的各项因素。这些因素包括:

1. 专有技术的使用期限

专有技术依靠保密手段进行自我保护,没有法定保护期限。但是,专有技术作为一种知识和技巧,会因技术进步、市场变化等原因被先进技术所替代。作为专有技术本身,一旦成为一项被公众掌握的技术,其寿命终结,不再具有无形资产价值。因此,专有技术的寿命,即使用期限,应由评估者根据本领域的技术发展情况、市场需求情况及技术保密情况进行估算,也可以根据相关合同的规定期限、协议情况确定。

2. 专有技术的预期获利能力

专有技术具有使用价值和价值,使用价值是专有技术本身应具有的,而专有技术的价值在于专有技术的使用所能产生的超额获利能力。因此,评估时应充分研究分析专有技术的直接和间接获利能力,这是确定专有技术评估值的关键,也是评估过程中的困难所在。

3. 专有技术的市场情况

技术商品的价格也取决于市场供求情况,市场需求越大,其价格越高,反之,则越低。从专有技术本身来说,一项专有技术的价值高低取决于其技术水平在同类技术中的领先程度。在科学技术高速发展的情况下,技术更新换代的速度加快,一项专有技术很难持久处于领先水平。另外,专有技术的成熟度和可靠性对其市场价值也有很大影响,技术越成熟、可靠,其获利能力越强,价值自然越高。

4. 专有技术的开发成本

专有技术取得的成本,也是影响专有技术价值的因素。评估中应根据不同技术特点,研究开发成本和其获利能力的关系。

5. 专有技术的保密措施

专有技术的保密措施是否完善将影响其评估值,因此,应该核查专有技术是否处于保密状态及容易被公开的环节。评估中,评估人员可从核心技术人员的流动情况、保密协议、保密制度及其他相关的保密措施入手进行核查。

 【拓展阅读】

"北有同仁堂,南有庆余堂。"庆余堂由胡雪岩创建,位于杭州的清河坊,素有"江南药王"的美称,依旧保存着完整的清代徽派商业古建筑群,也是国内目前保存最好的老字号。胡庆余堂最大的特色就是,迄今为止仍然拥有传统作坊,沿用的是南宋官方制定的中药制作技术工艺和行内规则,后经不断创新制药技术工艺,声名远扬。

三、专有技术的评估方法

专有技术的评估方法与专利权评估方法基本相同。下面结合案例分别介绍专有技术评估中收益法和成本法的应用。

(一)收益法

例 7-4 乙公司准备以一项专有技术作为出资,与某企业组建一家新公司,根据双方协议,确定该专有技术收益期限为 5 年。试根据有关资料评估该专有技术价值。

评估过程如下:

(1)预测、计算未来 5 年的收益。预测结果如表 7-3 所示(假定评估基准日为 2022 年 12 月 31 日)。

表 7-3　未来 5 年专有技术收益预测表

项　　目	第一年	第二年	第三年	第四年	第五年
销售量/件	35	45	45	45	45
销售单价/万元	2.2	2.2	2.2	2.2	2.2
销售收入/万元	77	99	99	99	99
减:成本、费用/万元	21.84	27.94	27.94	27.94	27.94
利润总额/万元	55.16	71.07	71.07	71.07	71.07
减:所得税/万元	18.20	23.45	23.45	23.45	23.45
税后利润/万元	36.96	47.61	47.61	47.61	47.61
专有技术分成率/%	40	40	40	40	40
专有技术收益/万元	14.78	19.04	19.04	19.04	19.04

(2)确定折现率。根据银行利率确定安全利率为 2.5%,根据技术所属行业及市场情况确定风险率为 17.5%,由此确定折现率为 20%。

(3)计算确定评估值。

$$专有技术评估值 = \sum_{i=1}^{5} \frac{各年专有技术收益}{(1+r)^i}$$
$$= 14.78 \times 0.833\,3 + 19.04 \times 0.694\,4 + 19.04 \times 0.578\,7 +$$
$$19.04 \times 0.482\,3 + 19.04 \times 0.401\,9$$
$$= 53.41(万元)$$

由此确定该专有技术的评估值为 53.41 万元。

（二）成本法

例 7-5　某公司现有不同类型的设计工艺图纸 4 万张,需评估该批图纸的价值。

评估过程如下:

（1）分析鉴定图纸的使用状况。评估人员根据这些图纸的尺寸和所给产品的种类、产品的周期进行分析整理。根据分析,将这些图纸分成以下四种类型(这也是一般用于确定图纸类型的标准)。

活跃/当前型:3.1 万张,是指现正在生产,可随时订货的产品零件、部件、组合件的工程图纸及其他工艺文件。

半活跃/当前型:0.45 万张,是指目前已不再成批生产但仍可订货的产品零部件、组合件的工程图纸及其他工艺文件。

活跃/陈旧型:0.35 万张,是指计划停止生产但目前仍可供销售的产品的零部件、组合件的工程图纸及其他工艺文件。

停止生产而且不再销售产品的零部件、组合件的工程图纸及其他工艺文件,计 0.1 万张。

根据上述分析确定,继续有效使用的图纸计 3.55 万张。

（2）估算图纸的重置完全成本。根据图纸设计、制作耗费及其现行价格分析确定,这批图纸每张的重置成本为 200 元。由此可以计算出这批图纸的重置完全成本。

$$图纸的重置完全成本 = 35\,500 \times 200 = 7\,100\,000(元)$$

（3）估算图纸的贬值。假如由活跃/当前型图纸控制产品的总使用年限为 12 年,已经使用 7 年,剩余使用年限为 5 年,则贬值率为

$$贬值率 = (7 \div 12) \times 100\% = 58.33\%$$

可以分别计算每种类型图纸的贬值率,为简化估算,假定综合贬值率为 50%。

（4）估算该批图纸的价值。

$$图纸的评估值 = 7\,100\,000 \times (1 - 50\%) = 3\,550\,000(元)$$

最后,确定该批图纸的评估值为 355 万元。

第五节　商标权评估

一、商标及商标权概述

（一）商标及其分类

商标是商品生产者或经营者为了把自己的商品或服务区别于他人的同类商品或服务,在商品上、服务中使用的一种特殊标记,一般由文字或图案与颜色组合,或三者组合而成。

商标的作用有以下几个方面:①表明商品或服务的来源,说明该商品或服务来自何企业或何地;②能把一个企业提供的商品或服务与其他企业的同一类商品或服务相区别;③标志一定的商品或服务的质量;④反映向市场提供某种商品或服务的特定企业的

声誉。消费者通过商标可以了解企业形象,企业也可以通过商标宣传自己的商品或服务,提高企业的知名度。商标的这些作用最终能为企业带来超额收益。从法律角度来说,保护商标也就是保护企业获取超额收益的权利。

商标的种类很多,可以依照不同标准予以分类。

(1) 按照商标是否具有法律保护的专用权分类,可以分为注册商标和未注册商标。我国《商标法》规定:"经商标局核准注册的商标为注册商标,包括商品商标、服务商标和集体商标、证明商标;商标注册人享有商标专用权,受法律保护。"

(2) 按照商标的构成分类,可以分为文字商标、图形商标、符号商标、文字图形组合商标、气味商标、色彩商标、音响商标、三维标志商标等。

(3) 按照商标的作用不同分类,可以分为商品商标、营业商标、等级商标、防御商标、制造商标、销售商标、服务商标、证明商标等。

(二) 商标权及其特点

商标权是商标注册后,商标所有者依法享有的权益,它受到法律保护,未注册的商标不受法律保护,我们所说的商标权的评估,指的就是注册商标专用权的评估。商标权是以申请注册的时间先后为审批依据,而不以使用时间先后为审批依据,但不能恶意抢注,《商标法》第三章第三十二条明确规定:"申请商标注册不得损害他人现有的在先权利,也不得以不正当手段抢先注册他人已经使用并有一定影响的商标。"商标权和专利权都属于知识产权中的工业产权,它和专利权一样需要经过申请、审批、核准、公告等法定程序才能获得。

商标权一般包括排他专用权(或独占权)、转让权、许可使用权、继承权等。排他专用权是指注册商标的所有者享有禁止他人未经其许可而在同一种商品服务或类似商品服务上使用其商标的权利。转让权是商标所有者作为商标权人,享有将其拥有的商标转让给他人的权利。我国《商标法》规定:"转让注册商标的,转让人和受让人应当签订转让协议,并共同向商标局提出申请。受让人应当保证使用该注册商标的商品质量。""转让注册商标经核准后,予以公告。"许可使用权是指商标权人依法通过商标使用许可合同允许他人使用其注册商标,商标权人通过使用许可合同,转让的是注册商标的使用权。继承权是指商标权人将自己的注册商标交给指定的继承人继承的权利,但这种继承必须依法办理有关手续。

商标权的价值是由注册商标所带来的效益决定的,带来的效益越大,商标价值就越高,反之则越低。商标实际上是对企业生产经营的素质,尤其是技术状况、管理状况、营销技能的综合反映,带来效益的原因在于它代表企业的产品质量、信誉、经营状况的提高。表面上,商标价值来自于设计和广告宣传,但实际并非如此。尽管在商标设计、制作、注册和保护等方面都需要耗费一定的费用,为扩大商标知名度也需要投入高额广告宣传费用,但这些费用只对商标价值起影响作用,起决定作用的还是商标所能带来的超额收益。

【拓展阅读】

我们历史文化悠久,从古至今的各行各业留下了许多老字号品牌,在一代又一代的努力下,这些老字号沿袭和继承了中华民族优秀的文化传统,具有鲜明的地域文化特征和历史痕迹、具有独特工艺和经营特色的产品、技术工艺或服务,取得社会广泛认同,赢得良好商业信誉,代表了中国工艺和中国品牌。比如,同仁堂、震远同、全聚德、王致和、内联升、王老吉、王麻子、狗不理、张小泉、老凤祥等百年老字号。

二、影响商标权价值的因素

商标权的评估价值与评估基准日的社会、经济状况及评估目的等因素密切相关,商标权价值的评估应重点考虑如下几个方面因素。

(一)商标的法律状态

1. 商标注册情况

我国实行的是"不注册使用与注册使用并行,仅注册才能产生专用权"的商标管理制度。按照这种制度,只有获得了注册的商标的使用者才享有专用权,才有权排斥他人在同类商品上使用相同或相似的商标,也才有权对侵权活动起诉。因此,只有注册了的商标才具有经济价值,而未注册的商标即便能带来经济效益,其经济价值也得不到确认。

2. 商标权的失效

我国《商标法》规定注册商标的有效期为 10 年,但可以按照每一期 10 年无限续展。10 年届满如果没有申请续展,商标的注册将被注销,商标权失效。另外还有几种因注册商标所有人主观原因而导致商标权失效的情况:①自行改变注册商标;②自行改变注册商标的注册人名义、地址或者其他注册事项;③自行转让注册商标;④连续 3 年停止使用。商标权一旦失效,原商标所有人不再享有商标专用权,也就不再具有经济价值。

3. 商标权的续展

因为商标权可以无限续展,在合法续展的情况下,商标权可成为永久性收益的无形资产,驰名老牌商标权的价值一般与其寿命成正比,寿命越长,价值越高,因为驰名商标通过续展可以长期为购买者带来比较高的超额收益。

4. 商标权的地域性

商标权的地域范围对商标权的价值有很大影响。商标权具有严格的地域性,商标权只有在法律认可的一定地域范围内受到保护。商标所有者所享有的商标权,只能在授予该项权利的国家领域内受到保护,在其他国家则不发生法律效力。如果需要得到其他国家的法律保护,必须按照该国的法律规定在该国申请注册,或向世界知识产权组织国际局申请商标国际注册。

5. 商标权在特定的商品范围内有效

商标注册申请采用"一类商品、一个商标、一份申请"的原则。评估商标权价值时,要注意商标注册的商品种类及范围,要考虑商品使用范围是否与注册范围相符合,商标权只有在核定的商品上使用时才受法律保护,对超出注册范围部分所带来的收益不应计入商标权的预期收益中。

（二）商标的知名度

商标的知名度越高，其价值就越大。很多国家对驰名商标的保护力度远大于非驰名商标，对驰名商标的认定一般也有着苛刻的条件和复杂的手续。通常，同一行业内取得驰名商标认定的商标，其价值高于普通商标的价值。因此，是否完成驰名商标认定影响着商标权的价值。

同样的商品，质量相同而商标不同，给企业带来的收益可能会相差甚远。驰名商标依照《保护工业产权巴黎公约》、世界贸易组织的《与贸易有关的知识产权协定》及多数国家的商标法，都享有受特殊保护的权利。驰名商标的法律地位也会增加它的价值。

（三）商标所依托的商品

商标权本身不能直接产生收益，其价值基本都是依托有形资产来实现的，即商标所带来的效益是依托相应的商品来体现的。商标的价值主要与商品的以下因素有关：

1. 商品所处的行业及前景

一种商品离不开其所在的行业，行业的状况直接影响到商品的生产规模、价格、利润率等经济指标，进而影响到商标的价值。一个行业很难保持长久的繁荣与稳定，随着新兴行业的不断产生，陈旧的行业会不断衰退，甚至消亡。在销量相同的情况下，新兴行业通常是产品附加值高的行业，其商标权价值也高。

2. 商品的生命周期

商品的生命周期一般有四个阶段：研制阶段、发展阶段、成熟阶段、衰落阶段。若有形的商品处于发展或成熟阶段，获得超额利润能力强，其相应的商标权价值高；若处于衰退阶段，获得超额利润的能力弱，其商标权价值相对较低；若处于研制阶段，要考虑商品是否有市场、单位产品可获得的利润等因素综合确定商标权的价值。

3. 商品的市场占有率、竞争状况

同样单价，商品市场占有率越高，销量越大，利润及超额利润也越大，商标权价值也就越大。同样，商品竞争越激烈、同行业其他知名商标越多，商标权的价值就越小。

4. 商品的利润情况

商品所带来的利润越大，才越有可能获得更高的超额利润，商标权才有可能体现更高的价值。

5. 商品经营企业的素质

由于企业的经营素质不同，同样一个商标，有些企业拥有它，可能是价值连城的无形资产，而给另一些企业，也许变得一文不值。因为，企业的管理水平、商品质量和企业信誉等经营素质影响了商标权的价值。

6. 经营业绩

使用商标的商品，历史上经营业绩的好坏可能影响到未来收益的预测情况。好的经营业绩，预测的未来收益大，超额利润才可能更大，商标权价值也会更高，反之则低。历史上的经营业绩是采用收益法评估商标权价值的基础依据。

（四）宏观经济状况

商标权的价值与宏观经济形势密切相关,在评估基准日宏观经济景气高涨时,评估值相对较高,低迷时则评估值较低。另外,财政政策、货币政策等宏观经济政策,尤其是与所评估商标的行业相关的政策走向,对商标价值评估也有一定影响,这是商标评估必须考虑的因素。

（五）评估目的

商标权因评估目的不同,选择的评估方法可能会不同;选择同一评估方法,也会因评估目的不同,使各项评估参数的选取不同,这些都造成同一商标权评估值的不同。比如,对商标权出让方而言,可分为商标权转让和商标权许可使用。商标权转让是指出让方将商标所有权出售给受让方;商标权许可使用是指商标权所有人在不放弃商标所有权的前提下,准许他人按照许可合同规定的条款使用商标。商标权转让方式不同,使评估的目的不同,评估值也不同。通常,同一商标权,所有权转让的评估值高于许可使用的评估值。股份制企业商标评估通常有以商标权投资入股、商标权许可使用、商标权转让等目的,根据不同的评估目的,会评估出商标权的不同价值。

（六）类似商标的交易情况

市场上类似商标的交易情况也影响商标权的价值。当使用市场法进行商标价值评估时,可比实例及其交易情况,对商标价值评估起决定性的作用。这些因素包括可比实例的交易价格、交易情况、本身情况、交易日期等。

（七）商标设计、广告宣传

一个美观、内涵丰富并能展示企业风格的好商标,能提高大众对商品的认知度,同样,通过广告宣传使大众熟悉该商品,刺激和维持消费需求,从而扩大销量,为企业带来更多超额利润,从而使商标权的价值也得到提升。尽管商标的广告宣传费用的投入与商标权的价值提升有直接关系,但是,商标权价值并不等同于商标的广告宣传费用。

（八）其他因素

除上述影响商标价值评估的因素外,还有其他一些情况对商标价值评估也构成影响,例如,商标的注册、使用、购买成本,商标注册时间,有无许可使用等都是影响商标权价值的重要因素。

资料卡 7-3

商标资产评估指导意见
目标：了解商标资产评估指导意见

三、商标权的评估程序

(一)接受委托,明确有关事项

商标评估的第一步是接受委托方的委托,明确评估中的有关事项,主要包括:①商标权评估目的,可分为商标权转让和商标权许可使用;②商标的注册、使用等情况;③商标拥有方、使用方及评估委托方的基本情况;④商标评估的范围,包括待估商标的种类、数量及应用的商品种类和地域范围;⑤确定评估基准日,明确待估商标的价值时点;⑥可能影响待估商标价值的其他情况。

(二)向商标权人收集有关资料

需要向商标权人收集的资料包括:①商标权人经营业绩,包括前3~5年的财务报表;②商标概况,包括商标注册相关的法律性证件、商标权人、注册时间、注册地点、注册证书号、有效期及续展条件、保护内容、商标的适用范围、商标的种类、许可使用和转让情况等;③商标权的成本费用和历史收益情况,包括商标权申报或购买、持有等项支出成本,商标使用、许可使用及转让所带来的历史收益;④商标的知名度,广告宣传情况,同类产品的名牌商标;⑤商标的预期寿命和收益情况,包括使用该商标产品的预期寿命、单位售价、销售量、市场占有率和利润情况,同种产品单位售价情况、主要竞争对象的市场占有率、盈利情况等;⑥相关产业政策、财税政策等宏观经济政策对其的影响。

(三)市场调研和分析

主要内容包括:①产品市场需求量的调研和分析;②商标现状和前景分析;③商标产品在客户中的信誉、竞争情况的分析;④商标产品市场占有率的分析;⑤财务状况分析,主要分析判断商标产品现有获利能力,为未来收益发展趋势预测提供依据;⑥市场环境变化的风险分析;⑦其他相关信息资料的分析。

(四)确定评估方法,收集确定相关参数

商标权评估较多采用收益法,但也不排斥采用市场法和成本法。由于商标的单一性,同类商标价格获取较难,使市场法应用受到限制。商标权投入与产出具有弱对应性,有时设计、创造某种商标的成本费用较低,带来的收益却很大;相反,有时设计、创造某种商标的成本费用较高,比如为宣传商标投入巨额广告费,带来的收益却不高,因此,采用成本法评估商标权时也必须慎重。评估方法确定后,根据不同的评估方法需要,收集确定相关的参数。

(五)计算、分析,产生评估结果,完成评估报告

资产评估师完成上述评估程序后,计算、分析并汇总商标权的评估结果,然后按照业务约定书的要求撰写并提交资产评估报告。

四、商标权的评估方法

前已述及,商标权评估常用的是收益法,下面主要介绍收益法在商标权评估中的应用。

(一)商标权转让的评估

例 7-6 某企业有一种已经使用 20 年的注册商标要对外转让。根据历史资料,该企业近 5 年每年生产 90 万件使用该商标的产品,单件售价比同类产品高 0.6 元,且目前该产品在市场上供不应求。根据预测估计,如果在生产能力足够的前提下,每年生产该商标产品 120 万件,则每件可获超额利润 0.5 元(已扣所得税后的净利润)。预计该商标能够继续获取超额利润的时间是 10 年,前 5 年保持目前超额利润水平,后 5 年每年可获取的超额利润为 28 万元。试评估该商标权的价值。

评估过程如下:

(1)计算该商标权在预测期内前 5 年中每年的超额利润。

$$每年的超额利润 = 120 \times 0.5 = 60(万元)$$

(2)根据企业的资金成本率及相应的风险率,确定其折现率为 10%。

(3)计算该项商标权价值为

$$
\begin{aligned}
商标权价值 &= 60 \times \frac{1-(1+10\%)^{-5}}{10\%} + 28 \times \frac{1-(1+10\%)^{-5}}{10\%} \times (1+10\%)^{-5} \\
&= 60 \times 3.7907 + 28 \times 3.7907 \times 0.6209 \\
&= 227.442 + 65.9021 \\
&= 293.3441(万元)
\end{aligned}
$$

由此确定该商标权转让评估值为 293.3441 万元。

(二)商标许可价值评估(商标使用权评估)

例 7-7 甲公司同意将自己的电动车注册商标使用权通过许可使用协议许可给乙公司使用,协议规定许可期限为 5 年,乙公司每年按使用该商标新增利润的 20% 作为商标使用费支付给甲公司。试评估该商标使用权价值。

评估过程如下:

(1)预测使用期限内新增利润总额取决于每辆电动车的新增利润和预计产量。对于产量的预测,应根据许可协议的有关规定及市场情况进行。如果许可协议中规定有地域界限,在预测时必须予以考虑。否则就可能导致预测量过多,引致评估值失实。根据预测,乙公司使用甲公司的商标后,每辆电动车可新增净利润 50 元,第一年至第五年乙公司生产的电动车产量预计分别为 10 万辆、15 万辆、22 万辆、30 万辆、40 万辆。由此确定每年新增净利润为

第一年:10×50＝500(万元)

第二年:15×50＝750(万元)

第三年:22×50＝1 100(万元)

第四年：30×50＝1 500(万元)

第五年：40×50＝2 000(万元)

(2) 确定分成率。按许可协议中确定的 20％作为分成率。

(3) 确定折现率。假设折现率为 14％。

由此,可以计算出每年新增净利润的折现值,如表 7-4 所示。

表 7-4　每年新增净利润折现值

年　度	新增净利润额/万元	折现系数	折现值/万元
第一年	500	0.877 2	438.60
第二年	750	0.769 5	577.13
第三年	1 100	0.675 0	742.50
第四年	1 500	0.592 1	888.15
第五年	2 000	0.519 4	1 038.80
合计			3 685.18

(4) 按 33％的所得税税率,计算商标使用权的评估值为

商标使用权的评估值＝3 685.18×20％×(1－33％)＝493.81(万元)

由此确定商标使用权的评估值为 493.81 万元。

五、商标权评估案例——AB 牌商标评估

背景：××公司拟发起设立股份有限公司,其主要产品和经营性资产均进入拟设立的股份公司,现需要对公司持有的 AB 牌注册商标进行评估。

(一) 商标及企业概况

××公司是全国生产农用运输车的企业,国家农用车重点发展的大集团之一,主要产品商标为 AB 牌注册商标,由文字和图案构成,注册日期 2006 年 10 月 1 日,注册号为 ××,核定使用商品为第 12 类,即农用运输车、客车、轿车和摩托车。目前使用 AB 商标的主要产品有三轮和四轮农用运输车,其产量居全国同行业前茅,知名度高,在用户中享有较高的声誉,为企业带来了良好的经济效益。

(二) 评估依据

(1) AB 牌商标注册证书。

(2) 企业前 3 年及评估基准日财务报表及相关资料。

(3) 主要客户及市场概况。

(4) 国家某研究中心"关于农用车走俏的启示"调研报告。

(5) 国家某部委研究机构"农用运输车市场需求与产品结构构成研究"调研报告。

(6) 国家对农用车产业的有关政策。

(7) 企业发展规划。

(8) 其他。

（三）产品及市场状况

（1）产品。AB 牌主导产品有五种规格型号的三轮农用车和三种型号的四轮农用车，产品质量较高，平均故障里程均在 2500 千米以上，优于国家标准，居同行业领先地位。该系列三轮车、四轮车均为国家主管部门质量评定一等品，AB 牌商标的农用车还获中国质量管理协会"2019 年全国用户满意产品"等荣誉称号。

（2）市场。AB 集团具有生产规模优势，三轮农用车的产量在 2019 年列同行业第三，市场遍及全国，国内市场占有率近 15%，并在非洲若干国家建厂生产、销售农用车。

随着农用车市场高速发展期的结束，市场竞争更趋激烈，不少企业生产难以为继，而该集团公司生产仍具良好发展态势，在同行业中位居前列。2019—2022 年的农用车销售量和销售收入详见表 7-5、表 7-6。

表 7-5　2019—2022 年销售量统计表

年份	2019		2020		2021		2022	
品种	销量/辆	增长率/%	销量/辆	增长率/%	销量/辆	增长率/%	销量/辆	增长率/%
三轮	120 002	—	126 811	5.67	123 825	−2.35	132 371	6.90
四轮	6 779	—	6 876	1.43	6 390	−7.05	6 946	8.70
合计	126 781	—	133 687	5.45	130 215	−2.60	139 317	6.99

表 7-6　2019—2022 年销售收入统计表

年份	2019		2020		2021		2022	
品种	销售收入/万元	增长率/%	销售收入/万元	增长率/%	销售收入/万元	增长率/%	销售收入/万元	增长率/%
三轮	54 501	—	56 180	7.01	51 048	−9.13	58 172	15.01
四轮	7 623	—	6 966	−8.62	7 031	0.93	7 652	8.83
合计	62 124	—	63 146	4.99	58 079	−7.87	65 824	14.07

（四）评估方法

采用收益法，即根据商标产品单位售价超过同行业平均售价的部分，按一定的期限和折现率计算现值。计算公式为

$$P = \sum_{t=1}^{n} \frac{R_t}{(1+i)^t}$$

式中，P 为商标的评估值；R_t 为被评估商标第 t 年的预期超额收益；i 为折现率；n 为收益期限。

（1）收益年限。农用车结构相对简单，易于生产，行业整体技术水平不高，竞争激烈，综合考虑企业在行业中的地位和技术水平，确定商标能带来超额收益的年限为 5 年。

（2）折现率。折现率由无风险报酬率和风险报酬率构成。

无风险报酬率依据一年期银行存款利率，确定为 3.6%。

风险报酬率主要考虑企业所处行业的风险因素。农用运输车是由农机改造而发展起来的,相对汽车而言其结构简单,技术含量低,易生产,市场竞争激烈。尽管国家已限制建设新厂,但现有企业的生产规模在扩大,特别是原汽车制造业的介入,使市场竞争更加激烈。目前农用车的价格低,适合农民使用,但其性能亦较差。由于国家对农用车的定位不甚明确,管理较薄弱,易发生交通事故,产生不良社会影响。或由于农民的收入提高,道路条件的改善等,导致用户追求性能更优越的汽车,而使整个产业萎缩、衰落。同时,该集团公司三轮、四轮农用车的销售收入占公司总销售收入的95%以上,一旦产品开发滞后,或决策失误,企业将面临险境。鉴于上述因素综合考虑,确定风险报酬率为8%。

计算折现率为

$$i = 3.6\% + 8\% = 11.6\%$$

因此,折现率可按12%计算。

(3) 超额收益。截至2022年年底,全国登记在"目录"上的农用运输车的企业共××家,AB牌三轮车产量居同行业的前6位。根据近期AB牌农用车主要销售市场资料,将AB牌农用车与其他厂家生产的相同规格产品售价进行比较,四轮车售价与其他商标产品基本一致,三轮车的售价见表7-7。

表7-7　主要销售市场售价比较表

主要销售地	安徽省	河南省	江苏省	山东省	河北省	其他
占全部销售比重/%	21.8	29.5	16.3	12.5	10.5	9.4
单位售价平均差异/元	60	40	50	0	50	40

$$加权平均超额售价 = 60 \times 21.8\% + 40 \times 29.5\% + 50 \times 16.3\% +$$
$$50 \times 10.5\% + 40 \times 9.4\% = 42 (元)$$

依据企业前三年的实际产销情况、财务状况和企业发展规划,同时考虑到目前同行业的竞争和中国加入世界贸易组织后所带来的对本行业不利的影响,对企业未来收益年限的超额收益进行预测,结果见表7-8。

表7-8　超额收益预测表

年　份	2023	2024	2025	2026	2027
销量/辆	134 708	138 749	142 911	147 198	151 614
销售收入/万元	64 271	66 199	68 185	70 230	72 337
单车超额收益/元	42	42	40	35	30
超额收益/万元	565.77	582.75	571.64	515.19	454.84
所得税税率/%	25	25	25	25	25
扣所得税后收益/万元	424.33	437.06	428.73	386.39	341.13
折现系数	0.89	0.80	0.71	0.64	0.57
超额收益现值/万元	377.65	349.65	304.40	247.29	194.44
合计/万元	1 473.44				

(五)评估结果

经评估测算,AB牌商标权的评估值为1 473.44万元。

第六节 著作权评估

一、著作权概述

（一）著作权的定义

著作权也称版权，是指文学、艺术作品和科学作品的创作者依照法律规定对这些作品所享有的各项专有权利。我国《著作权法》保护的对象是作品的表现形式，而不保护作品中所表述的思想、情感、观念等内容。因此，著作权评估时不能将作品的内容列入评估范围。

我国《著作权法》保护下列形式创作的文学、艺术和自然科学、社会科学、工程技术等作品：①文字作品；②口述作品；③音乐、戏剧、曲艺、舞蹈、杂技艺术作品；④美术、建筑作品；⑤摄影作品；⑥电影作品和以类似摄制电影的方法创作的作品；⑦工程设计图、产品设计图、地图、示意图等图形作品和模型作品；⑧计算机软件；⑨法律、行政法规规定的其他作品。而下述作品则不受《著作权法》保护：①依法禁止出版、传播的作品，不受本法保护；②法律、法规，国家机关的决议、决定、命令和其他具有立法、行政、司法性质的文件及其官方正式译文；③时事新闻；④历法、数表、通用表格和公式。

（二）著作权归属的确定

著作权是一种法律赋予的权利，是一种无形资产，与有形资产的权属确定相比，确定著作权的归属具有一定的难度。

1. 确定的基本原则

根据我国《著作权法》第十一条，除著作权另有规定外，著作权属于作者。创作作品的公民是作者。由法人或其他组织主持，代表法人或其他组织意志创作，并由法人或其他组织承担责任的作品，法人或其他组织视为作者。如无相反证明，在作品上署名的公民、法人或其他组织为作者。由于著作权的取得，采用自动保护原则，因此，著作权归属确定的基本原则是著作权属于作者，即在作品上署名的公民、法人或其他组织。

2. 具体类别作品著作权的归属

《著作权法》中除了规定著作权归属的基本原则，还针对七种作品的著作权归属分别进行了规范，包括：演绎作品、合作作品、汇编作品、委托作品、职务作品、美术作品及影视作品。由于著作权涵盖的范围很广泛，涉及的对象多，而且采用"自动保护原则"，对于不同的保护对象，评估人员在判断作品著作权时，必须仔细研究待估作品的特性，及相关法律条款。如何对上述七种作品的著作权的权属做出判断，是一个比较复杂的工作，而且它将直接影响评估结果。

（三）著作权的内容

著作权的内容就是法律赋予著作权人的权利内容，它是《著作权法》的核心，这也是著作权可以为权利人带来经济收益的基础。因此它也是著作权评估中的关键。对于评估人员而言,进行著作权评估的首要步骤就是确定评估对象,由于著作权是一种法律赋予的权利,因此,它的确定需要依据相关法律的规定。对于法律没有赋予权利人的权利,在评估中是不能计算的。

作品的著作权包括精神权利和经济权利。对于评估而言,一般考虑的是权利人拥有的经济权利,因此,在此将重点对著作权中的经济权利进行分析。著作权中的经济权利是指能够给著作权人带来经济利益的权利,共有以下 12 项内容。

1. 复制权

指以印刷、复印、临摹、拓印、录音、录像、翻录、翻拍等数字化或非数字化方式将作品制作一份或多份的行为。它的特征是复制的作品与原作品相比在内容和形式上没有任何变化,复制权就是权利人决定实施或不实施上述复制行为或禁止他人复制其受保护作品的权利。

2. 发行权

发行是传播作品的重要途径,也是著作权人获得经济收益的重要手段,发行权是指向公众提供作品复制件的权利由著作权人享有。

3. 出租权

指有偿许可他人临时使用电影作品和以类似摄制电影的方法创作的作品、计算机软件的权利,计算机软件中的程序本身不是出租的主要标的除外。

4. 展览权

指公开陈列美术作品、摄影作品的原件或复制件的权利。在此需要说明的一点是,当美术作品原件转移后,它的展览权也随之转移,即它的展览权由作品的持有人所有。

5. 表演权

表演是指通过演员的声音、表情、动作在现场直接公开再现作品,及通过放映机、录音机、录像机等技术设备间接公开再现作品或者作品的表演的行为。表演权是与复制权相对应的一种权利,著作权人可以自己表演,也可以授权他人表演。

6. 放映权

指通过放映机、幻灯机等技术设备公开再现美术、摄影、电影和以类似摄制电影的方法创作的作品等的权利。

7. 播放权

指以无线或有线方式公开向公众传播广播的作品的权利。

8. 信息网络传播权

指通过互联网向公众提供作品,使公众可在其个人选定的时间和地点获得作品的权利。

9. 摄制权

指以摄制电影或者以类似摄制电影的方法首次将作品固定在载体上的权利。

10. 改编权

指在原有作品的基础上,改变原作品的表现形式,创作出具有独创性的新作品的权利。

11. 翻译权

指将原作品从一种语言文字转换成另一种语言文字的权利。

12. 汇编权

指将原作品或作品的片段通过选择或者编排,汇集成新作品的权利。

对于摄制、改编、翻译及汇编后的作品,它的著作权由上述工作完成者所有,或由依据法律享有著作权的公民或组织所有,因此评估人员对著作权进行评估时,不应将摄制、改编、翻译及汇编后作品的收益,计算在内。而对于摄制、改编、翻译及汇编作品著作权的价值进行评估时,评估人员应该注意,这种作品的权利人,有权自行禁止他人复制、发行或以其他方式使用有关作品,却无权单独许可他人使用自己的作品,他必须得到原作品权利人的许可。这类作品享有的著作权,与"从属专利"的权利人相似,他享有的权利受到原始作品著作权人的约束。

著作权人可以许可他人行使自己所拥有的各项法定权利,并依照约定或有关规定获得报酬。著作权人可以全部或者部分转让规定的经济权利,并依照约定或者有关规定获得报酬。

(四) 著作权的限制

著作权的限制就是对著作权经济权利的限制,具体的限制内容包括以下几个方面。

1. 地域的限制

《著作权法》属于国内法,赋予的著作权仅在本国有效,但我国参加了《伯尔尼公约》及《世界著作权公约》,并且是世界贸易组织的成员,根据这些国际公约的条款,使著作权受到保护的地域已经远远超出了一个国家的范围,国内法变成了区域性法律。著作权的获得采用"自动获得"原则,在一个国家享有著作权,通过国际公约,就可以在世界上绝大多数国家享受相应的保护。而专利及商标无法直接通过国际公约在其他国家获得保护,必须通过申请且符合申请国法律的要求。

2. 时间的限制

根据我国《著作权法》的规定,对各种类型的著作权的期限分别做了规定。对于评估而言,法定的权利期限是运用收益法进行评估过程中,选择收益期限的一个重要参数。

3. 合理使用

在法律许可的范围内,使用他人作品,可以不经过著作权人许可,不付报酬,但不能侵犯著作权人的其他权利。评估人员在计算委估对象的收益时,应该根据《著作权法》的规定,将相关收益计算在内。

4. 强制许可

由政府部门发放强制许可证,可以不经著作权人许可,但要支付报酬,目前这种强制许可在我国没有实行的实例。

5. 法定许可

在法律特定的条款下,可以不经著作权人许可,使用已发表的作品,但必须支付稿酬,并且不得侵犯著作权人的其他权利。

（五）著作权的保护期

（1）著作权中作者的署名权、修改权、保护作品完整权的保护期不受限制,永远归作者所有。

（2）作品的发表权、使用权和获得报酬权的保护期为作者终生至死亡后50年,若为合作作品至最后死亡的作者死亡后50年。法人或其他组织的作品发表权、使用权和获得报酬权的保护期为首次发表后50年。

（3）电影、电视、录像和摄影作品的发表权、使用权和获得报酬权的保护期为作品首次发表后的50年。

（4）自然人的软件著作权保护期自软件开发完成之日起至自然人死亡后50年,若为合作开发的至最后死亡的作者死亡后50年。法人或其他组织的软件著作权保护期为首次发表后50年,未发表的不受保护。

资料卡 7-4

著作权资产评估指导意见

目标：了解著作权资产评估指导意见

二、著作权的特征

（一）自动保护原则

我国《著作权法》对作品的保护采用自动保护原则,即作品一旦产生,作者便享有著作权,登记与否都受法律保护。作者将作品交著作权管理部门登记备案,可以使作品有一个法律的初步证据。在著作权的评估实践中,作品登记证书可以作为该著作权稳定性、可靠性的依据。同样,计算机软件创作完成后,也可以自愿到指定部门进行著作权登记,当然登记并非软件产生著作权的前提。

（二）形式的局限性

著作权是为某些思想、观点的原创表达形式提供法律保护,但并非保护这些思想本身,这使著作权在形式上存在局限性。比如,按《著作权法》的规定,计算机软件的保护应该不涉及开发软件所用的思想、概念、发现、原理、算法、处理过程和运行方法,但在实际操作中,如何划分"思想"与"表达",一直是争论的焦点。又如,由于在很多情况下,艺术作品描述的对象是一致的,如历史人物或历史事件,如何界定"思想"及"表达"同样是比较困难的。

（三）独立性

著作权对保护的内容强调创作的独立性,而不强调新颖性,即思想相同的不同人创作的作品,只要是独立完成的,即分别享有著作权。

（四）权利的多样性

根据《著作权法》的规定，著作权人享有的权利多达十几项，其中法律明确规定著作权人享有的经济权利有 12 项，而且这些权利的行使可以是彼此独立的。

（五）法律特性

根据法律规定，著作权是自动获得的权利，同时，规定了著作权的权利内容、保护期及权利的限制，因此著作权具有显著的法律特性，主要体现在时间性及地域性，与专利权及商标权雷同。

（六）扩散性

著作权的扩散性是指具有著作权的作品在使用过程中可以产生新的具有著作权的作品。如一部小说，若被改编成剧本，改编人对改编后的作品享有著作权；若被翻译成其他语言，翻译人对翻译后的作品享有著作权。

三、计算机软件评估

在著作权评估中，计算机软件类著作权的价值评估是一个重要的部分，而且计算机软件与一般的文艺类著作权相比较，具有其自身的特点，因此将计算机软件评估单独列出进行介绍。

（一）计算机软件评估的特点

1. 计算机软件的特点

计算机软件价值评估中，应首先关注计算机软件所具有的无实物形态但以实物为载体，容易被复制，高智力投入而且需长期持续投入等特点。

软件产品是无形的，没有质量、体积及其他物质性，只能存在于有形的载体中，如光盘、硬盘、优盘等介质中，而且通过该载体进行交易，所以软件交换价值应该是载体的自身价值和软件价值之和，但是一般来说软件价值远大于载体价值，载体价值在实际评估操作中基本可以忽略。软件产品的无形性也决定了应用成本法进行价值评估时，仅考虑有形成本资料的投入是不全面的。软件产品的复制（批量生产）相应简单，其复制成本同其开发成本比较，几乎可以忽略不计。因此，软件产品比较容易被复制乃至剽窃。这使得对进入公用领域软件的市场进行预测时，其实际市场结果往往和预测存在不小的差距。

2. 计算机软件价值评估的特殊性

由于计算机软件成本具有明显的不完整性和弱对应性，给企业带来的经济效益也可能受各种因素的影响而具有明显的不确定性，当前我国软件技术交易市场也很不成熟，这给软件评估带来许多困难。在进行评估时，还应该全面考虑如下一些因素：软件规模大小、软件复杂程度、程序类型、软件对支持条件和运行环境的要求、软件的有效收益或经济寿命期、软件的维护成本和升级能力、市场竞争状况、权属关系及计算机软件的先进性、稳定性和实用性等性能技术指标，另外，评估人员在评估时，还应考虑委估对象是自行开发研制还是引进的,是多次转让还是一次转让等因素对软件价值的影响。

(二)计算机软件价值评估方法

1.市场法

市场法评估计算机软件,在计算机软件市场、技术市场比较发达的国家和地区较为常用,多用于软件产品定价、软件整体价值评估等。该方法主要是通过在计算机软件市场或技术市场上选择相同或近似的软件资产作为参照物,针对各种价值影响因素,主要是软件功能的类比,将被评估软件与参照物软件进行价格差异的比较调整,分析各项调整结果,确定被估计算机软件的评估值。计算公式为

$$V = \alpha \beta V'$$

式中,V 为委托评估计算机软件的价值;V' 为参照物计算机软件的价值;α 为生产率调整系数;β 为价值调整系数。

2.成本法

成本法通常在以下情形中采用:①专用(即用户只有一个或若干个)软件以及虽属于通用软件但尚未投入生产、销售的软件的评估;②不存在市场或市场容量少,难以通过销售软件使用许可权获得收益的,诸如自用型软件的评估;③未开发完成软件评估;④软件的产品定价、整体转让或者以计算机软件合资入股等经济行为。

成本法评估计算机软件价值的基本模型有开发成本要素、开发过程成本或语句行数三种成本评估模型。国内的评估界,在采用成本法评估计算机软件的时候,将以上三种方法结合起来,并参考国外评估理论,总结出一套操作性较强,目前评估实际应用比较广泛的计算机软件成本评估模型——参数成本法模型。该模型对于系统软件,大型专业应用软件,或刚开发完成还没有进入市场的计算机软件产品,以及不存在交易市场的自用计算机软件,都可采用。基本公式为

$$P = C_1 + C_2$$

式中,P 为计算机软件成本评估值;C_1 为计算机软件开发成本;C_2 为计算机软件维护成本。

计算机软件开发成本 C_1 由计算机软件工作量 M 和单位工作量成本 W 所决定,其公式为

$$C_1 = M \times W$$

式中,C_1 为计算机软件开发成本;M 为工作量,单位为人·月;W 为单位工作量成本。

此处,计算机软件工作量 M 为在现时及现有条件下,重新开发此计算机软件所需工作量,为一般水平下的计算机软件劳动工作量。单位工作量成本 W 为待估软件开发公司实际投入的成本除以该计算机软件实际工作量,体现的是该软件公司开发该计算机软件的实际生产能力。因此,可以认为系统软件的开发成本按其工作量及单位工作量成本来测算是可行的。确定计算机软件开发工作量的模型主要是 COCOMO Ⅱ 模型和 Doty 模型,在此不做详细介绍。

3.收益法

对于已经生产并投放市场的诸如财务软件、人事管理软件等通用软件,具有市场容量

的专业应用软件,自行开发生产、独家转让并可投入生产的软件,通常都可以采用收益法进行评估,收益法评估软件价值与其他技术类无形资产评估(如专利技术、专有技术等)类似,即通过估算待估软件在未来的预期收益,并采用适宜的折现率折算成现值,然后累加求和,得出软件价值。

软件作为一种特殊的技术产品,采用收益法评估软件相比其他技术类无形资产的评估在参数选取上存在一定的区别。软件评估中所涉及的收益通常是指销售或者购入软件所取得的收益。由于软件使用者对新推出软件的适用性和稳定性有一个认识过程,软件产品的收益预测值通常具有以下的变化趋势:第一阶段,收益相对较低,处于市场开拓期;第二阶段,有所上升,处于发展期;第三阶段,达到峰值,属于稳定期;以后由于功能更强的新一代软件的推出或者市场容量的饱和,先进性相对减弱,收益发生下滑,至此为衰减期。对此,在评估时要加以充分考虑。

第七节　商誉评估

一、商誉及其特点

商誉通常是指企业在同等条件下,能获取高于正常投资报酬率的收益所形成的价值。这是企业由于所处地理位置的优势,或由于经营效率高,管理基础好,财务状况稳定,生产历史悠久,人员素质高等多种原因,获得了较同行业其他企业更高的收益,即超额收益。

从历史渊源考察,20 世纪 60 年代以前所称的无形资产是一个综合体,商誉则是这个综合体的总称。20 世纪 70 年代以后,随着对无形资产确认、计量的需要,无形资产以不同的划分标准,形成各项独立的无形资产。现在所称的商誉,则是指企业所有无形资产扣除各单项可确指无形资产以后的剩余部分。因此,商誉是不可确指的无形资产。

商誉具有如下特性:

(1) 商誉不能离开企业而单独存在,不能与企业可确指的资产分开出售。

(2) 商誉是多项因素作用形成的结果,但形成商誉的个别因素,不能以任何方法单独计价。

(3) 商誉本身不是一项单独的、能产生收益的无形资产,而只是超过企业各单项有形资产及可辨认无形资产的价值之和的价值。

(4) 商誉是企业长期积累起来的一项价值。

二、商誉评估的方法

商誉的评估方法取决于对商誉含义的理解,商誉价值量的大小是通过企业的收益水平来体现的,而它又属于集合性、附着性强的一种无形资产,只能采取整体的方法进行计算,而不能像其他可确指的无形资产那样单项进行计算。商誉通常采用割差法、超额收益法进行评估。

(一)割差法

割差法亦称残值法,是指将企业整体评估价值与构成企业的各单项资产评估值之和

进行比较从而确定商誉价值的一种评估方法。割差法的基本公式为

商誉的评估值＝企业整体资产评估值－企业各单项资产评估值之和

企业整体资产评估值可以通过预测企业未来预期收益并进行折现或资本化获取；上市公司可按股票市价总额确定。采取上述评估方法的理论依据是，企业价值与企业可确指的各单项资产价值之和是两个不同的概念。如果有两个企业，企业可确指的各单项资产价值之和大体相当，但由于经营业绩悬殊，预期收益悬殊，其企业价值自然相去甚远。企业中的各项单项资产，包括有形资产和可确指的无形资产，由于其可以独立存在和转让，评估价值在不同企业中趋同。但它们由于不同的组合，不同的使用情况和管理，使之运行效果不同，导致其组合的企业价值不同，使各类资产组合后产生的超过各项单项资产价值之和的价值，即为商誉。

上述评估方法的理论依据是企业价值与企业净资产价值是两个不同的概念。两个净资产价值大体相当的企业，会由于经营业绩悬殊，预期收益悬殊，导致企业价值相差悬殊。构成企业价值的净资产包括有形资产和可辨认无形资产，由于这些资产均可以独立存在和转让，评估价值在不同企业中趋同，但它们由于不同的组合，不同的使用情况和管理，使之运行效果不同，导致其组合的企业价值不同，使各类资产组合后产生的超过各项单项资产价值之和的价值，即为商誉。

商誉评估值可能是正值，也可能是负值。商誉为负值时，可能企业亏损或收益水平低于行业或社会平均收益水平，因此负商誉评估值毫无意义。也就是说，商誉价值评估适用于盈利企业或经济效益高于同行业或社会平均水平的企业。

例 7-8　某企业进行股份制改造，根据企业过去经营情况和未来市场形势、预测其未来 5 年的净利润分别是 650 万元、700 万元、550 万元、600 万元和 750 万元，并假定从第 6 年开始，以后各年净利润均为 825 万元。根据银行利率及企业经营风险情况确定的折现率和资本化率均为 10%。并且，采用适当的资产评估方法，已评估确定该企业各单项资产评估之和（包括有形资产和可确指的无形资产）为 4 500 万元。试确定该企业商誉评估值。

首先，采用收益法确定该企业整体评估值。

$$企业整体评估值＝650 × 0.909\ 1＋700 × 0.826\ 4＋550 × 0.751\ 3＋600 ×$$
$$0.683\ 0＋750 × 0.620\ 9＋825 ÷ 10\% × 0.620\ 9$$
$$＝2\ 458.085＋5\ 122.425＝7\ 580.51（万元）$$

因为该企业各单项资产评估值之和为 4 500 万元，计算商誉评估值为

$$商誉评估值＝7\ 580.51－4\ 500＝3\ 080.51（万元）$$

由此确定该企业的商誉评估值为 3 080.51 万元。

（二）超额收益法

超额收益法是指把企业超额收益作为评估对象进行商誉评估的一种评估方法。超额收益法具体又可分为超额收益资本化价格法和超额收益折现法两种。

1．超额收益资本化价格法

超额收益资本化价格法是把被评估企业的超额收益通过资本化还原为确定该企业商

誉价值的一种方法。计算公式为

$$商誉的价值 = \frac{企业预期年收益额 - 行业平均收益率 \times 企业单项资产评估值之和}{适用资本化率}$$

或

$$商誉的价值 = \frac{企业单项资产评估值之和 \times (企业预期年收益率 - 行业平均收益率)}{适用资本化率}$$

式中,

$$企业预期年收益率 = \frac{企业预期年收益额}{企业单项资产评估值之和} \times 100\%$$

例 7-9 某企业的预期年收益额为 1 000 万元,该企业的各单项资产的评估价值之和为 4 000 万元,企业所在行业的平均收益率为 20%,并以此作为适用资产收益率。试评估该企业商誉的价值。

$$商誉的价值 = (1\,000 - 4\,000 \times 20\%) \div 20\% = 200 \div 20\% = 1\,000(万元)$$

或

$$商誉的价值 = 4\,000 \times (1\,000 \div 4\,000 - 20\%) \div 20\%$$
$$= 4\,000 \times (25\% - 20\%) \div 20\% = 1\,000(万元)$$

由此确定该企业的商誉评估值为 1 000 万元。

超额收益资本化价格法主要适用于经营状况一直较好、超额收益比较稳定的企业。在预测企业预期收益时,如果发现企业的超额收益只能维持有限期的若干年,则商誉评估不宜采用超额收益资本化价格法,而应改按超额收益折现法进行评估。

2. 超额收益折现法

超额收益折现法是把企业可预测的若干年预期超额收益进行折现,把其折现值确定为企业商誉价值的一种方法。计算公式为

$$P = \sum_{t=1}^{n} \frac{R_t}{(1+i)^t}$$

式中,P 为商誉的评估值;R_t 为第 t 年的预期超额收益;i 为折现率;n 为收益期限。

例 7-10 某企业预计将在今后 5 年内保持其具有超额收益的经营态势。预期年超额收益额保持在 350 万元的水平上,该企业所在行业的平均收益率为 12%。试评估该企业商誉的价值。

$$商誉的价值 = 350 \times 0.892\,9 + 350 \times 0.797\,2 + 350 \times 0.711\,8 +$$
$$350 \times 0.635\,5 + 350 \times 0.567\,4$$
$$= 1\,261.68(万元)$$

或

$$商誉的价值 = 350 \times 3.604\,8 = 1\,261.68(万元)$$

由此确定该企业的商誉评估值为 1 261.68 万元。

三、商誉评估需要注意的几个问题

商誉本身的特性,决定了商誉评估的困难性。商誉评估的理论和操作方法争议较大,

现在虽然尚难定论,但在商誉评估中,至少下列问题应予以明确。

(1) 商誉评估是在产权变动或经营主体变动时进行的。

在企业持续经营的前提下,如不发生产权变动或会计主体变动,尽管该企业可能具有商誉,但却无须评估商誉以显示其价值。因此,企业在不发生重组、并购、股份制改造等特定经济行为的情况下,评估和公布企业商誉,从评估学角度来看是根本没有必要的。

(2) 非所有企业都有商誉,商誉只存在于那些长期具有超额收益的企业之中。

一个企业在同类型企业中超额收益越高,商誉评估值越大。因此,商誉评估过程中,如果不能对被评估企业所属行业收益水平有全面的了解和掌握,也就无法评估出该企业商誉的价值。

(3) 商誉评估必须坚持预期原则,企业是否拥有超额收益是判断企业有无商誉和商誉大小的标志,这里所说的超额收益指的是企业未来的预期超额收益,并不是企业过去或现在的超额收益。

在评估过程中,对于目前亏损的企业,经分析预测,如果其未来超额收益潜力很大,则该企业也会有商誉存在,这在评估时必须加以综合分析和预测。

(4) 商誉作为无形资产,它的建立未必一定有发生的各项成本。

商誉的价值形成是建立在超额收益基础上,与企业为形成商誉的花费无直接关系。因此,并不是企业为商誉花费越多,其评估值越高。尽管所发生费用或劳务费会影响商誉的评估价值,但它是通过未来预期收益的增加得以体现。这种成本无关性,使得商誉的评估以超额收益为基础,不能采用投入费用累加的方法进行。

(5) 商誉是由众多因素共同作用的结果,但形成商誉的个别因素具有不能够单独计量的特征,致使各项因素的定量差异调整难以运作,所以商誉评估也不能采用市场类比的方法进行。

当然,完全相同的商誉更为鲜见。在对商誉评估方法的研究中,有一种观点主张按形成商誉的因素分解成为地缘商誉、人缘商誉、质量商誉、组织商誉和其他商誉等,然后分别测定每个因素带来的超额收益,最后分别进行收益折现或资本化后汇总计算商誉的价值。这种观点是值得商榷的,从定性分析角度,可以将形成商誉的因素加以分解和列举,用以说明商誉形成的内涵和构成因素。但要定量分析确定,在实际操作过程中,仍然存在较大的技术障碍。

(6) 商誉与企业负债与否、负债规模大小没有直接关系。

有观点认为,企业负债累累,不可能有商誉。这种认识显然有失偏颇。市场经济条件下,负债经营是企业融资策略之一。从财务学原理分析,企业负债不影响资产收益率,而影响投资者收益率,即资本收益率。资本收益率与资产收益率的关系可以表述为

$$资本收益率 = \frac{资产收益率}{1 - 资产负债率}$$

在资产收益率一定且超过负债资金成本的条件下,增大负债比率,可以增加资本收益率,并不直接影响资产收益率。资产收益率高低受制于投资方向、规模及投资过程中的组织管理措施。商誉评估值取决于预期资产收益率,而非资本收益率。当然,资产负债率应保持一定的限度,负债比例增大会增大企业风险,最终会对资产收益率产生影响。这在商

誉评估时应有所考虑,但不能因此得出负债企业就没有商誉的结论。

(7)商誉与商标是有区别的,反映两个不同的价值内涵。企业中拥有某项评估值很高的知名商标,但并不意味着该企业一定就有商誉。商誉与商标的区别主要包括:

① 商标是产品的标志,而商誉则是企业整体声誉的体现。商标与其产品相结合,它所代表的产品质量越好,市场需求越大,商标的信誉越高,据此带来的超额收益越大,其评估值也就越大。而商誉则是与企业密切相关的,企业经营机制完善并且运转效率高,企业的经济效益就高,信誉就好,其商誉评估值也就越大。可见,商标价值来自于产品所具有的超额获利能力,商誉价值则来自于企业所具有的超额获利能力。

② 商誉作为不可确指的无形资产,是与企业及其超额获利能力结合在一起的,不能够脱离企业而单独存在。商标则是可确指的无形资产,可以在原组织继续存在的同时,转让给另一个组织。

③ 商标可以转让其所有权,也可以转让其使用权。而商誉没有所有权与使用权之分,只有随企业行为的发生实现其转移或转让。

尽管商誉与商标的区别可以列举许多,但商誉与商标在许多方面是密切关联的,二者之间有时存在着相互包含的因素。例如,与商誉相对应的企业超额收益中包含有商标作用的因素,这也是需要在评估中必须加以分析确定的。

【拓展阅读】

中国顶尖科技技术

科技是第一生产力,据知识百科调查发现,中国领先世界的十大科技技术包括:

(1)超级计算机。超级计算机由数千甚至更多处理器组成,能计算普通计算机和服务器不能完成的大型复杂问题。它可以应用在生物医药、新材料、气候气象、太空探索等领域,被视为"大国重器"。全球超级计算机500强榜单,中国超级计算机共有173台,占比为34.6%。美国排在中国之后,有150台上榜,占比30%。

(2)水稻技术。袁隆平院士在2021年5月22日与世长辞,享年91岁。以袁老为代表的中国科技农人将我国的水稻技术推上了世界领先水平,不仅解决了中国人的温饱问题,还正在造福世界人民对抗饥饿。1994年前美国的经济学家莱斯特曾提出疑问:在即将到来的21世纪,中国人口基数过大,怎么解决吃饱肚子的问题?当时众多学者都认为中国将面临饥饿问题。而如今第三代杂交水稻双季亩产已经突破1 600千克,水稻技术已处于世界领先地位,俨然成为中国的第五大发明了。

(3)中国高铁。改革开放40多年来,中国高铁经历了从少到多、从追赶到领跑、从走得了到走得好的转变。截至2022年末,中国高铁运营里程突破4万千米,稳居世界第一。世界上第一条高铁,是日本1964年建成通车的东海道新干线,沟通东京、名古屋和大阪所在的日本三大都市圈,极大地促进了日本的经济发展,高速铁路也成了现代化的代名词。相对比之下中国的第一条高速铁路一直到2008年才投入使用。但经过十多年的发展,中国在列车生产技术和铁路建设技术方面突飞猛进,成为高铁领域当之无愧的领军者,高铁也已经成为中国的"新名片"。

(4)无人机。大疆无人机在全球无人机领域是毫无疑问的霸主。自2006年成立大疆专注于无人机技术研发,累计申请专利数超过 4 600 件,在大疆公司的员工构成中,研发人员所占的比重也超过 25%,大疆产品的稳定性和操作性都是世界一流水平。前瞻产业研究院公布的行业数据显示:大疆无人机相关产品在全球市场中的占比约为 80%,在中国无人机市场的市场份额达到 70%。

(5) 5G 技术。第五代移动通信技术(简称 5G)具有高速率、低时延和大连接特点的新一代宽带移动通信技术,是实现人机物互联的网络基础设施。据工信部最新数据显示,截至 2021 年 11 月,我国已经建成了 139.6 万座 5G 基站,这个数量占世界的 7 成以上,成为全球范围内 5G 网络覆盖最广的国家。华为在 5G 方面处于技术领先水平,5G 专利超过 1.6 万个,占全球 20% 以上,是全球唯一一家能够提供 5G 端到端服务的厂商。此外,我国也已展开 6G 技术的研发,在 6G 领域的专利量申请量排名全球第一,已经达 1.3 万余项,再次成为 6G 通讯领域的"领头羊"。

(6) 人工智能。1956 年人工智能概念首次出现,包括中国在内,美国、日本、德国、英国、法国、俄罗斯等科技强国都将人工智能发展列为国家战略的一部分。人工智能是第四次科技变革的基石。人工智能如今已经深入到我们的日常生活,以下几组数据体现中国在人工智能领域已经处于前列。2020 年我国人工智能论文发表总量达 3.16 万篇,专利总量达 26.6 万件,位居全球第一;2020 年,我国人工智能产业规模达 3 031 亿元,增速略高于全球增速。我国人工智能企业共计 1 454 家,位居全球第二,仅次于美国的 2 257 家。

(7) 北斗系统。北斗卫星定位系统是中国近年来在航天领域内取得的最大成就之一,它让中国彻底摆脱了对美国 GPS 卫星定位系统的依赖。1994 年,中国独立运行、自主建设的卫星导航系统——北斗正式启动建设。经过二十多年的不懈努力,2020 年北斗三号系统建成,已经可以向全球提供服务。2020 年初,新冠肺炎疫情暴发,在危难时刻,北斗系统火线驰援武汉市火神山、雷神山两大医院建设,利用高精度技术优势,实现了多数测量工作的一次性完成,为医院建设节省了大量时间,保障了抗疫"主阵地"建设的迅速完成,显示出北斗的智慧和力量。截至目前,国产北斗基础产品已出口 120 多个国家和地区。

(8) 核电技术。目前中国核电技术已位于全球领先水平,已拥有两种自主三代核电技术。截至 2021 年 9 月,中国核电满足世界核电运营者协会(WANO)综合指数计算条件的 22 台机组中,有 19 台机组达到满分 100 分,这个成绩充分表明,其运行管理水平已经达到世界先进。

(9) 量子通信。2016 年 8 月 16 日,我国成功发射世界首颗量子科学实验卫星"墨子号"。2017 年 6 月、8 月,"墨子号"卫星先后在国际上首次成功实现千公里级卫星和地面之间的量子纠缠分发、量子密钥分发和量子隐形传态。中国在量子通信方面是世界领先的,领先欧洲 3 至 5 年,领先美国 5 至 8 年。在量子计算方面,中国跟美国组成第一方阵。量子信息是中国极少数的处于领跑地位的大的科技领域之一。

(10) 特高压技术。我国是世界唯一一个掌握特高压技术的国家,是特高压领域的标准制定者。特高压具有容量大、距离长、损耗低、占地少等优点,是一项造福全人类的先进技术。特高压也是促进清洁能源消纳的重要工程,我国的风电、光伏和水电主要集中在中西部地区,东部地区资源相对欠缺,所以需要大量建设特高压来补新能源输送通道的短板。中国特高压直流输电技术的发展可以说完美体现了中国工业实力的提升,并为我国经济的发展提供保障。

【关键术语】

无形资产　评估　可辨认无形资产　不可辨认无形资产　专利权　专有技术　商标权　著作权　特许经营权　租赁权　土地使用权　矿业权　水域使用权　商誉　成本法　收益法　直接估算法　分成率法　剩余法　差额法　财务核算法　倍加系数法　重置成本　市价类比法　物价指数法　专家鉴定法　贬值率　独占使用权　排他使用权　普通使用权　回馈转让权　复制权　发行权　出租权　展览权　表演权　放映权　播放权　摄制权　翻译权　改编权　汇编权　隔差法　超额收益法　超额收益折现法

【主要知识点】

❖ 无形资产是指特定主体所拥有或控制的,不具有实物形态,能持续发挥作用且能带来经济利益的资源。

❖ 收益法是使用最为普遍的一种评估方法,它是通过估算被评估资产的未来预期收益并将其折算成现值,借以确定被评估资产的价值。

❖ 分成率法是按预测的受让方实现的销售收入或利润指标及相应分成率确定预期超额收益的方法,该方法将技术报酬与实施技术后的利益挂钩,能够较好地体现利益共享、风险共担的原则。

❖ 剩余法就是将企业总利润扣除所有有形资产及其他所有可确指资产价值以后所获得的利润,作为无形资产的预期超额收益。

❖ 差额法就是采用无形资产和其他类型资产在经济活动中的综合收益与行业平均水平进行比较,得到无形资产的预期超额收益。

❖ 专利权是由国家专利机关依法批准、专利发明人或其权利受让人对发明成果在一定期间内享有的独占权或专有权。

❖ 独占使用权,是指在许可合同所规定的时间和地域范围内出让方只把专利权许可给某一特定受让方,受让方不得转卖。同时,出让方自己也不得在合同规定范围内使用该专利和销售该专利生产的产品。当然,这类转让价会比较高。

❖ 排他使用权,也称独家使用权,是指专利所有人在合同规定的时间和地域范围内只把专利授予特定者使用,同时自己继续保留专利使用权和产品销售权,但不再将该专利授予第三方使用。

❖ 普通使用权,是指出让方在合同规定的时间和地域范围内把专利权授予多个使用者,同时自己继续保留专利使用权和产品销售权。

❖ 回馈转让权,是指出让方拥有要求受让方在专利使用过程中对转让技术的改进和发展等情况进行回馈的权利。

❖ 专有技术,又称技术秘密、技术诀窍,是指为特定的人所知,未公开其完整形式,处于保密状态,但未申请专利的具有一定价值的知识或技巧,包括设计资料、技术规范、工艺流程、材料配方、经营诀窍和图纸、数据等技术资料。

❖ 商标是商品生产者或经营者为了把自己的商品或服务区别于他人的同类商品或服务,在商品上、服务中使用的一种特殊标记,一般由文字或图案与颜色组合,或三者组合而成。

❖ 著作权也称版权,是指文学、艺术作品和科学作品的创作者依照法律规定对这些作品所享有的各项专有权利。

❖ 商誉通常是指企业在同等条件下,能获取高于正常投资报酬率的收益所形成的价值。这是企业由于所处地理位置的优势,或由于经营效率高,管理基础好,财务状况稳定,生产历史悠久,人员素质高等多种原因,获得了较同行业其他企业更高的收益,即超额收益。

【复习思考题】

1. 影响无形资产评估价值的因素有哪些?
2. 简述无形资产评估的前提。
3. 用市场法评估无形资产应注意的问题有哪些?
4. 简述专利权评估的程序。
5. 影响商标权价值的因素有哪些?
6. 简述商誉的含义及商誉评估的方法。
7. 计算机软件的价值通常在什么情形中采用成本法进行评估?

【计算题】

1. 某企业有一种已使用 8 年的商标,根据历史资料,该企业近 6 年使用这一商标的产品比同类产品的价格每套高 0.8 元,该企业每年生产 150 万套该商标产品。该商标产品目前在市场上有良好的销售趋势,产品处于供不应求状况。据测,如果在生产能力足够的情况下,该种商标产品能生产 250 万套,每套可获得超额利润 0.6 元,预计该商标能够继续获取超额利润 10 年,前 5 年保持目前超额利润水平,后 5 年可获取的超额利润为 50 万元,折现率为 15%,试评估此项商标权的价值。

2. 华光企业进行股份制改组,根据企业过去经营情况和未来市场形势,预计未来 5 年的收益额分别为 12 万元、14 万元、12 万元、13 万元和 15 万元,并假定从第 6 年开始,以后各年的收益额均为 14 万元。预计折现率和资本化率均为 10%。采用单项资产评估方法,评估确定该企业各单项资产评估之和为 100 万元。试确定该企业商誉的价值。

3. 甲公司将一项专利权转让给乙企业,拟采用利润分成的方法,该专利系 3 年前从国外购入,账面成本 100 万元,3 年间物价累计上升 24%,该专利法律保护期为 10 年,已过 4 年,尚可保护 6 年。经专业人士测算,该专利成本利润率为 400%,乙企业资产重置成本为 4 000 万元,成本利润率为 12.5%,通过对该专利的技术论证和发展趋势分析,技术人员认为该专利剩余使用寿命为 5 年。另外通过对市场供求状况和企业状况分析得知,乙公司实际生产能力为年产某种型号产品 10 万台,成本费用每台约为 400 元,未来 5 年间产量和成本费用变化不大。该产品由于采用专利技术,性能有较大幅度提高,未来第 1 年和第 2 年每台售价可达 500 元,在竞争的作用下,为维护市场的占有率,第 3 年和第 4

年售价每台降为 450 元,第 5 年降为 430 元,折现率为 10%。

要求:根据上述资料确定该专利的评估值。

4. 海华企业为了整体资产转让进行评估。经测算该企业未来 5 年净利润分别为 100 万元、110 万元、120 万元、130 万元和 150 万元,从第 6 年起,每年收益处于稳定状态,即每年均为 160 万元。该企业一直没有负债,其有形资产只有货币资金和固定资产,且其评估值分别为 100 万元和 500 万元。该企业有一项可确指无形资产,即一个尚有 5 年剩余经济寿命的非专利技术,该技术产品每件可获超额净利润 10 元。目前该企业每年生产产品 8 万件,经综合生产能力和市场分析预测,在未来 5 年,每年可生产 10 万件,假设折现率和资本化率均为 7%。请评估该企业的商誉价值并说明评估的技术思路。

5. 某企业转让制药生产全套技术,经收集和初步测算已知下列资料。

一是该企业与购买企业共同享受该制药生产技术,双方设计能力分别是 800 万箱和 600 万箱,二是该制药生产全套技术系国外引进,账面价格 400 万元,已用 3 年,尚可用 9 年,3 年来通货膨胀累计为 10%;三是该项技术转让对该企业生产经营有较大影响,由于市场竞争,产品价格下降,在以后 9 年中减少的销售收入按折现值计算为 100 万元,增加开发费以保住市场的追加成本按现值计算为 30 万元。要求计算:

(1) 该制药生产全套技术的重置成本净值。

(2) 该无形资产转让的最低收费额的评估值。

【自测题目】

自测题 7-1　　　　　　　自测题 7-2

第八章

珠宝首饰评估

学习目标：

1. 理解珠宝首饰分类、资产特性和价值特征。
2. 熟悉珠宝首饰评估的类型、原则以及评估程序。
3. 掌握成本法在珠宝首饰评估中的应用。
4. 掌握市场法在珠宝首饰评估中的应用。
5. 掌握收益法在珠宝首饰评估中的应用。

第一节　珠宝首饰评估概述

我国的珠宝首饰行业从 20 世纪 80 年代起，随着改革开放的深入而得到了迅猛发展，已成为我国市场经济的一部分。随着全球经济金融一体化进程的加快，珠宝行业与其他行业之间的"资产交易"日趋频繁，这种行业间的联系只有通过珠宝首饰评估才能有效地向外辐射。珠宝首饰评估是指资产评估机构、资产评估专业人员（珠宝）及其他珠宝评估专业人员遵守法律、行政法规和资产评估准则，按照有关珠宝首饰的国家标准，在对珠宝首饰进行鉴定分级的基础上，对评估基准日特定目的下的珠宝首饰价值进行评定和估算，并出具资产评估报告的专业服务行为。珠宝首饰评估作为联系品质鉴定与市场价值之间的纽带，是珠宝首饰保险、拍卖、典当、抵押、清算、税收、捐赠等经济行为必不可少的环节。美国自 20 世纪 70 年代起，由于珠宝投资、保险、避税、捐赠、收藏及易货交易数量和规模的不断增加，对珠宝首饰评估的需求迅速扩大，促进了珠宝首饰评估业的发展，至今珠宝首饰评估已成为国际资产评估六大系列之一。珠宝首饰评估专业性强、服务对象众多，小到家庭财产分配、珠宝首饰定价，大到司法机构量刑定罪，及企业融资、银行贷款、资产清算、保险、税收、拍卖、典当、收藏和捐赠等。目前，珠宝首饰评估在诸多经济行为中发挥着越来越重要的作用。

近年来，我国珠宝首饰评估业务也得到了快速发展，为规范珠宝首饰评估人员执业行为，维护公共利益和资产评估各方当事人合法权益，2019 年中国资产评估协会发布了《珠宝首饰评估程序指导意见》，共 5 章 20 条，自 2020 年 3 月 1 日起执行。该指导意见从基本要求、评估要求、评估方法、评估披露等方面对珠宝首饰评估业务进行了规范。

资料卡 8-1

资产评估执业准则——珠宝首饰
目标：了解资产评估执业准则——珠宝首饰

一、珠宝首饰资产及其分类

（一）珠宝首饰资产的特性

珠宝首饰是指珠宝玉石和用于饰品制作的贵金属的原料、半成品及其制成品。珠宝首饰是天然产出物，具有美观性、稀少性和耐久性。天然的珠宝玉石及贵金属都是极为稀有的矿产资源，它们从地下开采出来并被加工成各种珠宝首饰。作为高档耐用消费品，珠宝首饰既具有一般资产的共同特征，又具有其特殊性。它的特殊性主要表现在以下几个方面：

1. 稀缺性

天然珠宝玉石是自然资源，供应量是有限的，而人们对此的需求是无限的，不断扩大的，因此，其价值总是不断增加。稀缺程度在影响珠宝首饰价值过程中起到极为重要的作用，数量越少，需求量越大，其价值就越高。因此，珍贵的珠宝首饰是稀少的，它不但不会贬值，反而会随时间的推移而不断增值。

2. 艺术性

艺术是无价的，经珠宝设计师或工匠艺术性设计制作的珠宝首饰，尤其是名师设计或设计独特的珠宝首饰，有可能成为无价之宝。

3. 投资性

高档珠宝首饰不仅是一种装饰品，而且由于它们极为稀少，价格昂贵，有时还起到硬通货的作用。珠宝首饰也会成为投资对象被人们购买和收藏。此外，珠宝首饰还具有体积小、重量轻、易于携带的特点，是家庭财产的重要组成部分。

4. 流通性

流通是指财产变换所有权的能力。如果一项资产卖不出去，就意味着市场对它没有需求，其市场价值就不能显现。珠宝首饰作为一种特殊资产，对人们的生活具有装饰、美化作用，能满足人们各种不同的需要，具有广泛的流通功能。

5. 收藏性

珠宝首饰通常是知名人士、富豪、皇家的收藏对象。随着时代的变迁，有些珠宝首饰具有历史文化价值。那些能反映当时政治、经济和文化特征的珠宝首饰更具有文物特性，具备较高的收藏价值。

珠宝首饰作为资产或财产已有几千年的历史。珠宝首饰兼具有形资产和无形资产的特征，由名家设计，匠心独运，或具有文物价值的珠宝首饰，其价值比一般的珠宝首饰要高得多，它包含了商标、商誉、技术或文物等无形价值，因此珠宝首饰属于特殊资产。也正是由于珠宝首饰的特殊性，评估行业将珠宝首饰从动产中分离出来，将其作为一种特殊的资产类型进行评估。

（二）珠宝首饰资产的分类

1．珠宝玉石的命名

目前，市场上对珠宝玉石定名存在着混乱的现象。有些商家往往直接以颜色、产地、特殊光学效应等对珠宝玉石进行定名。例如，将红色的宝石称为"红宝石"；将绿色的宝石称为"绿宝石"、"绿晶"；将合成立方氧化锆称为"苏联钻"等。国家珠宝玉石质量监督检验中心主导修订的《珠宝玉石名称》（GB/T 16552—2017）中，对珠宝玉石的命名进行了严格的规定，根据珠宝玉石的定名原则对市场进行有效的监督。珠宝玉石的定名原则如下。

（1）以矿物、岩石名称作为天然宝石材料的基本名称，如钙铝榴石、透辉石等。考虑到玉石材料的商品属性，在所有主要组成矿物名称或岩石后附加"玉"字，如蛇纹石玉、阳起石玉等。

（2）部分已普遍被国际珠宝界接受的传统名称可继续使用，如钻石、祖母绿、红宝石、蓝宝石、翡翠、软玉等。

（3）具有特殊光学效应的宝石的定名原则。为了突出宝石的特殊光学效应（猫眼效应和星光效应等），直接将其置于宝石种属名称的前后参加定名，如星光红宝石、星光石榴子石、石英猫眼、海蓝宝石猫眼等。金绿宝石猫眼可直接定名为"猫眼"，享有"特权"，而其他的宝石不允许这样命名。

（4）人工宝石的命名。定名时，在相应的宝石材料之前冠以"合成""人造"等字样，以示与天然珠宝玉石的区别，如合成祖母绿、合成红宝石等。

（5）拼合宝石的命名。拼合宝石并不是由一个完整材料磨制成的宝石，命名时应突出"拼合石"三个字，同时在拼合石前将材料名称写出来，如合成蓝宝石拼合石等。

（6）优化处理的珠宝玉石的命名原则。优化的方法有热处理、漂白、浸无色油等；处理的方法有浸有色油、充填处理、染色处理、辐照处理、激光钻孔、表面扩散等。对于经优化的珠宝玉石，定名时直接使用珠宝玉石的原名称，优化方法不在定名中反映。对于处理的珠宝玉石则要求在珠宝玉石基本名称之后，用括号标出"处理"二字。

珠宝玉石的鉴定与定名是一个专业性很强的过程，一般消费者是很难掌握的，因此消费者在购买珠宝的过程中一定要认真、仔细，要将珠宝商品的标识与鉴定证书（如果有的话）上的相关内容相对照，看是否能达到统一，尤其是在珠宝的名称方面。如果您还不放心，可以到国家认可的珠宝鉴定机构去做进一步的鉴定。

2．珠宝玉石的分类

珠宝玉石按其成因类型分为天然珠宝玉石和人工宝石。

天然珠宝玉石按成因和组成分为天然宝石、天然玉石、有机宝石。①天然宝石，如钻石、红宝石、蓝宝石、祖母绿等；②天然玉石，如翡翠、软玉、岫玉等；③有机宝石，如珍珠（养殖珍珠）、珊瑚、琥珀等。

人工宝石是完全或部分由人工生产或制造的，包括合成宝石、人造宝石、拼合宝石和再造宝石。①合成宝石，如合成祖母绿、合成红宝石；②人造宝石，如人造钇铝榴石、人造钛酸锶等，迄今为止自然界中还未发现此种矿物；③拼合宝石，由两块或两块以上材料经人工拼合而成,且给人以整体印象的珠宝玉石,简称"拼合石";④再造宝石,通过人工手段将天然珠宝玉石的碎块或碎屑熔接或压结成具整体外观的珠宝玉石,常见的有再造琥珀、再造绿松石等。

仿宝石是模仿天然珠宝玉石的颜色、外观和特殊光学效应的人工宝石。例如仿钻石、仿祖母绿等。

3. 首饰的分类

首饰是指戒指、耳坠、项链、手镯、胸锁及手铃、脚铃、佛珠、腰佩件等,可分为头饰、胸饰、手饰(臂饰)、脚饰、佩戴饰等五大部类。

头饰主要指用在头发四周及耳、鼻等部位的装饰;胸饰主要是用在颈、胸背、肩等处的装饰;手饰主要是用在手指、手腕、手臂上的装饰;脚饰主要是用在脚踝、大腿、小腿的装饰;佩戴饰主要是用在服装上,或随身携带的装饰。

若从首饰用品的材料来看,又可分为金、银、玉、木(沉香、紫檀木、黄杨木、枣木、伽南木等)、果核(山核桃核、桃核)、象牙、骨、雕漆、珐琅、珍珠、玻璃、合金、塑料等大类。然而,从古至今,人们普遍喜爱的材质是金、银、玉(宝石、翡翠、玛瑙、猫儿眼等)、象牙。这是因为材质本身价值昂贵,应合了人们追求财富的心理。

现代西方的青年消费者,一般不再过分追求首饰材质的昂贵价值,而是追求样式的美观新颖、制作精良。为此,当前又出现了许多新的首饰材质和式样,如塑料、合金、仿木、仿象牙、仿玉、仿植物形态、仿动物造型等,显示了活跃的多样化的装饰趋势。

首饰不仅可以按佩戴部位、使用材质来分类,而且可以按首饰的名称加以区分,如:钗、圈、耳坠、鼻插、胸佩、臂环、脚铃、手铃、串珠、耳环、簪子、发梳、发卡、寄名锁、项链、手镯、戒指、佛珠、腰佩件等。

还有一类不是作为独立的工艺品存在,而是与其他物品结合在一起起到装饰作用的装饰品。如在服装上点缀宝石、珍珠,在头巾、帽子上镶嵌金银饰品、宝珠,甚至用黄金制成帽子,如皇冠、凤冠等,这些制品上的装饰,也可归于首饰之列。

(三)珠宝首饰的价值特征

1. 珠宝首饰价值主要取决于其品质特征,但也受人们的喜好和市场供给的影响

珠宝首饰属于特殊资产,它的价值在很大程度上取决于其品质特征。鲜艳绚丽的颜色、灿烂的光泽,坚韧而质地细腻、高透明度或特殊的结构、构造和色彩(变彩、色变、星彩等)、化学成分稳定等,决定了珠宝首饰具有较高的观赏艺术价值。但品质级别与其价值并非是简单的线性关系。除了品质特征外,珠宝首饰的价值还与市场供求、人文和历史内涵、流行时尚色彩、款式的独特性等有关。目前,业内所谓的评估在很大程度上只能称之为"品评",即专家对珠宝首饰级别优劣的一种主观评价,科学的评估应将"品质级别"与市场交易相结合,由此分析出其客观的价值类型。例如,2 粒 20ct 的碧玺,它们的净度级别虽有不同,但其市场价值很可能相近。此处的净度特征具有客观性,但级别却具有主观性,相应的市场成交价也具客观性。因此,珠宝首饰的评估不仅是以质认价,而且还需要因人、因时、因地而异,充分考虑其是否美观、奇特和稀少以及当时、当地人们的喜好和供求情况的影响。

？ 即问即答

如何理解"黄金有价,宝玉无价"。

【解析】　自古以来,黄金一直是财富的象征。黄金有一个标准价格,即某一天黄金交易的价格,黄金价格有涨有跌。宝玉无价指的是玉没有单价。例如,翡翠是玉中之王,非常珍贵。翡翠至今没有固定的定价模式,纯粹以质量来划分,无法用单价来衡量。爱翡翠者视为珍宝,不爱翡翠者视为石头。玉石虽然可以根据折射率、密度、材质成分、材质结构等数据来判断真伪,但购买价值是由诸多因素(比如,温暖、丰满、细腻、凝聚、颜色、雕工、产地等)模糊决定的。因此,衡量一件玉器的价值其实就是人的感觉。

2. 珠宝首饰价值包含有形价值及其所依附的无形价值

珠宝首饰既不同于一般的有形资产,也不同于商标等其他无形资产,而是有形资产和其所依附的无形资产的综合体。如一件玉器,其价值除了质材本身价值外,还凝结了设计师的智慧和创作理念。因此,珠宝首饰的价值不仅取决于其品质特征,还包含制作者的娴熟技术及珠宝首饰的品牌等无形价值。况且珠宝作为大自然的偶然性结晶产物,加之资源匮乏,这种偶然性和稀缺性决定了珠宝价值的恒久性和潜在的升值价值。

3. 珠宝首饰价值高低是以消费者对其的认同和制作者的切实努力为基础

消费者的认同是珠宝首饰价值形成的充分条件。如果没有消费者的认同,就无法确认珠宝首饰有无相对独立的创利能力及其创利能力的大小;同理,制作者的努力是珠宝首饰价值形成的必要条件,因为如果没有制作者的努力,消费者就根本不可能认同珠宝首饰的价值。两者缺一不可。在评估珠宝首饰价值时,应当考虑珠宝首饰的品质因素及其他因素对评估对象价值的影响,如来源(出处)、历史、名人拥有、名师设计制作、品牌、稀缺程度等。

4. 珠宝首饰价值体现在它的天然性、稀缺性

随着高科技的发展,人工可以合成宝石及处理天然宝石,而宝石以其天然和稀缺为贵,人工处理宝石或合成宝石与天然宝石在价格上有天壤之别。同样,即使是同一种宝石,其天然、优化处理品和合成品的价值也绝不相同。由此,天然玉石的价值高于人造玉石,品质有缺陷的珠宝,其价值大大低于品质完美的珠宝。

二、珠宝首饰评估目的及类型

珠宝首饰评估是指具有珠宝首饰评估资格的评估专业人员,为了特定的目的对被评估的珠宝首饰进行鉴定、分级与描述,并综合市场信息,独立而且公正地进行分析研究,确定其价值并提出评估报告的行为。对于珠宝首饰资产的评估报告应当由至少两名承办该项业务的资产评估专业人员(珠宝)或其他珠宝评估专业人员签名并加盖资产评估机构印章。

(一)珠宝首饰评估目的

珠宝首饰评估涉及的主体很广,包括投资商、保险机构、银行、博物馆、拍卖行、典当行、收藏家、古玩店、零售商、批发商、司法机构及一般消费者等。但是,珠宝首饰作为资产,并不是都需要评估的。只有珠宝首饰发生产权交易、转让、投资、融资、保险、司法等业务及拥有者为了满足好奇心的需要,才进行珠宝首饰评估。同样的珠宝首饰,因为评估目的的不同,其评估价值也往往不相同。因此,明确评估目的,对于科学地组织评估工作,提高评估质量至关重要。

从珠宝首饰的评估需求来看,其评估目的主要包括以下几个方面:

1. 购买保险或保险索赔

为确定投保额,或为保险索赔而进行评估。在国外,这是最常见的评估目的。

2. 抵押(质押)贷款

在办理银行借款时,以珠宝首饰作为抵押物或质物而进行评估。

3. 确定拍卖底价

在拍卖珠宝首饰时,需要确定一个市场指导价,这就要预先对拍卖品进行评估。

4. 确定典当金额

以珠宝首饰典当融资时,需对珠宝首饰典当品进行价值评估。

5. 司法判案及仲裁

当有关经济案件和刑事案件涉及珠宝首饰的价值问题时,公安、检察机关对经济犯罪事实的侦察、起诉,法院的判案和仲裁机构的仲裁,需要对涉案的珠宝首饰进行评估,作为判案及仲裁的依据。

6. 海关征税或处罚

在海关征收珠宝首饰的关税,以及海关和边检部门处理罚没的珠宝首饰时需要进行评估。

7. 财产分配或遗产分割

在夫妻离婚进行财产分配,或亲属死亡进行遗产分割,以及遗嘱验证和缴纳遗产继承税时涉及珠宝首饰,需进行珠宝首饰评估。

8. 确定珠宝首饰的价格

投资商通过评估获取珠宝首饰的最低成本价格,据此考虑是否投资生产;珠宝首饰生产者通过评估决定其出厂价格;珠宝首饰供应商通过评估确定珠宝首饰的零售价格,即最终消费价格。

9. 珠宝首饰公司的整体评估

在珠宝公司整体资产转让,或公司发生财务纠纷,需以珠宝作为财产担保或质押,以及珠宝公司破产,进行财产清算等时需要进行评估。

10. 收藏及其他目的

珠宝首饰的爱好者为收藏目的,或拥有者想知道其拥有的珠宝首饰的市场价值,或为满足人们对珠宝首饰收藏价值的好奇心而进行的评估等。

(二)珠宝首饰评估的类型

根据不同的评估目的,珠宝首饰评估主要可分为以下几种类型,每一种评估类型对应不同的价值类型。

1. 保险评估

在国外,保险评估是最常见的珠宝首饰评估类型。确定保险标的、保险费及索赔金额或索赔替换物是珠宝首饰评估的重要环节。保险评估是确定保险金的基础,提供给保险公司作为承担责任,解决索赔问题的依据。

在进行保险评估时,首先需要鉴定珠宝首饰的材质,确定其重置价值;然后根据珠宝首饰的重置价值计算保险金,估计丢失或损坏后的索赔价格。当保险物品损坏或丢失时,保险公司通常不赔付现金,而是根据评估报告中的描述替换一个类似的新的珠宝首饰给投保人,因此保险评估报告最主要的部分是确切地描述被评估的珠宝首饰,保证委托人从保险公司那里获得类似种类的珠宝首饰。

珠宝首饰的索赔不同于其他财产的索赔,投保首饰在若干年后损坏或丢失时,保险公司要赔偿与之相当的新首饰。对于事先没有评估的珠宝首饰(例如,家庭财产保险不可能在投保时对所有财产进行鉴定评估),在投保以后,当它们丢失需要理赔时所进行的评估,为保险假设评估,评估专业人员无法见到该首饰,只能根据描述、照片、收据等可提供的依据做出判断。需要注意的是,保险公司保的是珠宝首饰物品,而不是它的价值。

2. 抵押(质押)贷款评估

借款人以珠宝首饰作为抵押物或质物向银行申请贷款,银行需要确定该珠宝首饰的市场价值,并根据其对债权的保障程度确定是否给予贷款及贷款的数额。珠宝首饰市场价值的确定需要评估专业人员进行评估,评估价值作为银行贷款决策的依据。

3. 典当融资评估

典当是指当事人需短期融资(一般不超过 6 个月),用珠宝首饰作为当物获取急需资金的行为。典当行需要考虑的问题是,典当物对当金的保障程度,如果典当物死当,其可变现的金额是否能够抵偿贷款的本金和利息。

4. 资产变现评估

资产变现评估是指当珠宝首饰进入司法程序,需将其变现抵债时而进行的评估。在财产执行时,需经过评估专业人员的鉴定、估价,确定每一项珠宝首饰变卖的最低价格(或价格范围)。资产变现评估确定的是强制清算价值或有序清算价值。

5. 财产分割评估

夫妻离婚时需对夫妻共同财产进行分割,此时需对共有财产的价值进行评估以便分配共有财产或处理补偿问题。财产分割的评估需考虑公平市场价值和使用价值,评估时一般按照市场价值进行评估。

6. 遗产继承评估

当亲属死亡发生遗产继承时,需确定遗产的价值,并在受益者之间进行分割。如果要求评估专业人员提供符合市场的适销现金价值,此项评估应该标明"适销现金价值";如果希望保存财产的各项权,则各项财产应按公平市场价值进行评估。财产的使用者对财产的感情不能影响财产的公平市场价值。

7. 捐赠评估

捐赠是指将珠宝首饰作为礼物赠送给博物馆、大学或其他非营利性的机构组织。捐赠评估应该以公平市场价值为依据。如果能证实拍卖市场是最适合的和最普遍的市场,可以用拍卖市场的价格。在美国、加拿大等一些国家,给慈善机构、文化机构捐赠可以减免捐赠人的所得税,接受捐赠的机构请评估专业人员评估赠品的价值,给捐赠人提供收据,捐赠人由此可以获得所得税的减免。

8．司法判案或仲裁评估

当有关经济案件和刑事案件涉及珠宝首饰的价值问题时,公安、检察机关对经济犯罪事实的侦察、起诉,法院的判案和仲裁机构的仲裁,需要对涉案的珠宝首饰进行评估,作为判案及仲裁的依据。此时,采用市场价值评估比较合理。

9．损失评估

在珠宝首饰的损失评估中,评估专业人员要确定损失、被盗、破坏且先前没有进行评估的珠宝首饰的公平市场价值。对于被盗或丢失的财产,可参考事故前的珠宝首饰的公平市场价值。

10．售前评估

对于贵重的珠宝首饰或大师的玉雕作品,商家希望在销售前进行评估,评估专业人员可根据其制作成本,设计、制作的工艺水平,市场行情进行估算,通常采用市场价值。

三、珠宝首饰评估原则

(一) 鉴定原则

鉴定原则是指一件物品具有某些可辨认的特征、特性或标志,而同类的物品往往具有相同的可识别特征。鉴定原则要确定物品的真实构成要素。如果被评估珠宝首饰辨别出来的特征与真实物品的类似特征相同,则可认为被评估珠宝首饰是该真实物品。例如,钻石的化学成分是碳,具有金属光泽,密度为 3.52g/cm^3,折射率为 2.417,均质体,摩氏硬度为 10。如果被评估的资产是一颗无色透明的宝石,具有上述特征,那么被评估资产就是钻石,而非其他宝石。

鉴定原则是珠宝首饰鉴证的基础。按照鉴定原则,需要对珠宝首饰进行写实性描述和解释性描述。

1．写实性描述

写实性描述属鉴定要素,这种描述是实际的,不加任何夸张和想象的描述,也称原义描述。它是对珠宝首饰的颜色、尺寸、形状、质量(重量)、材料、种类等进行描述,所描述的特点是所有具有珠宝首饰常识的人都会认同和不持异议的。例如:一枚铂金钻石结婚戒指的指环上刻着新娘的名字和指环上打印的铂金纯度"Pt900"。

2．解释性描述

解释性描述是对特殊珠宝首饰的物理特征进行研究,并把物理特征和价值特性联系起来进行讨论,做出大多数具有珠宝首饰常识的人都会同意的结论。例如:一枚"精美绝伦"的戒指,一颗"鸽血红"的红宝石。

(二) 贡献原则

贡献原则是指一件珠宝首饰的某一构成部分的价值对珠宝首饰整体价值的贡献,可根据当缺少该部分时,对整体价值下降的影响程度来衡量。即被评估珠宝首饰各组成部分的价值取决于这些部分对整体价值的贡献程度,或它们缺少时对整体价值有何影响。

贡献原则要求在评估一件由多颗宝石构成的整体首饰的价值时,应该综合考虑每颗宝石在整体首饰构成中的重要性,而不是孤立地确定该颗宝石的价值。

根据贡献原则,不完全相同的珠宝首饰之间是可以比较的,并可以在它们之间做出判断。这一原则对于理解一对或一套珠宝首饰的全部(与部分)价值具有重要意义。

(三)分级原则

分级原则是指通过把被评估珠宝首饰的特性和特征与被选作比较标准的另一件珠宝首饰的特性和特征相比较,即将珠宝首饰与所选定的标准(比如颜色、分级标准)进行对比,得出被评估珠宝首饰的品质特征和价值的正确看法。

对某件珠宝首饰的状况、品质、魅力或艺术价值的判定源于其与同类可比珠宝首饰的类似品质的比较。分级是按照某种标准尺度(如优、良、中、差)将被评估珠宝首饰的评级结果归属于某一类。如对于钻石可用"4C"标准来分级,对于其他宝石可以用"差、一般、中等、很好"来区分。该原则是运用市场法评估时要考虑的基本内容。值得注意的是,有些品质要素(比如钻石的颜色和净度)与价值特征紧密相连;有些品质要素(如颜色鲜艳的红、蓝宝石的净度)与价值特征无紧密关联;还有一些其他的要素(如钻石的形状)则不断地改变钻石在市场中的地位;有些品质要素(如低质钻石的荧光)是完全可以忽略的。

分级原则要求评估专业人员具备鉴定能力。只有具备一定的鉴定能力,才能判明珠宝首饰的等级。在评估时,可以将级别评定与其他已评级的珠宝首饰的成交价格联系起来,以便得出更准确的被评估珠宝首饰的价值。

综上所述,鉴定原则和贡献原则要求评估专业人员审验被评估珠宝首饰的各个组成部分,决定从该珠宝首饰中打算寻找哪些属性。分级原则通过权衡影响价值的品质要素并对其进行级别鉴定,通过与已评级珠宝首饰的成交价格进行比较,确定被评估珠宝首饰的价值。

四、珠宝首饰评估程序

在执行珠宝首饰评估业务时,应当履行适当的评估程序,不得随意删减评估程序。珠宝首饰评估程序主要包括:明确珠宝首饰评估业务基本事项;签订珠宝首饰评估业务委托合同;编制珠宝首饰评估计划;评估对象现场核查、鉴定和品质分级;收集和整理珠宝首饰评估资料;评定估算形成结论;编制出具评估报告;整理归集评估档案。

资料卡 8-2

珠宝首饰评估程序指导意见
目标:了解珠宝首饰评估程序指导意见

(一)明确珠宝首饰评估业务基本事项

评估机构在承接珠宝首饰评估业务前,应当明确珠宝首饰评估基本事项。重点关注以下几个方面:

（1）明确评估目的，了解珠宝首饰资产评估报告所服务的经济行为、委托人和其他相关当事人。

（2）明确评估对象和评估范围，关注评估对象的权属。珠宝首饰评估专业人员应当对珠宝首饰的相关权属资料进行必要的查验。如果法律权属不清、存在瑕疵，权属关系复杂，权属资料不完备，应当要求委托人或相关当事人对珠宝首饰的权属提供承诺函或说明函。

（3）明确评估基准日及资产评估报告提交期限。

（4）明确评估工作的责任，对业务风险进行综合分析和评价。如果存在超出专业胜任能力、超出可控的执业和道德风险、工作条件受到限制致使评估程序关键环节缺失等情况，资产评估机构不得受理评估业务。

（二）签订珠宝首饰评估业务委托合同

资产评估机构受理珠宝首饰评估业务应当与委托人依法订立资产评估委托合同，约定资产评估机构和委托人的权利、义务、违约责任和争议解决等内容。

（三）编制珠宝首饰评估计划

执行珠宝首饰评估业务，应当编制评估计划。评估计划可以包括珠宝首饰评估业务实施的主要过程及拟采用的评估方法、时间进度、珠宝评估专业人员安排等。

评估计划应当根据具体工作的推进效果进行适当调整。

（四）评估对象现场核查、鉴定和品质分级

执行单体珠宝首饰评估业务，应当履行实物核查、鉴定和鉴定复核、品质和价值特征分析、描述记录等程序。

（1）实物核查。核查评估对象实物状态，完成委托样品确认或交接。

（2）鉴定和鉴定复核

① 采用现行国家标准对评估对象进行无损鉴定。例如，采用 GB/T 16552、GB/T 16553 等相关标准确定珠宝玉石种属类别，采用 GB 11887 等相关标准确定贵金属种类和含量。

② 珠宝评估专业人员对已有鉴定机构出具鉴定、分级结论的评估对象，应当进行必要的实物鉴定、分级并对已有鉴定、分级结论进行复核。

③ 特殊情况下的样品鉴定或有损鉴定，需征得所有权人或委托人的书面许可。

④ 对疑难样品或者存疑样品，与委托人沟通后，由双方共同认可的第三方机构进行样品鉴定。

（3）品质和价值特征分析。采用相应的国家标准及行业分级标准等，对评估对象进行品质和价值特征分析。如果没有相应的国家标准及行业分级标准，可以参照国内外市场通用的分级体系。

（4）描述记录。根据评估对象种类，对评估对象的品质和价值特征分析等进行描述记录。描述方式包括文字、表格、图示、照片等。

（5）如果存在评估对象实物缺失、残损等情形，应当根据法律法规要求，依据有效历

史信息资料,由珠宝首饰评估专业人员确定是否执行假设条件下的评估工作。如果执行,应当在珠宝首饰资产评估报告中对实物缺失、残损等情形予以披露说明。

批量珠宝首饰评估是在单体珠宝首饰鉴定分级等工作基础上,对价值特征同质化的珠宝首饰组合或批次,进行合理的系统性评估。执行批量珠宝首饰评估业务,应当结合单体珠宝首饰评估程序,重点履行以下程序:

(1)批量珠宝首饰核查。根据委托人确认的珠宝首饰资产清单对实物进行核查,确认珠宝首饰的实物存在状态,尽可能收集和核实评估对象的相关信息。通常包括以下几个方面:

① 观察珠宝首饰的存放状况,了解管理情况,并做记录。

② 核查珠宝首饰实物数量和品种。根据资产清单进行现场核查盘点。如果评估基准日与现场核查工作日不一致,且实物处于流通状态,可以根据委托人提供的数据,进行评估基准日与现场核查工作日之间的数据核对,分析并推算评估基准日资产数量,如果有偏差,判断其合理性,并做记录。

③ 收集凭证资料。对委托人提供的流转数据凭证等资料,进行核查确认,记录存档。

④ 确定评估对象和评估范围。根据资产清查情况,由相关盘点和监盘人员,在资产盘点记录上签字确认。

(2)批量珠宝首饰的鉴定分类及描述记录,通常包括以下几个方面:

① 鉴定和鉴定复核。在对珠宝首饰实物进行清点核查的过程中,珠宝首饰评估专业人员应当通过初步鉴定和专业判断,确定鉴定和鉴定复核的工作重点。

② 分类。批量珠宝首饰可以依据种属、状态(如成品、裸石、原料等)、品质特征、工艺特征等因素进行分类。

③ 分类描述记录。根据珠宝首饰实物确定描述重点,描述方式可以采用文字、表格、图示、照片等。

对特殊的珠宝首饰,以及单体价值较高的珠宝首饰,可以根据品种、特殊品质特征、特定作者、特别产地等,进行独立分类和重点描述。

对鉴定中的疑难样品,以及已有鉴定分级证书却仍存疑的样品,在与委托人沟通后,由双方共同认可的第三方机构进行样品鉴定。

(3)批量珠宝首饰的品质和价值特征分析。根据市场情况和分类特点,对珠宝首饰实物分类进行品质和价值特征分析,对价值较高或材质特殊的,应当重点关注和详细记录。

(五)收集和整理珠宝首饰评估资料

珠宝首饰评估专业人员应当根据资产评估业务具体情况收集所需要的资料并对收集的资料进行专业分析,包括以下几个方面:

(1)根据评估对象的具体情况,合理选择收集信息的内容。

① 评估对象的历史、现状及相关证明资料。

② 评估对象以往的评估及交易情况。

③ 相同或类似珠宝首饰的市场价格信息及交易情况。

④ 评估对象的市场供求关系、稀缺程度及市场前景等。

⑤ 可能影响珠宝首饰价值的宏观经济状况。

⑥ 其他相关信息资料。

（2）通过各种专业渠道收集市场信息资料，例如，市场调研记录、相关查询记录、行业资讯、专业报告、专家访谈等。

（3）对收集的评估资料进行分析、归纳和整理，形成评定估算和编制资产评估报告的依据。

（4）对于市场发育不充分、可比交易案例有限的珠宝首饰和特殊品种的珠宝首饰，由珠宝首饰评估专业人员确定其专业判断依据，并应当在评估报告中充分披露。

（六）评定估算形成结论

在评定估算时，应当考虑以下几个方面内容：

（1）根据评估目的以及不同类型和不同状态的珠宝首饰特征、价值类型、资料收集等情况，选择恰当的评估方法。

（2）根据珠宝首饰的类型及特点，结合评估目的、评估基准日市场行情、权属状况，分析确定评估参数或评估参数范围。

批量珠宝首饰的评估参数，应当根据现场工作所进行的分类，分别确定评估参数或评估参数范围。

（3）批量珠宝首饰估算时，应当依据品种和分类，分别对评估参数及评估结论等进行分析、判断及审核。

（七）编制出具评估报告

编制出具资产评估报告，应当根据法律法规、委托人要求、评估对象特点、评估工作复杂程度等，以及《资产评估执业准则——资产评估报告》和《资产评估执业准则——珠宝首饰》确定资产评估报告的形式、内容和详略程度。

（1）珠宝首饰评估专业人员应当在评定、估算形成评估结论后，编制初步资产评估报告。

资产评估报告应当以珠宝首饰鉴定和品质分析为基础，体现珠宝首饰评估工作的专业性，如实表述珠宝首饰实物鉴定、品质特点、价值特征等。

资产评估报告除对评估背景、评估项目情况进行描述外，还应当对评估过程中发现的，可能影响评估结论的重大事项进行披露。

（2）对初步资产评估报告进行内部审核。

（3）资产评估机构出具资产评估报告前，在不影响对评估结论进行独立判断的前提下，可以与委托人或委托人同意的其他相关当事人就资产评估报告有关内容进行沟通，对沟通情况进行独立分析，并决定是否对资产评估报告进行调整。

（4）出具资产评估报告应当由至少两名承办该项业务的珠宝首饰评估专业人员签名并加盖资产评估机构印章。

法定评估业务的资产评估报告应当由至少两名承办该项业务的资产评估师（珠宝）签名并加盖资产评估机构印章。

（八）整理归集评估档案

根据《资产评估执业准则——资产评估档案》的要求，形成珠宝首饰评估档案。珠宝首饰评估档案通常包括：

（1）工作底稿。工作底稿包括评估过程使用的资料，如往来函件、备忘录；评估过程产生的数据和图片，如现场工作、鉴定资料、市场调研、分析估算的依据和形成的意见或结论等。

（2）资产评估报告及其他相关资料。纳入珠宝首饰评估档案的资产评估报告应当包括初步珠宝首饰资产评估报告和正式珠宝首饰资产评估报告。资产评估委托合同、资产评估报告应当形成纸质文档，其他相关资料可以是纸质文档、电子文档或其他介质形式，如实物样品等。

第二节　成本法在珠宝首饰评估中的应用

一、适用前提及范围

成本法是指评估珠宝首饰时，按现时条件重新购置一项全新状态的被评估珠宝首饰所需要的全部成本减扣其实体性损耗、功能性损耗和经济性损耗，来确定珠宝首饰价值的方法。成本法是以成本为基础进行评估，购置一件珠宝首饰投入的资本，无论所形成的是有形的还是无形的，都属于投资成本。因此，成本法评估是估算珠宝首饰投入的成本及其各项损耗。对制作商而言，成本高低决定其价值大小，无疑是正确的；但从转让、交换的角度看，就不一定了，买方愿意支付的价格是市场价格，即在市场条件下形成的，是买卖双方认可的公平价格，该价格有可能高于或低于其投入的成本。对于珠宝首饰，任何精明的人所愿意支付的价格，绝不会超过具有同等需要、同样实用的全新珠宝首饰所需的费用。

（一）适用的前提条件

被评估的珠宝首饰可以复制、可以再生产或存在年代、品质、来源、状态等方面相似的替代品。成本法是站在制作者或购买者的角度，在现行市场条件下重新制作或购买与被评估珠宝首饰相同或相类似的全新珠宝首饰所需的各种费用。

（二）适用范围

绝大多数被评估的珠宝首饰可以采用成本法进行评估，即以生产相同的款式、相同的材料和质量及工艺的珠宝首饰，在现今市场上所需要的成本为重置成本。因此，成本法适合于大多数现代珠宝首饰评估，这类珠宝首饰的金属材料、宝石和制造工艺容易仿造和复制，并且不涉及版权问题。成本法的优点在于所需评估参数和资料比较容易取得。

由于成本法充分地考虑了资产的重置成本和各种损耗，适用于以资产重置、补偿为目的的资产评估业务，是保险评估、企业清产核资中最常用的评估方法，同时也用于抵押贷款、经济担保等经济活动的资产评估。

（三）注意事项

运用成本法时，应当注意以下几个方面：

（1）分析评估对象是否可以被复制、再生产等因素，考虑成本法的适用性。

（2）合理确定重置成本的构成要素，明确珠宝首饰的重置成本包括材料成本、制作成本、相关税费、合理利润及其他费用。

（3）恰当选择重置成本的类型，即复原重置成本或者更新重置成本；

（4）合理确定各项贬值，包括实体性贬值、功能性贬值和经济性贬值。

二、评估程序

运用成本法评估珠宝首饰，通常按以下程序进行：

（1）清洗珠宝首饰。

（2）称重或用标准行业公式计算宝石的质量。

把宝石的克拉质量转换成金衡制克的方法是克拉质量乘以 0.20，这样就可以从金属质量中减去宝石的质量。

（3）鉴别珠宝首饰。

① 鉴别宝石的类型，对宝石的品质进行分级评价。

② 测试金属的成分、成色，分析结构、制作工艺。

（4）根据市场信息确定宝石的成本。根据宝石的品质级别和宝石的质量，查询各种价格指南，估算宝石的成本。

（5）根据品质和成色及国内外贵金属报价，估算贵金属的成本。

（6）计算设计成本、镶嵌和加工制作的成本（如焊接、镶嵌、电镀修饰和抛光等）。

（7）计算其他与珠宝首饰有关的成本，包括手工雕刻等成本。

（8）把金属、宝石和人工三部分成本归总合计，得出珠宝首饰的重置成本。

（9）估算实体性贬值、功能性贬值和经济性贬值。

（10）得出评估价值。

三、操作步骤

对于一件珠宝首饰而言，其评估价值的计算公式为

$$评估价值＝重置成本－实体性贬值－功能性贬值－经济性贬值$$

（一）重置成本

重置成本是指在目前市场上，以现行价格购买相同或相似的设计、品质和工艺水平的珠宝首饰所需花费的成本总和，即购买一件"已完成的、完整的珠宝首饰"所支付的总费用。这里需注意的是，重置成本并非是指仅从一家厂商获得该珠宝首饰的成本，而是从众多厂商进行有代表性的取样，因为市场是由众多彼此竞争的厂商所构成的。计算公式为

$$制造成本＝贵金属成本＋宝石成本＋设计费用＋加工费用$$

$$批发价格＝制造成本×（1＋批发利润率）$$

$$零售价格＝批发价格×（1＋零售利润率）$$

$$＝制造成本×（1＋批发利润率）×（1＋零售利润率）$$

$$＝制造成本×（1＋加价率）$$

例 8-1　假设目前订做一件 1 克拉钻石的铂金钻戒,钻石和铂金的采购成本是 24 000 元,设计费用 2 000 元,加工费用 4 000 元。评估人员通过市场调查得到销售同样珠宝首饰的同等级商场中的加价率为 150%,则

$$重置成本 = 制造成本 \times (1 + 加价率)$$
$$= (24\ 000 + 2\ 000 + 4\ 000) \times (1 + 150\%)$$
$$= 75\ 000(元)$$

由此得出,该件 1 克拉铂金钻戒的重置成本为 75 000 元。

由于珠宝首饰价格的影响因素较多,利润变化较大,主要取决于珠宝首饰的类型、材料成本和人工制作费及市场级别等。因此,加价率应根据实际情况的变化做相应的调整。

一般来说,材料成本和制作工费高的首饰其加价率较低;材料成本和制作工费低的首饰其加价率较高。对设计独特或不多见的珠宝首饰,总体加价率要高一些。

不同的市场级别有不同的利润率和加价率。批发商和零售商的加价率并不同,批发商的加价率通常比零售商的加价率要低;大商场及装修豪华的珠宝商场比珠宝市场上的加价率要高一些。

在评估实务中,一般根据被评估珠宝首饰的批发价格,通过市场采样确定特定市场(行业、地区)的加价率,估算出被评估珠宝首饰的重置成本。其计算公式为:

$$重置成本 = 批发价格 \times (1 + 加价率)$$

(二) 实体性贬值

实体性贬值是指由于使用磨损和自然损耗而造成的价值损失,这种损耗表现为物理损耗或有形损耗。损耗可以是任何形式的毁坏、组件的丢失、陈旧和磨损,或不适当、不可接受的修理。例如,珠宝首饰因佩戴时间长,光泽变得黯淡;或在佩戴的过程中,因磕碰而使宝石边角破损;或金属托磨损导致珠宝首饰品质下降等。

在通常情况下,实体性贬值通过观察确定珠宝首饰的成新率来估算。其计算公式为

$$实体性贬值 = 重置成本 \times 实体性贬值率$$
$$= 重置成本 \times (1 - 成新率)$$
$$成新率 = \frac{尚可使用年限}{实际已使用年限 + 尚可使用年限}$$

(三) 功能性贬值

功能性贬值是指由于技术进步引起的资产功能相对落后而造成的资产价值损失。包括由于新工艺、新材料和新技术的采用,而使原有资产的建造成本超过现行建造成本的超支额,及原有资产超过体现技术进步的同类资产的运营成本的超支额。就珠宝首饰而言,功能性贬值可以忽略不计。

(四) 经济性贬值

经济件贬值是指由于外部条件的变化引起资产闲置、收益率下降而造成的价值损失。例如,最佳利用的改变,使用的立法限制及供求关系的改变等。就珠宝首饰而言,只要正

常使用,其经济性贬值可以忽略不计。

四、局限性

成本法仅考虑按现时条件重新购置一项全新的被评估珠宝首饰所需要的全部成本和各项损耗来确定其价值,没有考虑到历史价值、文物价值及名人效应等附加值。一般而言,名师制作的珠宝首饰比一般工人制作的附加值高;古董珠宝的价值具有较高的历史价值和文物价值。另外,对于享有版权设计者作品或具有独特社会价值和特殊文化内涵的珠宝首饰,一般情况下不能使用成本法。

由此,考虑到珠宝首饰评估的目的,成本法的应用受到了较大的限制。一般生产者是根据生产成本加上适当利润来确定销售价格的,因此,只有在确定珠宝首饰的销售价格时,成本法是可以考虑的评估方法。

不宜采用成本法评估的珠宝首饰包括:

(1)已故名师或工匠设计制作的首饰。

(2)古董文物。

(3)带宗教色彩的手工艺饰品。

(4)自然艺术品。

(5)具有历史价值或名人拥有使用过的珠宝首饰。

(6)稀有的或一款仅制一件的珠宝首饰。

(7)纪念品或收藏品。

(8)时代首饰。

(9)含有濒临灭绝生物种有机物质的饰品。

 即问即答

电影《泰坦尼克号》中女主露丝(Rose)戴的那款"海洋之心"项链,如果是独一无二的,能用成本法评估吗?

【解析】 不能。运用成本法评估时,强调评估对象可以复制、可以再生产等。由于成本法仅考虑按现时条件重新购置一项全新的被评估珠宝首饰所需要的全部成本和各项损耗来确定其价值,没有考虑到历史价值、文物价值及名人效应等附加值。一般而言,名师制作的珠宝首饰比一般工人制作的附加值高,古董珠宝的价值具有较高的历史价值和文物价值。另外,对于享有版权设计者作品或具有独特社会价值和特殊文化内涵的珠宝首饰,一般情况下不能使用成本法。

第三节 市场法在珠宝首饰评估中的应用

一、适用前提及范围

市场法是指通过市场调查,选择一个或几个近期成交的、与被评估珠宝首饰相同或类似的珠宝首饰作为参照物,分析参照物的成交价格和交易条件,进行差异调整,估算出被评估珠宝首饰价值的方法。该方法已在国际上广泛使用多年,评估结果容易被广大用户所接受。因为它以公开的市场进行公平交易,且以愿买愿卖为基础,采用比较和类比的思路及方法判断珠宝首饰的价值。除特殊情况外,市场法所反映的价格是市场价格,是公平合理的交易价格或转让价格。考虑到珠宝首饰的价值特征和评估目的,市场法应是其评估的主要方法。

(一)适用的前提条件

运用市场法对珠宝首饰进行评估,需满足以下三个前提条件:

(1)需要有一个充分发育、活跃的珠宝市场。一般来说,市场成交价格基本上可以反映市场行情。市场越活跃,交易越频繁,与被评估的珠宝首饰相同或类似的参照物价格越容易取得。

(2)在珠宝首饰市场上可以收集到与被评估珠宝首饰相同或类似的参照物。

(3)被评估珠宝首饰与参照物的价值因素明确,且两者之间的差异可以量化。

市场法需要研究相应珠宝首饰的市场,考虑买卖的目的、交易数量、交易时间、珠宝首饰的档次等。参照物与被评估对象之间进行比较调整的项目应包括独特性、稀有程度、品质、设计款式、年代、来源、设计者或加工者、相应的市场等。差异考虑越全面,得出的评估结论也会越准确。市场法的应用与珠宝首饰的市场化程度密切相关。

(二)适用范围

市场法的评估过程与市场紧密结合,应用范围较广,只要市场条件具备,即可使用该方法。市场法比较适用于珠宝首饰的评估,尤其适用于古董珠宝、特定时期的珠宝首饰、名家设计拥有版权的珠宝首饰和特定类型的珠宝首饰。对这些珠宝首饰而言,其来源可能比首饰的材料更为重要,对价值的影响更大。因此,这类珠宝首饰的评估,使用成本法不合适,只能使用市场法。

(三)注意事项

运用市场法时,应当注意下列事项:

(1)明确是否存在公开、活跃的交易市场,是否能够获取足够数量的可比参照物或者交易案例,并关注数据的可靠性。

(2)收集评估对象以往的交易信息、相同或者类似珠宝首饰交易的市场信息。

(3)确定若干相同或者类似的珠宝首饰作为参照物,充分考虑其价值因素的可比性。

(4)根据评估对象的具体情况,确定可以作为评估依据的合适的交易市场。

(5)根据评估对象与参照物之间的区别,及市场级别、市场交易条件等因素的差异,对相同或类似珠宝首饰交易信息及相关资料进行分析调整。

二、评估程序

运用市场法评估珠宝首饰,通常按以下程序进行:

(1)明确评估对象,鉴定珠宝首饰中宝石和金属的种类。

（2）对珠宝首饰中的宝石进行分级和评价，分析金属的成分和成色。

（3）分析珠宝首饰的制造工艺。

（4）辨别珠宝首饰的来源、时期或时代。

（5）寻找经常销售与评估对象相似的交易市场。

由于珠宝首饰具有较好的流动性，使用市场法需要考虑国内、国际及地区市场的状况，以便确定与之相应的合适市场。珠宝首饰的零售市场分为许多层次，如珠宝公司、批发市场、零售商及网络平台等。在通常情况下，训练有素的评估专业人员只需检查一下珠宝首饰，就知道如何确定适合的市场。例如，评估一件标准的、低成本批量生产的"大路货"首饰（如一枚镶单颗宝石的订婚戒指），这类首饰很容易从珠宝店、珠宝市场和大型连锁店买到。因此，要得到这种首饰的零售价比较容易。又比如，古董首饰一般由古董商或古董专家销售，或在旧货市场上销售。已故名工匠制作的、一款仅制一件的特殊首饰可能常常由拍卖行出售等。

（6）寻找参照物。

为选择最合适的参照物，应考虑珠宝首饰的状况和品质级别、销售时间和地点、销售量、市场状况、买卖动机、付款方式、交易双方的关系，以及与被评估珠宝首饰的相似程度。参照物是指在设计、成分、品质、状况、稀有程度、产地、时代等方面与被评估珠宝首饰相当的交易案例，是由相同或水平相当的设计师或工匠制作的。

在寻找参照物时，应该注意以下几点：

① 所选参照物应尽可能多地与被评估珠宝首饰相同或相似，尤其是构成珠宝首饰价值的决定性因素和特征要尽量一致。只要其组成要素或可评估的属性属于同一种类型，不同的珠宝首饰就可以进行对比，即被评估珠宝首饰与参照物具有共同的价值要素。例如，翡翠雕件上奇特的鸟类图案就是一种价值要素，无论它是放在一个大花盆上还是放在一对花瓶上都如此，这种要素就可以对比。

② 所选参照物的销售时间、地点、市场类型等与被评估珠宝首饰尽可能地相似。例如，不同地区的市场，如国外市场和国内市场，国内不同地区的市场之间可比性较差，应当选择经济发展水平和人们购买力相近的市场对比参考。尽可能选择当地市上的交易案例作为参照物。

③ 应考虑足够的参照物数量。根据被评估珠宝首饰及其背景，选择近期成交的3-5个参照物，一般不少于三个参照物。

（7）将被评估珠宝首饰与参照物进行比较分析，调整差异。

运用市场法，应该收集市场上相同或相似珠宝首饰的最常见成交价格作为估价的参照依据。打上同一设计师名字的名牌首饰属于相同首饰，相同的首饰常常有固定的批发价，因而零售价格的变化范围较小。在市场上获得相同珠宝首饰的买价，对评估专业人员来说是最有效的资料。在参照物与被评估珠宝首饰之间存在某些差异时，要考虑它们组成部分的差异程度，并做适当调整。例如，一颗重10克拉的金黄色彩色钻石，净度IF（内部无瑕级别），切工很好，在香港拍卖成交价728万港元。如果把这颗钻石与现在要评估的一颗重10克拉，颜色为E色（无色），净度VVS（极轻微内含级），切工很好的钻石进行比较就完全错了，因为那颗金黄色钻石能拍卖728万港元，颜色是决定其价值的最主要因素,这两颗钻石是不可类比的。只有找到相当品质的钻石才能进行类比,才会得出合适的评估价值。

此外,评估专业人员不仅要考虑到决定一件珠宝首饰价值的因素,例如稀有程度、实用性、流通性和社会需求等,还要了解影响一件珠宝首饰价值的因素,包括社会的、人文的、经济的、政治的及观赏性、工艺性等因素。只有在全面了解这些因素之后,利用市场法时才能更准确地把握各种导致价值升贬的因素。评估专业人员只有对被评估珠宝首饰与参照物的相似与差异程度进行了对比和描述,才能通过对比资料进行差异调整。

(8)确定评估结果。

通过分析调整评估对象与参照物的各种差异,得出评估结论。

三、操作步骤

运用市场法对珠宝首饰的价值进行评估,以参照物的实际市场价格为基础,调整参照物与被评估对象之间的差异,得到被评估珠宝首饰的价值。其评估公式为:

$$评估价值 = 参照物市场价值 \pm \sum 因素调整金额$$

四、局限性

市场法的局限性在于需要有公开活跃的市场作为基础,交易有一定的透明度,在交易市场上有参照物,参照物与被评估珠宝首饰的差异能够辨别并加以调整。有时缺少可对比数据或对比数据较少而影响评估的准确性。因此,市场法不仅依赖于市场数据的可靠性,而且取决于评估人员对价值要素的分析调整能力。

市场法运用的影响因素。主要包括以下两个方面:

(1)因为实际成交价格代表实际售价,因此,参照物实际成交资料比商家报价资料更有用。

(2)在分析参照物的成交资料时,所得出的结论是否有效取决于所考虑的交易额、交易日期、交易频率、买卖动机以及珠宝首饰的可比程度。对于一款仅有一件的特殊首饰,无法运用市场法评估。

 即问即答

2014年11月1日,亚洲蓝色佳人项链(Blue Belle of Asia)于日内瓦佳士得拍卖会上现身,标为"私人藏家的财产"。这颗镶嵌于钻石项链之上的绝美斯里兰卡蓝宝石,一现身即引发了全场藏家的激烈竞夺,最终被一位私人藏家以16 965 000瑞士法郎(约1 730万美元)一举拿下拍卖会上"最昂贵蓝宝石"和"最昂贵彩色宝石"两个头衔。你认为亚洲蓝色佳人项链能用市场法评估吗?

【解析】 不能。运市场法的局限性在于需要有公开活跃的市场作为基础,交易有一定的透明度,在交易市场上有参照物,参照物与被评估珠宝首饰的差异能够辨别并加以调整。有时缺少可对比数据或对比数据较少会影响评估的准确性。因此,市场法不仅依赖于市场数据的可靠性,而且取决于评估人员对价值要素的分析调整能力。对于一款仅有一件的特殊首饰,无法运用市场法评估。

第四节　收益法在珠宝首饰评估中的应用

一、适用前提及范围

收益法是指通过估测被评估珠宝首饰未来预期收益,用适当的折现率折现,累加得出评估基准日现值的一种评估方法。资产的评估价值与资产的效用或有用程度密切相关。资产的效用越大,获利能力越强,它的价值也就越大。

(一)适用的前提条件

运用收益法评估珠宝首饰,必须同时具备以下三个条件:
(1)被评估珠宝首饰必须是经营性的,而且可以持续使用,并不断获得收益。
(2)被评估珠宝首饰必须能够用货币衡量其未来期望收益。
(3)珠宝首饰未来收益的风险能够用货币计量。
值得注意的是,运用收益法评估是以珠宝首饰投入使用后连续获利为基础的。如果对珠宝首饰进行投资不是为了获利,进行投资后没有预期收益或预期收益很少,且很不稳定,则不能采用收益法。

(二)适用范围

一般而言,资产价值高低主要取决于其未来的获利能力和潜力。收益法在运用过程中,要求能够科学合理地获取预期收益、折现率及持续获利时间等三个基本参数。因此,该方法一般适用于企业整体和可预测未来收益的单项资产评估。然而,对珠宝首饰而言,由于缺乏经营历史资料及存在评估的特殊性,运用收益法评估难度较大。

(三)注意事项

运用收益法时,应当注意下列事项:
(1)收益法通常只适用于租赁、展览等持续经营活动,具有独立获利能力或者获利能力可以量化的珠宝首饰的资产评估业务。
(2)合理预测未来收益。
(3)合理确定折现率。
(4)合理确定收益期限。
(5)分析租约等法律文件内容对评估对象价值可能产生的影响。

二、评估程序

运用收益法评估珠宝首饰,通常按以下程序进行:
(1)收集验证有关经营、财务状况资料。
(2)计算对比有关指标及其变化趋势。
① 估计可能的毛收入;
② 估计空闲和收藏等损失,进而估算有效的毛收入;
③ 估计和减去成本支出,估算净收入。

（3）确定预期收益、收益期限和折现率三个参数。

（4）将预期收益折现，确定被评估珠宝首饰的评估价值。

三、操作步骤

对于珠宝首饰而言，根据其未来能够实现的收益估算其价值。其计算公式为

$$P = \sum_{t=1}^{n} \frac{R_t}{(1+i)^t}$$

式中，P 为珠宝首饰的评估价值；R_t 为被评估珠宝首饰第 t 年的预期收益；i 为折现率；n 为收益期限。

由上述公式可知，运用收益法进行珠宝首饰评估时需要确定以下三个基本参数：预期收益、折现率和收益期限。

四、局限性

珠宝首饰评估较少使用收益法，因为收益法是以珠宝首饰可能产生收益的能力为基础的，是基于珠宝首饰本身不出售，而靠租赁、展览等形式获取的收益进行评估的一种方法。只有对能产生收益的珠宝首饰评估才是有效的。这种方法考虑的是一个特定时期内珠宝首饰可以产生多少收益，而不是取得该首饰所支付的成本。这种方法以计算预测可能的收入为基础，还要考虑同期的费用支出。

珠宝首饰和古董投资者要预测投资可接受的收益，以便判明是否能收回投资。珠宝首饰并不是根据其可以产生收入的潜力进行频繁买卖的，除非是被珠宝首饰贩子所购买的。从纯投资观点看，珠宝首饰、艺术品和古董通常需要持有 25～30 年之后才能实现与其他投资（如股票和债券）相似的收益。越来越多的资料表明，珠宝首饰投资需要庞大的资金，而且购买的一般都是某一艺术家在特定时期制作的精美的艺术品。

与房地产市场不同，珠宝首饰、艺术品和古董市场是受到限制的。大多数珠宝首饰、艺术品和古董不像房地产等资产，不能随时间的推移不断地产生收入，因而限制了收益法的使用。

尽管成本法、市场法、收益法等均可用于珠宝首饰评估，但由于评估目的、评估条件和评估对象存在差异，用一种方法得到的评估值往往不适用于其他环境的评估要求。为了取得最为准确的评估价值，评估专业人员应当根据评估对象的特性、评估目的、资料收集情况等相关条件，选择恰当的评估方法。

珠宝首饰评估专业人员在执行评估业务时，如果可采用两种以上评估方法，应当使用两种以上评估方法，并综合分析确定评估结论。

根据资产评估理论及珠宝首饰的特点，结合评估目的，市场法应是珠宝首饰评估的首选方法。对于收藏、捐赠、财产分割及遗产传承为目的的评估，可根据相同或类似珠宝首饰近期的成交价格和交易条件，进行差异调整，估算出其价值。对于保险公估、抵押贷款、法院判案、罚没品处理、企业清算、拍卖、典当为目的的评估，可以评估基准日现行市价为基础并充分考虑珠宝首饰快速变现对交易价格的影响确定其评估价值。资产快速变现对交易价格的影响，可用折扣率或变现率等参数来确定，两者的关系为：

$$变现率 = \frac{珠宝首饰快速出售时的价格}{珠宝首饰正常出售时的价格} \times 100\%$$

$$折扣率 = 1 - 变现率$$
$$评估价值 = 珠宝首饰的市场价格 \times 变现率$$

式中,变现率的确定可通过调查本地区近期内(通常三年)珠宝首饰的评估方法及结果、实际变现方式及变现金额,掌握充分的第一手资料,获得各类珠宝首饰实际变现值与按公允价格确定的评估值的比率得出。

【拓展阅读】

1. 中国传统珠宝玉石文化

珠宝玉石文化是珠宝首饰的重要组成部分,是首饰艺术品的灵魂。即便是现代的首饰文化艺术仍然演绎着古代传统文化。如当代的玉雕作品就有以龙、五子登科、观音送子、龙凤呈祥、松鹤延年、福禄寿禧等为图案的雕件,这些都带有意味浓厚的华夏民族的古文化色彩。传统珠宝玉石文化渊远流长,它在我国的古代文化中始终占有举足轻重的地位,它是现代珠宝玉石文化延绵的理由与支点。中国的宝玉石的开采和饰用有几千年的历史,远古时我们的祖先便懂得鉴赏珠宝。传统的珠宝文化告诉了我们,中国的珠宝文化不但历史久远,而且还有着丰厚的文化内涵。珠宝玉石文化宛若一层层的落叶,散落在中国 5000 年的文明厚土之中,历代欣赏者的认同亦参与了珠宝文化的发展进程。

资料来源:毛恒年.中国传统珠宝玉石文化的渊数[J].中国宝玉石,2003(1).

2. 中国古代首饰类型

中国古代首饰通过寓意、谐音、感悟、指物会意、禅意宗教等方法创造吉祥寓意与图形的完美艺术结合,把一些自然景观与现象理想化、人格化,使天地与人的关系始终贯穿审美、道德和伦理中。作为艺术品,它们集合了高超的工艺技术、饱含了创作人的心意,寄托着美好的愿望。

(1)发饰。我国新石器时代的"仰韶文化"与"龙山文化"遗址出土了大量骨笄和骨梳,可以想象当时已经发明出了专门的器物用于梳理和挽结头发。发饰由约发饰品发展来,笄用来插住挽起的头发,或插住帽子,后称簪。比如满族妇女喜欢在发髻上插饰金、银、珠玉、玛瑙、珊瑚等名贵材料制成的珠花簪、凤头簪、龙头簪等。簪子的种类虽多,在选择时却要根据每个人的条件和身份来定。比如入关前,满族的诸贝勒的福晋格格们,使用制作发饰的最好材料为东珠,两百年后逐渐被南珠代替。其装饰常以金、银、翡翠、玉等制作成各种花或凤的形状再配以各种形状的镶嵌装饰,如蝙蝠钿、蜻蜓钿、葫芦钿等,题材有事事如意、蝴蝶闹春、五福临门等吉祥祈福之意。

(2)颈饰。几万年前的人类将贝类、兽牙、兽骨等硬物串在一起戴在脖子上作为颈饰。中国古代颈饰主要包括串饰、项链、长命锁、璎珞、念珠和朝珠等。难以想象,今天最普遍的带链条的颈链在我国清代才出现,此前的颈饰主要以串珠为主。1954 年在合肥出土的东汉"宜子孙"纯金颈饰牌,长宽不过 2,3 厘米,左右镶有云朵形状花纹,整体外围一圈镶小金粒,中间牌上以细金丝盘绕出"宜子孙"的汉代吉语,寓意子孙万代吉祥如意,十分精美。清朝宫廷中的朝珠是品官的一种装饰,108 颗宝珠用碧玉、青金石、琥珀、珊瑚、东珠等珍宝制作。雕刻着双喜字等吉语的红珊瑚朝珠更是大婚时常见的颈饰。

(3)冠饰。古时候二十岁成人,叫作"头上加冠",也称冠礼。冠位于头上,自然重要非凡,在封建社会代表着一个人的阶级地位,"冠冕堂皇"最初指的就是做官的人。中国古代的冠种类每个朝代各有不同,主要有金冠、冕、凤冠和金珰等。凤冠象征着高贵,古代只有最上层的贵族妇女才享有这种特权。皇宫里每逢重大节日、典礼时对冠饰的佩戴更有严格的规定。例如,明代的皇后礼服为九龙四凤冠,皇妃则佩戴九翬四凤,翬即为五彩的雉。

(4)耳饰。耳饰从最早的诗歌选集《诗经》中提到"玉之瑱兮""充耳琇莹"即可考证。耳饰是悬于耳朵上的装饰,我国古代的耳饰主要有耳环、耳坠。长期以来,耳饰只在少数民族地区流行,古代汉族男子不喜穿耳戴饰,而到了宋代,这种习俗才在汉族女子身上普遍流行起来至今。其图案星罗棋布,如出土的宋朝白玉耳环,正面镂雕蝙蝠衔双钱纹,取意"福至眼前";又如清朝宫廷遗留下来的纯金葫芦型金丝镂空耳环,上方弯钩与葫芦连接处镶一朵小花,镂空葫芦里枝蔓茂盛造型华丽,寓意"多子多福"。

(5)手饰。新石器时代出土了大量陶环和骨环,究竟是否用作手饰,不得而知。目前我国已发现的古代手饰包括钏镯、指环、扳指和顶针。最常见的指环又称约指,汉魏后作为男女的定情信物开始风靡。古代戒指材质有金银、白玉、翡翠、珊瑚等,题材有花鸟虫草、平安如意等。例如晚清慈禧太后佩戴的珊瑚戒指,戒身外壁圆鼓凸出,环身雕刻"老佛爷万万岁"六字。其珊瑚纹理美观,"老佛爷"本意是指释迦牟尼等佛像,清代风俗又指代太上皇或皇太后。因此,此枚戒是长寿权利的象征。

(6)带饰。我国古代早期的衣服没有纽扣,以一条丝带系在腰间束腰。自唐代规定了"大带"制度以后,带饰的工艺更为精雕细刻,应用了许多贵金属。例如,1972年在江苏徐州出土的西汉崖洞墓中发现了金、铜、铁、玉带数件。其中,金带钩重34.5克,95成金,钩端作为兽头,两只鸭兽并排在钩身,中间镶嵌祥云,寓意祥瑞。

(7)佩饰。宋词中的"月娥来自广寒宫""步摇环佩丁东"将戴着佩饰的女子描写的风姿绰约。"君子必佩玉"说的是进入奴隶社会以后由佩玉衍生出的一系列制度用以区别阶级等级。此外,古代佩饰还包括容刀、佩鱼、金香囊和日用什器等,特别是宫廷配饰更是选用上等天然材质,镶嵌各色珠宝,极尽富丽奢华。佩饰的材质有碧玺、翡翠、南红玛瑙、伽南香等,其纹饰有蝙蝠、双喜、子孙万代、鱼、花蝶、葫芦等,一些吉祥的心愿。葫芦本是一种藤蔓植物的种子,古时候,医家常用葫芦来盛自己炼制的药丸,其音同"福禄",于是衍生为吉祥图腾,认为它不仅能帮助人们摆脱疾病,还能给人带来"福禄"。如清代宫廷遗留下来的翠镂葫芦纹佩,晶莹明亮,水头足,巧用俏色镂空雕琢葫芦及枝蔓寓意福禄绵长。深浅绿色的巧琢,体现出高超的设计水平及雕琢技术。

资料来源:王誉珺,施光海.论中国古代首饰类型及其吉祥文化寓意[J].中国宝玉石,2020(1).

【关键术语】

珠宝玉石　天然珠宝玉石　人工宝石　首饰　天然性　稀缺性　成本法　市场法

【主要知识点】

❖ 珠宝首饰是指珠宝玉石和用于饰品制作的贵金属的原料、半成品及其制成品。珠宝首饰是天然产出物,具有美观性、稀少性、耐久性、艺术性、流通性、投资性和收藏性等特点。

❖ 珠宝首饰价值主要取决于其品质特征,也受人们的喜好和市场供给的影响;珠宝首饰价值包含有形价值及其所依附的无形价值;珠宝首饰价值高低是以消费者对其的认同和制作者的切实努力为基础;珠宝首饰价值体现在它的天然性、稀缺性。

❖ 珠宝首饰评估程序主要包括:明确珠宝首饰评估业务基本事项;签订珠宝首饰评估业务委托合同;编制珠宝首饰评估计划;评估对象现场核查、鉴定和品质分级;收集和整理珠宝首饰评估资料;评定估算形成结论;编制出具评估报告;整理归集评估档案。

❖ 成本法是指评估珠宝首饰时,按现时价格重新购置一项全新状态的被评估珠宝首饰所需要的全部成本减扣其实体性贬值、功能性贬值和经济性贬值,来确定珠宝首饰价值的方法。成本法适合于大多数现代珠宝首饰评估。

❖ 市场法是指通过市场调查,选择一个或几个与被评估珠宝首饰相同或类似的近期成交的珠宝首饰作为参照物,分析参照物的成交价格和交易条件,进行差异调整,估算出被评估珠宝首饰价值的方法。该方法已在国际上广泛使用多年,评估结果容易被广大用户所接受。

❖ 收益法是指通过估测被评估珠宝首饰未来预期收益,用适当的折现率折现,累加得出评估基准日现值的一种评估方法。资产的评估价值与资产的效用或有用程度密切相关。资产的效用越大,获利能力越强,它的价值也就越大。

❖ 珠宝首饰评估较少使用收益法,因为收益法是以珠宝首饰可能产生收益的能力为基础的,是基于珠宝首饰本身不出售,而靠租赁、展览等形式获取的收益进行评估的一种方法。

【复习思考题】

1. 珠宝首饰资产具有哪些特性?
2. 珠宝首饰的价值特征体现在哪些方面?
3. 珠宝首饰的评估目的和评估类型有哪些?
4. 珠宝首饰评估时应遵循哪些原则?
5. 运用成本法评估珠宝首饰的适用前提是什么?
6. 如何运用成本法评估珠宝首饰?其局限性体现在哪里?
7. 运用市场法评估珠宝首饰的适用前提是什么?
8. 如何运用市场法评估珠宝首饰?其局限性体现在哪里?
9. 运用收益法评估珠宝首饰的适用前提是什么?
10. 如何运用收益法评估珠宝首饰?其局限性体现在哪里?

【自测题目】

自测题 8

第九章

企业价值评估

学习目标：

1. 理解企业价值评估的内涵及其特点。
2. 理解企业价值评估的价值类型。
3. 了解企业价值评估的范围与评估程序。
4. 掌握收益法在企业价值评估中的应用。
5. 掌握市场法在企业价值评估中的应用。
6. 掌握资产基础法在企业价值评估中的应用。

第一节　企业价值评估概述

企业价值评估是现代市场经济的产物，它随企业改制、公司上市、企业并购、风险投资和跨国经营等经济活动的需要而产生和发展。评估对象的特殊性和复杂性使其成为一项涉及面较广和技术性较强的资产评估业务。

一、企业价值评估及其特点

（一）企业的定义及其特点

企业是以营利为目的，按照法律程序建立的经济实体，形式上体现为由各种要素资产组成并具有持续经营能力的自负盈亏的经济实体。或者说，企业是由各个要素资产围绕着一个系统目标，发挥各自特定功能，共同构成一个有机的生产经营能力和获利能力的载体及其相关权益的集合或总称。企业作为一类特殊的资产，具有以下几个方面的特点：

1. 营利性

企业作为一类特殊的资产，其经营目的就是盈利。为了达到盈利的目的，企业需要在既定的生产经营范围内，将若干要素资产有机组合并形成相应的生产经营结构和功能。

2. 持续经营性

企业要获取盈利，必须进行经营，而且要在经营过程中努力降低成本和费用。为此，企业要对各种生产经营要素进行有效组合并保持最佳利用状态。影响生产经营要素最佳利用的因素很多，持续经营是保证正常盈利的一个重要方面。

3. 整体性

构成企业的各个要素资产虽然各具不同性能，只要它们在服从特定系统目标前提下构成企业整体,则企业的各个要素资产功能可能会产生互补,因此,它们可以被整合为具有良好整体功能的资产综合体。当然,即使构成企业的各个要素资产的个体功能良好,如果它们不能服从特定系统目标拼凑成企业,它们之间的功能可能就会不匹配,由此组合而成的企业整体功能也未必很好。因此,整体性是企业区别于其他资产的一个重要特征。

4. 权益可分性

作为生产经营能力载体和获利能力载体的企业具有整体性的特点,而与载体相对应的企业权益却具有可分性的特点。企业的权益可分为股东全部权益和股东部分权益。

(二)企业价值评估的定义及其特点

我国 2019 年 1 月 1 日起施行的《资产评估执业准则——企业价值》,认为企业价值评估是指资产评估机构及其资产评估专业人员遵守法律、行政法规和资产评估准则,根据委托对评估基准日特定目的下的企业整体价值、股东全部权益价值或股东部分权益价值等进行评定和估算,并出具资产评估报告的专业服务行为。从企业价值评估的定义可以看出,企业价值评估中的价值表现形式有三种。

1. 企业整体价值

即企业总资产价值减去企业负债中的非付息债务价值后的余值,或企业所有者权益价值加上企业的全部付息债务价值。

2. 企业股东全部权益价值

即企业的所有者权益价值或净资产价值。

3. 股东部分权益价值

即企业一部分股权的价值或股东全部权益价值的一部分。由于存在着控股权溢价和少数股权折价因素,股东部分权益价值并不必然等于股东全部权益价值与股权比例的乘积。在资产评估实务中,股东部分权益价值的评估通常是在得到股东全部权益价值后再来评定,评估人员应当在适当及切实可行的情况下考虑由于控股权和少数股权等因素产生的溢价或折价,应当在评估报告中披露是否考虑了控股权和少数股权等因素产生的溢价或折价。

由于企业价值的表现形式是多层次的,资产评估人员在评估企业价值时,应当根据评估目的的不同、委托方的要求等谨慎区分本次评估的是企业整体价值、股东全部权益价值,还是股东部分权益价值,并在评估报告中明确说明。不论企业价值评估的是哪一种价值,它们都是企业在特定时期、地点和条件约束下所具有的持续获利能力的市场表现。

企业价值评估具有以下特点:①评估对象是由多个或多种单项资产组成的资产综合体;②决定企业价值高低的因素,是企业的整体获利能力;③企业价值评估是一种整体性评估。

资料卡 9-1

资产评估执业准则——企业价值
目标:了解资产评估执业准则——企业价值

二、企业价值评估中的价值类型

与其他的资产评估结果的价值类型分类一样,企业价值评估中的价值类型也划分为市场价值和非市场价值两类。

(一)企业价值评估中的市场价值

从价值属性的角度定义,企业价值评估中的市场价值是指企业在评估基准日公开市场上正常使用状态下最有可能实现的交换价值的估计值。评估企业的市场价值要求评估人员评估所使用的信息资料都来源于市场,且必须是公开市场信息。由于企业价值评估中的市场价值所依据的信息资料都来源于公开市场,企业价值评估中的市场价值的公允合理性是面向整个市场的,而不是针对某个特殊投资者的。

(二)企业价值评估中的非市场价值

企业价值评估中的非市场价值(市场价值以外的价值)并不是一种具体的企业价值存在形式,它是一系列不符合企业价值评估中的市场价值定义条件的价值形式的总称或组合。企业价值评估中的非市场价值也是企业公允价值具体表现形式的一类概括,企业价值评估中的非市场价值主要有投资价值、持续经营价值、保险价值、清算价值等几种类型。

1. 投资价值

投资价值指企业对于具有明确投资目标的特定投资者或某一类投资者所具有的价值。如企业并购中的被评估企业对于特定收购方的收购价值;关联交易中的企业交易价值;企业改制中的管理层收购价值等。企业的投资价值可能正好等于企业的市场价值,也可能高于或低于企业的市场价值。企业的投资价值与投资性企业价值是两个不同的概念,投资性企业价值是指特定主体以投资获利为目的而持有的企业在公开市场上按其最佳用途实现的市场价值。

2. 持续经营价值

持续经营价值指被评估企业按照评估基准日时的用途、经营方式、管理模式等继续经营下去所能实现的预期收益(现金流量)的折现值。企业的持续经营价值是一个整体的价值概念,是相对于被评估企业自身既定的经营方向、经营方式、管理模式等所能产生的现金流量和获利能力的整体价值。由于企业的各个组成部分对企业的整体价值都有相应的贡献,企业持续经营价值可以按企业各个组成部分资产的相应贡献被分配给企业的各个组成部分资产,即构成企业各局部资产的在用价值①。企业的持续经营价值可能正好等于企业的市场价值,也可能高于或低于企业的市场价值。

3. 保险价值

保险价值指根据企业的保险合同或协议中规定的价值定义所确定的价值。

---

① 在用价值是指作为企业组成部分的特定资产对其所属企业能够带来的价值,而并不考虑该资产的最佳用途或资产变现的情况。一般情况下,是以该特定资产未来预计可实现的现金流量,及处置该资产可实现的变现值的折现值表示。

4. 清算价值

从性质上讲,是指企业处于清算、迫售、快速变现等非正常市场条件下所具有的价值,或设定企业处于清算、迫售、快速变现等非正常市场条件下所具有的价值。从数量看,企业的清算价值是指企业停止经营,变卖所有的企业资产减去所有负债后的现金余额。这时企业价值应是其构成要素资产的可变现价值。破产清算企业的价值评估,不是对企业持续经营前提下的价值揭示,该类企业作为生产要素整体继续经营已经不经济或企业作为生产要素整体已经丧失了盈利能力,因而也就不具有通常意义上的持续经营企业所具有的价值。对破产清算企业进行价值评估,实际上是对该企业的单项资产的变现价值之和进行判断和估计。但是,企业在清算前提下的清算价值并不必然小于企业在持续经营前提下的价值。

(三)界定企业价值类型的必要性

在企业价值评估中首先要界定企业价值类型,主要是出于以下两个方面考虑:

1. 企业的评估价值是企业公允价值的具体表现形式

资产评估揭示的是评估对象的公允价值,企业作为资产评估中的一类评估对象,在评估中其价值也应该是公允价值。但是,资产评估中的公允价值是一个抽象的概念,在具体的企业价值评估中,评估人员必须根据评估目的和评估时的条件将企业价值评估中的公允价值具体化。企业价值评估的主要目的是为企业产权交易提供服务,使交易双方对拟交易企业的价值有一个较为清晰的认识,所以企业价值评估应建立在有效市场假设之上。正常市场条件下和正常使用条件下的企业公允价值是企业的市场价值;非正常市场条件下的企业公允价值是企业的非市场价值及其具体价值表现形式。即使是同一个企业,正常市场条件下和正常使用条件下的企业公允价值与非正常市场条件下的企业公允价值也可能有着较大的差异。因此,准确界定和选择企业评估价值类型直接决定着评估结果的合理性。

2. 选择合理的企业价值类型是定义企业价值评估结论的前提

企业作为一类特殊的评估对象,其评估价值的判断或估计是服务于委托方及其他评估报告使用者。由于企业本身的复杂性、企业评估价值类型的多样性及量的差异性,要求评估人员在进行企业价值评估时,必须恰当厘定和选择企业评估价值类型,并根据企业评估价值类型指引报告使用者恰当使用企业价值评估报告和评估结论。企业评估价值类型的合理划分和选择的实质,就是要给每一企业的价值评估结论进行定义,没有定义的企业价值是不存在的,或者是没有实际意义的。

三、企业价值评估的范围与评估程序

(一)企业价值评估的范围

1. 企业价值评估的一般范围

企业价值评估的一般范围就是为进行企业价值评估所应进行的具体工作范围,通常是指企业产权涉及的资产范围。不论是进行企业整体价值评估、股东全部权益价值评估,

还是进行股东部分权益价值的评估,其实都要求对企业进行整体性评估,企业价值评估的工作范围必然要涉及企业产权内的所有资产。从产权的角度界定,企业价值评估的一般范围应该是企业产权涉及的全部资产,包括企业产权主体自身拥有并投入经营的部分、企业产权主体自身拥有未投入经营部分、虽不为企业产权主体自身占用及经营,但可以由企业产权主体控制的部分,如全资子公司、控股子公司,以及非控股公司中的投资部分;企业拥有的非法人资格的派出机构、分部及第三产业;企业实际拥有但尚未办理产权的资产等。

在具体界定企业价值评估的一般范围时,应根据以下有关数据资料进行:①企业价值评估申请报告及上级主管部门批复文件所规定的评估范围;②企业有关产权转让或产权变动的协议、合同、章程中规定的企业资产变动的范围;③企业有关资产产权证明、账簿、投资协议、财务报表;④其他相关资料等。

2. 企业价值评估的具体范围

企业价值评估的具体范围是指具体实施评估的资产范围,是在一般范围的基础上经合理必要的重组后所确定的评估范围。企业价值的形成基于企业整体赢利能力,评估人员判断估计企业价值,就是要正确分析和判断企业的赢利能力。企业是由各类单项资产组合而成的资产综合体,这些单项资产对企业赢利能力的形成具有不同的作用和贡献。在对企业价值评估的一般范围进行界定之后,并不一定要将所界定的企业价值评估一般范围内的所有具体资产都按一种评估思路进行评估,通常需要将企业价值评估一般范围内的具体资产按照其在企业中发挥的功效,划分为有效资产和无效资产。

这里所谓的有效资产和无效资产是企业价值评估中的专用概念,仅在企业价值评估具体操作中使用。有效资产是指企业中正在运营或虽未正在运营但具有潜在运营经营能力,并能对企业盈利能力做出贡献、发挥作用的资产;无效资产是指企业中不能参与生产经营,不能对企业盈利能力做出贡献的非经营性资产、闲置资产,以及虽然是经营性的资产,但在被评估企业已失去经营能力和获利能力的资产的总称。将企业价值评估一般范围内的具体资产,按其在企业盈利能力的形成过程中是否做出贡献划分为有效资产和无效资产的目的在于要正确揭示企业价值。企业的赢利能力是企业中有效资产共同作用的结果,有效资产是企业价值评估的基础,无效资产虽然也可能有交换价值,但无效资产的交换价值与有效资产价值的决定因素、形成路径是有差别的。有效资产和无效资产的合理划分是进行企业价值评估的重要前提,划分是否合理将直接影响运用不同评估途径与方法评估企业价值结果的合理性和可信程度。

3. 界定企业价值评估范围时应注意的事项

在界定企业价值评估一般范围及具体范围、区分有效资产与无效资产时,应注意以下几点。

(1) 对于在评估时点产权不清的资产,应划为"待定产权资产",可以列入企业价值评估的一般范围,但在具体操作时,应做特殊处理和说明,并需要在评估报告中披露。

(2) 在产权清晰的基础上,对企业的有效资产和无效资产进行区分。在进行区分时应注意把握以下几点:第一,对企业有效资产的判断,应以该资产对企业盈利能力形成的贡献为基础,不能背离这一原则;第二,在有效资产的贡献下形成的企业的盈利能力,应是企业的正常盈利能力,由于偶然因素而形成的短期盈利及相关资产,不能作为判断企业盈利能力和划分有效资产的依据;第三,评估人员应对企业价值进行客观揭示,如企业的出售方拟进行企业资产重组,则应以不影响企业盈利能力为前提。

（3）在企业价值评估中,对无效资产的处理首先是进行"资产剥离",即将企业的无效资产在运用多种评估途径及其方法进行有效资产及其企业价值评估前单独剥离出去,然后有两种处理方式可供选择:一是无效资产的价值不作为企业价值的组成部分,作为独立的部分进行单独处理,并在评估报告中予以披露;二是用适合无效资产的评估方法将其进行单独评估,并将评估值加总到企业价值评估的最终结果之中,并在评估报告中予以披露。

（4）当企业出售方拟通过"填平补齐"的方法对影响企业盈利能力的薄弱环节进行改进时,评估人员应着重判断该改进对正确揭示企业盈利能力的影响。就目前我国的具体情况而言,该改进应主要针对由工艺瓶颈和资金瓶颈等因素所导致的企业盈利能力的薄弱环节。

资料卡 9-2

企业并购投资价值评估指导意见

目标：企业并购投资价值评估指导意见

 即问即答

填平补齐含义是什么？

【解析】　填平补齐是指企业因生产中的某些部位、环节,不协调,不配套,影响了正常生产,或达不到预定的生产能力,为改变这种状况,实现均衡生产,提高生产能力,所进行的必要的革新、改造或添置。搞填平补齐项目,可以挖掘企业现有设备能力的潜力,用较少的投资,在较短的时间内,取得较大的经济效益。

填平补齐相对应的是"木桶原理"。其含义是由多块木板构成的木桶,其价值在于其盛水量的多少,但决定木桶盛水量多少的关键因素不是其最长的板块,而是其最短的板块。对于企业来说,要想做好、做强,必须从产品设计、价格政策、渠道建设、品牌培植、技术开发、财务监控、队伍培育、文化理念、战略定位等各方面一一做到位才行。任何一个环节太薄弱都有可能导致企业在竞争中处于不利位置,甚至最终导致破产的恶果。

（二）企业价值评估的程序

企业价值评估是一项复杂的系统工程,制定和执行科学的评估程序,有利于评估效率的提高,有利于评估结果的真实和科学。企业价值评估一般可以按下列程序进行:

1. 明确评估目的和评估基准日

接受资产评估委托时,首先必须弄清和明确评估的特定目的。评估的特定目的不同,选择的价值内涵,即价值类型也不一样,评估结果也不相同。评估基准日则是反映评估价值的时点定位,一般应考虑选择某一个结算期的终止日。

2. 明确评估对象

明确评估对象包括两方面内容：一是确定被评估资产的范围和数量，二是资产的权益。就被评估资产的范围和数量来说，要明确哪些资产要评估，哪些资产不属于评估范围。例如，股份制改组过程中，是以全部资产作价入股，还是以企业净资产、剥离企业办社会性资产后剩余的全部净资产或全部资产、剥离非经营性资产和企业办社会性资产后剩余的全部资产等作价入股，直接影响到评估范围的确定。就资产权益来说，指的是企业资产的哪方面权益，是所有权还是使用权，这些都必须明确。

3. 制订评估工作计划

工作计划通常包括以下几项：

(1) 整个评估工作(项目)的人员组成及项目的分工负责。

(2) 需要准备的资料，包括两部分：企业提供资料(应对企业所提供资料进行验收)和现场查勘资料。有时会出现企业提供资料与现场查勘资料不一致的情况，这时应进行协调，有关事宜也可在将来的评估报告中载明。比如，评估土地使用权时，如果未对该企业占用土地做实际丈量，而企业又提供了有关部门的具体资料，评估时如按企业提供资料评估，应在评估报告中说明。

(3) 工作进程的安排。整个评估工作分成若干阶段进行，并分阶段汇总讨论，随时解决评估中的具体问题。

4. 整理评估资料

对评估相关资料加以归纳、分析和整理，并加以补充和完善。

5. 评定估算

根据资产的特点、评估目的，选择合适的方法，评估估算资产价值。

6. 分析评估价值

评估结果完成后，应召集各方面，包括委托者、各有关部门等进行讨论，对评估过程加以说明，对特殊内容做出解释，未尽事宜进一步协商。在讨论和纠正评估值的过程中，绝不能随意调整评估值，还应防止不必要的行政干预。

7. 撰写评估报告

形成结论，撰写企业价值资产评估报告。

第二节 收益法在企业价值评估中的应用

一、收益法评估企业价值的核心问题

在运用收益法对企业价值进行评估时，一个必要的前提是判断企业是否具有持续的盈利能力。只有当企业具有持续的盈利能力时，运用收益法对企业进行价值评估才具有实际意义。运用收益法对企业进行价值评估，首先要考虑以下三个核心问题：

1. 界定企业的收益

企业的收益能以多种形式出现，包括净利润、净现金流量(股权自由现金流量)、息前净现金流量(企业自由现金流量)等。选择以何种形式的收益作为收益法中的企业收益，在一定程度上会直接或间接地影响评估人员对企业价值的最终判断。

2. 合理预测企业的收益

要求评估人员对企业的未来收益进行精确预测是不现实的,但是在评估中通过全面考虑影响企业盈利能力的因素,还是能对企业的收益做出合理的预测。在企业价值评估实务中,企业收益通常采用期望收益率或期望收益额。

3. 合理预测企业的收益基础上选择合适的折现率

合适的折现率的选择直接关系到对企业取得未来收益面临的风险的判断。由于企业经营存在不确定性,对未来收益的风险进行判断至关重要。能否对未来收益的风险做出恰当的判断从而选择合适的折现率,对企业的最终评估值具有较大影响。

二、收益法在企业价值评估中的具体应用

(一)企业永续经营假设前提下的收益法

1. 年金法

年金法适用于企业每年收益额均相等的情况。但是,在实际工作中,每年收益额均相等的企业是没有的。因此,这种方法往往适用于企业生产经营活动比较稳定,并且市场变化不太大的企业评估。年金法评估企业价值的计算公式为

$$P = \frac{A}{i}$$

式中,P 为企业评估价值;A 为企业每年的年金收益;i 为折现率或资本化率。

由于企业预期收益并不能表现为年金形式,评估人员如果要运用年金法评估企业价值,还需要对被评估企业的预期收益进行综合分析,确定被评估企业的预期年金收益。将企业未来若干年的预期收益进行年金化处理,从而得到企业年金,是若干种分析测算企业年金收益方法中的一种。如果采用该测算方法,年金法评估企业价值的计算公式又可以写为

$$P = \sum_{t=1}^{n} \left[R_t \times (1+i)^{-t} \right] \div \sum_{t=1}^{n} \left[(1+i)^{-t} \right] \div i$$

用于企业价值评估的年金法,是将已处于均衡状态,其未来收益具有充分的稳定性和可预测性的企业未来若干年的预期收益进行年金化处理,然后再把已年金化的企业预期收益进行收益资本化,估测企业的价值。将企业相对稳定的、可预测的未来若干年预期收益进行年金化处理,仅仅是评估人员分析判断企业未来预期收益的一种方式。如果评估人员认为,通过将企业未来若干年的预期收益进行年金化处理而得到的这个企业年金,足以反映出被评估企业未来预期收益能力和水平,那么这个企业年金就可以作为评价企业价值的收益额;反之,如果评估人员认为这个企业年金不足以反映出被评估企业未来预期收益能力和水平,它就不可以直接作为企业价值评估的收益额,而需要通过其他方法估测适合于被评估企业价值评估的收益额。

例 9-1　经测算,某企业未来 5 年的预期收益额依次为 800 万元、960 万元、880 万元、1 040 万元、960 万元,假定企业永续经营,不改变经营方向、经营模式和管理模式,折现率

及资本化率均为10%。试用年金法估测该企业的价值(持续经营价值)。

测算过程如下:

$$P = \sum_{t=1}^{n} [R_t \times (1+i)^{-t}] \div \sum_{t=1}^{n} [(1+i)^{-t}] \div i$$

$$= (800 \times 0.9091 + 960 \times 0.8264 + 880 \times 0.7513 + 1040 \times 0.6830 + 960 \times$$

$$0.6209) \div (0.9091 + 0.8264 + 0.7513 + 0.6830 + 0.6209) \div 10\%$$

$$= (727 + 793 + 661 + 710 + 596) \div 3.7907 \div 10\%$$

$$= 3487 \div 3.7907 \div 10\%$$

$$= 9199(万元)$$

2. 分段法

分段法是将永续经营的企业的收益预测分为前后段,对于前段(短期,通常是未来前5年)的预期收益进行逐年折现累加,对于后段(长期,通常从未来第6年开始)的收益,则要根据收益的变化规律,进行预期折现和本金化处理,最后将前后两段收益现值相加构成企业的评估价值。

将企业的收益预测分为前后两段的理由在于:在企业发展的某一个期间,企业的生产经营可能处于不稳定状态,因此企业的收益也是不稳定的,而在这个不稳定期间之后,企业的生产经营可能会达到某种均衡状态,其收益是稳定的或按某种规律进行变化。因此,对于不稳定阶段企业的预期收益可采取逐年预测并折现累加的方法;而对于稳定阶段的企业收益,则可以根据企业预期收益稳定程度按企业年金收益,或按企业的收益变化规律所对应的企业预期收益形式进行折现和资本化处理。

假设以前段最后一年的收益作为后段各年的年金收益,分段法的计算公式可写为

$$P = \sum_{t=1}^{n} [R_t \times (1+i)^{-t}] + \frac{R_n}{i} \times (1+i)^{-n}$$

假设从(n+1)年起的后段,企业预期年收益将按一固定比率(g)增长,则分段法的计算公式可写为

$$P = \sum_{t=1}^{n} [R_t \times (1+i)^{-t}] + \frac{R_n(1+g)}{i-g} \times (1+i)^{-n}$$

具体运用时,可收集评估前5年的生产、经营、销售成本、收益及同期的企业外部环境情况等,对其进行全面分析。在此基础上,预测出企业在未来能够带来预期收益的持续年限内的年平均期望收益,然后再把平均期望收益资本化处理,进而评估得出企业的价值。

例 9-2 评估人员根据某企业的实际情况预测:企业未来5年的预期收益额依次为350万元、420万元、525万元、560万元、700万元,从第6年开始,收益额将维持在700万元水平上,假定本金化率为10%。试用分段法估测企业的价值。

测算过程如下:

$$P = \sum_{t=1}^{n} [R_t \times (1+i)^{-t}] + \frac{R_n}{i} \times (1+i)^{-n}$$

$$= (350 \times 0.9091 + 420 \times 0.8264 + 525 \times 0.7513 + 560 \times 0.6830 +$$

$$700 \times 0.6209) + 700 \div 10\% \times 0.6209$$

$$=1\,876+7\,000\times0.620\,9$$
$$=6\,222(万元)$$

上例中,假如企业从第 6 年起,收益额将在第 5 年的水平上以 2% 的年增长率保持增长,其他条件不变,则企业的评估价值为

$$P=\sum_{t=1}^{n}[R_t\times(1+i)^{-t}]+\frac{R_n(1+g)}{i-g}\times(1+i)^{-n}$$

$$=(350\times0.909\,1+420\times0.826\,4+525\times0.751\,3+560\times0.683\,0+700\times$$
$$0.620\,9)+700\times(1+2\%)\div(10\%-2\%)\times0.620\,9$$
$$=1\,876+714\div8\%\times0.620\,9$$
$$=1\,876+8\,925\times0.620\,9$$
$$=1\,876+5\,542$$
$$=7\,418(万元)$$

(二)企业有限持续经营假设前提下的收益法

1. 企业有限持续经营假设的适用性

企业的价值在于其所具有的持续的盈利能力,因此,对企业价值的评估应该在持续经营前提下进行。只有在特殊的情况下,才能在有限持续经营假设前提下对企业价值进行评估。如企业章程已对企业经营期限做出规定,而企业的所有者无意逾期继续经营企业,则可在该假设前提下对企业进行价值评估。评估人员在运用该假设对企业价值进行评估时,应对企业能否适用该假设做出合理判断。

2. 企业有限持续经营假设的内容

即指从最有利于回收企业投资的角度,争取在不追加资本性投资的前提下,充分利用企业现有的资源,最大限度地获取投资收益,直至企业无法持续经营为止。

3. 有限持续经营假设前提下企业价值评估的方法

这里采用的收益法与分段法类似,即先将企业在可预期的经营期限内的收益加以估测并折现,然后,将企业在经营期限后的残余资产的价值加以估测及折现,两者相加后得出企业的评估价值。其计算公式为

$$P=\sum_{t=1}^{n}[R_t\times(1+i)^{-t}]+P_n\times(1+i)^{-n}$$

在企业价值评估中应用收益法的具体形式和方法还有许多,评估人员可以在遵循收益法基本原理的基础上,依据被评估企业的具体情况设计具体的形式和方法。

三、企业收益及其预测

(一)企业收益的界定与选择

企业收益是运用收益法评估企业价值或整体资产价值的关键数据。在评估中,必须准确界定企业收益范围,做到既不遗漏,也不扩大。在对企业收益进行具体界定时,应注意以下两个方面:①企业创造的不归企业权益主体所有的收入,不能作为企业价值评估

中的企业收益,如税收,不论是流转税还是所得税都不能视为企业收益;②凡是归企业权益主体所有的企业收支净额,都可视为企业的收益。无论是营业收支、资产收支,还是投资收支,只要形成净现金流入量,就可视为企业收益。

由于多种指标可用来表示企业收益,所以在评估中应根据评估的特定目的和评估中的实际情况做出合理选择。企业收益的基本表现形式有两种:企业净利润和企业净现金流量。而选择净利润还是净现金流量作为企业价值评估的收益基础,对企业的最终评估值存在一定的影响。在实际评估中,通常都是选择企业净现金流量作为用收益法进行企业价值评估的收益基础,理由在于:①企业的利润虽然与企业价值高度相关,但企业价值最终由其现金流量决定而非由其利润决定。②企业的净现金流量是企业实际收支的差额,不容易被更改;企业的利润则要通过一系列复杂的会计程序进行确定,而且可能由于企业管理当局的利益而被更改。

(二) 企业收益预测

对企业收益的历史状况和现实状况的分析和判断,是预测企业未来收益的主要途径,尤其对那些有着悠久历史并且处于收益稳定状况的企业。通过对企业的历史资料的分析和判断,可直接得到可信度较高的收益指标。对企业收益的预测通常包括以下三个步骤:

1. 调整评估基准日审计后的企业收益

包括两部分工作内容:①对审计后的财务报表进行非正常因素调整,主要是损益表和现金流量表的调整,将一次性、偶发性、或以后不再发生的收入或费用进行剔除,把企业评估基准日的利润和现金流量调整到正常状态下的数量;②研究审计后报表的附注和相关揭示,对在相关报表中揭示的影响企业预期收益的非财务因素进行分析,并在该分析的基础上对企业的收益进行调整,使之能反映企业的正常盈利能力。

2. 对企业预期收益趋势的总体分析和判断

这是在对企业评估基准日审计后实际收益调整的基础上,结合企业管理层提供的预期收益预测数据或预算和评估机构调查收集到的有关信息的资料进行的。需要注意的是:①对企业评估基准日审计后的调整财务报表,尤其是客观收益的调整,仅作为评估人员进行企业预期收益预测的参考依据,不能用于其他目的;②企业提供的关于预期收益的预测是评估人员预测企业未来预期收益的重要参考资料,但不能作为唯一依据,评估人员对此应做出客观、独立的判断;③在对财务报表进行了必要的调整和掌握企业提供的收益预测基础上,评估人员还必须深入到企业现场进行实地考察和现场调研,以便对企业未来收益趋势做出合乎逻辑的总体判断。

3. 运用技术方法和手段,预测企业的预期收益

在一般情况下,企业的收益预测可分两个时间段。对于已步入稳定期的企业而言,收益预测的分段较为简单:一是对企业评估基准日后前若干年的收益进行预测;二是对企业评估基准日后若干年后的各年收益进行预测。企业评估基准日后的若干年,可以是3年、5年或是其他时间跨度,长短取决于评估人员对预测值的精度要求,及评估人员的预测手段和能力。而对于处于发展期且收益尚不稳定的企业而言,对其收益预测的分段应是首先判断出企业在何时步入稳定期(即收益呈现稳定性),而后将其步入稳定期的前一年作为收益预测分段的时点。对企业何时步入稳定期的判断,应在与企业管理人员的充分沟通和占有大量资料并加以理性分析的基础上进行,其确定较为复杂。企业预期收益在评估基准日调整的企业收益或企业历史收益的平均收益趋势的基础上,结合影响企业收益实现的主要因素在未来预期变化的情况,采用适当的方法进行估测。目前较为常用的方法有综合调整法、产品周期法、实践趋势法等。

四、折现率、资本化率及其估测

折现率是将未来有限期收益还原或转换为现值的比率。资本化率是指将未来非有限期收益转换成现值的比率,它在资产评估业务中还称为本金化率、还原利率等。折现率和资本化率的本质是相同的,都属于投资报酬率。投资报酬率通常由两部分组成:一是无风险报酬率;二是风险投资报酬率。无风险报酬率亦称为正常报酬率、安全利率,它取决于资金的机会成本,即正常的投资报酬不能低于该投资的机会成本。这个机会成本通常以政府发行的国库券利率和银行储蓄利率作为参考依据。风险报酬率的高低主要取决于投资的风险大小,风险大的投资,要求的风险报酬率就高。折现率和资本化率分别反映企业在未来有限期和非有限期的持续获利能力和水平,由于企业未来的获利能力在有限期与永续期是否相同取决于企业在这两个时期所面对的风险是否一样,因此,折现率与资本化率并不一定恒等。

在运用收益法评估企业价值时,折现率、资本化率起着至关重要的作用,它们的微小变化会对评估结果产生较大的影响。折现率与资本化率的测算及选择思路相同,下面以折现率为代表来说明折现率与资本化率的测算原则和方法。

(一)企业评估中选择折现率的基本原则

1. 折现率不低于投资的机会成本

在存在着正常的资本市场和产权市场的条件下,任何一项投资的回报率不应低于该投资的机会成本。在现实生活中,政府发行的国库券利率和银行储蓄利率可以作为投资者进行其他投资的机会成本。由于国库券的发行主体是政府,几乎没有破产或无力偿付的可能,投资的安全系数高。银行虽大多属于商业银行,但受到国家严格监控,其信誉也非常高,即储蓄是一种风险极小的投资。因此,国库券和银行储蓄利率可看成是其他投资的机会成本,相当于无风险投资报酬率。

2. 行业平均收益率可作为确定折现率的重要参考

我国的行业基准收益率是基本建设投资管理部门为筛选建设项目,从拟建项目对国民经济的净贡献方面,按照行业统一制定的最低收益率标准。凡是投资收益率低于行业基准收益率的拟建项目不得上马,只有投资收益率高于行业基准收益率的拟建项目才有可能得到批准进行建设。行业基准收益率旨在反映拟建项目对国民经济的净贡献的高低,包括拟建项目可能提供的税收收入和利润,而不是对投资者的净贡献。因此,不宜直接将其作为企业产权变动时价值评估的折现率。再者,行业基准收益率的高低也体现着国家的产业政策。在一定时期,属于国家鼓励发展的行业,其行业基准收益率可以相对低一些;属于国家控制发展的行业,国家就可以适当调高其行业基准收益率,达到限制项目建设的目的。因此,行业基准收益率不宜直接作为企业评估中的折现率。随着我国证券市场的发展,行业的平均收益率日益成为衡量行业平均盈利能力的重要指标,可作为确定折现率的重要参考指标。

3. 贴现率不宜直接作为折现率

贴现率是商业银行对未到期票据提前兑现所扣金额(贴现息)与期票票面金额的比率。贴现率虽然也是将未来值换算成现值的比率,但贴现率通常是银行根据市场利率和贴现票据的信誉程度来确定的。且票据贴现大多数是短期的,并无固定期间周期。从本质上讲,贴现率接近于市场利率。折现率是针对具体评估对象的风险而生成的期望投资报酬率。从内容上讲,折现率与贴现率并不一致,简单地把银行贴现率直接作为企业评估的折现率是不妥当的。有些情况下,如对采矿权评估所使用的贴现现金流量法,正是以贴现率折现评估价值的,但是这时候所使用的贴现率也包括安全利率和风险溢价两部分,与真正意义上的贴现率不完全相同。

(二) 风险报酬率的估测

在折现率的测算过程中,无风险报酬率的选择相对容易,通常是以政府债券利率和银行储蓄利率为参考依据。而风险报酬率的测度相对比较困难,它因评估对象、评估时点的不同而不同。就企业而言,在未来的经营过程中要面临着经营风险、财务风险、行业风险、通货膨胀风险等。从投资者的角度,要投资者承担一定的风险,就要有相对应的风险补偿。风险越大,要求补偿的数额也就越大。风险补偿额相对于风险投资额的比率就叫风险报酬率。

在测算风险报酬率的时候,评估人员应注意以下因素:①国民经济增长率及被评估企业所在行业在国民经济中的地位;②被评估企业所在行业的发展状况及被评估企业在行业中的地位;③被评估企业所在行业的投资风险;④企业在未来的经营中可能承担的风险等。

在充分考虑和分析了以上各因素以后,风险报酬率可通过以下两种方法估测:

1. 风险累加法

将企业可能面临的风险对回报率的要求予以量化并累加,便可得到企业评估折现率中的风险报酬率。用数学公式表示如下:

风险报酬率＝行业风险报酬率＋经营风险报酬率＋财务风险报酬率＋其他风险报酬率

行业风险主要指企业所在行业的市场特点、投资开发特点,及国家产业政策调整等因素造成的行业发展不确定性给企业预期收益带来的影响。经营风险是指企业在经营过程中,由于市场需求变化、生产要素供给条件变化及同类企业间的竞争给企业的未来预期收益带来的不确定性影响。财务风险是指企业在经营过程中的资金融通、资金调度、资金周转可能出现的不确定性因素影响企业的预期收益。其他风险包括国民经济景气状况、通货膨胀等因素的变化可能对企业预期收益的影响。需要注意的是,如果在折现率中的风险报酬率中考虑了通货膨胀率因素,则在企业收益额的预测中也应考虑通货膨胀可能会对企业预期收益的影响。

量化上述各种风险所要求的回报率,可以采取参考物类比加经验判断的方式测算。

它要求评估人员充分了解国民经济的运行态势、行业发展方向、市场状况、同类企业竞争情况等。只有在充分了解和掌握上述数据资料的基础上,对于风险报酬率的判断才能较为客观合理。当然,在条件许可的情况下,评估人员应尽量采取统计和数理分析的方法对风险回报率进行量化。

2. β 系数法

β 系数法基本思路是,被评估企业(或行业)风险报酬率是社会平均风险报酬率与被评估企业(或被评估企业所在行业)风险和社会平均风险的相关系数(β 系数)的乘积。

β 系数法估算风险报酬率的步骤为:①将市场期望报酬率扣除无风险报酬率,求出市场期望平均风险报酬率;②将企业(或企业所在行业)的风险与充分风险分散的市场投资组合的风险水平进行比较及测算,求出企业所在行业的 β 系数;③用市场平均风险报酬率乘以企业(或企业所在行业)的 β 系数,便可得到被评估企业(或企业所在行业)的风险报酬率。用数学公式表示为

$$R_r = (R_m - R_f) \times \beta$$

式中,R_r 为被评估企业(或企业所在行业)的风险报酬率;R_m 为市场期望报酬率;R_f 为无风险报酬率;β 为被评估企业(或企业所在行业)的 β 系数。

如果所求 β 系数是被评估企业所在行业的 β 系数,而不是被评估企业的 β 系数,但需要确定企业的风险报酬率,则需要通过考虑企业的规模、经营状况及财务状况,确定企业在行业内的地位系数,即企业特定风险调整系数(α),对企业所在行业的风险报酬率进行调整,得到该企业的风险报酬率 R_r,如下式表示:

$$R_r = (R_m - R_f) \times \beta \times \alpha$$

(三)折现率的测算

如果能通过一系列方法测算出风险报酬率,则企业评估的折现率的测算就变得相对简单。测算企业价值评估中的折现率、资本化率的方法通常包括以下两种。

1. 累加法

累加法是采用无风险报酬率加风险报酬率的方式确定折现率或资本化率。如果风险报酬率是通过 β 系数法或资本资产定价模型估测出来的,此时,累加法测算的折现率或资本化率适用于股权收益的折现或资本化。其数学表达式为

$$R = R_f + R_r$$

式中,R 为企业价值评估中的折现率;R_f 为无风险报酬率;R_r 为风险报酬率。

2. 资本资产定价模型

资本资产定价模型是用来测算权益资本折现率的一种工具。其数学表达式为

$$R = R_{f1} + (R_m - R_{f2}) \times \beta \times \alpha$$

式中,R 为企业价值评估中的折现率;R_{f1} 为现行无风险报酬率;R_m 为市场期望报酬率历史平均值;R_{f2} 为历史平均无风险报酬率;β 为被评估企业所在行业权益系统风险系数;α 为企业特定风险调整系数。

3. 加权平均资本成本模型

加权平均资本成本模型是以企业的所有者权益和企业负债所构成的全部资本,以及

全部资本所需求的回报率,经加权平均计算来获得企业评估所需折现率的一种数学模型。其数学表达式为

$$R = E \div (D+E) \times K_e + D \div (D+E) \times (1-T) \times K_d$$

式中,R 为企业价值评估中的折现率;$E \div (D+E)$ 为权益资本占全部资本的权重;$D \div (D+E)$ 为债务资本占全部资本的权重;K_e 为权益资本要求的投资回报率(权益资本成本);K_d 为债务资本要求的回报率(债务资本成本);T 为被评估企业适用的所得税税率。

加权平均资本成本模型作为一种工具有时也可以利用其他参数测算评估人员需要求取的资本成本或投资回报率。比如,使用企业的权益资本与长期负债所构成的投资资本,以及投资资本组成要素各自要求的回报率和它们各自的权重,经加权平均获得企业投资资本价值评估所需要的折现率。数学式表达式为

企业投资资本要求的折现率 = 长期负债占投资资本的比重 × 长期负债成本 +
权益资本占投资资本的比重 × 权益资本成本

权益资本要求的回报率 = 无风险报酬率 + 风险报酬率

负债成本是指扣除了所得税后的长期负债成本。

确定各种资本权数的方法通常有三种:①以企业资产负债表中(账面价值)各种资本的比重为权数;②以占企业外发证券市场价值(市场价值)的现有比重为权数;③以在企业的目标资本构成中应该保持的比重为权数。

五、企业价值评估案例

背景:某企业集团有意向收购 A 公司,因此,A 公司需要委托资产评估机构对本企业进行价值评估,了解企业股东全部权益价值,以便在谈判中掌握主动权。根据委托评估协议,评估基准日定为 2023 年 1 月 1 日,确定将持续经营价值作为本次评估结果的价值类型。

(一) 对 A 公司相关历史资料的统计分析

根据本次评估目的及价值类型对评估信息资料的要求,对 A 公司评估基准日以前年度的财务决算和有关资料进行了整理分析,2017—2022 年收支情况如表 9-1 和表 9-2 所示。

表 9-1 2017—2022 年各年度各项收入支出比较

项　　目	2022 年		2021 年		2020 年		2019 年		2018 年		2017 年	
	金额/万元	增长比例/%	金额/万元	增长比例/%	金额/万元	增长比例/%	金额/万元	增长比例/%	金额/万元	增长比例/%	金额/万元	增长比例/%
销售收入	3 150.00	14.5	2 751.23	9	2 524.95	18.8	2 126.18	17.8	1 804.88	−5	1 899.75	100
销售税金	469.95	14.5	410.48	11.2	369.23	15.9	318.45	23.7	257.48	−1.4	261.23	100
销售成本	1 712.78	18.2	1 449.45	31.1	1 105.35	30	850.28	15.6	735.68	1.4	725.33	100
其中:折旧	280.50		265.50		227.25		190.50		178.50		160.50	
销售及其他费用	121.73	−5.3	128.48	3.8	123.83	69.5	73.05	135.3	31.05	7.5	28.88	100

续表

项 目	2022年 金额/万元	2022年 增长比例/%	2021年 金额/万元	2021年 增长比例/%	2020年 金额/万元	2020年 增长比例/%	2019年 金额/万元	2019年 增长比例/%	2018年 金额/万元	2018年 增长比例/%	2017年 金额/万元	2017年 增长比例/%
产品销售利润	845.55	10.8	762.75	-17.7	926.25	4.8	884.40	13.3	780.68	-11.7	884.40	100
其他销售利润			230.10	9 024	2.55	54.1	5.55	3 700	0.15	-88.9	1.35	100
营业外支出	75.00	4.9	71.48	29.8	55.05	33	41.40	129.1	18.08	84	9.83	100
营业外收入	16.50	-39.6	27.30	413.64	6.60	49.7	13.13	32.6	9.90	26.9	7.80	100
利润总额	787.05	-16.5	948.68	7	880.50	2.2	861.68	11.5	772.65	-12.6	883.73	100
税款(实际税额)	267.05	-32.1	393.23	4.4	376.58	-0.9	379.95	2.5	370.73	-4.8	389.25	100
净利润	520.00	6.4	555.45	10.2	504.00	4.6	481.73	19.9	401.93	-18.7	494.48	100
(+)折旧	280.50		265.50		227.25		190.50		178.50		160.50	
(-)追加投资	496.88	27.6	389.40	27.1	306.45	27.9	239.63	18.44	202.43	15.3	175.50	100
企业净现金流量	303.62	-29.7	431.55	1.6	424.80	1.8	432.60	14.4	378.00	-21.2	479.48	100

表 9-2 2017—2022 年各年度收入支出结构比例

项 目	2022年 金额/万元	2022年 占销售额比例/%	2021年 金额/万元	2021年 占销售额比例/%	2020年 金额/万元	2020年 占销售额比例/%	2019年 金额/万元	2019年 占销售额比例/%	2018年 金额/万元	2018年 占销售额比例/%	2017年 金额/万元	2017年 占销售额比例/%
销售收入	3 150.00	100	2 751.23	100	2 524.95	100	2 126.18	100	1 804.88	100	1 899.75	100
销售税金	469.95	14.6	410.48	14.9	369.23	14.6	318.45	15	257.48	14.3	261.23	13.7
销售成本	1 712.78	54.4	1 449.45	53	1 105.35	43.8	850.28	40	735.68	40.7	725.33	38.2
其中:折旧	280.50	8.9	265.50	9.6	227.25	9	190.50	9	178.50	9.9	160.50	8.4
销售及其他费用	121.73	3.9	128.48	5	123.83	4.9	73.05	3.4	31.05	1.7	28.88	1.5
产品销售利润	845.55	26.8	762.75	27.7	926.25	36.7	884.40	41.6	780.68	43.3	884.40	46.5
其他销售利润			230.10	8.4	2.55	0.1	5.55	0.3	0.15		1.35	0.1
营业外支出	75.00	2.4	71.48	2.6	55.05	2.2	41.40	1.9	18.08	1	9.83	0.6
营业外收入	16.50	0.5	27.30	1	6.60	0.3	13.13	0.6	9.90	0.5	7.80	0.4
利润总额	787.05	25	948.68	34.2	880.50	34.8	861.68	40.5	772.65	47	883.73	46.5
税款(实际税额)	267.05	8.5	393.23	14.3	376.58	14.9	379.95	17.9	370.73	20.5	389.25	20.5
净利润	520.00	16.5	555.45	20.2	504.00	20	481.73	22.7	401.93	22.3	494.48	26
(+)折旧	280.50	8.9	265.50	9.6	227.25	9	190.50	9	178.50	9.9	160.50	8.5
(-)追加投资	496.88		389.40		306.45		239.63		202.43		175.50	
企业净现金流量	303.62	9.6	431.55	15.7	424.80	16.8	432.60	20.4	378.00	21	479.48	25.3

评估人员采用的主要财务指标为：销售收入、成本、利润和企业净现金流。分析结果如下：

(1) 从 A 公司近几年发展情况看,只有 2018 年出现过负增长,但下降幅度很小,销售收入下降 4%左右,从 2019 年开始出现稳定的增长趋势。

(2) 2017—2022 年 A 公司的收支结构比例没有太大的变化,销售成本占销售收入的比例基本上维持在 40%~50%左右。

（二）对 A 公司未来发展情况分析和预测

根据本次评估目的及价值类型对评估信息资料预测的要求,对 A 公司评估基准日以后年度的相关资料进行了分析预测,分析预测都是基于公司现有的经营方向、经营能力、管理能力及合理的改进的前提进行的,具体情况如下:

(1) 按 A 公司目前设备使用状况及其他生产条件分析,每年只要有 150 万元左右的技术改造资金投入,公司的生产经营就能长期进行下去,并能保持略有增长的势头。

(2) 对 A 公司未来市场预测。从目前及可用预测的年份来看,公司生产的主要产品具有较高的声誉,产品行销全国 18 个省市,现有用户 10 000 多个。公司所在地区有 10 多条销售渠道,其他地区有 25 个代销网点。公司产品的主要用户均为重点骨干企业,从经济发展的趋势来看,市场对该公司产品的需求还会进一步增加。因此,A 公司拥有一个比较稳定且能发展的销售市场。

(3) 对 A 公司未来产品成本预测。A 公司产品的主要原料来源并不稀缺,也不受季节影响,故未来市场物价变动对其产品的影响不大。占成本比重较大的电费,在前几年已做了较大的调整,在今后一段时间里不会有太大的升幅。如果以后电价继续调整,产品价格也会相应调整,从而电价因素不会对公司未来收益造成太大的影响。

(4) 从目前情况分析,在今后一段时间里,国家主要经济政策不会有太大变化,国民经济将继续保持平稳增长。

(5) A 公司 2023—2027 年收益的预测结果如表 9-3 所示。

表 9-3　2023—2027 年各年度收益的预测　　　　　　单位:万元

项　　目	2023 年	2024 年	2025 年	2026 年	2027 年
销售收入	3 328.20	3 529.35	3 910.35	4 105.43	4 298.18
销售税金	503.10	528.68	559.95	581.33	610.13
销售成本	1 762.50	1 875.00	2 025.00	2 175.00	2 325.00
销售及其他费用	150.68	158.78	166.80	174.75	167.78
产品销售利润	911.93	966.90	1 158.60	1 174.35	1 195.28
其他销售利润					
营业外收入	6.00	6.00	6.00	6.00	6.00
营业外支出	67.50	71.25	75.00	78.75	82.50
利润总额	850.43	901.65	1 089.60	1 101.60	1 118.78
税款(实际税额)	280.65	297.53	359.55	363.53	369.23
净利润	569.78	604.13	730.05	738.08	749.55
(+)折旧	288.75	307.50	331.50	356.25	381.00
(-)追加投资	491.40	319.05	340.58	390.75	405.75
企业净现金流量	367.13	592.58	720.98	703.58	724.80
折现系数(按 9%)	0.917 4	0.841 7	0.772 2	0.708 4	0.649 9
净现值	336.81	498.77	556.74	498.42	471.05

(三) 评定估算

(1) 依据 A 公司以前年度生产增减变化及财务收支情况分析,以及对未来市场的预测,评估人员认为 A 公司未来 5 年的销售收入,将在 2022 年的基础上略有增长,增长速度保持在 4%~6% 之间。

（2）根据 A 公司的生产能力状况,从 2024 年开始需要追加的投资将会减少（2018—2019 年追加的投资高于正常年份水平）,即从 2024 年起公司的净现金流量将会增加,2028 年及以后各年的预期收益将维持在 2027 年的收益水平上。

（3）适用的折现率及资本化率的确定。因为本次评估目标是企业股东全部权益价值,适用的折现率及资本化率的测算方式可采用资本资产定价模型。根据评估人员对资本市场的深入调查分析,初步测算证券市场平均期望报酬率为 9.5％,A 公司所在行业对于风险分散的市场投资组合的系统风险水平 β 为 0.9,无风险报酬率取 2.5％。由于 A 公司是非上市公司,股权的流动性不强,且公司规模不大,在行业中的地位并不突出,但由于 A 公司产品信誉较高,生产经营稳步增长,而且未来市场潜力较大,因此投资风险不大。所以,确定 A 公司在其所在行业中的地位系数,即企业特定风险调整系数 α 为 1.04。依据资本资产定价模型测算 A 公司的折现率为

$$R = R_{f1} + (R_m - R_{f2}) \times \beta \times \alpha$$
$$= 2.5\% + (9.5\% - 2.5\%) \times 0.9 \times 1.04$$
$$= 9\%$$

（4）所得税税率按 33％进行计算。

（5）评估人员根据现有掌握的数据,对 A 公司永续经营期间的风险因素进行了初步的分析,没有发现明显高于已预测年份的风险迹象,因此,假设资本化率与折现率相同。

（四）评估结果

按收益法中的分段法评估思路,A 公司的企业股东全部权益价值的估算步骤如下:
(1) 计算未来 5 年(2023—2027 年)企业净现金流量的折现值之和为
$$336.81 + 498.77 + 556.74 + 498.42 + 471.05 = 2\,361.79(万元)$$
(2) 从未来第 6 年(2028 年)开始,计算永久性现金流量现值。
① 将未来永久性收益折成未来第 5 年(2027 年)的价值为
$$724.80 \div 9\% = 8\,053.33(万元)$$
② 按第 5 年的折现系数,将企业预期第二段收益价值折成现值为
$$8\,053.33 \times 0.649\,9 = 5\,233.86(万元)$$
(3) 计算企业股东全部权益价值的评估价值为
$$2\,361.79 + 5\,233.86 = 7\,595.65(万元)$$
由此确定 A 公司的企业股东全部权益价值为 7\,595.65 万元。

第三节 市场法在企业价值评估中的应用

一、市场法的基本原理

目前国际上对企业价值评估大量地采用了比较的方法,这种方法在投资银行或证券分析领域被称为相对估价法或财务比率估价法。这种方法的实质就是把企业内部的财务指标或比率与市场上已经交易的可比公司的比率进行比较,从而得出被评估企业整体或

权益的市场价值。用公式表示为

$$P = B \times \left(\frac{P'}{B'}\right)$$

式中，P 为企业的股权价值或企业价值；B 为待评估企业影响企业价值的某一财务指标；$\frac{P'}{B'}$ 为可比企业的股权价值或企业价值或可比企业的某一财务指标的比率，这一比率也称为乘数。

在通过市场途径评估企业的价值时，企业的价值通过参考可比企业的价值与某一财务指标的比率而得到，其中最常用的一个比率是行业平均市盈率。前提假设是该行业中其他公司与被估价公司具有可比性。企业价值评估的市场途径可以选择的乘数还有价格/账面价值比率、价格/销售收入比率、价值/重置成本比率等。

确定比率数值有两种途径。

一是利用基本信息。基本信息包括收益和现金流的增长率、红利支付率、风险程度等。用这种方法确定的比率数值与使用折现现金流法是等价的，因为它们依据了相同的信息。该方法的主要优点是清晰地表明了所选用比率和公司基本信息之间的关系，了解当公司这些基本信息发生变化时，这些比率将如何变化。

二是利用可比公司，这种途径的核心在于可比公司的选择。可比企业是指具有与待评估企业具有相似的现金流量、增长潜力及风险特征的企业，一般应在同一行业范围内选择。可比性特征还有企业产品的性质、资本结构、管理及竞争性、盈利性、账面价值等方面。

企业价值评估的市场途径有两种方法，即参考企业比较法和并购案例比较法。这两种方法都是利用市场上交易的数据分析比较得出被评估企业的价值，所不同的是数据来源的市场不同：前者来源于公开交易的证券市场，而后者来源于个别的市场交易案例。

参考企业比较法是指对资本市场上与被评估企业处于同一类或类似行业的上市公司的经营和财务数据进行分析，计算适当的价值比率或经济指标，在与被评估企业比较分析的基础上，得出评估对象价值的方法。并购案例比较法是指通过与被评估企业处于同一或类似行业的上市公司的买卖、收购及合并案例，获取并分析这些交易案例的数据资料，计算适当的价值比率或经济指标，在与被评估企业比较分析的基础上，得出评估对象价值的方法。由于我国市场中并购案例的信息资料很少，因此这里重点分析参考企业比较法。

参考企业比较法中选择的价值比率一般是一个分数，分子是参照上市公司股票在评估基准日的交易价格（一般是当日的收盘价），分母则是根据上市公司的财务报表直接观察或推导出来的有关经济变量。

上市公司财务报表中常用来作为定价指标的财务数据有以下几项：

（1）销售收入。

（2）税后净利润。

（3）息税前收益。

（4）息税折旧摊销前收益。

（5）经营现金流。

（6）股权资本自由现金流。

（7）公司自由现金流。

（8）账面价值。

上面这些变量应该都是在企业经营的基础上计算出来的，非经营的项目分开单独处理。上述任意一项收益变量都可以在任何时间周期内或整个时间周期内计算出来作为价值比率指标的分母。一般采用的方法有这样几种：

（1）最近 12 个月的数据。

（2）最近一个会计年度的数据。

（3）未来下一个年度的数据预测。

（4）过去一些年度数据的简单算术平均值。

（5）过去一些年度的加权平均值。

在某些行业，要注意由于损益表的变量是一个时间周期或多个时间周期得出来的数据，而资产负债表的变量是某一时点的数据信息，因此选用资产负债表的数据时，资产负债表的日期应尽可能靠近评估基准日。

下面分析市场法中几个主要比率指标的内涵和应用。

二、市盈率（PE）比较法

在参考企业比较法的许多价值比率指标中，市盈率是证券市场上最为人们熟悉的一个比率，因此在评估中得到了广泛的应用。PE 等于股价除以每股收益。市盈率简单明了的优点使其在从初始发行定价到相对价值判断等一系列应用中都成为十分具有吸引力的选择。然而它与公司基本财务数据之间的联系却常常被人忽视，从而导致人们在应用中常常出现重大失误。因此在运用市盈率进行价值比较之前，将先分析市盈率的各种决定因素。

（一）根据基本因素估计市盈率

公司的市盈率最终决定因素与折现现金流量法模型中价值的决定因素是相同的，取决于决定价值的基本因素为公司的预期增长率、红利支付率和风险。

1. 稳定增长公司的市盈率

当公司处于稳定增长时，利用红利折现模型得到其股权资本的价值为

$$P_0 = \frac{\mathrm{DPS}_1}{k_e - g}$$

式中，P_0 为股权资本的价值；DPS_1 为下一年预期的每股红利；k_e 为股权资本要求的收益率；g 为股票红利的增长率。

由于 $\mathrm{DPS}_1 = \mathrm{EPS}_0 \times$ 红利支付率 $\times (1 + g)$

所以股权资本的价值为

$$P_0 = \frac{\mathrm{EPS}_0 \times 红利支付率 \times (1 + g)}{k_e - g}$$

两边同时除以 EPS_0 后得到市盈率的表达式

$$\frac{P_0}{\text{EPS}_0} = \frac{\text{红利支付率} \times (1+g)}{k_e - g}$$

如果用下一期的预期收益表示市盈率,则公式可以简化为

$$\frac{P_0}{\text{EPS}_1} = \frac{\text{红利支付率}}{k_e - g}$$

由上面的推导可以得出:对于稳定增长的公司来说,其市盈率是红利支付率和增长率的函数。这里特别要指出的是:上面由公司基本因素推导出来的市盈率是在假定 P_0 代表公司股权内在价值的前提下得出的理论市盈率,所以当股票市场的交易价格与假设前提下计算出来的内在价值相符时,两个市盈率就会大致相当。而当股票市场的交易价格高于或低于真实价值时,我们就可以根据基本因素计算出来的市盈率与实际市盈率相比较,从而判断该公司股票价值是否被市场高估或低估了。

例 9-3 稳定增长公司的市盈率

A 公司是一家银行控股的高技术公司,2020 年该公司的每股收益为 2.40 元,每股红利为 1.06 元,公司前 5 年的收益增长率为 7.5%,预计长期(自 2021 年开始)的年增长率为 6%,公司股票的 β 为 1.05,市场交易价格是公司收益的 10 倍(假定无风险利率为 4%,市场风险溢价为 6.5%)。

(1) 求该公司的理论市盈率。

(2) 公司当前市场实际市盈率暗示公司的长期增长率是多少?

解:

(1) 公司红利支付率 = 1.06/2.40 = 44.17%

预期的长期增长率 = 6%

股权资本成本 = 4% + 1.05 × 6.5% = 10.825%

市盈率 = P/E = 0.441 7 × 1.06/(0.108 25 − 0.06) = 9.70

(2) 由于实际上目前股票交易价是公司收益的 10 倍,即

实际市盈率 = P/E = 0.441 7 × (1 + g)/(0.108 25 − 0.06) = 10

求得增长率为:g = 6.14%

即公司当前的市盈率说明公司的长期增长率应该达到 6.14%。

2. 高速增长的公司的市盈率

由于高速增长的公司在一段高速增长时期之后必然会进入一个稳定增长时期,因此,再求取高速增长公司的市盈率时,可以从两阶段红利折现模型入手,当公司的增长率和红利支付率已知时,红利折现模型表述如下:

$$P_0 = \sum_{t=1}^{t=n} \frac{\text{DPS}_t}{(1+k_e)^t} + \frac{P_n}{(1+k_e)^t}$$

$$P_n = \frac{\text{DPS}_{n+1}}{k_{en} - g_n}$$

其中:DPS_t 为第 t 年预期的每股红利;k_e 为超常增长阶段公司的要求收益率(股权资本成本);P_n 为第 n 年末公司的价格;g 为前 n 年公司的增长率;g_n 为 n 年后的永续增长率;k_{en} 为稳定增长阶段公司的要求收益率。

在超常增长率 g 和红利支付率在前 n 年保持不变的情况下,这一公式可简化如下:

$$P_0 = \frac{\mathrm{DPS}_0(1+g)\left[1-\dfrac{(1+g)^n}{(1+k_e)^n}\right]}{k_e-g} + \frac{\mathrm{DPS}_{n+1}}{(r_n-g_n)(1+k_e)^n}$$

假定用 b 代表红利支付率,进一步推导为

$$P_0 = \frac{\mathrm{EPS}_0 \times b \times (1+g)\left[1-\dfrac{(1+g)^n}{(1+k_e)^n}\right]}{k_e-g} + \frac{\mathrm{EPS}_0 \times (1+g)^n \times (1+g_n) \times b}{(k_{en}-g_n)(1+k_e)^n}$$

两边同时除以 EPS_0 后得到市盈率的表达式为

$$\frac{P_0}{\mathrm{EPS}_0} = \frac{b \times (1+g)\left[1-\dfrac{(1+g)^n}{(1+k_e)^n}\right]}{k_e-g} + \frac{(1+g)^n \times (1+g_n) \times b}{(k_{en}-g_n)(1+k_e)^n}$$

由上面的公式可以看出,高速增长公司的市盈率由以下因素决定:

(1) 高速增长阶段和稳定增长阶段的红利支付率。

(2) 风险程度。

(3) 高速增长阶段和稳定增长阶段预期盈利增长率。

(二) 市盈率的比较

从广义的角度看,市盈率可以在国家之间、公司之间和公司发展的各个阶段之间进行比较,运用参考企业比较法时即可以用公司之间的市盈率进行比较。虽然这些比较能够产生一些有价值的信息,但是也常常会因为不同公司起决定作用的基本因素的变化而无法进行比较。所以当对公司的市盈率进行比较时,一定要考虑公司的风险性、增长率及红利支付率等方面的差异。

根据参考上市公司市盈率求被评估公司的市盈率。用市场法评估公司价值,首先要求出这个被评估公司的市盈率。具体步骤为。

(1) 选择一组可比参考公司,计算这一组公司的平均市盈率。

(2) 根据待评估公司与可比公司之间差别对平均市盈率进行主观上的调整,得出被评估公司的市盈率。

在运用市盈率比较法时,对于什么样的公司可比,在选择时本身就是主观的;其次,即使能够选择出一组合理的可比参考公司,待评估公司与这组公司在基本因素方面仍然是有差异的。根据这些差异进行主观调整并不能很好地解决这些问题。尽管如此,由于利用参考企业比较方法的方便,所以在评估实务界仍然有许多人乐于用这种方法进行估价。因为即使使用折现现金流量法,评估过程仍然存在许多无法客观判断的参数而只能用主观的调整来解决。所以,客观与主观、准确与粗略都是一个相对的概念。

三、价格/账面价值比率(PBV)比较法

价格/账面价值(PBV)是指股权的市场价格与股权的账面价值的比率,或每股股价与每股账面价值的比率。对于稳定增长的企业,根据戈登(Gordon)股利增长模型,一家稳

定增长企业股权的价值如下：

$$P_0 = \frac{\text{DPS}_1}{k_e - g}$$

式中，P_0 为股权资本的价值；DPS_1 为下一年预期的每股红利；k_e 为股权资本要求的收益率；g 为股票红利的增长率。

这里使用 BV 代表权益的账面价值，则净资产收益率 ROE 为

$$\text{ROE} = \text{EPS} / \text{权益的账面价值} = \text{EPS} / \text{BV}$$

参照上面市盈率比较法的推导，则价格/账面价值比率 PBV 为

$$\frac{P_0}{\text{BV}_0} = \frac{\text{ROE} \times \text{红利支付率} \times (1+g)}{k_e - g}$$

由于 $g = \text{ROE} \times (1 - \text{红利支付率})$

那么上述公式可以继续简化为

$$\frac{P_0}{\text{BV}_0} = \frac{(\text{ROE} - g) \times (1+g)}{k_e - g}$$

由上可见，稳定增长企业的 PBV 比率是由净资产收益率、增长率和股权资本要求的收益率决定的。该公式的优点在于可以用它计算那些不支付红利的企业的 PBV 比率。

$$\frac{P}{\text{BV}} = \frac{P_0}{\text{BV}_0} = \text{ROE} \times \left\{ \frac{b \times (1+g)\left[1 - (1+g)^n / (1+k_e)^n\right]}{k_e - g} + \frac{b \times (1+g)^n (1+g_n)}{(k_{en} - g_n)(1+k_e)^n} \right\}$$

其中，P/BV 与净资产收益率（ROE）正相关，P/BV 与风险程度（k）负相关，P/BV 与红利支付率（$1-b$）正相关，无论在稳定增长阶段还是在高速增长阶段，P/BV 与盈利增长率正相关。

除了市盈率、价格/账面价值比率外，还可以使用价格/销售收入比率、价格/重置成本比率，以及使用公司市场价值指标代替分子的股权资本价值，这为市场法在企业价值评估中开辟了新的思路。

应用市盈率、价格/账面价值比率或价格/销售收入比率进行企业股权或整体价值评估时，核心问题在于可比企业的选择。由于这些比率实质上是与企业的红利分配政策、风险程度、成长状况有关系，因此应用市场比较法评估企业价值应详细分析相关的因素，选取适当的模型，以免价值评估的失败。

第四节 资产基础法在企业价值评估中的应用

一、资产基础途径评估企业价值的基本原理

资产基础途径就是通过做出一个公平市场价值的资产负债表来反映企业的价值。企业中所有的资产都被列在这个资产负债表里（这个资产负债表不是会计师以历史成本为基础的资产负债表），企业所有的负债要列为评估基准日的负债。资产公平市场价值与负债之间的差就是企业所有者权益通过资产基础途径评估出来的价值。

资产基础途径中最常用的有三种方法。

（1）资产加和法，也常叫净资产价值法（net asset value，NAV），就是把企业的资产和

负债都评估到选定的价值标准下的价值,由此来确定企业权益的价值。这是我国资产评估师应用最多的一种方法,大量用于企业改制和股份制改造等。

(2)清算价值法,清算公司资产并偿还公司负债后得出的现值为企业的清算价值。这种方法也是我国国有资产评估管理办法 91 号文件里规定的评估方法之一,评估实践中也得到一定的应用。

(3)超额盈利资本化法,先把公司的有形资产和负债进行评估之后再加上无形资产的价值,由此确定企业权益的价值。

资产基础法是目前我国资产评估师最熟悉的企业整体价值评估方法。由于历史的原因,我国大量的国有企业改制及股权转让价值评估等都是采用这种方法对企业整体进行评估,并称之为"整体企业评估的重置成本法"。

二、资产加和法

1. 资产加和法的一些重要原则

第一,在运用资产加和法评估企业价值中,财务报表中资产的历史成本是评估分析工作的起点,而非评估分析工作的终点。

评估人员对以公允会计准则为依据的资产负债表的使用,仅仅是作为其评估分析工作的起点。而以评估价值结果为依据的资产负债表将作为最终形式,通常与以历史成本为依据的资产负债表形式相同(如资产在资产负债表的左列,负债在资产负债表的右列),但在内容方面通常存在着很大的差别。

以评估结果为依据的资产负债表,至少在以下两个方面与历史成本为依据的资产负债表存在着实质性的差别。

(1)资产负债表中的资产与负债科目于评估基准日进行了重估。

(2)可能增加了若干新的资产科目和负债科目。

第二,在运用资产加和法评估后,所有的资产和负债将以评估中所选择的恰当价值标准重新体现其价值。如果某一资产与负债科目无关紧要或其重估后并无实质性变动,则评估人员可保留其在资产负债表中的历史成本价值。另外,评估人员可根据资产与负债的项目或类别,对每一个资产或负债项目分别进行考虑和分析。

评估人员在最终得出评估企业权益的定义价值的过程中,分别求得每一项资产和负债的定义价值。此时,得出的价值都是在一定的标准下的评估价值而并非所谓的"账面净值"。

第三,在资产加和方法的运用中,企业所有的资产和负债将以所选择的恰当价值标准予以重估。在许多情形下,企业价值评估人员可能需要依靠不动产评估、机器设备评估或其他评估门类的专家的工作。

此外,企业的许多极有价值的资产可能没有记录在以历史成本为依据的资产负债表中,其中包括企业许多无形资产。许多起到实质作用的无形资产通常不包括在财务报表的资产负债表中(作为企业购入资产的一部分,根据资产购入的会计方法入账的购入无形资产除外)。同时,企业的许多重要的负债也没有记录在以历史成本为依据的资产负债表中。其中包括企业整个范畴的或有负债的科目。这些项目都是资产加和法评估时特别需要关注的地方。因此,新的资产科目和可能情形下新的负债科目,作为资产加和法评估内容的一部分,将出现在企业以评估价值为依据的资产负债表中。

2. 资产加和法的程序

第一,要获得以成本为基础的资产负债表。

评估人员的评估首先从企业的历史成本资产负债表开始。此资产负债表若是在评估基准日编制的最为理想。如果不能获得评估基准日的资产负债表,评估人员也可以采取以下三种办法:

(1) 要求评估委托方的会计师编制评估基准日的历史成本资产负债表,为评估人员开始进行评估提供帮助。

(2) 若评估人员具备编制财务报表所必需的基本会计经验,自己也可根据资料编制评估基准日的资产负债表。

(3) 评估人员可依赖距评估基准日最近的财务核算期限已结束的资产负债表。需要注意的是,这个近期的财务核算期限已结束的资产负债表通常比评估基准日的资产负债表需要进行更多的评估调整。但使用此类资产负债表,总的来说比根本没有资产负债表好得多,因为总是有一个考虑问题的起始点。

第二,确定以成本为基础的资产负债表上需要重新估价的资产与负债。

评估人员将慎重地分析和了解所评估企业每一项实质性的在账资产和负债。评估人员的目的是根据所选择的适用于所评估企业的价值标准,决定需要评估的资产与负债。

第三,确定以成本为基础资产负债表之外的需要确认的资产。

评估分析人员将确定在评估结果的资产负债表中需要确认的目前没有入账的(有时称为资产负债表之外的)资产。例如:无形资产经常没有记入编制的资产负债表中,而这些资产往往是小型高新技术企业和许多传媒文化产业及第三产业服务机构里经济价值最大的组成部分。

企业的有形和无形资产体现了企业全部价值分配到具体资产的各个部分。它们是企业获利能力,产生现金流的能力和红利股息支付能力的各种因素(即资产的项目或资产的组合)。而企业本身内部发展而形成的无形资产一般都没有出现在资产负债表中。某些有形资产也可能对其支付了费用但在其获得时却没有被资本化。而某些有形资产即使仍有使用寿命和相当的价值,但可能其在财务报表中也已被全部提取了折旧。由于这些原因,评估人员应寻找这些没有在账上体现的有形资产和无形资产。

第四,确定资产负债表之外需要确认的或有负债。

评估人员将需要确定在评估结果的资产负债表中需要确认的但目前没有入账的实质性的或有负债。对于那些未予判决的经济起诉、所得税等方面的争议或有环境治理要求等情形的企业,或有负债对企业的经营风险有重要影响,在企业价值评估中应给予考虑。

第五,对以上确定资产和负债项目进行评估。

在账面的资产与负债分析之后和账外的资产与负债确定之后,评估人员将开始企业每一项资产评估的定量分析程序,如有必要,还将进行企业每一项负债项目的定量分析程序。在典型的企业价值评估项目中,评估人员进行的是各类资产的评估分析。

第六，编制评估后的资产负债表。

在得出企业的所有有形资产和无形资产的价值、企业的所有账面和或有负债之后，评估人员将可以编制一份日期为评估基准日的资产负债表。在这份以评估结果为基础的（不同于以历史成本为基础的）资产负债表中，评估分析人员直接以算术程序，从企业（有形和无形的）资产价值减去企业（账面和或有的）负债的价值。此算法得出的是以企业权益价值衡量的100%的所有者权益。

此时，资产加和法评估了企业全部的所有者权益。当企业还有若干不同类型的股权权益问题时，则可能要求增加一些其他的评估程序和价值分配程序。

三、超额盈利资本化法

在超额盈利资本化法中，企业所有的资产和负债的评估是一次集中地进行分析和计算。一般情形下，超额盈利资本化法是对企业高于其账面净资产价值的全部超额价值进行量化。使用这种方法，企业以商誉形式集中体现的无形价值，被确定为与企业账面价值相比较而存在的所有企业的增值（或减值）。在采用超额收益资本化法时，企业权益的价值等于企业有形资产的净值加上企业以商誉形式体现的整体无形资产的价值之和。此整体无形资产的价值（或称之为企业超出其账面价值的全部增值）采用超额盈利资本化法进行确定。

例 9-4　超额盈利资本化法的应用。A 公司在 2021 年 12 月 31 日拥有净有形资产价值 2 000 万元，根据历史数据分析，企业在正常情况下每年的净收益可达 800 万元。再根据市场资料以及行业资料分析，这类企业的有形资产的公允回报率大约为 15%。而根据企业类型和风险估算超额盈利的直接资本化率为 20%。至此，A 企业的价值估算如表 9-4 所示。

表 9-4　A 企业的价值估算　　　　　　　　　　单位：万元

净有形资产价值		2 000
正常水平经济收益	800	
减去：有形资产的经济盈利 2 000×15%	−300	
超额经济盈利	500	
资本化超额盈利的无形资产价值 500/20%		2 500
A 公司企业整体价值		4 500

按照资产基础途径的概念进行界定，超额盈利资本化法是一种以资产为基础的评估途径的应用。但必须要强调的是，在要求严格的超额盈利资本化法的运用中：①所有的有形资产将重估其公平市场价值；②超额盈利资本化法仅适用于确定企业以商誉形式出现的整体无形资产的价值。

【拓展阅读】

《资产评估执业准则——企业价值》

为贯彻落实《资产评估法》，规范资产评估执业行为，保证资产评估执业质量，保护资产评估当事人合法权益和公共利益，在财政部指导下，2017 年中国资产评估协会根据《资产评估基本准则》，制定了《资产评估执业准则——企业价值》。该准则自 2017 年 10 月 1

日起施行。

该准则主要内容包括：总则、基本遵循、操作要求、评估方法、披露要求、附则。该准则对于规范我国企业价值评估行为，保护资产评估当事人合法权益和公共利益具有特别重要的意义。

【关键术语】

企业整体价值　股东全部权益价值　股东部分权益价值　投资价值　持续经营价值　保险价值　清算价值　市场价值　非市场价值　有效资产　无效资产　填平补齐　木桶原理　收益法　年金法　分段法　折现率　资本化率　机会成本　行业平均收益率　贴现率　风险报酬率　风险累加法　行业风险报酬率　经营风险报酬率　财务风险报酬率　累加法　加权平均资本成本　资产基础法

【主要知识点】

❖ 企业是以营利为目的，按照法律程序建立的经济实体，形式上体现为由各种要素资产组成并具有持续经营能力的自负盈亏的经济实体。

❖ 企业价值评估是指资产评估机构及其资产评估专业人员遵守法律、行政法规和资产评估准则，根据委托对评估基准日特定目的下的企业整体价值、股东全部权益价值或股东部分权益价值等进行评定和估算，并出具资产评估报告的专业服务行为。

❖ 市场价值是指企业在评估基准日公开市场上正常使用状态下最有可能实现的交换价值的估计值。

❖ 投资价值指企业对于具有明确投资目标的特定投资者或某一类投资者所具有的价值。

❖ 持续经营价值指被评估企业按照评估基准日时的用途、经营方式、管理模式等继续经营下去所能实现的预期收益（现金流量）的折现值。

❖ 保险价值指根据企业的保险合同或协议中规定的价值定义所确定的价值。

❖ 清算价值，是指企业处于清算、迫售、快速变现等非正常市场条件下所具有的价值，或设定企业处于清算、迫售、快速变现等非正常市场条件下所具有的价值。

❖ 企业价值评估的一般范围就是为进行企业价值评估所应进行的具体工作范围，通常是指企业产权涉及的资产范围。

❖ 填平补齐是指企业因生产中的某些部位、环节，不协调，不配套，影响了正常生产，或达不到预定的生产能力，为改变这种状况，实现均衡生产，提高生产能力，所进行的必要的革新、改造或添置。搞填平补齐项目，可以挖掘企业现有设备能力的潜力，用较少的投资，在较短的时间内，取得较大的经济效益。

❖ 贴现率是商业银行对未到期票据提前兑现所扣金额（贴现息）与期票票面金额的比率。

❖ 行业风险主要指企业所在行业的市场特点、投资开发特点，以及国家产业政策调整等因素造成的行业发展不确定性给企业预期收益带来的影响。

❖ 经营风险是指企业在经营过程中,由于市场需求变化、生产要素供给条件变化及同类企业间的竞争给企业的未来预期收益带来的不确定性影响。

❖ 财务风险是指企业在经营过程中的资金融通、资金调度、资金周转可能出现的不确定性因素影响企业的预期收益。

❖ 累加法是采用无风险报酬率加风险报酬率的方式确定折现率或资本化率。

❖ 企业价值评估中的市场法,是指将评估对象与参考企业、在市场上已有交易案例的企业、股东权益、证券等权益性资产进行比较以确定被评估企业价值的评估方法。

❖ 企业价值评估中的成本法通常称为成本加和法,具体是指将构成企业的各种要素资产的评估值加总求得企业价值的方法。

【复习思考题】

1. 简述企业价值评估中的价值表现形式及企业价值评估的特点。

2. 界定企业价值评估范围时应注意哪些事项?

3. 收益法对企业进行价值评估首先要考虑的核心问题是什么?

4. 折现率和资本化率的区别是什么?

5. 简述运用市场法评估企业价值的基本步骤。

6. 运用成本法评估企业价值时,对企业某些单项资产评估时应注意哪些问题?

7. 简述市盈率乘数法评估的基本思路。

【计算题】

1. 某待估企业预计未来 4 年的预期收益分别为 200 万元、150 万元、220 万元、240 万元,假设本金化率 10%,根据以下两种情况推断:①从第 5 年起,企业的年预期收益额将维持 240 万元;②从第 5 年起,将在第 4 年的基础上以 5% 的年增长率增长,试估测待估企业的整体价值。

2. 某被评估企业的基本情况如下。

(1) 该企业未来 5 年预期利润总额分别是 100 万元、120 万元、140 万元、150 万元、160 万元;从第 6 年开始利润总额在第 5 年的基础上,每年比前一年度增长 3%。

(2) 该企业适用的所得税税率为 25%。

(3) 据查,评估基准日社会平均收益率为 8%,无风险收益率为 4%,被评估企业所在行业的基准收益率为 7%,企业所在行业的平均风险与社会平均风险的比率(β)为 1.5。

(4) 被评估企业生产经营比较平稳,将长期经营下去。

试评估该企业的净资产价值。

3. 某被评估企业基本情况如下。

(1) 该企业未来 5 年预期净利润分别是 100 万元、120 万元、140 万元、150 万元、160 万元。

(2) 该企业适用的所得税税率为 25%。

(3) 据查,评估基准日社会平均收益率为 9%,无风险收益率为 4%,被评估企业所在行业的基准收益率为 8%,企业所在行业的平均风险与社会平均风险的比率(β)为 1.5。

（4）该企业的长期负债占投资资本的 50%，平均长期负债利息为 6%（税后），未来 5 年中年平均长期利息额为 20 万元，年流动负债利息额为 10 万元。

（5）被评估企业生产经营比较平稳，将长期经营下去。

试用年金法评估该企业的投资资本价值。

4. 背景资料。

被评估企业是一个以出口矿产品为主业的矿山企业，2022 年的收益情况如表 9-5 所示，表中补贴收入 30 万元中包括企业增值税出口退税 20 万元和因水灾政府专项补贴 10 万元；营业外支出 15 万元为企业遭受水灾的损失支出。

经评估人员调查分析，预计从 2023 年到 2026 年企业的净利润将在 2022 年正常净利润水平上每年递增 2%，从 2027 年到 2042 年企业净利润将保持在 2023 年至 2026 年各年净利按现值计算的平均水平上（年金）。根据最优原则，企业将在 2042 年年底停止生产实施企业整体变现，预计变现值约为 100 万元，假设折现率为 10%，现行的税收政策不变，试评估 2022 年 12 月 31 日该企业的价值。

表 9-5　企业利润表

项　　目	行次	本年累计数/元
一、主营业务收入	1	9 500 000
减：主营业务成本	4	5 500 000
主营业务税金及附加	5	300 000
二、主营业务利润	10	3 700 000
加：其他业务利润	11	0
减：销售费用	14	200 000
管理费用	15	1 900 000
财务费用	16	400 000
三、营业利润	18	1 200 000
加：投资收益	19	0
补贴收入	22	300 000
营业外收入	23	0
减：营业外支出	25	150 000
四、利润总额	27	1 350 000
减：所得税	28	337 500
五、净利润	30	1 012 500

【自测题目】

自测题 9-1

自测题 9-2

第十章

资产评估报告

学习目标：
1. 了解资产评估报告含义、作用。
2. 了解资产评估报告的种类、基本内容。
3. 掌握资产评估报告的制作。
4. 掌握资产评估报告的应用。
5. 掌握资产评估报告案例的编写。

第一节 资产评估报告概述

一、资产评估报告的基本概念

（一）资产评估报告的含义

资产评估报告是指资产评估机构和评估师遵照相关法律、法规和资产评估准则,在履行必要的评估程序后,对评估对象在评估基准日特定目的下的价值发表的、由评估机构出具的书面专业意见。

资产评估师应当根据评估业务具体情况,提供能够满足委托方和其他评估报告使用者合理需求的评估报告,并在评估报告中提供必要信息,让评估报告使用者能够合理理解评估结论。资产评估报告是按照一定格式和内容来反映评估目的、假设、程序、标准、依据、方法、结果及适用条件等基本情况的报告书。广义的资产评估报告还是一种工作制度,它规定评估机构在完成评估工作之后必须按照一定程序的要求,用书面形式向委托方及相关主管部门报告评估过程和结果;狭义的资产评估报告既是资产评估机构与评估师完成对资产作价,就被评估资产在特定条件下的价值所发表的专家意见,也是评估机构履行评估合同情况的总结,还是评估机构与评估师为资产评估项目承担相应法律责任的证明文件。

《国际评估准则》(International Valuation Standards,IVS)和美国《专业评估执业统一准则》(USPAP)对资产评估报告的规定都是从报告类型与报告要素来进行规范的。而目前我国对资产评估报告的要求则是从基本内容与格式方面来进行规范的。按照《资产评估执业准则——资产评估报告》(2018)的有关规定,资产评估报告书应该包括标题及文号、目录、声明、摘要、正文及附件。

早年我国资产评估报告的编制与国际资产评估报告的编制存在较大的差别,主要是评估报告中往往忽略了一些重要的内容,如评估的假设、价值类型、定义、评估报告使用、评估责任的界定等,实质上容易在未来的经济行为中给评估机构与注册资产评估师带来潜在的法律责任,也不利于报告使用者对评估结果的使用。随着经济全球化,国际评估业务不断增加,对我国评估业提出了按照国际通行标准进行操作的要求,在此背景下,我国资产评估报告准则也日益与国际资产评估报告通行的规则趋于一致,并按照国际通行的语言对评估结果进行表述。

(二)资产评估报告的作用

1. 对委托评估的资产提供价值意见

资产评估报告是具有资产评估资格的机构根据委托评估资产的特点和要求,组织评估师及相应的专业人员组成的评估队伍,遵循资产评估原则和标准,按照法定的评估程序,运用科学的评估方法对被评估资产价值进行评定和估算后,通过报告书的形式提出的价值意见,该价值意见不代表任何当事人一方的利益,是一种独立专家估价的意见,具有较强的公正性与客观性,因而成为被委托评估资产作价的重要参考。

2. 明确委托方、受托方及有关方面责任的依据

资产评估报告反映和体现资产评估工作情况,它用文字的形式,对评估业务的目的、背景、范围、依据、程序、方法等方面和评定的结果进行说明和总结,体现了资产评估机构和评估师的工作成果。同时,资产评估报告也反映和体现了资产评估机构与评估师的权利与义务,并以此明确委托方、受托方的法律责任。在资产评估现场工作完成后,评估机构和评估师就要根据现场工作取得的有关资料和估算数据,撰写评估报告向委托方报告。负责资产评估项目的评估师在资产评估报告上行使签字权利,并提出报告使用的范围和评估结果实现的前提等具体条款。当然,资产评估报告也是评估机构履行评估协议和向委托方或有关方面收取评估费用的依据。

3. 资产评估管理部门监督、管理的依据

资产评估报告是反映评估机构和评估师职业道德、执业能力水平及评估质量高低和评估机构内部管理机制完善程度的重要依据。有关管理部门通过审核资产评估报告,可以有效地对资产评估机构的业务开展情况进行监督和管理。

4. 归集评估档案资料的重要信息来源

资产评估机构和评估师在完成资产评估业务之后,都需按照档案管理的有关规定,将评估过程收集的资料、工作记录及资产评估过程的有关工作底稿进行归档,以便进行评估档案的管理和使用。由于资产评估报告是对整个评估过程的工作总结,其内容包括了评估过程的各个具体环节和各有关资料的收集和记录,因此,不仅评估报告的底稿是评估档案归集的主要内容,撰写资产评估报告过程采用的各种数据、各个依据、工作底稿和资产评估报告制度中形成有关的文字记录等都是资产评估档案的重要信息来源。

(三)资产评估报告的种类

国际上对资产评估报告有不同的分类,如将评估报告分为完整型评估报告、简明型评估报告、限制型评估报告等。目前,在资产评估实务中,我国资产评估报告主要有以下几种分类。

1. 按资产评估的范围划分为单项资产评估报告与整体资产评估报告

凡是仅对某一部分、某一项资产进行评估所出具的资产评估报告称为单项资产评估报告；凡是对整体资产进行评估所出具的资产评估报告称为整体资产评估报告。尽管资产评估报告的基本格式是一样的，但因单项资产评估与整体资产评估在具体业务上存在一些差别，两者在报告书的内容上也必然会存在一些差别。一般情况下，整体资产评估报告的内容不仅包括资产，也包括负债和所有者权益方面；而单项资产评估报告除在建工程外，一般不考虑负债和以整体资产为依托的无形资产等。

2. 按资产评估基准日的选择划分为现实型评估报告、预测型评估报告和追溯型评估报告

以现在时点为评估基准日的评估报告称为现实型评估报告；以未来时点为评估基准日的评估报告称为预测型评估报告；以过去时点为评估基准日的评估报告称为追溯型评估报告。

3. 按提供信息的详细程度不同划分为完整型评估报告、简明型评估报告、限制使用型评估报告

完整型评估报告应包含所有对解决评估问题具有重要意义的信息。"描述"是完整型评估报告与其他报告区别的术语。要求用足够的信息对进行评估业务所涉及的工作范畴向委托方和评估的期望使用者加以说明。完整型评估报告的阅读者可以期望所有重要数据都被详细报告。完整型评估报告和简明型评估报告之间的重要区别在于提供资料的详细程度。简明型评估报告应该包含对解决评估问题具有重要意义的信息的概略说明。"概述"是简明型评估报告区别于其他评估报告的重要术语。要求用足够的信息对进行评估业务所涉及的工作范畴向委托方和评估的期望使用者加以概略说明。简明型评估报告的阅读者可以期望在表格或简单叙述中发现所有重要数据。限制使用型评估报告是仅仅为委托方使用的。在进行评估作业之前，评估人员应该与委托方明确这种类型的报告的使用条件，应该保证使委托方明白限制使用型评估报告的限制性效用。限制使用型评估报告应该包含对解决评估问题具有重要意义的信息的简短陈述。"明确说明"是限制使用型评估报告区别于其他评估报告的重要术语。要求对数据的收集、核实和报告过程的范围予以简单说明。限制使用型评估报告的阅读者不应期望所有的重要数据都被报告。评估人员为支持其限制使用型评估报告必须保存一份详细的、条理分明的工作底稿，而且该底稿的内容应当足以使评估人员编制一个简明型评估报告。

资料卡 10-1

资产评估执业准则——资产评估报告
目标：了解资产评估报告执业准则

二、资产评估报告的基本内容

（一）资产评估报告书的基本内容

按照《资产评估执业准则——资产评估报告》(2019)，资产评估报告书应当包括标题及文号、目录、声明、摘要、正文和附件等主要内容。

1. 标题及文号

资产评估报告书必须载明"×××资产评估报告书"标题字样、资产评估报告书的文号、资产评估机构全称和评估报告书提交日期等。有服务商标的,评估机构可以在报告书封面载明其图形标志。

2. 目录

目录要求列出：每一部分的各级标题和相对应的页码。这样可便于报告使用者阅读和查找相关内容。

3. 声明

评估报告书的声明一般应当包括：资产评估师恪守独立、客观和公正的原则,遵循有关法律、法规和资产评估准则的规定,并对所出具的资产评估报告承担相应的责任；提醒评估报告使用者关注评估报告特别事项说明和使用限制；以及其他需要声明的内容。

4. 摘要

每份资产评估报告书的正文之前应有表达该报告关键内容的摘要,摘要应当提供评估业务的主要信息及评估结论,让各有关方面了解该评估报告的主要信息。摘要与资产评估报告书正文具有同等法律效力,由注册资产评估师、评估机构法定代表人及评估机构等签字盖章和署明提交日期。摘要还必须与评估报告书揭示的结果一致,不得有误导性内容,并应当采用提醒文字提醒使用者阅读全文。

5. 正文

资产评估报告书的正文包括以下基本内容：

(1) 委托人及其他资产评估报告使用人。评估报告书正文应较为详细地介绍委托方、产权持有者和委托方以外的其他评估报告使用者的情况,当委托方和产权持有者相同时,可作为产权持有者介绍,写明委托方和产权持有者之间的隶属关系或经济关系。无隶属关系或经济关系的,应写明需要评估的原因,当产权持有者为多家企业时,还需逐一介绍。

(2) 评估目的。说明本次资产评估是为了满足委托方的何种需要及其所对应的经济行为类型,并简要准确说明该经济行为是否经过批准,若已获批准,应将批准文件的名称、批准单位、批准日期及文号写明。资产评估目的应当唯一,表述明确、清晰。

(3) 评估对象和评估范围。说明评估对象和评估范围,写明纳入评估范围的资产及其类型,并列出评估前的账面金额。若评估资产为多家占有,应说明各自的份额及对应资产类型。具体描述评估对象的基本情况,包括法律权属状况、经济状况和物理状况等。

(4) 价值类型。根据评估时所依据的市场条件及被评估资产的使用状态,明确价值类型,说明选用资产评估价值类型的理由,并将所采用的价值类型进行定义描述。

(5) 评估基准日。载明评估基准日,并与业务约定书约定的评估基准日保持一致。说明选取评估基准日时重点考虑的因素,揭示确定评估基准日对评估结果的影响程度。另外,还应对采用非基准日价值标准做出说明。评估基准日应根据经济行为的性质由委托方确定,并尽可能与评估目的实现日接近。评估基准日可以是现在时点,也可以是过去或将来的某一时点。

（6）评估依据。说明评估遵循的法律依据、准则依据、权属依据及取价依据等，对评估中采用的特殊依据应做相应的披露。

（7）评估方法。说明资产评估过程所选择、使用的评估方法和选择评估方法的依据或理由。对某项资产评估采用一种以上评估方法的还应说明原因及该资产价值确定的方法。对选择特殊评估方法的，应介绍其原理与适用范围。

（8）评估程序实施过程和情况。反映评估机构自接受评估项目委托起至提交评估报告书的全过程。包括接受委托过程中确定评估目的、对象及范围、评估基准日和拟订评估方案的过程；资产清查中的指导产权持有者清查、收集准备资料、检查与验证过程；评估估算中的现场检测与鉴定、评估方法选择、市场调查与分析过程；评估汇总中的结果汇总、评估结论分析、撰写报告与说明、内部复核，及提交评估报告书等过程。

（9）评估假设。评估报告书应当披露评估假设及其对评估结论的影响。

（10）评估结论。在评估报告书中以文字和数字形式清晰说明评估结论，通常评估结论应当是确定的数值，经与委托方沟通，评估结论可以使用区间值表述。应对资产、负债、净资产的账面价值、调整后账面价值、评估价值及其增减幅度进行表述。还应单独列示不纳入评估汇总表的评估结果。

（11）特别事项说明。说明在评估过程中已发现可能影响评估结论，但非评估人员执业水平和能力所能评定估算的有关事项，包括：权属等主要资料不完整或存在瑕疵的情形；委托人未提供的其他关键资料情况；未决事项、法律纠纷等不确定因素；重要的利用专家工作及相关报告情况；重大期后事项；评估程序受限的有关情况、评估机构采取的弥补措施及对评估结论影响的情况；其他需要说明的事项。

（12）评估报告使用限制说明。具体写明评估报告只能用于评估报告书载明的评估目的和用途；委托人或其他资产评估报告使用人未按照法律、行政法规规定和资产评估报告载明的使用范围使用资产评估报告的，资产评估机构及其资产评估专业人员不承担责任；除委托人、资产评估委托合同中约定的其他资产评估报告使用人和法律、行政法规规定的资产评估报告使用人之外，其他任何机构和个人不能成为资产评估报告的使用人；资产评估报告使用人应当正确理解和使用评估结论。评估结论不等同于评估对象可实现价格，评估结论不应当被认为是对评估对象可实现价格的保证。

（13）资产评估报告日。通常为资产评估师形成最终专业意见的日期。

（14）资产评估专业人员签名和资产评估机构印章。评估报告书应当至少由两名承办该项业务的资产评估专业人员签名并加盖资产评估机构印章。有限责任公司制评估机构的法定代表人或合伙制评估机构负责该评估业务的合伙人应当在评估报告上签名。

6. 附件

资产评估报告书的附件包括以下基本内容：

（1）评估对象所涉及的主要权属证明资料。

（2）委托人和其他相关当事人的承诺函。

（3）资产评估机构及签名资产评估专业人员的备案文件或资格证明文件。

（4）资产评估汇总表或明细表。

（5）资产账面价值与评估结论存在较大差异的说明。

（二）资产评估说明的基本内容

资产评估说明描述评估机构和评估师对其评估项目的评估程序、方法、依据、参数选取和计算过程,通过委托方、产权持有者充分揭示对资产评估行为和结果构成重大影响的事项,说明评估操作符合相关法律、行政法规和行业规范的要求。资产评估说明也是资产评估报告书的组成部分,在一定程度上决定评估结果的公允性,保护评估行为相关各方的合法利益。

资产评估说明中所揭示的内容应与资产评估报告书正文所阐述的内容一致。评估机构、资产评估师及委托方、产权持有者应保证其撰写或提供的构成评估说明各组成部分的内容真实完整,未作虚假陈述,也未遗漏重大事项。

资产评估说明应按以下顺序进行撰写和制作。

1. 评估说明封面及目录

评估说明封面应载明该评估项目名称,资产评估报告书的编号、评估机构名称、评估报告提出日期,需分册装订的评估说明,应在封面上注明共几册及该册的序号。

2. 关于评估说明使用范围的声明

应声明评估报告仅供资产管理部门、企业主管部门、资产评估行业协会审查资产评估报告书和检查评估机构工作之用,除法律、行政法规规定外,评估说明的全部或部分内容不得提供给其他任何单位和个人,不得见之于公开媒体。

3. 关于进行资产评估有关事项的说明

由委托方、产权持有者对进行资产评估的有关事项做出说明。具体包括以下内容:

（1）委托方与产权持有者概况。

（2）关于评估目的的说明。

（3）关于评估范围的说明。

（4）关于评估基准日的说明。

（5）可能影响评估工作的重大事项说明。

（6）资产及负债清查情况的说明。

（7）列示资产委托方、产权持有者提供的资产评估资料清单。

4. 资产清查核实情况的说明

主要说明评估方对委托评估的企业所占有的资产和与评估相关的负债进行清查核实的有关情况及清查结论。具体包括以下内容:

（1）资产清查核实的内容。

（2）实物资产的分布情况及特点。

（3）影响资产清查的事项。

（4）资产清查核实的过程与方法。

（5）资产清查结论。

（6）资产清查调整说明。

5. 评估依据说明

主要说明评估工作中所遵循的具体行为依据、法规依据、产权依据和取价依据。具体包括以下内容：

(1) 主要法律法规。

(2) 经济行为文件。

(3) 重大合同协议及产权证明文件。

(4) 采用的取价标准。

(5) 参考资料及其他。

6. 各项资产及负债的评估技术说明

主要说明对资产进行评定估算过程的解释,反映评估中选定的评估方法和采用的技术思路及实施的评估工作。以资产基础法为例,主要包括以下内容：

(1) 流动资产评估说明。

(2) 长期投资评估说明。

(3) 机器设备评估说明。

(4) 房屋建筑物评估说明。

(5) 在建工程评估说明。

(6) 土地使用权评估说明。

(7) 无形资产及其他资产评估说明。

(8) 负债评估说明。

7. 整体资产评估收益法评估的说明

主要说明运用收益法对企业整体资产进行评估的有关情况。具体包括以下内容：

(1) 收益法的应用简介。

(2) 企业的生产经营业绩。

(3) 企业的经营优势。

(4) 企业的经营计划。

(5) 企业的各项财务指标。

(6) 评估依据。

(7) 企业营业收入、成本费用和长期投资收益预测。

(8) 折现率的选取和评估值的计算过程。

(9) 评估结论。

8. 评估结论及其分析

主要总体概括说明评估结论,具体包括以下内容：

(1) 评估结论。

(2) 评估结果与调整后账面价值的比较,变动情况及原因分析。

(3) 评估结论成立的条件。

(4) 评估结论的瑕疵事项。

(5) 评估基准日的期后事项说明及对评估结论的影响。

(6) 评估结论的效力、使用范围与有效期。

（三）资产评估明细表的基本内容

按照《资产评估执业准则——资产评估报告》（2019）的规定，评估报告附件中应包括评估对象涉及的资产清单或资产汇总表。资产评估明细表是反映被评估资产评估前后的资产负债明细情况的表格。因此，资产评估明细表是资产评估报告书的组成部分，也是资产评估结果得到认可、评估目的的经济行为实现后调整账目的主要依据之一。具体包括以下内容：

（1）资产及其负债的名称、发生日期、账面价值、评估价值等。

（2）反映资产及其负债特征的项目。

（3）反映评估增减值情况的栏目和备注栏目。

（4）反映被评估资产会计科目名称、产权持有者单位、评估基准日、表号、金额单位、页码内容的资产评估明细表表头。

（5）写明清查人员、评估人员的表尾。

（6）评估明细表设立逐级汇总。

（7）资产评估明细表一般应按会计科目顺序排列装订。

资产评估明细表包括以下几个层次：资产评估结果汇总表、资产评估结果分类汇总表、各项资产清查评估汇总表及各项资产清查评估明细表。

资料卡 10-2

企业国有资产评估报告指南

目标：了解企业国有资产评估报告指南

第二节　资产评估报告的制作

一、资产评估报告的制作步骤

资产评估报告的制作是评估机构完成评估工作的最后一道工序，也是资产评估工作中的一个重要环节。制作资产评估报告主要有以下几个步骤。

（一）整理评估工作底稿和归集有关资料

资产评估现场工作结束后，资产评估师和助理人员必须对现场工作底稿进行整理，按资产的性质进行分类。同时对有关询证函、被评估资产背景材料、技术鉴定情况和价格取证等有关资料进行归集和登记。对现场未予确定的事项，还须进一步落实和核查。这些现场工作底稿和有关资料都是编制资产评估报告的基础。

（二）评估明细表的汇总

在完成现场工作底稿和有关资料的归集任务后，资产评估师和助理人员应着手评估明细表的数字汇总。明细表的数字汇总应根据明细表的不同级次先明细表汇总，然后分类汇总,再到资产负债表式的汇总。在数字汇总过程中应反复核对各有关表格数字的关联性和各表格栏目之间数字的钩稽关系,防止出错。

(三)评估初步数据的分析和讨论

在完成评估明细表的数字汇总,得出初步的评估数据后,应召集参与评估工作过程的有关人员,对评估报告的初步数据结论进行分析和讨论,比较各有关评估数据,复核记录估算结果的工作底稿,对存在作价不合理的部分评估数据进行调整。

(四)编写评估报告

编写评估报告可分两步:

(1)在完成资产评估初步数据的分析和讨论,对有关部分的数据进行调整后,由参加评估的各小组负责人草拟出各自负责评估部分的评估说明、评估明细表,同时提交全面负责、熟悉本项目评估具体情况的人员草拟资产评估报告书。

(2)将评估基本情况和评估报告书初稿的初步结论与委托方交换意见,听取委托方的反馈意见后,在独立、客观、公正的前提下,认真分析委托方提出的问题和建议,考虑是否应该修改评估报告书,对评估报告中存在的疏忽、遗漏和错误之处进行修正,待修改完毕即可撰写出资产评估正式报告书。

(五)资产评估报告的签发与送交

评估机构撰写出资产评估正式报告书后,经审核无误,按以下程序进行签名盖章:资产评估报告应当由至少两名承办该项业务的资产评估专业人员签名并加盖资产评估机构印章。法定资产评估业务的资产评估报告应当由至少两名承办该项业务的资产评估师签名并加盖资产评估机构印章。

二、资产评估报告制作的技术要点

资产评估报告制作的技术要点是指在资产评估报告制作过程中的主要技能要求,它具体包括了文字表达、格式与内容方面的技能要求,以及复核与反馈等方面的技能要求等。

资产评估师应当在执行必要的评估程序后,编制并由所在评估机构出具评估报告,并在评估报告中提供必要信息,使评估报告使用者能够合理理解评估结论。资产评估师应当根据评估业务具体情况,提供能够满足委托方和其他评估报告使用者合理需求的评估报告。

(一)文字表达方面的技能要求

资产评估报告既是一份对被评估资产价值有咨询、公证作用的文书,也是一份用来明确资产评估机构和评估师工作责任的文字依据,所以它的文字表达要求既要清楚、准确,又要提供充分的依据说明,还要全面地叙述整个评估的具体过程。其文字的表达必须清晰,不得使用模棱两可和晦涩难懂的措辞。其陈述既要简明扼要,又要把有关问题描述清楚,不得使用误导性的表述。当然,在文字表达上也不能使用"大包大揽"的语句,尤其是涉及承担责任条款的部分。

(二)格式和内容方面的技能要求

对资产评估报告格式和内容方面的技能要求,按照现行政策规定,应该遵循《资产评估执业准则——资产评估报告》(2019)。

(三)评估报告的复核及反馈方面的技能要求

资产评估报告的复核与反馈也是资产评估报告制作的具体技能要求。通过对工作底稿,评估说明,评估明细表和评估报告书正文的文字、格式及内容的复核和反馈,可以使有关错误、遗漏等问题在出具正式报告书之前得到修正。资产评估工作是一项必须由多名评估师同时作业的中介业务,每位评估师都有可能因能力、水平、经验、阅历及理论方法的限制而产生工作盲点和工作疏忽,所以,对资产评估报告初稿进行复核就十分必要。由于大多数资产委托方和产权持有者对委托评估资产的分布、结构、成新率等具体情况会比评估机构和评估人员更熟悉,因此,在出具正式报告之前征求委托方意见,收集反馈意见显得很有必要。

建立多级复核和交叉复核的评估报告复核制度,明确复核人的职责,防止流于形式。收集反馈意见主要是通过委托方或产权持有者熟悉资产具体情况的人员。对委托方或产权持有者意见的反馈信息,应谨慎对待,本着独立、客观、公正的态度接受反馈意见。

(四)撰写评估报告应注意的事项

资产评估报告的制作技能除了需要掌握上述三个方面的技术要点外,还应注意以下事项:

(1)实事求是,切忌出具虚假报告。评估报告必须建立在真实、客观的基础上,不能脱离实际情况,更不能无中生有。评估报告拟定人员应是参与该项目并较全面了解该项目情况的主要评估人员。

(2)坚持一致性原则,切忌表里不一。评估报告文字、内容要前后一致,摘要、正文、评估说明、评估明细表内容与格式、数据要一致。

(3)提交报告书要及时、齐全和保密。在完成资产评估工作后,应按评估业务约定书的约定时间及时将评估报告送交委托方。送交评估报告时,评估报告及有关文件要齐全。涉及外商投资项目的对中方资产评估的评估报告,必须严格按照有关规定办理。此外,要做好客户保密工作,尤其是对评估涉及的商业秘密和技术秘密,更要注意保密性。

(4)评估机构应当在资产评估报告中明确评估报告使用者、报告使用方式,提示评估报告使用者合理使用评估报告。应注意防止报告书的恶意使用,避免报告的误用,合法规避执业风险。

(5)评估师执行资产评估业务,应当关注评估对象的法律权属,并在评估报告中对评估对象法律权属及其证明资料来源予以必要说明。评估师不得对评估对象的法律权属提供保证。

（6）资产评估报告应当使用中文撰写。同时出具中外文资产评估报告的,中外文资产评估报告存在不一致的,以中文资产评估报告为准。评估报告一般以人民币为计量币种,使用其他币种计量的,应当注明该币种在评估基准日与人民币的汇率。

（7）评估师执行资产评估业务受到限制,无法实施完整的评估程序时,应当在评估报告中明确披露受到的限制、无法履行的评估程序和采取的替代措施。

（8）资产评估报告应当明确评估结论的使用有效期。通常,只有当评估基准日与经济行为实现日相距不超过一年时,才可以使用资产评估报告。

三、资产评估报告书实例

按照《资产评估执业准则——资产评估报告》(2019),从资产评估报告书、资产评估说明和资产评估明细表三个方面对评估报告进行举例说明。

（一）资产评估报告书（含声明、摘要、正文及附件）

资产评估报告书摘要（范例）

××评报字（2022）第 5 号

××资产评估有限公司接受××公司的委托,根据国家关于国有资产评估的有关规定,本着独立、客观和公正的原则,遵循有关法律、法规和资产评估准则的规定,按照国际公允的资产评估方法,对××公司整体改组上市之目的而委托评估的××公司资产和负债进行了实地查勘与核对,并做了必要的市场调查与征询,履行了公认的其他必要评估程序。据此,我们对××公司的委估资产在评估基准日的公平市值分别采用成本法和收益法进行了分项及总体评估,为其整体改组上市提供价值参考依据。目前我们的资产评估工作业已结束,现谨将资产评估结果报告如下。

经评估,截止于评估基准日 2021 年 12 月 31 日,在持续使用前提下,××公司的委估资产和负债表现出来的公平市场价值反映如下:

资产名称	账面值/万元	清查调整值/万元	评估值/万元	增减值/万元	增减率/%

本报告仅供委托方为本报告所列明的评估目的及报送有关主管机关审查而做。评估报告使用权归委托方所有,未经委托方同意,不得向他人提供或公开。除依据法律需公开的情形外,报告的全部或部分内容不得发表于任何公开的媒体上。

本报告评估结论的有效期为壹年,从评估基准日起计算。超过壹年,需重新进行资产评估。

重 要 提 示

以上内容摘自资产评估报告书,但未包括有关事项声明,报告使用人在使用本摘要时应特别关注报告正文中特别事项说明,欲了解本评估项目的全面情况,应认真阅读资产评估报告书全文。

××资产评估有限公司

2022 年 2 月 20 日

评估机构法人代表:×××

中国注册资产评估师:×××

中国注册资产评估师:×××

××公司

资产评估报告书(范例)

××评报字(2022)第 5 号

××资产评估有限公司接受××公司的委托,根据国家有关资产评估的规定,本着独立、客观和公正的原则,遵循有关法律、法规和资产评估准则的规定,按照国际公允的资产评估方法,为满足××公司整体改组上市之需要,对××公司资产进行了评估工作。本公司评估人员按照必要的评估程序对委托评估的资产和负债实施了实地查勘、市场调查与询证,对委估资产和负债在 2021 年 12 月 31 日所表现的市场价值做出了公允反映。现将资产评估情况及评估结果报告如下。

一、委托人及其他资产评估报告使用人

委托方:××公司

产权持有者:××公司

其他评估报告使用者:××公司及相关投资者

(被评估企业基本情况及财务状况,略)

二、评估目的

本次评估的目的是为××公司整体改组上市提供价值参考。

三、评估对象和评估范围

××公司拟以其全部经营性净资产投入到拟成立的××股份有限公司中,评估范围包括流动资产、长期投资、固定资产(房屋建筑物类、机器设备类)、在建工程、无形资产、其他资产及负债。对土地使用权拟由集团公司以授权经营方式取得后租给股份公司使用,土地使用权不纳入评估结果汇总表中。

评估的具体范围以公司提供的各类资产评估申报表为基础。凡列入表内并经核实的资产均在本次评估范围之内。

四、价值类型

本次评估对象是××公司整体资产,在评估过程中考虑要素资产正在使用的方式和贡献程度,选择市场价值、在用价值作为评估结论的价值类型。市场价值是指自愿买方和自愿卖方在各自理性行事且未受任何强迫的情况下,评估对象在评估基准日进行正常公平交易的价值估计数额;在用价值是指将评估对象作为企业组成部分或者要素资产按其正在使用方式和程度及其对所属企业的贡献的价值估计数额。

五、评估基准日

根据本评估公司与委托方的约定,资产评估的基准日期确定为 2008 年 12 月 31 日。

由于资产评估是对某一时点的资产及负债状况提出价值结论,选择会计期末作为评估基准日,能够全面反映评估对象资产及负债的整体情况;同时根据××公司的改制方案对时间的计划,评估基准日与评估目的的计划实现日较接近,故选择本基准日作为评估基准日。

本次资产评估工作中,资产评估范围的界定、评估价值的确定、评估参数的选取等,均以该日之企业内部财务报表、外部经济环境及市场情况确定。本报告书中一切取价标准均为评估基准日有效的价值标准。

六、评估依据

在本次资产评估工作中所遵循的国家、地方政府和有关部门的法律法规,及所参考的文件资料主要有:

(一)评估行为依据(略)

(二)评估法规依据(略)

(三)评估产权依据(略)

(四)评估取价依据(略)

七、评估方法(略)

八、评估程序实施过程和情况(略)

九、评估假设(略)

十、评估结论

在实施了上述资产评估程序和方法后,委估的××公司资产于评估基准日 2021 年 12 月 31 日所表现的公平市值反映如下:

资产名称	账面值/万元	清查调整值/万元	评估值/万元	增减值/万元	增减率/%

评估结论详细情况请见资产评估明细表(另册)。

十一、特别事项说明

委托方在 2021 年 12 月分别与王××、吴××签订转让协议,将王××、吴××存于中国银行××储蓄所的大额存单转让给委托方。据转让协议,承诺不得挂失、提前支取、抵押,存款期满,委托方持存单向××所支取。××储蓄所以"王××、吴××已将存折挂失,并已提前支取"为由拒付。至清查工作日止,经××市××区人民法院一审判决委托方胜诉,二审正在审理之中。以上款项的可收回程度及对评估结果的影响程度,无法确定,仅按清查值列示。

本评估报告使用者应注意特别事项对评估结论的影响。

十二、评估报告使用限制说明(略)

十三、评估报告日

本评估报告提出日期为 2022 年 2 月 20 日。

十四、资产评估专业人员签名和资产评估机构印章(略)

××资产评估有限公司

2022 年 2 月 20 日

评估机构法人代表:×××

中国注册资产评估师:×××

中国注册资产评估师:×××

附　　件

1. 有关经济行为文件。
2. 资产评估立项批准文件。
3. 被评估企业评估基准日会计报表。
4. 委托方与产权持有者营业执照复印件。
5. 产权证明文件复印件。
6. 委托方、产权持有者承诺函。
7. 评估机构和资产评估师的承诺函。
8. 资产评估机构营业执照、资格证书复印件。
9. 中国注册资产评估师证书复印件。
10. 资产评估业务约定合同。
11. 其他重要合同、文件。

(二) 资产评估说明

××公司

资产评估说明(范例)

××评报字(2022)第 5 号

××资产评估有限公司

2022 年 2 月 20 日

说明一

关于《资产评估说明》使用范围的声明

(略)

说明二

关于进行资产评估有关事项的说明

一、委托方与产权持有者概况(略)

二、评估目的(略)

三、评估范围(略)

四、评估基准日(略)

五、可能影响评估工作的重大事项说明(略)

六、资产及负债清查情况的说明(略)

七、资料清单(略)

委托方负责人签字:　　　　　　　　产权持有者负责人签字:

委托方印章　　　　　　　　　　　　　产权持有者印章

2022 年 1 月 20 日　　　　　　　　　　2022 年 1 月 20 日

说明三

资产清查核实情况说明

一、资产清查核实内容

根据资产评估工作的要求,对公司委估资产及负债进行了抽查复核,列入清查范围的资产类型主要有:流动资产、长期投资、固定资产(包括房屋建筑物、机器设备、运输车辆)、在建工程、无形资产、递延资产及流动负债和长期负债。上述资产评估前账面金额如下:

单位:万元

资产项目	账面原值	账面净值

二、实物资产分布情况及特点(略)

三、影响资产清查的事项(略)

四、资产清查的过程与方法

(一)清查组织工作(略)

(二)清查主要步骤(略)

(三)清查的主要方法(略)

五、资产清查结论

清查调整结果如下:

单位:万元

资产项目	账面原值	账面净值	调整后账面值

六、清查调整说明

经过清查核实,除职工宿舍此次不评估外,未发现其他需要调整事项。

说明四

评估依据的说明

在本次资产评估工作中所遵循的国家、地方政府和有关部门的法律法规,以及在评估中参考的文件资料主要有:

一、主要法律法规(略)

二、经济行为文件(略)

三、重大合同协议、产权证明文件(略)

四、采用的取价标准

采用的取价标准均为评估基准日正在执行的价值标准(具体内容略)

五、参考资料及其他(略)

说明五

各项资产及负债的评估技术说明

(略)

说明六

整体资产评估收益法评估说明

一、收益法的应用简介(略)

(1)选择评估方法的过程和依据

(2)评估方法的运用和逻辑推理计算过程

二、企业的生产经营业绩与企业的经营优势(略)

三、企业的经营计划(略)

四、企业的各项财务指标(略)

五、评估依据(略)

六、财务预测

(1)被评估企业历史财务资料分析总结,列示能够充分满足评估目的需要和揭示被评估企业特性的若干年度的资产负债表和损益表的汇总资料。

(2)对财务报告、企业申报资料所做的重大或实质性调整。

(3)相关预测所涉及的关键性评估假设和限定条件。

(4)被评估企业与其所在行业平均经济效益状况比较。

七、折现率的选取

资本化率、折现率、价值比率等重要参数的获取来源和形成过程(略)

八、评估值的计算过程(略)

对初步评估结论进行综合分析,形成最终评估结论的过程。

九、评估结论(略)

十、相关说明（略）

说明七

评估结论及其分析

一、评估结论

在实施了上述资产评估程序及方法后，××公司的委估资产在评估基准日 2021 年 12 月 31 日所表现的公允价值反映如下：

资产名称	账面值/万元	调整后账面值/万元	评估值/万元	增减值/万元	增减率/%

二、评估结果与调整后账面值比较变动情况说明

1. 总资产评估值与调整后账面值相比增减额

2. 净资产评估值与清查调整值相比增减额

三、评估结论成立的条件

评估结论是根据前述评估原则、依据、前提、方法、程序得出的，仅为本评估目的服务；评估结论是对评估基准日××公司资产及负债的公允价值的反映，只在上述评估原则、依据、前提存在的条件下成立。评估师在出具评估结论时，没有考虑特殊的交易方可能追加付出的价格等对评估价值的影响，也未考虑国家宏观经济政策发生重大变化及遇有自然力或其他不可抗力的影响。评估结论是本评估机构出具的，受本机构评估人员执业水平和能力的影响。

四、评估基准日的期后事项对评估结论的影响

（1）发生评估基准日期后重大事项时，不能直接使用本评估结论。在本次评估结果有效期内若资产数量发生变化，应根据原评估方法对评估值进行相应调整。

（2）在评估基准日期后，且评估结果有效期内，若资产数量、价值标准发生变化并对资产评估价值产生明显影响，委托方应及时聘请评估机构重新确定评估值；若资产价值的调整方法简单、易于操作，可由委托方在资产实际作价时进行相应调整。

五、评估结论的效力、使用范围与有效期

本评估结论是评估专业人员依据国家有关规定出具的意见，具有法律规定的效力。

本评估结论仅供委托方为评估目的使用和送交资产管理机关审查使用。本评估说明的使用权归委托方所有，未经委托方同意，不得向他人提供或公开于公共媒体。

根据国家现行规定，评估结论的有效期为壹年，从评估基准日起计算。当评估目的在有效期内实现时，应以评估结论作为股权转让的参考（还需结合评估基准日期后事项的调整）。超过壹年，需重新进行资产评估。

六、评估结论和瑕疵事项

在评估过程中已发现可能影响评估结论，但非评估人员水平和能力所能评定估算的

有关事项为:

委托方在 2021 年 12 月分别与王××、吴××签订转让协议,将王××、吴××存于中国银行××储蓄所的大额存单转让给委托方,据转让协议承诺不得挂失、提前支取,存款期满,委托方持存单向××所支取。××储蓄所以"王××、吴××已将存折挂失,并已提前支取"为由拒付。至清产核资工作日止,经过××市××区人民法院一审判决委托方胜诉,二审正在审理之中。上述款项的可收回程度及对评估结果的影响程度难以确定,因此评估时未进行评定,仅按清查值列示。

(三)资产评估明细表

资产评估明细表(范例)

1. 资产评估结果汇总表(略)
2. 资产评估结果分类汇总表(略)
3. 资产清查评估明细表(略)

第三节　资产评估报告的应用

一、委托方对资产评估报告书的使用

委托方在收到受托评估机构送交的正式评估报告及有关资料后,可以依据评估报告所揭示的评估目的和评估结论,合理使用资产评估结果。根据有关规定,委托方依据评估报告所揭示的评估目的及评估结论,可以作为以下几种具体的用途进行使用。

1. 根据评估目的,作为资产业务的作价基础

具体包括以下几个方面:

(1)整体或部分改制为有限责任公司或股份有限公司。

(2)以非货币资产对外投资。

(3)企业合并、分立、清算。

(4)除上市公司以外的原股东股权比例变动。

(5)除上市公司以外的整体或部分产权(股权)转让。

(6)资产转让、置换、拍卖。

(7)整体资产或者部分资产租赁给非国有单位。

(8)确定涉讼资产价值。

(9)国有资产占有单位收购非国有资产。

(10)国有资产占有单位与非国有资产单位置换资产。

(11)国有资产占有单位接受非国有资产单位以实物资产偿还债务。

(12)法律、行政法规规定的其他需要进行评估的事项。

2. 作为企业进行会计记录或调整账项的依据

委托方在根据评估报告所揭示的资产评估目的使用资产评估报告资料的同时,还可依照有关规定,根据资产评估报告资料进行会计记录或调整有关财务账项。

3. 作为履行委托协议和支付评估费用的主要依据

当委托方收到评估机构的正式评估报告等有关资料后,在没有异议的情况下,应根据委托协议,将评估结果作为计算支付评估费用的主要依据,履行支付评估费用的承诺。

此外,资产评估报告及有关资料也是有关当事人因资产评估纠纷向纠纷调处部门申请调处的申诉资料之一。

当然委托方在使用资产评估报告书及有关资料时也必须注意以下几个方面:

(1)只能按评估报告所揭示的评估目的使用报告,一份评估报告只允许按一个用途使用。

(2)只能在评估报告的有效期内使用报告,超过评估报告的有效期,原资产评估结果无效。

(3)在评估报告有效期内,资产数量发生较大变化时,应由原评估机构或者委托方、产权持有者按原评估方法做相应调整后才能使用。

(4)涉及国有资产产权变动的评估报告及有关资料必须经国有资产管理部门或授权部门核准或备案后方可使用。

(5)作为企业会计记录和调整企业账项使用的资产评估报告书及有关资料,必须按照国家相关法规执行。

二、资产评估管理机构对资产评估报告的使用

资产评估管理机构主要是指对资产评估进行行政管理的机关和对资产评估行业进行自律管理的行业协会。对资产评估报告的运用是资产评估管理机构实施对评估机构的行政管理和行业自律管理的重要过程。资产评估管理机构通过对评估机构出具的资产评估报告有关资料的运用,有助于了解评估机构从事评估工作的业务能力和组织管理水平。首先,资产评估报告是反映资产评估工作过程的工作报告,通过对资产评估报告资料的检查与分析,评估管理机构能大致判断该机构的业务能力和组织管理水平。其次,资产评估报告是对资产评估结果质量进行评价的依据。资产评估管理机构通过资产评估报告能够对评估机构的评估结果质量的好坏做出客观的评价,从而能够有效实施评估机构和评估人员的管理。最后,资产评估报告能为国有资产管理提供重要的数据资料。通过对资产评估报告的统计与分析,可以及时了解国有资产占有和使用状况及增减变动情况,为加强国有资产管理服务。

三、其他有关部门对资产评估报告书的使用

除了资产评估管理机构以外,还有一些政府管理部门也需要运用资产评估报告,主要包括国有资产监督管理部门、证券监督管理部门、保险监督管理部门、工商行政管理、税务、金融和法院等有关部门。

国有资产监督管理部门对资产评估报告的运用,主要表现在对国有产权进行管理的各个方面,通过对国有资产评估项目的核准或备案,可以加强国有产权的有效管理,规范国有产权的转让行为。

　　证券监督管理部门对资产评估报告的运用,主要表现在对申请上市的公司有关申报材料及招股说明书的审核,对上市公司定向发行股票、公司并购、资产收购、以资抵债等重大资产重组行为的评估定价行为的审核。同时,证券监督管理部门还可运用资产评估报告和有关资料加强对取得证券业务评估资格的评估机构及有关人员的业务管理。

　　工商行政管理部门对资产评估报告的运用,主要表现在发生公司设立、公司重组、增资扩股等经济行为时,对资产定价进行依法审核。

　　商务管理部门,保险监督管理部门,税务、金融和法院等部门也都能通过对资产评估报告的运用来达到实现其管理职能的目的。

第四节　资产评估报告案例

资产评估报告书摘要

××评报字(2022)第 200 号

　　××资产评估有限公司接受××人民法院的委托,根据国家有关资产评估的规定,本着独立、客观和公正的原则,遵循有关法律、法规和资产评估准则的规定,按照国际公允的资产评估方法,对该法院委托评估的执行财产实施了现场勘测、市场调查与询价,履行了公认的其他必要评估程序。据此,我们对××人民法院的委估资产在评估基准日的公平市值采用市场法进行评估,为其司法作价提供参考依据。目前我们的资产评估工作业已结束,现谨将资产评估结果报告如下。

　　经评估,截止于评估基准日 2021 年 11 月 30 日,在持续使用前提下,××人民法院的委估资产的公平市场价值为人民币 472 681 元。其中:××小区 24 幢 3 单元 303 室评估价值为人民币 183 140 元,××花园 24 幢 9 单元 202 室评估价值为人民币 289 541 元。

　　本报告仅供委托方为本报告所列明的评估目的及报送有关主管机关审查而做。评估报告使用权归委托方所有,未经委托方同意,不得向他人提供或公开。除依据法律需公开的情形外,报告的全部或部分内容不得发表于任何公开的媒体上。

　　本报告评估结论的有效期为壹年,从评估基准日起计算。超过壹年,需重新进行资产评估。

重 要 提 示

　　以上内容摘自资产评估报告书,但未包括有关事项声明,报告使用人在使用本摘要时应特别关注报告正文中特别事项说明,欲了解本评估项目的全面情况,应认真阅读资产评估报告书全文。

××资产评估有限公司

2022 年 5 月 15 日

评估机构法人代表:×××

中国注册资产评估师:×××

中国注册资产评估师:×××

资产评估报告书

××评报字(2022)第 200 号

　　××资产评估有限公司接受××人民法院的委托,根据国家有关资产评估的规定,本着独立、客观和公正的原则,遵循有关法律、法规和资产评估准则的规定,按照国际公允的资产评估方法,对该法院委托评估的执行财产进行资产评估。本公司评估人员按照必要的评估程序对委托评估资产实施了现场勘测、市场调查与询价,对委托评估资产在 2021 年 11 月 30 日所表现的市场价值做出了公允反映。现将评估情况及评估结果报告如下。

　　一、委托人及其他资产评估报告使用人

　　本次资产评估工作的委托方是××人民法院,产权持有者是××市××公司。本公司根据××人民法院民事裁定书[2021]××法执字第 805 号对××市××公司所有被法院查封的财产进行评估。

　　二、评估目的

　　本次评估目的是对委托评估资产的司法作价提供参考依据。

　　三、评估对象和评估范围

　　本次评估的范围为据××人民法院民事裁定书([2021]××法执字第 805 号),查封××市××公司的财产。具体内容为：××小区 24 幢 3 单元 303 室、××花园 24 幢 9 单元 202 室。

　　四、价值类型

　　考虑到本次评估的对象和目的,选择市场价值作为评估结论的价值类型。市场价值是指自愿买方和自愿卖方在各自理性行事且未受任何强迫的情况下,评估对象在评估基准日进行正常公平交易的价值估计数额。

　　五、评估基准日

　　根据本评估公司与委托方的约定,评估基准日期确定为 2021 年 11 月 30 日。资产评估过程中所选用的各种估价标准、依据均为该日有效的标准、依据。

　　六、评估依据

　　在本次资产评估工作中所遵循的国家、地方政府和有关部门的法律法规,以及所参考的文件资料主要有以下几项：

　　(1)国务院 2020 年发布的《国有资产评估管理办法》。

　　(2)原国家国有资产管理局 1996 年发布的 23 号文《资产评估操作规范意见》。

　　(3)财政部 2018 年发布的《资产评估准则——基本准则》《资产评估职业道德准则》。

　　(4)中国注册会计师协会 2003 年发布的 18 号文《注册资产评估师关注评估对象法律权属指导意见》。

　　(5)中国资产评估协会发布《资产评估基本准则》(2017)、《资产评估执业准则——企业价值》(2019)、《资产评估执业准则——资产评估报告》(2019)、《资产评估执业准则——资产评估程序》(2019)和《资产评估执业准则——资产评估方法》(2020)。

　　(6)××人民法院民事裁书([2021]××法执字第 805 号)。

　　(7)××市二手房房源价格总汇信息。

（8）评估人员实地勘察和市场价格调查资料。

（9）其他与评估相关的资料。

七、评估方法

根据本次评估目的和委托评估资产所处的地理位置，及××市二手房市场中与委托房地产相类似的交易实例较多的情况，本次评估采用市场法。具体评估思路为：在房地产交易市场中选择与委托评估房地产处于同一供需圈内，具有较强相关性、替代性的近期交易实例作为参照物，再根据委估对象与参照物的状态，对区域因素、个别因素、时间因素和交易情况等差异进行比较和修正，估算出委估资产的公开市场价值。

（1）××小区 24 幢 3 单元 303 室，权属××市××公司，属住宅用途，建筑面积 43.95 平方米，建筑结构为混合结构，建筑年份为 2003 年。建筑层数 6 层，在评估时点仍用于住宅用途。

本次评估选择的五个参照物 A、B、C、D、E 与委托对象处于同一供需圈内，参照物与委托评估资产的因素比较情况见表 10-1。

表 10-1　参照物与委估资产因素比较情况表

比较因素		参照物 A	参照物 B	参照物 C	参照物 D	参照物 E	被评估对象
区域因素		相似	相似	相似	相似	相似	相似
个别因素	建筑结构	混合	混合	混合	混合	混合	混合
	建筑年份	2007	2003	2008	2001	2005	2003
	朝向	南	南	南	南	南	南
	楼层/层	一	五	二	七	四	三
	面积/平方米	71.54	44.91	78.44	55.1	43.25	43.95
交易情况		公开市场偏低	公开市场偏低	公开市场	公开市场	公开市场偏高	公开市场
交易日期		2021.11	2021.4	2021.8	2021.4	2021.8	2021.11

经比较分析认为，委托评估资产与交易实例的区域因素基本相同。委托评估资产对交易实例的个别因素中，混合一等结构房屋折旧期限按 50 年考虑，每年的折旧率为 2%。楼层对价格的影响：以 2 层和 5 层为基准价，1 层和 6 层为−3%，7 层为−5%，3 层和 4 层为+3%，若是楼顶则为−5%。因交易实例均为公开市场已成交实例，委托评估对象与比较实例均相同。由于二手房交易价格每个月均发生波动，据××市有关房屋管理部门公布的二手房交易价格指数对交易实例的交易日期进行修正。

进行各项因素修正及确定比准价值的具体情况如表 10-2 所示。

表 10-2　各项因素修正及确定比准价值情况表

项　　目	参照物 A	参照物 B	参照物 C	参照物 D	参照物 E
比较实例价格/（元/平方米）	4 230	4 300	4 800	4 500	4 900
区域因素修正	100/100	100/100	100/100	100/100	100/100
建筑结构	100/100	100/100	100/100	100/100	100/100
建筑年份	92/100	100/100	90/100	104/100	96/100
朝向	100/100	100/100	100/100	100/100	100/100

续表

项　目	参照物 A	参照物 B	参照物 C	参照物 D	参照物 E
楼层	106/100	103/100	103/100	105/100	100/100
面积	98/100	100/100	96/100	99/100	95/100
交易情况	100/97	100/97	100/100	100/100	100/103
交易日期	100/100	90/100	95/100	90/100	95/100
比准价值/(元/平方米)	4 168	4 109	4 058	4 378	4 122

对调整后的比准价值进行算术平均,委托评估房屋的单价为

$$(4\,168 + 4\,109 + 4\,058 + 4\,378 + 4\,122) \div 5 = 4\,167(元 / 平方米)$$

委托评估房屋的现行市场价值为

$$4\,167 \times 43.95 = 183\,140(元)$$

(2) ××花园 24 幢 9 单元 202 室,权属××市××公司,属住宅用途,建筑面积 71.90 平方米,建筑结构为砖混结构,建筑年份为 1993 年,在评估时点仍用于住宅用途。

本次评估选择的五个参照物 A、B、C、D、E 与委托对象处于同一供需圈内,参照物与委托评估资产的因素比较情况见表 10-3。

表 10-3　参照物与委托评估资产因素比较情况表

比较因素		参照物 A	参照物 B	参照物 C	参照物 D	参照物 E	被评估对象
区域因素		相似	相似	相似	相似	相似	相似
个别因素	建筑结构	砖混	砖混	砖混	砖混	砖混	砖混
	建筑年份	1999	1999	1996	2006	1995	1993
	朝向	南	南	南	南	南	南
	楼层	三层	一层	三层	三层	三层	二层
	面积/平方米	64.66	70.68	72.04	54.77	46.62	71.90
交易情况		公开市场	公开市场	公开市场偏低	公开市场偏高	公开市场	公开市场
交易日期		2021.4	2021.8	2021.9	2021.6	2021.8	2021.11

经比较分析认为,委托评估资产与交易实例的区域因素基本相同。委托评估对象对交易实例的个别因素中,混合一等结构房屋折旧期限按 50 年考虑,每年的折旧率为 2%。楼层对价格的影响:以 2 层和 5 层为基准价,1 层和 6 层为 -3%,7 层为 -5%,3 层和 4 层为 +3%,若是楼顶则为 -5%。因交易实例均为公开市场成交实例,委托评估对象与比较实例均相同。由于二手房交易价格每个月均发生波动,据××市有关房产管理部门公布的二手房交易价格指数对交易实例的交易日期进行修正。

进行各项因素修正及确定比准价值的具体情况见表 10-4。

表 10-4　各项因素修正及确定比准价值情况表

项　目	参照物 A	参照物 B	参照物 C	参照物 D	参照物 E
比较实例价格/(元/平方米)	5 050	4 830	4 700	5 370	4 600
区域因素修正	100/100	100/100	100/100	100/100	100/100
建筑结构	100/100	100/100	100/100	100/100	100/100

续表

项　　目	参照物 A	参照物 B	参照物 C	参照物 D	参照物 E
建筑年份	88/100	88/100	94/100	74/100	96/100
朝向	100/100	100/100	100/100	100/100	100/100
楼层	97/100	103/100	97/100	97/100	97/100
面积	101/100	100/100	100/100	103/100	105/100
交易情况	100/100	100/100	100/97	100/103	100/100
交易日期	90/100	95/100	96/100	92/100	95/100
比准价值/(元/平方米)	3 918	4 159	4 241	3 546	4 273

对调整后的比准价值进行算术平均,委托评估房屋的单价为

$$(3\ 918 + 4\ 159 + 4\ 241 + 3\ 546 + 4\ 273) \div 5 = 4\ 027(元/平方米)$$

委托评估房屋的现行市场价值为

$$4\ 027 \times 71.90 = 289\ 541(元)$$

八、评估程序实施过程和情况

本次评估自 2021 年 12 月 1 日起至 2021 年 12 月 15 日止。工作过程如下:

(1) 与委托方协商、了解评估业务情况,明确评估目的、评估对象、评估范围及评估基准日。

(2) 签署资产评估业务约定书,明确评估有关事项。

(3) 拟定评估工作方案。

(4) 实地勘察待评估的资产,验证有关资料,并做必要的资产鉴定。

(5) 了解××市二手房交易市场价格信息。

(6) 根据评估目的,选择相匹配的价值类型、评估方法,进行评定估算。

(7) 对初步结论进行综合分析判断,撰写资产评估报告初稿。

(8) 与委托方交换意见,修改资产评估报告书。

(9) 评估机构内部审核,复核评估结果。

(10) 提交资产评估报告书。

九、评估假设

(1) 在现行经济环境条件下,委托评估资产具有持续经营的能力。

(2) 与委托评估资产相关的现行法律、法规、政策无重大变化。

(3) 委托评估资产不存在其他抵押担保等事项。

(4) 本次评估测算各项参数取值均未考虑通货膨胀因素。

(5) 无其他人力不可抗拒因素的重大不利影响。

十、评估结论

经评定估算,委托评估的资产于 2021 年 11 月 30 日的评估价值为人民币 472 681 元。其中:××小区 24 幢 3 单元 303 室评估价值为人民币 183 140 元,××花园 24 幢 9 单元 202 室评估价值为人民币 289 541 元。

十一、特别事项说明

(1) 本次评估值仅为司法作价提供参考,由司法部门考虑司法修正因素。

（2）被评估资产的评估值按目前××市二手房交易的市场情况进行估算,未考虑房屋装修因素,也未考虑营业税金等对资产转让的影响。

（3）本次评估未考虑所附土地使用年限对房产价格限制的影响。

（4）本次委托评估的资产,属法院动态查封财产,评估基准日及期后仍处使用过程中,本报告基于持续经营的假设前提,未考虑评估基准日至财产产权转移日之间委托评估资产发生的各种贬值。

（5）因本次资产评估对象属法院查封的财产,本报告未考虑评估对象的有关房产及土地权属问题。

十二、资产评估报告使用限制说明

本报告仅供委托方为本报告所列明的评估目的及报送有关主管机关审查而做。评估报告使用权归委托方所有,未经委托方同意,不得向他人提供或公开。除依据法律需公开的情形外,报告的全部或部分内容不得发表于任何公开的媒体上。

十三、评估报告提出日期

本评估报告提出日期为 2021 年 12 月 15 日。

十四、资产评估专业人员签名和资产评估机构印章

××资产评估有限公司

2021 年 12 月 15 日

评估机构法人代表：×××

中国注册资产评估师：×××

中国注册资产评估师：×××

资产评估报告书附件

（1）住房所有权证（房屋所有权证、国有土地使用权证、契证）复印件；

（2）委托方、产权持有者承诺函；

（3）资产评估机构和评估师的承诺函；

（4）资产评估机构营业执照、评估资格证书复印件；

（5）中国注册资产评估师证书复印件；

（6）资产评估明细表；

（7）资产评估业务约定书。

 【拓展阅读】

湖北中联集团出具虚假资产评估报告导致国有资产严重流失

案情简介：2016 年 10 月,湖北中联公司以中联资产评估集团有限公司（以下简称"中联集团"）的名义与三环集团有限公司（以下简称"三环集团"）签订了《资产评估业务约定书》,以 2016 年 8 月 31 日为基准日,对三环集团全部资产及相关负债出具评估报告。在上述评估过程中,现场评估员也未按规定到现场勘查,错误地认定三环集团权属的武汉市东湖开发区关山一路 325 号（以下简称"关某路"）五宗土地为"插花地",属于无效资产,将关某路五宗地不纳入评估范围,导致上述五宗地漏评。

2017 年 10 月，湖北中联公司在 2016 年出具的评估报告逾期无效后，再次以中联集团的名义与三环集团签订《资产评估业务约定书》，以 2017 年 9 月 30 日为基准日出具评估报告。因为评估时间有限，湖北中联公司仅对部分资产选择性地进行现场勘查，再对上一次的评估数据进行调整后形成评估报告，该做法导致上述关某路五宗地再次漏评。同时将三环集团权属的黄石华信机械设备有限公司（以下简称"黄石华信"）的二宗地在评估表上错误地设置为隐藏，导致该二宗地也被漏评。

2018 年 6 月，省委巡视组发现上述七宗地漏评后，湖北中联公司篡改土地评估明细表，对黄石华信二宗地、关某路五宗地分别出具虚假的土地评估明细表和评估事项说明，妄图掩盖漏评事实。后又出具新的评估事项说明承认了黄石华信二宗地系漏评，更正了之前的篡改数据。案发后，经湖北永业行资产评估有限公司评估，上述被漏评的资产共计价值约人民币 2.414 亿元，其中关某路五宗地评估价值约为人民币 2.344 亿元，黄石华信二宗地评估价值约为人民币 698 万元。

2017 年 10 月至 11 月评估期间，湖北中联蓄意对三环集团的投资性房地产评估项目进行低评，将该项目的评估值从人民币 20.80 亿元反复压低调整至 17.29 亿元。案发后，经湖北永业行资产评估有限公司评估，上述资产被低评部分共计价值约人民币 1.23 亿元。

2017 年 12 月始，三环集团以湖北中联公司出具的《资产评估报告》对三环集团的评估价值为基础实施改制，2018 年 1 月，武汉金凰实业集团有限公司（以下简称"武汉金凰"）对三环集团进行了增资扩股和整体收购，并交付了首笔增资款和股权转让款。2018 年 6 月，三环改制暴露出上述低评漏评问题，致使改制工作暂停，经省政府批准，重新对企业整体资产进行全面清查和审计追溯评估。

法院一审判决。

（1）资产评估机构法定代表人犯提供虚假证明文件罪，被判处有期徒刑 1 年 4 个月，罚金 3 万元。

（2）项目负责人犯提供虚假证明文件罪，被判处有期徒刑 1 年 4 个月、罚金 2 万元。现场负责人犯提供虚假证明文件罪，被判处有期徒刑 1 年 4 个月、罚金 1 万元。

（3）未实际参与项目的签字评估师犯出具证明文件重大失实罪、罚金 2 万元，评估助理犯出具证明文件重大失实罪。

资料来源：中国裁判文书网：张军祥、吴艳提供虚假证明文件一审刑事判决书。

【关键术语】

资产评估报告　资产评估师　资产评估机构　标题　文号　声明　摘要　正文　附件　资产评估报告使用人　评估目的　评估对象　评估范围　价值类型　评估基准日　评估依据　评估方法　评估假设　评估结论　资产评估报告日　单项资产评估报告　整体资产评估报告　现实型评估报告　预测型评估报告　追溯型评估报告　完整型评估报告　简明型评估报告　限制使用型评估报告　资产评估明细表

【主要知识点】

❖ 资产评估报告是指资产评估机构和评估师遵照相关法律、法规和资产评估准则，在履行必要的评估程序后，对评估对象在评估基准日特定目的下的价值发表的、由评估机构出具的书面专业意见。

❖ 资产评估师应当根据评估业务具体情况，提供能够满足委托方和其他评估报告使用者合理需求的评估报告，并在评估报告中提供必要信息，让评估报告使用者能够合理理解评估结论。

❖ 单项资产评估报告是指仅对某一部分、某一项资产进行评估所出具的资产评估报告。

❖ 整体资产评估报告是指对整体资产进行评估所出具的资产评估报告。

❖ 以现在时点为评估基准日的评估报告称为现实型评估报告；以未来时点为评估基准日的评估报告称为预测型评估报告；以过去时点为评估基准日的评估报告称为追溯型评估报告。

❖ 资产评估明细表是反映被评估资产评估前后的资产负债明细情况的表格。

❖ 资产评估报告的制作是评估机构完成评估工作的最后一道工序，也是资产评估工作中的一个重要环节。

❖ 资产评估报告制作的技术要点是指在资产评估报告制作过程中的主要技能要求，它具体包括了文字表达、格式与内容方面的技能要求，及复核与反馈等方面的技能要求等。

❖ 资产评估管理机构主要是指对资产评估进行行政管理的机关和对资产评估行业进行自律管理的行业协会。

❖ 国有资产监督管理部门对资产评估报告的运用，主要表现在对国有产权进行管理的各个方面，通过对国有资产评估项目的核准或备案，可以加强国有产权的有效管理，规范国有产权的转让行为。

❖ 证券监督管理部门对资产评估报告的运用，主要表现在对申请上市的公司有关申报材料及招股说明书的审核，对上市公司定向发行股票、公司并购、资产收购、以资抵债等重大资产重组行为的评估定价行为的审核。

❖ 工商行政管理部门对资产评估报告的运用，主要表现在发生公司设立、公司重组、增资扩股等经济行为时，对资产定价进行依法审核。

【复习思考题】

1. 什么是资产评估报告？它有哪些作用？
2. 资产评估报告的种类如何划分？
3. 资产评估报告由哪几个主要部分组成？
4. 资产评估报告正文的基本内容包括哪些？
5. 资产评估报告附件包括哪些内容？
6. 试说明资产评估报告的编制步骤。

7. 资产评估报告制作的技术要点是什么？

8. 试从不同角度说明资产评估报告的使用。

【自测题目】

自测题 10-1

自测题 10-2

第十一章

资产评估准则

学习目标：

1. 了解我国资产评估法规制度。
2. 了解我国资产评估准则体系。
3. 掌握国际评估准则。
4. 掌握相关国家和地区资产评估准则。

第一节　我国资产评估法规制度

随着我国资产评估行业的迅速发展，资产评估法制和规范体系建设工作也在不断完善。目前我国已初步形成了一套以国务院颁布的《国有资产评估管理办法》为主干，以财政部、原国家国有资产管理局等政府主管部门颁布的一系列关于资产评估的规章制度为主体，以全国人大及其常委会、司法机关和其他政府部门颁布的其他相关法律、司法解释和规章制度为补充的资产评估法律规范体系。这些法律法规内容涵盖资产评估综合管理、考试、培训、注册、机构审批、执业规范项目管理、涉外管理、财务管理、收费管理、业务监管、纠纷调处、违规处罚、清理整顿、体制改革等各个方面。

一、《国有资产评估管理办法》

1991 年 11 月 16 日，国务院发布《国有资产评估管理办法》。该办法是我国第一个关于资产评估管理的行政法规，也是我国法律效力最高的资产评估专门法规。

《国有资产评估管理办法》共六章三十九条，主要内容包括：

(1) 规定了必须进行国有资产评估的情形，包括：资产拍卖、转让；企业兼并、出售、联营、股份经营；与外国公司、企业和其他经济组织或个人开办外商投资企业；企业清算；依照国家有关规定需要进行资产评估的其他情形。

(2) 规定了国有资产评估的范围，包括：固定资产、流动资产、无形资产和其他资产。

(3) 规定了国有资产评估的组织管理，包括国有资产评估项目的管理和资产评估机构的管理等。

(4) 规定了评估程序，包括申请立项、资产清查、评定估算和验证确认等国有资产评估和管理程序。

(5) 规定了评估方法。包括：收益现值法，重置成本法，现行市价法，清算价格法，国有资产管理部门规定的其他评估方法。

（6）规定了违反本办法的法律责任。

《国有资产评估管理办法》的颁布，确立了我国资产评估的基本依据，是我国资产评估法制建设的重要里程碑。

二、资产评估规章制度

财政部、原国家国有资产管理局等资产评估行政主管部门制定了一系列规章制度，构成了我国资产评估法律规范体系的最主要内容。主要包括以下几个方面：

1. 资产评估综合管理

原国家国有资产管理局颁布的《国有资产评估管理办法施行细则》（国资办发〔1992〕36 号）。

2. 资格管理与考试

人事部与原国家国有资产管理局联合颁布的《注册资产评估师执业资格制度暂行规定》（人职发〔1995〕54 号），人事部与财政部联合颁布的《关于调整注册资产评估师执业资格考试有关规定的通知》（人发〔1999〕23 号）。

3. 机构管理

财政部颁布的《资产评估机构审批管理办法》（财政部令第 22 号）。

4. 评估项目管理

财政部颁布的《关于改进资产评估确认工作的通知》（财评字〔1998〕136 号）。

5. 行业监管

财政部颁布的《国有资产评估管理若干问题的规定》（财政部令第 14 号）、《国有资产评估违法行为处罚办法》（财政部令第 15 号）。

6. 后续教育

财政部颁布的《注册资产评估师后续培训制度（试行）》（财评协字〔1998〕2 号）。

7. 执业规范

原国家国有资产管理局颁布的《资产评估操作规范意见》（国资办发〔1996〕23 号）。

8. 体制改革

财政部颁布的《关于资产评估机构脱钩改制的通知》（财评字〔1999〕119 号）。

9. 评估收费和财务管理方

国家物价局与原国家国有资产管理局联合颁布的《关于资产评估收费管理暂行办法》（价费字〔1992〕625 号）。

三、资产评估相关法规、制度

资产评估相关法律、法规和规章制度成为资产评估法律规范体系的重要组成部分。这些法律、法规和规章制度主要包括三方面的内容：

1. 全国人大或者人大常委会颁布的法律

《中华人民共和国公司法》《中华人民共和国证券法》《中华人民共和国合伙企业法》《中华人民共和国拍卖法》《中华人民共和国刑法》，这些法律主要从两个方面涉及资产评估行业，第一是对何时需要进行资产评估做出了规定；第二是对评估机构、专业人员违反法律规定的罚则做出了规定。其中最为重要的是《中华人民共和国公司法》,该法将资产评估作为组建有限责任公司和股份有限公司过程中的重要一环予以了明确规定。

2. 司法机关颁布的司法解释

最高人民法院颁布的《关于审理证券市场因虚假陈述引发的民事赔偿案件的若干规定》(法释[2003]2 号),《关于冻结、拍卖上市公司国有股和社会法人股若干问题的规定》(法释[2001]28 号),《最高人民法院关于人民法院民事执行中拍卖、变卖财产的规定》(法释[2004]16 号),最高人民检察院、公安部颁布的《关于经济犯罪案件追诉标准的规定》等。

3. 相关政府部门颁布的规章制度

国家工商行政管理局颁布的《关于年检工作若干问题的意见》(工商企字[1995]第258 号)、《公司注册资本登记管理暂行规定》(工商[1995]44 号)、中国证监会颁布的《公开发行股票公司信息披露实施细则(试行)》(证监会[1993]43 号)、《证券市场禁入暂行规定》(证监[1997]7 号)等。

四、资产评估行业自律管理制度

(1) 建立了注册资产评估师注册管理制度;

(2) 建立了会员管理体系;

(3) 建立了后续教育培训体系;

(4) 发布了资产评估准则;

(5) 建立了行业职业质量自律监管制度。

第二节　我国资产评估准则体系

1997 年,在总结资产评估理论研究和实践经验的基础上,中国资产评估协会开始启动制定资产评估准则的工作。2004 年 2 月,财政部正式发布了《资产评估准则——基本准则》和《资产评估职业道德准则——基本准则》,标志着我国资产评估准则体系初步建立。2007 年 11 月 28 日,财政部在人民大会堂举行中国资产评估准则体系发布会,颁布了包括 8 项新准则在内的 15 项资产评估准则,同时宣布成立财政部资产评估准则委员会。在过去的近 20 年里,随着社会主义市场经济改革的深入推进,中国资产评估行业获得长足发展,在防止国有资产流失,促进资产顺畅流转,服务国有企业改制上市,维护市场秩序、规范资本运作,配合财政改革、金融改革、集体林权制度改革,推进创新型国家建设等方面发挥了重要作用。2016 年,我国颁布了《中华人民共和国资产评估法》,对资产评估准则的制定和实施方式进行了规定。随后我国相继对资产评估执业准则进行了完善,并形成了比较完善的资产评估准则体系。

资产评估准则体系的发布,对于推动资产评估行业健康发展、更好服务于改革与发展大局具有重要意义。一是有利于深入贯彻落实科学发展观。二是有利于完善社会主义市场体系。三是有利于维护公众利益,提升行业社会公信力。四是有利于提高行业规范化水平和执业质量。五是有利于评估报告使用方理解评估行业。资产评估准则体系的特点主要表现为：注重品德要求，强调职业道德；立足中国国情，借鉴国际经验；切实维护公众利益，提升行业社会公信力；关注新兴业务，主动服务市场需要；充分尊重委托方合理需求，提升行业服务质量。

一、我国资产评估准则体系的构成

我国现行资产评估准则体系中各项目保持合理结构，包含职业道德准则和业务准则两部分，职业道德准则分为基本准则和具体准则两个层次；业务准则分为基本准则、具体准则、评估指南、指导意见四个层次。

（一）从横向关系上划分，分为业务准则和职业道德准则

由于资产评估工作的特点，注册资产评估师职业道德准则与业务准则的许多内容很难截然分开。在国际评估准则及相关国家评估准则中，业务准则与职业道德准则中有相当一部分规范内容交叉重复，如合理假设、明确披露等既是资产评估职业道德准则中的重要内容，也是资产评估业务准则的重要内容。为了突出职业道德在我国资产评估行业中的重要作用，我国资产评估准则体系将资产评估职业道德准则与资产评估业务准则并列。

（二）从纵向关系上划分，分为不同的层次

如职业道德准则从纵向关系可以分为职业道德基本准则和具体准则两个层次。职业道德基本准则对注册资产评估师职业道德方面的基本要求、专业胜任能力、注册资产评估师与委托方和相关当事方的关系、注册资产评估师与其他注册资产评估师的关系等进行概要规范；职业道德具体准则将根据评估实践中存在的与职业道德有关的问题和职业道德基本准则中的一些重要内容如独立性、保密原则等进一步明确规范。

二、我国现行的资产评估准则

（一）资产评估基本准则

为规范资产评估执业行为，保护资产评估当事人合法权益和公共利益，维护社会主义市场经济秩序，根据《中华人民共和国资产评估法》（简称《资产评估法》）等有关规定，2017年财政部制定了《资产评估基本准则》，该基本准则是资产评估机构和资产评估专业人员执行各种资产评估业务应该共同遵循的基本规范。资产评估基本准则是中国资产评估协会制定资产评估执业准则和资产评估执业道德准则的依据。资产评估机构及其资产评估专业人员开展资产评估业务应当遵守本准则。本准则所称资产评估机构及其资产评估专业人员是指根据《资产评估法》和国务院规定，按照职责分工由财政部门监管的资产评估机构及其资产评估专业人员。资产评估基本准则对资产评估机构及其资产评估专业人员在执行资产评估业务过程中的基本遵循、资产评估程序、资产评估报告、资产评估档案进行了规范。我国资产评估准则体系结构见图11-1。

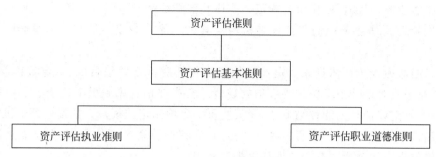

图 11-1 我国资产评估准则体系结构

（二）资产评估职业道德准则

为贯彻落实《资产评估法》，规范资产评估执业行为，保证资产评估执业质量，保护资产评估当事人合法权益和公共利益，在财政部指导下，中国资产评估协会根据《资产评估基本准则》，制定了《资产评估职业道德准则》，资产评估职业道德是指资产评估机构及其资产评估专业人员开展资产评估业务应当具备的道德品质和体现的道德行为。资产评估机构及其资产评估专业人员开展资产评估业务，应当遵守本准则。资产评估职业道德准则是对资产评估机构及其资产评估专业人员职业道德方面的基本遵循、专业能力、独立性、与委托人和其他相关当事人的关系、与其他资产评估机构及资产评估专业人员的关系等方面所进行的规范。它体现了对资产评估机构及其资产评估专业人员应具备的道德品质和道德行为的要求。

（三）资产评估执业准则

资产评估执业准则是中国资产评估协会依据《资产评估基本准则》制定的资产评估机构及其资产评估专业人员在执行资产评估业务过程中应当遵循的程序规范和技术规范，包括具体准则、评估指南和指导意见三个层次（图 11-2）。

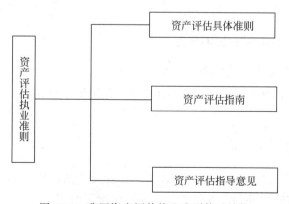

图 11-2 我国资产评估执业准则体系结构

第一层次为资产评估具体准则。资产评估具体准则分为程序性准则和实体性准则两个部分。程序性准则是关于资产评估机构及其资产评估专业人员通过履行一定的专业程序完成评估业务、保证评估质量的规范。实体性准则是针对不同资产类别的特点,分别对不同类别资产评估业务中的资产评估机构及其资产评估专业人员的技术操作所做出的规范。

第二层次为资产评估指南。资产评估指南包括对特定评估目的、特定资产类别(细化)评估业务及对评估中某些重要事项的规范。资产评估指南是针对出资、抵押、财务报告、保险等特定评估目的的评估业务,及某些重要事项制定的规范。如资产评估机构业务质量控制指南、以财务报告为目的的评估指南、知识产权资产评估指南、金融企业国有资产评估报告指南和企业国有资产评估报告指南等。

第三层次为资产评估指导意见。资产评估指导意见是针对资产评估业务中的某些具体问题的指导性文件。该层次较为灵活,针对评估业务中新出现的问题及时提出指导意见,某些尚不成熟的评估指南或具体评估准则也可以先作为指导意见发布,待实践一段时间或成熟后再上升为具体准则或指南。如企业无形资产评估指导意见、企业并购投资价值评估指导意见、珠宝首饰评估程序指导意见和投资性房地产评估指导意见等。

第三节　国际评估准则

国际评估准则委员会于 1985 年制定了《国际评估准则》,之后分别于 1994 年和 1997 年进行了修订,2000 年后又经多次修订,2007 年,国际评估准则委员会发布了第八版《国际评估准则》。

一、《国际评估准则》结构体系

(一)前言

在回顾、总结国际资产评估行业发展历史的基础上,重点对国际评估准则委员会的宗旨、国际评估准则委员会的工作、《国际评估准则》的起源、《国际评估准则》的结构等进行介绍。

(二)公认的评估原则的基本概念

该部分是对国际资产评估准则委员会为避免各国评估师和资产评估报告使用者的误解,对构成资产评估理论和评估准则基础的法律、经济等基础性概念、理论进行的总结和归纳。

(三)行为守则

行为守则即职业道德准则。从约束评估师职业道德角度出发,对评估师职业道德、专业胜任能力、评估披露和评估报告等方面的要求做出了规定。

(四)资产类型

该部分对作为主要评估对象的不动产、动产、企业价值和金融权益四种资产类型及其区别进行了说明。

（五）国际评估准则

该部分是《国际评估准则》的核心内容，包括三个准则：

1.《国际评估准则 1——市场价值基础评估》

2.《国际评估准则 2——非市场价值基础评估》

3.《国际评估准则 3——评估报告》

这三个准则分别规范了市场价值基础评估、非市场价值基础评估和评估报告。

（六）国际评估应用指南

资产评估的目的是多种多样的，其中为财务报告或相关会计事项进行的评估及以抵押贷款为目的评估业务尤为重要，本部分包括两个应用指南，对这两种重要评估业务提出要求：

应用指南 1——以财务报告为目的的评估。

应用指南 2——以担保贷款为目的的评估。

（七）评估指南

第八版《国际评估准则》中共有 15 项评估指南，具体如下：

评估指南 1　不动产评估。

评估指南 2　租赁权益评估。

评估指南 3　厂房和设备的评估（修订中）。

评估指南 4　无形资产评估。

评估指南 5　动产评估。

评估指南 6　企业价值评估。

评估指南 7　资产评估中对有毒有害物质的分析。

评估指南 8　适用于财务报告的成本法（DRC）。

评估指南 9　为市场价值基础和非市场价值基础评估进行的现金流折现分析。

评估指南 10　农业资产评估。

评估指南 11　评估复核。

评估指南 12　特殊交易资产的评估。

评估指南 13　财产税批量评估。

评估指南 14　采炼行业资产评估。

评估指南 15　历史性资产评估。

（八）词汇表

提供所有准则、应用指南和评估指南中定义的术语的概要。

二、《国际评估准则》中的基本概念

国际评估准则委员会在《国际评估准则》中对一些资产评估中的重要概念和原则进行了说明。这些内容分布在《基本评估概念和原则》及相应的准则和指南中，是理解《国际评估准则》及国外传统评估理论基础的重要出发点。

（一）与资产相关的概念

1．不动产与不动产权

不动产是指实物形态的土地和附着于土地上的改良物，包括附着于地面或位于地上和地下的附属物。不动产是实物形态的、有形的"物体"，可以看得见、摸得着。

《国际评估准则》中将不动产所有权称为"不动产权"。不动产权是指包含在不动产中的各种权利，通常由独立于不动产实体的所有权证明文件体现，如所有权证书、租约等正式文件。

不动产权是一个非实物性的法律概念，而不动产指的是不动产物理实体。

与不动产所有权相关的权利很多，包括使用权、占有权、进入权、转让权、租赁权、遗赠权、赠送权等及选择行使或不行使上述任何一个或几个权利的权利。

2．动产与动产权

不动产之外的资产在法律上称为动产，包括不动产之外的所有有形或无形的资产。这些资产不是永久性地附着于不动产，通常具有可移动性。动产所有权称为"动产权"。

3．财产

是个法律概念，包括与所有权有关的各种权利。

4．资产

资产在一般意义上往往用来表示不动产、动产或两者全称。在资产评估中，资产更多地被理解为是基于某项资产的各种权利的排列与组合。

（二）资产评估的经济概念

资产评估是由具有一定专业知识和经验的评估专业人员，对特定资产的价值进行评定估算的行为。对资产评估可以从很多角度进行理解，但对评估师和评估报告的使用者而言，最重要的是认识到资产评估是个经济概念，即从经济意义上说，评估师进行评估的对象是资产的所有权或"所有者的权利"，而不是有形资产或无形资产本身。

（三）折旧概念

评估师在资产评估业务中所使用的折旧概念表示从估计的全新重置成本中扣除的任何部分。这些扣除部分（评估中的折旧）依其产生原因可分为实体性损耗、功能性（技术性）陈旧或经济性（外部环境）贬值。会计上的"折旧"概念是指会计师根据历史成本原则做出的对资产原始成本的一种摊销，而并不考虑这种摊销是否与实际情况相符。折旧在评估和会计上最重要的区别在于，对评估师而言，评估中的"应计折旧"应当与市场有关，反映相关的市场状况；而会计上的"应计折旧"则与会计原则有关，并不反映市场状况。

（四）市场、成本、价格和价值概念

价格、成本、价值等概念是资产评估中最基本的概念,同时也是争议最大的概念,理解这些基本概念在资产评估中的内涵对于评估专业人员而言是十分重要的。《国际评估准则》指出价格和成本是事实,而价值是对资产在一定条件下应当进行交易的价格的估计额。市场是买方和卖方之间在价格机制作用下就商品和服务进行交易的体系。成本是与生产相关的概念,是为商品或服务所支付的货币数额,或是生产商品、提供服务所需要的货币数额。

价格是与商品或服务交换相关的概念,表示就某商品或某项服务所要求的、提供的或支付的货币数额,反映了商品或服务进行实际交易的货币金额。一般情况下,价格反映出在特定条件下特定的买方和(或)卖方对商品或服务价值的认可。

价值是个经济概念,价值并不是事实,只是根据特定的价值定义在特定时间内对商品、服务进行交易时最可能形成的价格的估计额。价值的经济概念反映了在价值的有效日期(基准日),市场(而不是特定买方或卖方)对于某人由于拥有某商品或接受某服务而具有的利益的评判。

（五）最佳用途

最佳用途又称为最大最优用途,指对某项资产而言,实际可能的、经合理证明的、法律允许的、财务上可行的并能实现该被评估资产最大价值的最可能用途。

最佳用途概念是市场价值评估的一个组成部分。虽然最佳用途概念并没有出现在《国际评估准则》市场价值的定义中,但评估师在进行市场价值评估时,应当结合相关资料分析被评估资产的最佳用途,并在此基础上评估资产的价值。

（六）市场价值与市场价值以外的价值

1. 市场价值

《国际评估准则》中市场价值的定义如下:

市场价值是自愿买方与自愿卖方在评估基准日进行正常的市场营销之后所达成的公平交易中,某项资产应当进行交易的价值估计数额,当事人双方应各自理性、谨慎行事,不受任何强迫压制。

根据市场价值的定义,市场价值具有以下要件:

第一,自愿买方。

指具有购买动机,但并没有被强迫进行购买的一方当事人。该购买者会根据现行市场的真实状况和现行市场的期望值进行购买,不会特别急于购买,也不会在任何价格条件下都决定购买,即不会付出比市场价格更高的价格。

第二,自愿卖方。

指既不准备以任何价格急于出售或被强迫出售,也不会因期望获得被现行市场视为不合理的价格而继续持有资产的一方当事人。自愿卖方期望在进行必要的市场营销之后,根据市场条件以公开市场所能达到的最高价格出售资产。

第三，评估基准日。

指市场价值是某一特定日期的时点价值，仅反映了评估基准日的真实市场情况和条件，而不是评估基准日以前或以后的市场情况和条件。

第四，以货币单位表示。

市场价值是在公平的市场交易中，以货币形式表示的为资产所支付的价格，通常表示为当地货币。

第五，公平交易。

指在没有特定或特殊关系的当事人之间的交易，即假设在互无关系且独立行事的当事人之间的交易。

第六，资产在市场上有足够的展示时间。

指资产应当以最恰当的方式在市场上予以展示，不同资产的具体展示时间应根据资产特点和市场条件而有所不同，但该展示时间应当使该资产能够引起足够数量的潜在购买者的注意。

第七，当事人双方各自精明，谨慎行事。

指自愿买方和自愿卖方都合理地知道资产的性质和特点、实际用途、潜在用途及评估基准日的市场状况，并假定当事人都根据上述知识为自身利益而决策，谨慎行事以争取在交易中为自己获得最好的价格。

市场价值反映了各市场主体组成的市场整体对被评估资产效用和价值的综合判断，不同于特定市场主体的判断。

2. 市场价值以外的价值

《国际评估准则》中并没有给出非市场价值的定义。市场价值以外的价值又称非市场价值或其他价值，指所有不满足市场价值定义的价值类型。

市场价值以外的价值分为三类，包括：实体特定价值、资产互换特定价值及有法律和合同特别定义的价值。

市场价值以外的价值主要包括公允价值、投资价值、特殊价值、协同价值等。

公允价值：在公平的市场交易中，资产在理性、自愿的买卖双方之间进行交易的价值数额。

投资价值：为进行特定投资或实现特定经营目标，资产对于特定投资者或某类投资者的价值。

特殊价值：高于市场价值，反映资产的特定属性仅对特定购买方所具有的价值。

协同价值：由两种或者两种以上利益相结合而产生的价值附加值，其中组合利益的价值要大于原有各项利益价值的加和。

（七）评估方法

《国际评估准则》明确提出，成本法、市场法和收益法是资产评估中最常用的三种基本评估方法。无论评估资产的市场价值还是非市场价值，评估师都需要根据项目具体情况恰当选择评估方法。在选择评估方法时，评估师应当考虑三种基本评估方法在具体项目中的适用性，采用多种评估方法时，应当分析、调整运用多种评估方法得出的评估结论，确定最终评估结果。

（1）成本法建立在这样一个假设基础上，即作为购买某特定资产的替代选择，人们可以去建造一个与该资产相同的或具有相同功能的资产。除非有额外的时间支出、风险或其他不方便之处，人们为该特定资产所愿意支付的价格不会超过获取相同或具有相似功能的替代资产的成本。

成本法有两种具体应用方式，一种是用于市场价值评估，另一种则不适用于市场价值评估。当运用成本法评估市场价值时，该方法中的所有考虑因素都取自于公开市场的证据。运用成本法评估非市场价值时，应考虑相关非市场性因素。

（2）市场法又称市场比较法、销售比较法，是指通过对与被评估资产相似或可替代资产的分析，以及对购买方为类似资产或可替代资产所愿支付的购买价格的分析，采用必要的比较程序，估算被评估资产的价值。市场法有着较为广泛的用途，在市场数据充分的情况下该方法的重要性更为突出。通过运用市场法所获得的相关数据也可能用于成本法和收益法的评估。当市场条件发生重大变化或波动时，或对很少交易的特殊资产进行评估时，市场法的运用受到限制。

（3）收益法又称收益资本化或收益现值法，通过分析被评估资产的相关收入和成本费用，将未来收益折现或资本化为估算价值。收益法的理论基础在于预期原则，即资产的价值是由其预期的未来收益决定的，因此收益法通过对评估对象收益能力的分析确定其价值。

成本法、市场法和收益法作为资产评估的三大基本方法，反映了三种评估思路，每种评估方法又包括一些具体的运用方法。评估师在进行某项评估业务时，应当根据其经验和知识、当地的评估准则要求、市场要求、数据的可获得程度等综合因素，选取适宜的评估方法。

第四节　相关国家资产评估准则

一、美国资产评估准则

为制定资产评估行业统一的专业准则，提高评估质量，维护资产评估行业信誉，1986年美国八个评估专业协会和加拿大评估协会联合制定了《专业评估执业统一准则》（USPAP），之后由新成立的美国评估促进会（The Appraisal Foundation，AF）取得了该准则的版权，负责《专业评估执业统一准则》的修订、出版工作。在经历了美国20世纪80年代中期的不动产泡沫经济引发的评估业危机之后，1989年美国国会制定的《金融机构改革、恢复和执行法》（Financial Institutions Reform Recovery，and Enforcement Act，FIRREA）中明确规定，评估人员执行与联邦交易相关的资产评估业务，必须遵守《专业评估执业统一准则》；美国各大评估协会也都要求其会员执行资产评估业务需遵守《专业评估执业统一准则》。因此，《专业评估执业统一准则》成为美国评估行业公认评估准则，并随着资产评估业国际交流的发展，逐渐发展成为国际评估界最具影响力的评估准则之一。

与英国等以不动产评估为主的国家不同，美国资产评估行业呈现出综合性的特点。

不仅不动产评估有着悠久的发展历史,非不动产评估也有着长足的发展,如企业价值评估、无形资产评估、机器设备评估、动产评估等。美国评估行业的综合性充分体现在准则体系上,《专业评估执业统一准则》是一部典型的综合性评估准则,包含了资产评估行业的各个专业领域。美国评估促进会下属的评估准则委员会(Appraisal Standards Board, ASB)负责准则的制定和修订工作,每年出版一部最新版本的《专业评估执业统一准则》。2008 版《专业评估执业统一准则》包括定义、引言、职业道德规定、胜任能力规定、工作范围规定、允许偏离规定、司法例外规定、增补标准规定、10 个准则、10 个准则说明(SMT)和 29 个咨询意见(AO)。其中以 10 个准则为主要构成部分,包括:

准则 1 不动产评估。

准则 2 不动产评估报告。

准则 3 评估复核及报告。

准则 4 不动产评估咨询。

准则 5 不动产评估咨询报告。

准则 6 批量评估及报告。

准则 7 动产评估。

准则 8 动产评估报告。

准则 9 企业价值评估。

准则 10 企业价值评估报告。

二、英国评估准则

1868 年,由英国各地规模不一的测量师协会和俱乐部经过充分协商联合组成了英国测量师学会,1881 年获颁"皇家"荣誉,1946 年正式启用英国皇家特许测量师学会(Royal Institution of Chartered Surveyors,RICS)名称。RICS 作为行业自律组织,其主要职能之一是制定并且不断修订和完善行业执业技术标准,并于 1974 年首次系统制定其评估标准,主要规范以财务报告评估为目的的评估行为,及测量师出具的其他的公众使用的评估报告。它仅限于为公司财务账目或其他可公开获得的财务报表进行的评估。该准则经过多次修改以反映会计标准和评估执业惯例的变化,随着 1990 年第 3 版的出版,在 1991 年它成为所有特许测量师的强制性标准。

1995 年,RICS 与另外两家规模较小的协会共同出版的《评估与估价指南》,主要包括三部分内容:引论、执业规范和执业规范附录、指南等。其内容主要是针对不动产评估的。自从 1996 年以来,国际和欧洲评估准则研究和制定工作已取得重大进展。RICS 的最终目标是提供单一的一套国际评估核心标准和支持指南,以便为全世界的评估师提供一个共同的框架,并认可国际评估准则委员会是最适合于实现此目标的实体。为此,RICS 已经决定尽可能采用《国际评估准则》(IVS),并将这些标准融合到 RICS 标准之中。2003 年,根据国际评估行业的发展趋势,参考《国际评估准则》的所有重要理念和思路,形成了英国的评估实务准则,适用于 RICS 世界各地的所有会员从事各种目的的评估业务,供全球 100 多个国家的 RICS 的会员及其委托方遵循和参考。

最新版的《评估与估价指南》分为四个部分,包括:准则的效力及其应用、部分术语的定义、执业规范(6 个,其中 4 个执业规范有附录共 6 个)、指南(4 个)、英国执业规范(4 个,共有 15 个附录)、英国指南(7 个)。

其主要内容包括:

第一部分"本准则的效力及其应用"。

主要介绍了该准则的制定背景、与国际及欧洲标准的关系、准则的编排、准则的主要目的、准则豁免的工作、遵守本准则、背离执业规范及生效日期、修订和补充等 8 部分内容。准则规定,该准则第三部分的执业规范具有强制性效力,应当将其应用到本准则适用的所有国家、用于各种评估目的、由会员提交的任何对价值的评估和评价中。由 RICS 国家协会出版或采用的执业规范在它们的适用国家具有强制性效力。

对背离执业规范作出了如下规定:

(1) 当评估师认为存在特殊的情况,致使在该标准内完全遵守相关的执业规范作出的估价不适当或不切实际,则在进行报告之前,该情况必须作为一个特别的背离而征得委托方的确认和同意。采用一项特殊假设并不视为背离。

(2) 评估报告中必须给出清晰的书面陈述,写明任何背离、连同其相关细节和发生该背离的原因及委托方同意的意见。

(3) 做出一个背离的会员可能会被要求向 RICS 或 IRRV(英国税收评估协会)解释支持该背离的原因。如果 RICS 或 IRRV 对所提出的(多个)理由和/或申明或证明该背离的方式不满意,他们有权采取纪律处分措施。

第二部分"第三和第四部分中使用术语的术语表"。

主要对评估、资产、市场价值、特殊价值、评估报告等概念进行了解释和规范。

第三部分"适用于会员在所有国家承办评估业务时的执业规范"。

本部分是该准则的核心内容,包括六章,分别是:第一章资格和利益冲突、第二章约定条款的协议、第三章价值类型及其应用、第四章勘查和重要的考虑事项、第五章评估报告及对其内容的公开引用、第六章在欧盟地区的评估应用。各章所列条文一般均附有注释,以便评估师更好地理解准则的要求。同时,除第四、第六章以外,其余各章均有附录,对一些重要问题进行说明。

第四部分"在特殊情况下应用执业规范的指南"。

指南 1　特定行业不动产的评估与商誉。

指南 2　厂房与设备。

指南 3　组合资产和多组的不动产的评估。

指南 4　矿地和废物处理场。

指南 5　评估的不确定性。

【关键术语】

资产评估综合管理　资格管理与考试　机构管理　评估项目管理　行业监管　后续教育　执业规范　体制改革　评估收费　财务管理方　法规　制度　注册管理制度　会员管理体系　后续教育培训体系　资产评估准则　行业职业质量　自律监管制度　资产评估准则体系　职业道德准则　业务准则　基本准则　具体准则　评估指南　指导意见

资产评估执业准则　评估指南　指导意见　国际评估准则　美国资产评估准则　英国评估准则

【主要知识点】

❖ 我国现行资产评估准则体系中各项目保持合理结构,包含职业道德准则和业务准则两部分,职业道德准则分为基本准则和具体准则两个层次;业务准则分为基本准则、具体准则、评估指南、指导意见四个层次。

❖ 职业道德基本准则对注册资产评估师职业道德方面的基本要求、专业胜任能力、注册资产评估师与委托方和相关当事方的关系、注册资产评估师与其他注册资产评估师的关系等进行概要规范。

❖ 职业道德具体准则将根据评估实践中存在的与职业道德有关的问题和职业道德基本准则中的一些重要内容如独立性、保密原则等进一步明确规范。

❖ 资产评估基本准则是为规范资产评估执业行为,保护资产评估当事人合法权益和公共利益,维护社会主义市场经济秩序,根据《中华人民共和国资产评估法》等有关规定,2017 年财政部制定了《资产评估基本准则》,该基本准则是资产评估机构和资产评估专业人员执行各种资产评估业务应该共同遵循的基本规范。

❖ 资产评估职业道德是指资产评估机构及其资产评估专业人员开展资产评估业务应当具备的道德品质和体现的道德行为。

❖ 资产评估执业准则是中国资产评估协会依据《资产评估基本准则》制定的资产评估机构及其资产评估专业人员在执行资产评估业务过程中应当遵循的程序规范和技术规范,包括具体准则、评估指南和指导意见三个层次。

❖ 资产评估指南是针对出资、抵押、财务报告、保险等特定评估目的的评估业务,以及某些重要事项制定的规范。

❖ 资产评估指导意见是针对资产评估业务中的某些具体问题的指导性文件。

【复习思考题】

1. 我国现行的资产评估规章制度有哪些?
2. 简述我国现行的资产评估准则体系。
3. 简述国际评估准则体系。

【自测题目】

自测题 11

参 考 文 献

1. 中国资产评估协会.资产评估基础(2022年版)[M].北京:中国财政经济出版社,2022.

2. 中国资产评估协会.资产评估相关知识(2022年版)[M].北京:中国财政经济出版社,2022.

3. 中国资产评估协会.资产评估实务(一)(2022年版)[M].北京:中国财政经济出版社,2022.

4. 中国资产评估协会.资产评估实务(二)(2022年版)[M].北京:中国财政经济出版社,2022.

5. 周春喜,周亚力,祝立宏.资产评估[M].杭州:浙江人民出版社,2008.

6. 潘晶,周春喜.资产评估教程[M].杭州:浙江大学出版社,2007.

7. 王化成、刘俊彦、荆新.财务管理学[M].第9版.北京:中国人民大学出版社,2021.

8. 权忠光.守望过去 引领资产评估行业新发展[J].中国资产评估,2018(12).

9. 张浩.如何成为一名优秀的评估专业人士[J].中国资产评估,2023(2).

10. 刘公勤.评估发现价值,诚信铸就行业[J].中国资产评估,2014(2).

11. 韩艳,王淼,杨松堂.资产评估助力"卡脖子"关键核心技术发展——国家集成电路产业投资基金二期股份公司投资芯片企业评估项目调研报告[J].中国资产评估,2023(3).

12. 常华兵.资产评估在中国古代社会渊源寻踪[J].中国资产评估,2019(6).

13. 龚群.工匠精神及其当代意义[N].光明日报,2021年1月18日.

14. 矫阳.大批最新"国之重器"亮相中国品牌云展厅[N].科技日报,2022年5月11日.

15. 毛恒年.中国传统珠宝玉石文化的渊薮[J].中国宝玉石,2003(1).

16. 王誉珺,施光海.论中国古代首饰类型及其吉祥文化寓意[J].中国宝玉石,2020(1).

教师服务

感谢您选用清华大学出版社的教材！为了更好地服务教学，我们为授课教师提供本书的教学辅助资源，以及本学科重点教材信息。请您扫码获取。

≫ 教辅获取

本书教辅资源，授课教师扫码获取

≫ 样书赠送

会计学类重点教材，教师扫码获取样书

 清华大学出版社

E-mail: tupfuwu@163.com
电话：010-83470332 / 83470142
地址：北京市海淀区双清路学研大厦 B 座 509

网址：http://www.tup.com.cn/
传真：8610-83470107
邮编：100084